Peter A. Berger · Volker H. Schmidt (Hrsg.)

Welche Gleichheit, welche Ungleichheit?

Reihe „Sozialstrukturanalyse"
Band 20

Herausgegeben von

Stefan Hradil

Peter A. Berger · Volker H. Schmidt (Hrsg.)

Welche Gleichheit, welche Ungleichheit?

Grundlagen der Ungleichheitsforschung

VS VERLAG FÜR SOZIALWISSENSCHAFTEN

VS VERLAG FÜR SOZIALWISSENSCHAFTEN

VS Verlag für Sozialwissenschaften
Entstanden mit Beginn des Jahres 2004 aus den beiden Häusern
Leske+Budrich und Westdeutscher Verlag.
Die breite Basis für sozialwissenschaftliches Publizieren

Bibliografische Information Der Deutschen Bibliothek
Die Deutsche Bibliothek verzeichnet diese Publikation in der Deutschen Nationalbibliografie;
detaillierte bibliografische Daten sind im Internet über <http://dnb.ddb.de> abrufbar.

1. Auflage April 2004

Umschlaggestaltung: KünkelLopka Medienentwicklung, Heidelberg

Gedruckt auf säurefreiem und chlorfrei gebleichtem Papier

ISBN-13:978-3-8100-4200-2   e-ISBN-13:978-3-322-81025-0
DOI: 10.1007/978-3-322-81025-0

Inhaltsverzeichnis

Welche Gleichheit, welche Ungleichheit?

Einleitung

Peter A. Berger/Volker H. Schmidt

Den Ergebnissen einer letztes Jahr im Rahmen des Sozio-ökonomischen Panels durchgeführten Sonderbefragung kann man entnehmen, dass rund zwei Drittel der Deutschen mit der Aussage „Soziale Gerechtigkeit bedeutet, dass alle Bürger die gleichen Lebensbedingungen haben", übereinstimmen. Noch größer ist allerdings mit fast 70 Prozent die teilweise oder vollständige Zustimmung zu dem Satz „Ein Anreiz für Leistung besteht nur dann, wenn die Unterschiede im Einkommen groß genug sind". Und von rund vier Fünfteln wird die Meinung: „Der Staat sollte für alle einen Mindestlebensstandard garantieren", geteilt.[1]

Mit diesen zumindest auf den ersten Blick widersprüchlichen Meinungen in der deutschen Bevölkerung sind wir schon mitten im Thema dieses Bandes, der den Titel *„Welche Gleichheit, welche Ungleichheit?"* trägt: Es geht um theoretisch-analytische, um empirische und zugleich um normative Fragen danach, welche Ungleichheiten (oder auch: welche Gleichheiten) wichtig – oder wichtiger als andere – sind, wie viel Ungleichheit in einem Bereich toleriert werden kann oder soll, um ein Mehr an Gleichheit in einem anderen Feld zu ermöglichen usw.

Zur Diskussion steht also die *relative* Bedeutung *unterschiedlicher* Ungleichheiten und darauf bezogener Gleichheitsansprüche oder Gerechtigkeitsforderungen. Mitverhandelt werden zugleich meta-theoretische und methodologische Probleme des angemessenen Zugangs zu solchen Fragen: Können sie durch den Verweis auf *empirische* Verteilungen von Zustimmung oder Ablehnung zu bestimmten, auf Verteilungs- oder Gerechtigkeitsnormen zielenden Statements „beantwortet" werden, wie Teile der empirischen Gerechtigkeitsforschung anzunehmen scheinen?[2] Oder muss man stattdessen eher (bzw. darüber hinaus zusätzlich) auf anspruchsvolle *theore-*

---

1   Dem Statement „Soziale Gerechtigkeit bedeutet, dass alle Bürger die gleichen Lebensbedingungen haben", stimmen 33% der Befragten „voll" und 34% „eher" zu; mit der Aussage „Ein Anreiz für Leistung besteht nur dann, wenn die Unterschiede im Einkommen groß genug sind", stimmen 28% „voll" und 42% „eher" überein; und dass „der Staat (...) für alle einen Mindestlebensstandard garantieren" sollte, trifft bei 53% auf „volle" und bei 30% „eher" auf Zustimmung (Süddeutsche Zeitung Nr. 238 vom 16. Oktober 2003, S. 22).

2   Das gilt ausdrücklich für viele Vertreter der das Feld weithin dominierenden Gerechtigkeits*urteils*forschung, nicht jedoch für die einen anderen Zugang wählende „local justice"-Forschung, die sich teils explizit von solchen Sichtweisen distanziert (so etwa *Schmidt* 2000a, Kap. 3).

tische Argumente setzen, um zu einer plausiblen Gewichtung unterschiedlicher „Dimensionen" sozialer Ungleichheit, ungleichheitsrelevanter „Ressourcen" oder „Kategorien" zu kommen? Sind solche Gewichtungen aber dann nicht doch wieder kontextabhängig, d.h. an bestimmte Gesellschaften und/oder historische Epochen mit ihren verschiedenen Ungleichheitssemantiken[3] bzw. Aufmerksamkeiten für soziale Ungleichheiten gebunden? Bedarf es schließlich sogar explizit *normativer* Begründungen, um wichtigere von weniger wichtigen, „härtere" von „weicheren" Ungleichheiten unterscheiden und zugleich angeben zu können, welchen Gleichheiten (auch in der praktischen Verwirklichung) der Vorrang gebührt und welche anderen Gleichheiten demgegenüber nachrangiger sind bzw. sein müssten?

I.

Mit solchen Fragen und entsprechenden Antwortvorschlägen reagieren die Beiträge des vorliegenden Bandes, der aus einer Tagung der Sektion „Soziale Ungleichheit und Sozialstrukturanalyse" in der Deutschen Gesellschaft für Soziologie an der Universität Rostock im Frühsommer 2002 hervorgeht, auch auf die gestiegene *Unübersichtlichkeit* sozialer Ungleichheiten und auf verbreitete *Unsicherheiten* über dominante Strukturmuster sozialer Ungleichheit in der deutschen Wohlstands- und Wohlfahrtsgesellschaft: War beispielsweise in einem westdeutschen Wochenschaubericht aus den frühen fünfziger Jahren noch ganz selbstverständlich davon die Rede, dass „alle Klassen und Schichten des deutschen Volkes" am nächsten Sonntag zur Wahl aufgerufen seien, so ist ein solcher Satz, in dem sich ja allgemein geteilte Vorstellungen über eine eher „einfache" (Ungleichheits-)Ordnung widerspiegeln, in den Nachrichtensendungen von heute kaum mehr denkbar. Und auch wenn der Rückgriff auf eine solche Einfach-Semantik vielleicht bei einigen öffentlich-rechtlichen Rundfunkräten noch Befremden hervorrufen würde, würde er im allgemeinen massenmedialen „Rauschen" vermutlich gar nicht sonderlich auffallen.

Zumindest was bestimmte Erscheinungsformen sozialer Ungleichheiten wie „Klassen" und „Schichten" betrifft, war demgegenüber die Welt der Soziologie in den fünfziger und frühen sechziger Jahren des 20. Jahrhunderts noch in „guter Ordnung": Die bundesdeutsche Gesellschaft schien sich in einige wenige, übereinander liegende und gut sichtbare soziale Schichten zu gliedern, zwischen denen zwar Auf- und Abstiege möglich waren, die sich jedoch mit Blick auf Vermögen, Einkommen und Bildung, aber auch hinsichtlich typischer Werthaltungen und Mentalitäten klar voneinander abgrenzen ließen. In der frühen DDR glaubte man dagegen an die Annäherung oder gar an ein „Absterben" von Klassen und Schichten im heraufziehenden So-

---

3   Zum Begriff der „Ungleichheitssemantik(en)" vgl. Berger 1988, 1989.

zialismus – gleichwohl war in der „Aktuellen Kamera", dem DDR-Äquivalent zu „Tagesschau" und „heute", selbst noch in den 1980er Jahren von „Bürgern aller Klassen und Schichten" die Rede.

Pate für die bis in die 1960er Jahre im Westen Deutschlands vorherrschenden, in Teilen aus der amerikanischen Soziologie re-importierten Vorstellungen von sozialen Schichten (der Ausdruck „Klassen" war bekanntlich weit weniger populär) stand das von Max *Weber* geprägte Bild eines „Standes" als einer Gruppierung von Menschen, die sich wegen Gemeinsamkeiten der „Lebensführungsart" bzw. -stile, ähnlicher Einstellungen, Werthaltungen usw. gegenseitig hoch schätzen, sich also wechselseitig soziale Ehre oder Prestige zuweisen (*Weber* 1976). Schon früh sorgte freilich Helmut *Schelsky* mit seiner These von der „nivellierten Mittelstandsgesellschaft", in der die allgemeine Wohlstandssteigerung und das Anwachsen mittlerer Schichten zu einem „Verblassen" schichtspezifischer Unterschiede führen sollten, für erste Irritationen in den noch übersichtlichen Vorstellungen zur Ungleichheitsordnung der westdeutschen Nachkriegsgesellschaft (*Schelsky* 1968).

Unter dem Einfluss der Studentenbewegung und deren Rückgriffe auf marxistische Theorietraditionen setzten sich dann in den späten 1960er und in den 1970er Jahren viele jüngere Sozialwissenschaftler heftig gegen die Vorstellung einer Annäherung sozialer Schichten zur Wehr: Nicht die von Theodor *Geiger* schon in den vierziger Jahren ausgemachte „Klassengesellschaft im Schmelztiegel" (*Geiger* 1949) gelte es zu analysieren. Vielmehr seien die nach wie vor tiefgreifenden Klassenspaltungen der westdeutschen Gesellschaft, die „Widersprüche zwischen Kapital und Arbeit", in den Mittelpunkt der Aufmerksamkeit zu rücken – was denn auch in umfangreichen Klassenanalysen versucht wurde, freilich ohne dass man sich auch nur über den Umfang dessen, was jeweils als „Arbeiterklasse" bezeichnet wurde, einigen konnte (vgl. *IMSF* 1973; *PKA* 1974). Sozialwissenschaftliche Diskussionen um Art und Ausmaß sozialer Ungleichheiten in Westdeutschland waren in dieser Zeit zudem geprägt durch bisweilen heftige Kontroversen zwischen (neo-)marxistischen Klassentheoretikern und sog. „bürgerlichen" Schichtungssoziologen, die sich wechselseitig vorwarfen, ein jeweils einseitiges, ideologisch verzerrtes Bild „der" sozialen Wirklichkeit zu zeichnen: Hier die Betonung einer Spaltung der bundesdeutschen Gesellschaft in einander feindselig gegenüberstehende Klassen, dort die harmonisierende Vorstellung einer geschichteten Gesellschaft, in der sich die Lebensbedingungen verschiedener Schichten nur noch graduell unterscheiden würden.

Übersehen wurde in diesen Auseinandersetzungen zunächst, dass (neo-)marxistische Klassentheorien und nicht-marxistische Schichtungskonzepte sich spätestens dann annäherten, wenn es um die empirische Erfassung und Beschreibung von Ungleichheitsmustern ging: In einer Art „stillschweigender Koalition" (vgl. *Berger/Hradil* 1990) stand nämlich auf beiden Seiten meist die so genannte „meritokratische Triade" (*Kreckel* 1992) aus Bildung, Beruf und Einkommen(schancen) im Zentrum – ein leistungsgesellschaftlicher Mechanismus von Statuszuteilung und der Legitimation sozialer Ungleichheiten, der als typisch für „offene", westliche Gesellschaften gelten darf, dessen Wirksamkeit und Reichweite aber erst in jüngster Zeit wieder gezielter untersucht wird (vgl. z.B. *Neckel* et al., in diesem Band, S. 141-168). Und auch in den von Karl-Ulrich *Mayer*, Walter *Müller* und Johann *Handl* vorgelegten, detaillierten Untersuchungen zu „Klassen"strukturen, sozialer Ungleichheit und sozialer Mobilität in Westdeutschland (vgl. z.B. *Handl* et al. 1977), die sich von einem neo-marxistischen Klassenbegriff abwandten und u.a. unter dem Einfluss von Anthony *Giddens* (1979) mehr oder weniger explizit auf den ebenfalls schon von Max *Weber* vorgeschlagenen Begriff der durch die „Marktgängigkeit von Gütern und Leistungen" bestimmten „Erwerbsklassen" zurückgriffen, konzentrierte man sich in der Regel auf die so genannte „Bezahlte-Arbeit-Gesellschaft" (*Kreckel* 1992; vgl. *Berger/Konietzka* 2001).

Eine auf das Konzept der „Erwerbsklassen" fixierte Ungleichheitsforschung lief (und läuft) jedoch Gefahr, ihren Blickwinkel auf jene (nur) rund 50 Prozent der westdeutschen Bevölkerung zu verengen, deren Lebenslagen unmittelbar und hauptsächlich von Art und Höhe ihres Erwerbseinkommens beeinflusst werden; die anderen 50 Prozent sind je etwa zur Hälfte von privaten Versorgungsleistungen (z.B. von Eltern an ihre Kinder oder von Ehepartnern untereinander) oder von sozialstaatlichen Transfers (wie Bafög, Arbeitslosengeld, Sozialhilfe, Renten) abhängig, wurden (und werden) jedoch in vielen Ungleichheitsanalysen gar nicht oder höchstens „indirekt" berücksichtigt. Auf die wachsende Bedeutung staatlicher (Um-)Verteilungsmaßnahmen für die „Disparität" von Lebensbereichen – und damit für die Muster sozialer Ungleichheiten – hatten freilich Claus *Offe* und andere bereits Ende der 1960er Jahre aufmerksam gemacht (vgl. *Bergmann* et al.. 1969; *Offe* 1972); und Rainer M. *Lepsius* (1979) schlug dann Ende der 1970er Jahre vor, sozialstaatlich erzeugte Lebenslagen unter dem Begriff der „Versorgungsklassen" zusammenzufassen und so die neuartigen, wohlfahrtsstaatlich (mit-)erzeugten Ungleichheiten in die von *Weber* stammende Begrifflichkeit von Besitz- und Erwerbsklassen einzubinden.

In den 1980er Jahren erschienen dann in relativ schneller Folge Sammelbände, Monographien und Aufsätze, die sich als stilbildend für die weitere Debatte erweisen sollten: Herausgegeben von Reinhard *Kreckel* (1983), sorgte zunächst ein Sonderband der Sozialen Welt für Unruhe, sollte doch schon der Titel „Soziale Ungleichhei*ten*" signalisieren, dass jenseits der klassischen Konzepte von „quasi-ständischen" Schichten und (Besitz- oder Erwerbs-)Klassen weitere, möglicherweise „neue" Ungleichheiten an Bedeutung gewonnen haben. „Jenseits von Stand und Klasse?" war denn auch der Beitrag von Ulrich *Beck* (1983) zu diesem Band überschrieben, in dem er erstmals die seither mit seinem Namen verbundene „Individualisierungsthese" formulierte: Durch „Niveauverschiebungen (Wirtschaftsaufschwung, Bildungsexpansion usw.)" würden „subkulturelle Klassenidentitäten zunehmend weggeschmolzen, ‚ständisch' eingefärbte Klassenlagen enttraditionalisiert und Prozesse einer Diversifizierung und Individualisierung von Lebenslagen und Lebenswegen ausgelöst (...), die das Hierarchiemodell sozialer Klassen und Schichten unterlaufen und in seinem Realitätsgehalt zunehmend in Frage stellen" (*Beck* 1983). Diese Niveauverschiebungen bei weitgehend konstanten Abständen zwischen Oben und Unten, für die *Beck* dann in seiner „Risikogesellschaft" (1986) die prägnante Metapher vom „Fahrstuhleffekt" prägte, führen, so eine der Folgerungen, „der Tendenz nach zur Auflösung ungleichheits-relevanter (‚ständisch' gefärbter, ‚klassenkultureller') lebensweltlicher Gemeinsamkeiten". Damit war ein erster – und bis heute umstrittener – Anstoß für eine Verlagerung der Aufmerksamkeit weg von klassischen Ungleichheitsdimensionen wie Bildung, Besitz, Einkommen, Macht und Prestige und hin zu „neuen" sozialen Milieus und Lebensstilen gegeben.

Im gleichen Band fand sich auch ein Plädoyer von Stefan *Hradil* für ein Modell „sozialer Lagen", das er als eine „Alternative" zur Schichtungssoziologie verstanden wissen wollte (*Hradil* 1983): Dabei geht es nicht mehr ausschließlich darum, wie sich bestimmte Ressourcen (etwa Bildung oder Einkommen) in der Bevölkerung verteilen, sondern darum, ob und in welchem Maße sich vielfältigste Vor- und Nachteile für bestimmte Bevölkerungsgruppen zu *sozialen Lagen* bündeln (lassen). Kurz darauf definierte *Hradil* soziale Ungleichheiten dann als „gesellschaftlich hervorgebrachte, relative dauerhafte Lebensbedingungen, die es bestimmten Menschen besser und anderen schlechter erlauben, so zu handeln, dass allgemein anerkannte Lebensziele für sie in Erfüllung gehen" (*Hradil* 1987).

Die damit angesprochenen Vorstellungen von einem *„guten Leben"* beziehen sich freilich nicht allein auf die klassischen oder „alten" Ungleichheitsdimensionen wie Bildung, Geld, Macht und Prestige, und auch eine Erweiterung um wohlfahrtsstaatlich erzeugte Ungleichheiten reicht hier nicht mehr aus. Vielmehr treten nun so genannte *„neue"* Ungleichheiten wie zum Beispiel Freizeit- und Arbeitsbedingungen, soziale Beziehungen, ungleiche Behandlungen (etwa Diskriminierungen) hinzu – und altbekannte Ungleichheiten der Zuschreibung (etwa entlang der Geschlechterdifferenz oder ethnischer Zugehörigkeiten) werden spürbarer. Mit Blick auf die Lebensziele interessieren dann vor allem auch unterschiedliche Wertorientierungen und Handlungsmuster, über die Menschen verfügen (können); Unterschiede (und Ungleichheiten) zwischen sozialen Milieus und Lebensstilen also, die – u.a. angeregt durch die Arbeiten von Pierre *Bourdieu* (1982) – im Laufe der

1980er und 1990er Jahre zunächst in West-, dann aber auch in Ostdeutschland intensiv erforscht wurden und zu breit rezipierten Gesellschaftsdiagnosen wie Gerhard *Schulzes* „Erlebnisgesellschaft" (*Schulze* 1992) oder zu Michael *Vesters* Studien zur Milieustruktur Deutschlands (*Vester* et al. 2001) führten.

Neben dieser gesteigerten Aufmerksamkeit für Lebenslagen und Lebensstile richtete sich schließlich im gleichen Zeitraum und im Rahmen der u.a. von Karl-Ulrich *Mayer* vom Max-Planck-Institut für Bildungsforschung initiierten *Lebenslaufforschung* ein großer Teil des sozialwissenschaftlichen Interesses auf Risiken und Chancen, die mit verschiedenen Lebenslaufereignissen (wie zum Beispiel Bildungsentscheidungen, Arbeitsmarkteintritt, Heirat, Geburt eines Kindes, Arbeitslosigkeit, Scheidung) verknüpft sein können. Deutlich wurde dabei, welches Gewicht hier biographische „Fehlentscheidungen" und die Ungleichheiten zwischen Generationen bzw. Kohorten haben können. Zudem können, wie vor allem die neuere Arbeitslosigkeits- und Armutsforschung gezeigt hat (vgl. z.B. *Leibfried* u.a. 1995), viele Ungleichheiten durchaus „transitorischer", also vorübergehender Art sein. Es handelt sich dabei nicht mehr um ungleiche, aber dauerhafte Lebenslagen, sondern eher um *„Ungleichheitsphasen"* und damit verbundene, objektive und subjektive „Statusunsicherheiten" (vgl. *Berger* 1990, 1996), aus denen sich nur schwer ein Gesamtbild übereinanderliegender Schichten oder einander entgegengesetzter Klassen gewinnen lässt.

Darüber, welche Dimensionen und Aspekte sozialer Ungleichheit als die „alten", freilich nach wie vor wirksamen gelten sollen, scheint heute weitgehend Einigkeit zu bestehen (vgl. z.B. *Meulemann*, in diesem Band, S. 115-136): Neben ökonomischen Ungleichheiten (Besitz, Einkommen) werden meist noch Bildung und berufliche Positionen, etwas seltener schon Prestige und Macht aufgeführt. Sehr viel unklarer ist jedoch, welche – wie viele – „neue" Ungleichheiten es geben könnte: Sind wohlfahrtsstaatlich erzeugte bzw. politisch regulierte Ungleichheiten „neu", obwohl sie in ihren Mustern oftmals den durch den Arbeitsmarkt produzierten Ungleichheiten folgen (so ist ja die Höhe der Renten im deutschen Sozialversicherungssystem eng an die Höhe der Arbeitseinkommen gekoppelt)? Sind so genannte „Disparitäten", die aus der unterschiedlichen Ausstattung von Gemeinden oder Regionen mit öffentlich (mit-)finanzierten Infrastruktureinrichtungen entstehen können, „neu" – oder sind sie lediglich Ausdruck „alter" Machtverhältnisse, also abhängig von jenen wohlbekannten Mechanismen, die verantwortlich sind für ungleiche Zugangschancen zu politischen, wirtschaftlichen und anderen Eliten, die zum Beispiel Investitionsentscheidungen treffen? Und wie steht es mit den Ungleichheiten zwischen West- und Ostdeutschland; nicht nur im Hinblick auf die Infrastrukturausstattung, die ja in Ostdeutschland mit milliardenschweren Investitionen langsam auf „Westniveau" angehoben wird, sondern auch mit Blick auf die Einkommensunterschiede zwischen Ost und West, die nach einer zumindest im Osten weithin geteilten Auffassung gegen den Grundsatz „Gleicher Lohn für gleiche Arbeit" verstoßen?[4]

Ungünstige Arbeitsbedingungen, oftmals ebenfalls zu den „neuen" Ungleichheiten gezählt, sind meist eng mit schlecht bezahlten und gering angesehenen Berufstätigkeiten verknüpft, was sich auch heute noch in ungleichen Risiken vor Krankheit und Tod ausdrückt. Andererseits klagen aber auch gutbezahlte Topmanager oder Spitzenpolitiker über zu viel Stress und zu wenig Freizeit. Damit kommen zugleich Ungleichheiten der Belastung durch unterschiedliche Arbeitszeiten in den Blick, wobei geringere Arbeitszeiten keineswegs durchgängig zu mehr Freizeit oder gar zu mehr „Spaß" in der Freizeit führen. Dies gilt insbesondere für viele (teilzeit-)berufstätige und verheiratete Frauen, die oftmals nach wie vor – und wie es scheint in Ost und West gleichermaßen – zusätzliche Belastungen durch Arbeiten in Familie und Haushalt zu tragen haben.

Gerade im Bereich von Familie und Haushalt zeichnen sich möglicherweise wirklich „neue" Ungleichheiten ab: nämlich die zwischen Familien mit (mehreren) Kindern, wobei Kinder in den unteren Einkommensbereichen mittlerweile als Armutsrisiko gelten, und den so genannten ‚dinks' (double income – no kids); einige sozialwissenschaftliche Beobachter sprechen schon von einer drohenden „Polarisierung" zwischen familienorientierten (Ehen bzw. Partnerschaften mit Kindern bzw. Alleinerziehende) und erwerbsorientierten Lebensformen (Paare ohne Kinder oder Alleinlebende). Dass der Geburtenrückgang in Deutschland Folgen für die Systeme der sozialen Sicherung haben wird, ist mittlerweile allgemein bekannt. Unklar ist aber, ob sich hier zugleich „neue" Ungleichheiten zwischen den Generationen ausbilden, die u.U. verstärkt werden durch jene Ungleichheiten, die aus unterschiedlichen Chancen zur privaten Vermögensbildung und -vererbung resultieren. Und noch kaum absehbar ist, welche Konsequenzen die neuen gentechnischen Möglichkeiten für die Erzeugung dann im vollen Wortsinn „neuer" Ungleichheiten (etwa durch eine vorgeburtliche Selektion zwischen einer „guten" oder „schlechten" genetischen Ausstattung) haben könnten.

Mit Blick auf Ungleichheiten zwischen den Geschlechtern können vor allem jüngere Frauen als Gewinnerinnen der in den sechziger Jahren eingeleiteten Bildungsexpansion gelten – trotz vieler fortbestehender Benachteiligungen in anderen Bereichen: „Alte" geschlechtsspezifische Ungleichheiten der Zugangschancen sind im allgemeinbildenden Schulsystem so gut wie verschwunden. Freilich setzen sich diese Gewinne bislang kaum im Abbau

---

4 Aber was heißt eigentlich „gleiche" Arbeit? Gleiche Dauer der am Arbeitsplatz verbrachten Zeit? Oder gleiche Erträge pro Arbeitsstunde? Nimmt man letztere zum Maßstab, dann verändert sich das Bild womöglich wieder, weil die Arbeitsproduktivität im Osten durchschnittlich weiter deutlich unter derjenigen im Westen liegt.

von Barrieren auf dem Arbeitsmarkt, in Privatunternehmen oder öffentlich finanzierten Organisationen fort. Ungleiche Bildungschancen finden sich aber, wie jüngst die Pisa-Studien wieder eindrucksvoll gezeigt haben (*Baumert* et al. 2001, 2002), zwischen den Kindern von (ethnischen) Deutschen und Migranten und nach wie vor auch entlang verschiedener Stufen in der Hierarchie von Berufsgruppen: Weil (Kinder aus) Angestellten-, Beamten- und Selbstständigenfamilien ihre Bildungsanstrengungen erhöht haben, liegen die (Kinder aus) Arbeiterfamilien hier immer noch zurück. Und bei einer anscheinend zunehmenden Zahl von Kindern, die unter Bedingungen relativer Armut aufwachsen, zeichnen sich nicht nur Benachteiligungen in der Teilhabe an den Gütern einer Wohlstandsgesellschaft ab, sondern hier besteht auch die Gefahr gravierender Auswirkungen auf die Bildungs- und Berufschancen. Verschärft durch das Dauerproblem der Massenarbeitslosigkeit sehen hier manche Beobachter die Herausbildung einer neuen ‚underclass' oder einer Gruppe von „Überflüssigen" (vgl. *Bude* 1998; *Kronauer/ Vogel* 1998; *Kronauer* 2002), die nicht nur schlechte Chancen im Bereich von Bildung und Arbeitsmarkt haben, sondern nirgends mehr „gebraucht" werden und deshalb auch in Kämpfen um soziale Anerkennung schlechte Karten haben.

In all diesen Zugangsweisen zeichnet sich eine nicht gerade übersichtliche Gemengelage von alten und möglicherweise neuen Dimensionen und Erscheinungsformen sozialer Ungleichheiten ab. Einige der als „neu" etikettierten Ungleichheiten sind zweifelsohne nicht neu in dem Sinne, dass es sie früher nicht gab. Neu an ihnen ist vielmehr, dass sie *größere sozialwissenschaftliche und öffentliche Aufmerksamkeit* erfahren. Dies weist nicht nur auf eine gewachsene Fähigkeit zur gesellschaftlichen Selbstbeobachtung hin, sondern erinnert zugleich an das von Alexis de *Tocqueville* schon 1835 formulierte und nach ihm benannte *Paradox*, wonach die Sensibilität für verbleibende – „neue" – Ungleichheiten in einer Periode abnehmender – „alter" – Ungleichheiten zunimmt.

Ob die Bundesrepublik Deutschland seit den 1960er Jahren generell eine Zeit abnehmender Ungleichheiten erlebt hat, ist allerdings nach wie vor umstritten. Denn einerseits konnten zwar im Bereich von Bildung und Mobilität einige Ungleichheitsbarrieren abgebaut werden, andererseits weisen aber verfügbare Statistiken nicht darauf hin, dass sich seit dieser Zeit an der Ungleichverteilung von Einkommen und Vermögen viel geändert hätte – und seit den späten 1980er Jahren scheint der Abstand zwischen „arm" und „reich" eher wieder zu wachsen. All dies spielt sich jedoch auf einem im historischen und internationalen Vergleich nach wie vor hohen Niveau materiellen Wohlstands und sozialer Sicherheit ab.[5] Auch wenn Ungleichheiten –

---

5   International ist Deutschland in den letzten zwanzig Jahren allerdings beträchtlich zurückgefallen – nicht weil das Land absolut ärmer geworden wäre, sondern weil der Wohlstandszu-

im Sinne relativer Abstände zwischen „viel" und „wenig", zwischen „oben"
und „unten" – sich nur wenig oder gar nicht verringert haben, dürfte dieser
allgemeine Niveauanstieg erhebliche, wiewohl noch nicht zureichend erfor-
schte Folgen für die alltägliche Bedeutung und Wahrnehmung von Ungleichheiten haben.

Deutlich wird dieser paradoxe Zusammenhang von fortbestehenden Abständen zwischen ungleichen Lebenslagen und genereller Wohlstandssteigerung auch am Beispiel der *Armut* (vgl. *Barlösius/Ludwig-Mayerhofer*
2001): „Absolute" Armut im Sinne eines Lebens am Rande des physischen
Existenzminimums oder darunter ist in Deutschland erfreulicherweise selten
geworden. Nach wie vor verbreitet und nach vielen Untersuchungen sogar
im Wachsen begriffen ist jedoch die so genannte „relative" Armut, die meist
durch Einkommensgrenzen definiert wird: Wer weniger als 50 Prozent des
durchschnittlichen Netto-Pro-Kopf-Einkommens bezieht, gilt danach als
arm. Das bedeutet aber, dass die so definierte und gemessene relative Armut
nur dann verringert werden könnte, wenn der Abstand zwischen hohen und
geringen Einkommen, also die *Ungleichheit*, verringert würde. Ob und wie-
weit das ein erstrebenswertes Ziel ist (und wie man sich ihm ggf. praktisch
am besten annähern könnte), dürfte freilich weitaus strittiger sein als die Bewertung absoluter Armut, zumal es viele Hinweise darauf gibt, dass starke
Angleichungen der Einkommen nicht nur mit anderen sozio-ökonomischen
Zielsetzungen, sondern auch mit anderen Gleichheitswerten kollidieren können. Womit wir wieder bei Fragen nach dem Gewicht und der Bedeutung
unterschiedlicher (Un-)Gleichheiten wären, um die es im diesem Band geht.

II.

Die Beantwortung dieser Fragen ist alles andere als einfach. Sie würde nochmals erheblich erschwert, beschränkte man sich nicht, wie das hier geschieht,
auf den nationalen Rahmen, sondern erörterte man sie im Weltmaßstab oder
auch nur mit Bezug auf verschiedene Weltregionen, in denen sich seit geraumer Zeit und im Zuge fortschreitender Globalisierungsprozesse, der Transformation Ost- und Mitteleuropas, der wachsenden Integration West- und (nun
auch) Mitteleuropas, des spektakulären Aufstiegs Ostasiens (speziell dazu
Schmidt 2004), der anhaltenden Entwicklungskrise in Südasien, in ganz Afrika
sowie in großen Teilen des Nahen Ostens, des wechselvollen Auf und Ab in
Lateinamerika usw. höchst komplexe und scheinbar widersprüchliche Entwicklungen abzeichnen, von denen zwar eine reichhaltige Literatur zeugt,[6] die aber,

---

wachs relativ zu dem anderer Länder mit dynamischeren Volkswirtschaften bescheidener
ausgefallen ist.

6   Um nur ein Beispiel zu nennen: Eine Parallele zu dem oben angesprochenen Paradox, wenn
    es denn wirklich eines ist, besteht sicher darin, dass in den letzten zweihundert Jahren der
    Lebensstandard der Menschen (und zwar wohlgemerkt: einschließlich der Armen) weltweit

jedenfalls in der deutschen Soziologie und Ungleichheitsforschung, bislang kaum zur Kenntnis genommen werden. Dasselbe gilt für ein nicht minder umfangreiches wirtschaftswissenschaftliches, polit-ökonomisches, sozialphilosophisches und sozialpolitisches Schrifttum, das sich dieser und verwandter Fragen teils implizit, teils explizit annimmt und deshalb eigentlich auch für die Ungleichheitsforschung instruktiv wäre (*Schmidt* 2000b), aber deren Aufmerksamkeitsschwelle nur selten überwindet. Man bleibt, so scheint es, lieber unter sich.

Vor diesem Hintergrund und in dieser Ausgangslage stellt der vorliegende Band den Versuch dar, einerseits Impulse für eine überfällige Diskussion innerhalb der Ungleichheitsforschung zu geben, andererseits jedoch auch dieser selbst den Zugang zu neuem Terrain zu öffnen, auf dem sich lohnende Analysemöglichkeiten bieten und dessen Erschließung durch die Soziologie zudem fruchtbare Synergieeffekte für andere wissenschaftliche Disziplinen und Teildisziplinen verspräche, die dort gleichsam schon länger „heimisch" sind.

Den Beginn macht Raphael *Beer* (in diesem Band, S. 27-47) mit einem sehr grundsätzlich ansetzenden Beitrag zu Demokratie als normativer Prämisse der Ungleichheitsforschung. Im Anschluss insbesondere an *Habermas* expliziert der Autor zunächst seinen Demokratiebegriff, dessen konstitutive Komponenten ein Ensemble gleich zu verteilender allgemeiner Bürgerrechte und eine „deliberierende" Öffentlichkeit sind, aus der er ein Konzept der Demokratiebefähigung ableitet. Die Grundidee ist einfach: Wenn es für die Qualität demokratischer Politik wichtig ist, dass alle Bürger die Möglichkeit besitzen, sich an der Diskussion über deren inhaltliche Ausgestaltung zu beteiligen, dann setzt das bestimmte kognitive Kompetenzen voraus. Die Ausbildung dieser Kompetenzen ist jedoch, wie die entwicklungspsychologische Forschung in der *Piaget*-Tradition zeigt, ihrerseits an Voraussetzungen gebunden, die sozial höchst ungleich verteilt sind, weshalb de facto nur eine Minderheit der Bürger ein Niveau des Urteilsvermögens erreicht, das den Anforderungen dieses anspruchsvollen Demokratiebegriffs genügt.[7] Hier, so *Beer*, lässt sich dann auch ungleichheitssoziologisch ansetzen, nämlich beim Aufspüren derjenigen sozialen Bedingungen, die einer optimalen Entfaltung des menschlichen Vernunftpotentials im Wege stehen und Tendenzen der sozio-kulturellen (Selbst-) Exklusion Vorschub leisten. Sie bilden zugleich den normativen Bezugspunkt für die Frage nach Art und Umfang (un-)zulässiger sozialer Ungleichheiten, für

---

erheblich gestiegen ist (vgl. *Easterlin* 2000), zugleich jedoch der Abstand zwischen den Reichsten und Ärmsten dramatisch gewachsen ist und weiter wächst (vgl. *World Bank* 2001), obwohl die interregionale Ungleichheit neuerdings leicht abzunehmen beginnt (dazu *Firebaugh* 2003).

7   Die Politikwissenschaft ist diesbezüglich oft bescheidener und begnügt sich im Namen des Realismus meist mit der Forderung der effektiv gegebenen Chance, das politische Führungspersonal im Wege von Wahlen austauschen bzw. sich selbst zur Wahl stellen zu können. So etwa *Przeworski* et al. 2000. Für eine ähnliche Position in der Soziologie steht bekanntlich *Luhmann* 2002.

deren Beantwortung er ein zweistufiges Verfahren vorschlägt: *Erst* sind alle diejenigen sozialen Ungleichheiten abzubauen, die „aus der Perspektive der gleichberechtigten Partizipation an der Demokratie problematisch" sind, *dann* (d.h. für im Anschluss daran noch verbleibende Entscheidungsspielräume) kann die Frage an das nun hinreichend qualifizierte Staatsbürgerpublikum zurückgegeben werden.

Es liegt auf der Hand, dass das Maß an sozialer Gleichheit, welches ein so verstandener Demokratiebegriff erfordert, beträchtlich sein dürfte; mindestens jedoch legt er eine Fokussierung auf solche sozialen Ungleichheiten nahe, die einer Ausbildung der betreffenden Kompetenzen besonders abträglich sind. Ein Vorteil dieser Konzeption ist sicher ihre Klarheit und Einfachheit, ein möglicher Nachteil, dass ihr aufgrund der überragenden Bedeutung, die sie der Politik beimisst, andere und womöglich konfligierende soziale Leitwerte (einschließlich anderer Gleichheiten) aus dem Blick (zu) geraten (drohen).

Es ist das Verdienst Peter *Kollers* (in diesem Band, S. 49-71), diese Frage nach der Priorisierung *unterschiedlicher* Gleichheitswerte, die sich, sobald von komplexeren Verhältnissen und weniger eindeutigen Rangbeziehungen ausgegangen wird, zwangsläufig stellt, direkt anzugehen. Ausgehend vom Postulat einer *konditionalen* Gleichheit aller Gesellschaftsmitglieder, wonach Abweichungen von der unter modernen Bedingungen im Prinzip als geltend zu unterstellenden Gleichheitsnorm begründungsbedürftig sind, entwickelt *Koller* fünf spezifischere Forderungen der sozialen Gerechtigkeit, die zwar keine strikte Rangordnung bilden, aber gleichwohl unterschiedliches Gewicht besitzen, insofern im Konfliktfall die jeweils höherrangigeren stärker wiegen (sollen) als die niedrigerrangigen. Im einzelnen handelt es sich um (1) rechtliche Gleichheit, (2) gleiche bürgerliche Freiheiten, (3) gleiche politische Partizipationsgelegenheiten, (4) Chancengleichheit im Zugang zu begehrten sozialen Positionen sowie schließlich (5) wirtschaftliche Gerechtigkeit, verstanden als Chance der effektiven Teilhabe am gemeinschaftlich erzeugten Wohlstand – wobei die letzten beiden Forderungen freilich keine *Gleich*verteilung der betreffenden Güter verlangen, sondern, sofern begründbar und langfristig mit dem Interesse aller vereinbar, im Gegenteil sogar „erhebliche" Ungleichheiten zulassen.

Eine ausführliche Begründung seiner fünf Gerechtigkeitsforderungen hat *Koller* an anderer Stelle geleistet (*Koller* 2003). Im hier abgedruckten Text geht er einen Schritt weiter, indem er sie einerseits unter Verknüpfung wichtiger politikphilosophischer und sozialtheoretischer Annahmen weiter zu plausibilisieren sucht, zugleich jedoch andererseits auch auf sozialstrukturelle Wandlungstendenzen hinweist, die es seiner Auffassung nach künftig schwerer machen könnten, ihnen ausreichend Gehör zu verschaffen. Aber wie es darum auch bestellt sein mag: In der jetzt vorliegenden Form bleiben die Forderungen noch relativ abstrakt, so dass selbst in dem aus *Kollers* Sicht wohl unwahrscheinlichen Fall, *dass* sie ungeteilte Zustimmung fänden, keineswegs klar wäre, was im Einzelnen aus ihnen folgen würde, wie sie sich in konkrete Politik übersetzen ließen.

Volker H. *Schmidt* (in diesem Band, S. 73-92) wagt sich in dieser Hinsicht etwas weiter vor. Sein Ausgangspunkt ist eine Unterscheidung zwischen absoluten und relativen Gleichheiten, wobei erstere kaum, letztere dagegen durchaus beträchtliche Abweichungen zulassen. Konkret bedeutet das, dass sozioökonomische Ungleichheiten zulässig sind, wenn und soweit sie den sozial Schlechtestgestellten zum Vorteil gereichen.[8] Diese, der Gerechtigkeitstheorie von John *Rawls* entlehnte Prämisse führe, reichere man sie mit zentralen Elementen der nicht minder einflussreichen Konzeption Amartya *Sens* sowie mit empirischem Kontextwissen über die aktuellen wirtschaftlichen Probleme Deutschlands an, zu einer Prioritätenliste sozialpolitischer Handlungsgebote, die Wolfgang *Merkel* (2001) vorgeschlagen hat und der *Schmidt* sich anschließt. Drei Implikationen leitet er daraus für eine praktische Politik sozialer Gerechtigkeit ab: (1) Umstellung der sozialen Sicherungssysteme auf Steuerfinanzierung bei gleichzeitiger Nivellierung von Ansprüchen auf dem Niveau einer Grundversorgung; (2) Umschichtung der Sozialausgaben von primär konsumtiven in investive Leistungsbereiche entsprechend den Leitlinien eines „ermöglichenden" oder „befähigenden" Wohlfahrtsstaats (dazu *Gilbert* 2002); sowie (3) Deregulierung und Flexibilisierung des Arbeitsmarkts zwecks Verbesserung der Zugangschancen bislang Exkludierter. Der soziologischen Ungleichheitsforschung rät *Schmidt*, sich in ihren Analysen auf die aus seiner Sicht problematischeren Ungleichheiten zu konzentrieren bzw. sich zunächst einmal Klarheit darüber zu verschaffen, welche dies überhaupt sein könnten.

Seine diesbezüglichen Vorschläge sind sicher kontrovers, und sie beanspruchen auch keineswegs, der Weisheit letzter Schluss zu sein; sie wollen nur zum Überdenken von Prämissen anregen, die *Schmidt* weder für realistisch noch für normativ überzeugend hält, die aber gerade in Soziologenkreisen nach wie vor verbreitet sind.

Weniger kontrovers dürften demgegenüber die Überlegungen Wolfgang *Ludwig-Mayerhofers* (in diesem Band, S. 93-113) sein. Wie *Schmidt* wendet auch er sich gegen eine Verengung der Ungleichheits- und Gerechtigkeitsdiskussion auf Fragen der Einkommensverteilung, die zwar zweifellos eine wichtige Determinante von Lebenschancen sei, aber nicht die einzige. Probleme einer rein auf sie abstellenden Konzeptualisierung von Ungleichheiten sieht *Ludwig-Mayerhofer* u.a. darin, dass diese dazu neige, andere maßgebliche Faktoren und vor allem auch die Frage auszublenden, wie die gegebenen Haushalten verfügbaren Einkommen intern verteilt und verwendet werden bzw. welche Wohlfahrtsgewinne die einzelnen Mitglieder daraus aufgrund

---

8   Außerdem dürfen sie sich nicht allzu stark zu „dauerhaften Ungleichheiten" (im Sinne von *Tilly* 1998) verhärten, die individuell unüberwindbare, kategoriale Mobilitätsbarrieren schaffen.

ihrer je nach Geschlecht, körperlicher Ausstattung, Gesundheitsstatus, Wohnsituation, Lebensalter usw. differierenden Entfaltungsmöglichkeiten, Handlungsoptionen und Bedürfnislagen individuell ziehen können. Hinzu komme, das viele wohlfahrtsrelevante Güter weder für den Markt oder durch den Staat produziert noch durch diese verteilt würden, sondern auf darunter liegenden Aggregationsebenen des gesellschaftlichen Handelns; eine Beobachtung, die bekanntlich bereits die Forschungen zur lokalen Gerechtigkeit inspiriert hatte (*Schmidt/Hartmann* 1997). Besonderes Augenmerk verdienten in dem Zusammenhang *Familien* als Instanzen der Wohlfahrtsproduktion. Ungleichheitsrelevant seien Familien in mindestens dreierlei Hinsicht: (1) als Orte der Güter- und Aufgabenverteilung, (2) als Orte der Reproduktion askriptiver (insbesondere geschlechtsspezifischer) sozialer Rollenzuweisungen, die sich von dort aus gleichsam auch in andere Sphären der Gesellschaft hineinverdoppeln, und (3) als Orte der Weitergabe materiellen und immateriellen Kapitals an die jeweils nachfolgenden Generationen, so dass Personen mit unterschiedlich privilegiertem Hintergrund sich von vornherein in höchst ungleiche Startpositionen gestellt sähen. Eine Ungleichheits- und Gerechtigkeitsforschung, die dem nicht systematisch Rechnung trage, so *Ludwig-Mayerhofer*, greife zu kurz und werde ihrer Aufgabenstellung nicht gerecht. Sie muss ihren Gegenstandsbereich also entsprechend ausweiten.

Soweit Familien tatsächlich solche wettbewerbsverzerrenden Effekte haben, würde Heiner *Meulemann* (in diesem Band, S. 115-136) dem sicher beipflichten. Im Mittelpunkt seines Beitrags stehen die Begriffe der Leistungs- und Chancengleichheit bzw. -gerechtigkeit. Die für einfache, segmentär differenzierte Gesellschaften typische Norm der Ergebnisgleichheit sei modernen, funktional differenzierten Gesellschaften nicht mehr angemessen, weshalb sie dort auch bloß noch in der Form gewisser Mindeststandards der Güterausstattung fortlebe, hinter die niemand zurückfallen soll. An ihre Stelle sei die Chancengleichheit getreten, die gleiche oder doch zumindest annähernd gleiche Startbedingungen sicherstellen wolle, um ungleiche, auf Leistungsunterschieden basierende Endverteilungen rechtfertigen zu können. Sei diese Voraussetzung gegeben (was in der wirklichen Welt niemals voll erreicht werde), dann bedeute Chancengleichheit zugleich Chancengerechtigkeit. Ein Problem sieht *Meulemann* freilich darin, dass der Leistungsbegriff unterbestimmt sei, weshalb die ihn benutzende Forschung letztlich auf politische und konventionelle Vorabfestlegungen zurückgreifen müsse. *Eigene* Maßstäbe könne sie dafür jedenfalls nicht entwickeln, weil diese sich mit wissenschaftlich Mitteln nicht bestimmen ließen, wie *Meulemann*, darin unverkennbar *Weberianer*, nüchtern konstatiert. Hat sie sich jedoch einmal auf ein bestimmtes Begriffsverständnis festgelegt, dann kann die Sozialwissenschaft durchaus empirisch ermitteln, welche sozialen Bedingungen der Verwirklichung einer so definierten Chancengerechtigkeit im Wege stehen oder förderlich sind – und die entsprechen-

den Befunde auch wieder in die interessierte politische Öffentlichkeit zurück-
spiegeln, die diese dann ihrerseits zum Anlass für Reformbestrebungen nehmen mag (oder auch nicht). Wichtig sei in dem Zusammenhang vor allem die
Ressourcenausstattung der Individuen, die maßgeblich über deren Lebenschancen entscheide. Seien Unterschiede in dieser Dimension Ausdruck unterschiedlicher Leistung bzw. Leistungsfähigkeit, dann sei gegen sie nichts ein-
zuwenden; im umgekehrten Fall dagegen wären sie ungerechtfertigt, also kor-
rekturbedürftig.

Die Achillesferse einer Ungleichheitsforschung, wie sie *Meulemann* vorschwebt, sind also letztlich außerhalb ihrer fachlichen Zuständigkeit und Kompetenz liegende Wertmaßstäbe, was sie an externe Instanzen verweist. Diese
Verlegenheit finden Sighard *Neckel* und seine Koautoren (in diesem Band, S.
137-164) unbefriedigend, weshalb sie der Soziologie die Aufgabe stellen, den
normativen Bezugsrahmen ihrer Untersuchungen selbst, also (doch) mit eigenen Mitteln zu entwickeln. Aber welche Mittel könnten dies sein, und wo wären sie ggf. anzusetzen, um die gesuchten Maßstäbe zu finden? *Neckel, Dröge*
und *Somm* schlagen vor, sich dafür an diejenigen Maßstäbe zu halten, welche
die gesellschaftlichen Akteure selbst ihren Handlungen und moralischen Urteilen zugrunde legen; freilich nicht ungefiltert, sondern unter normativ abwägen-
der „Reflexion über mehr oder weniger gerechte gesellschaftliche Verteilungsstrukturen". Hilfestellung soll dabei eine gesellschaftsgeschichtlich informierte
soziologische Theorie leisten, die es der Ungleichheitsforschung (so die der
Kritischen Theorie entnommene Prämisse) erlaube, einerseits eine gewisse
Distanz zu real vorfindlichen Alltagsorientierungen zu bewahren, ohne andererseits dazu zu zwingen, diese mit Wertmaximen zu konfrontieren, die ihnen
äußerlich seien. Wie die dafür in Dienst genommene Theorie das im einzelnen
bewerkstelligen soll, wird nicht näher ausgeführt; ihre eigenen Bemühungen
führen die Autoren jedenfalls zu der – darin mit *Meulemann* übereinstimmen-
den – Folgerung, dass in der modernen Gesellschaft das Leistungsprinzip die
zentrale Legitimationsinstanz zur Rechtfertigung sozialer Ungleichheiten
bilde. Verletzungen dieses Prinzips, also Unterschiede von Lebenschancen,
Rangstellungen und Einkünften, die nicht auf Leistungsunterschiede zurück-
führbar sind, müssten demnach Legitimationsprobleme aufwerfen. Das setzt
allerdings voraus, dass dem Prinzip im Alltag auch tatsächlich jenes Gewicht
zugemessen wird, das ihm gemäß dem normativen Selbstverständnis der modernen Gesellschaft zukommen sollte – was keineswegs gewiss sei, werde es
doch insbesondere durch den stetigen Bedeutungszuwachs von Markterfolgen
nachhaltig herausgefordert. Um zu prüfen, welche Spuren dieser Trend im gesellschaftlichen Deutungshaushalt hinterlässt oder schon hinterlassen hat, haben die Autor/rinnen eine empirische Untersuchung durchgeführt, aus der sie
im weiteren Fortgang ihrer Ausführungen erste Befunde vorstellen.

Auch Steffen *Mau* (in diesem Band, S. 165-190) hält es für unverzichtbar, die soziologische Ungleichheitsforschung normativ wenigstens teilweise in den Relevanzsetzungen und Deutungsmustern der Gesellschaftsmitglieder zu verankern, die sich in jene sozialen Verhältnisse hineingestellt sehen, welche diese untersucht und oft genug beklagt, ohne sich der Mühe zu unterziehen, ihre teils unterschwelligen, teils offenen Werturteile zu explizieren und zu begründen. Als vielversprechenden Ansatzpunkt zur Ergänzung der normativen Theoriebildung durch soziologische Argumente schlägt *Mau* das Konzept der *Moralökonomie* vor. Entwickelt wurde dieses Konzept ursprünglich zur Analyse der Ausdifferenzierung und Verselbständigung der modernen Wirtschaft, die im Gefolge ihrer Umstellung auf Eigenrationalität sozial gleichsam entpflichtet wird (Stichwort „legitime Indifferenz"; *Tyrell* 1978), damit jedoch auch ihr Sensorium für allfällige Verteilungsungerechtigkeiten verliert, das die traditionale, moralisch stärker eingebundene (oder „eingebettete"; *Polanyi* 1978) Wirtschaft zumindest ansatzweise in Rechnung gestellt hatte, indem sie etwa Rücksicht auf verbreitete Vorstellungen über „gerechte Preise" für Grundnahrungsmittel nahm – Vorstellungen (bzw. Erwartungen), denen gegenüber Märkte „blind" sind, weil sie in ihrer Sprache keinen Platz haben. Die Funktion, hier einen gewissen Ausgleich zu schaffen, fällt heute in die Zuständigkeit des Wohlfahrtsstaats, der das Walten der Marktkräfte reguliert und ihre Reichweite begrenzt, um vorhandene und neu entstehende soziale Ungleichheiten auf ein erträgliches Maß zu reduzieren. Diese Aufgabenbestimmung des Wohlfahrtsstaats und die durch seine Existenz laufend bestätigten (wenn nicht gar zusätzlich genährten) Erwartungen gelten *Mau* als Belege des Fortlebens moralökonomischer Steuerungsbedarfe auch unter modernen Bedingungen.

Aber wie groß sind diese Bedarfe, und wie lassen sie sich ermitteln? Dafür bieten sich aus *Maus* Sicht zwei Methoden an. Da die Baupläne und institutionelle Architektonik von Wohlfahrtsstaaten immer schon selbst gesellschaftlich wirksame Leitideen sozialer Gerechtigkeit inkorporieren und reflektieren (vgl. *Schmidt* 1995), könne man zum einen institutionenanalytisch ansetzen und sich um eine Rekonstruktion derjenigen normativen Standards bemühen, die wohlfahrtsstaatliche Instanzen selbst zu ihrer Legitimation in Anspruch nehmen. Zum zweiten könne man mit den Mitteln der Urteils- und Einstellungsforschung aber auch direkt auf die Sichtweisen des Publikums, also der Adressaten wohlfahrtsstaatlicher Leistungen, zugreifen, um so herauszufinden, welches Maß und welche Formen von sozialer (Un-)Gleichheit sie für zulässig oder geboten halten. Beide Verfahren haben nach *Mau* ihre Berechtigung; er selbst konzentriert sich jedoch auf das letztere und verspricht sich von der damit einhergehenden „Subjektivierung" des Gerechtigkeitsdiskurses eine „perspektivische Erweiterung" des Horizonts, in dem die Frage nach der Relevanz unterschiedlicher Gleichheiten gestellt wird. Gegenüber rein normativtheoretischen Betrachtungen habe dies den Vorteil, entsprechende Antworten auf eine breitere Grundlage zu stellen. Man darf gespannt sein, zu welchen substantiellen Vorschlägen dieses ambitionierte Programm führt, wenn es erst einmal praktisch umgesetzt wird.

In seinem Plädoyer für Subjektivierung trifft *Mau* sich mit Gerd *Nollmann* (in diesem Band, S. 191-222), der den „subjektiv-sinnhaften Beweggründen des sozialen Handelns" nachspüren und im Anschluss an die mikroanalytische Rekonstruktion gesellschaftlich operativer Deutungen unterschiedlicher Ungleichheiten auch die Frage nach deren jeweiliger „Problematizität" konsequent soziologisieren will. Problematizität wird hier freilich nicht normativ verstanden, sondern explanatorisch, nämlich als Frage nach dem kausalen Einfluss vorfindbarer Ungleichheitsperzeptionen auf soziales Handeln bzw. auf die Strukturierung sozialer Beziehungen. Relevant sind für eine so verstandene soziologische Ungleichheitsforschung dann nicht solche Ungleichheiten, die sich einem Beobachter unter Rückgriff auf woher immer bezogene *externe* Standards als problematisch darstellen, sondern allein diejenigen, die die Teilnehmer an ungleichen sozialen Beziehungen *selbst* als problematisch bewerten. Die Frage nach den normativen Grundlagen der Ungleichheitsforschung käme insoweit einem Selbstmissverständnis gleich, und ihre Klärung wäre bestenfalls ein nachrangiges Problem. Vorrangig komme es darauf an, erst einmal deren fachlich-konzeptuelle Grundlagen zu klären, und auf diesem Gebiet sieht *Nollmann* in der Tat erheblichen Nachholbedarf. Sein Vorschlag lautet, der Ungleichheitsforschung ein handlungstheoretisches Fundament zu geben und die darauf aufbauende Theorieentwicklung Stück für Stück in Richtung einer, wie er sie nennt, „hermeneutischen Ungleichheitstheorie" auszuarbeiten. Folgte sie dieser Anregung, dann würde die Ungleichheitsforschung, die ihr Augenmerk bislang in so genannter „objektivistischer" Einstellung vorrangig auf materielle, sozialstrukturell verankerte Disparitäten der sozialen Güter- und Statusverteilung, Lebenslagen und -chancen usw. gelenkt und symbolische Aspekte allenfalls sekundär zur Kenntnis genommen hatte, wohl nach und nach zu einer Art „Wissenssoziologie der Ungleichheit" mutieren.

Soll das damit umrissene Programm Erfolg haben, so setzt das freilich voraus, dass es erstens hinreichend Anklang bei den Vertretern dieser Forschung findet und dass diese dann zweitens auch wirklich auf eigene, nicht durch den Gegenstand ihrer Untersuchungen vorgegebene Wertungen verzichten. Für beides gibt es derzeit wenig Anhaltspunkte in der mit Analysen zur sozialen Ungleichheit befassten Literatur.

Auch Jörg *Rössel* (in diesem Band, S. 221-239) sieht trotz der von ihm eingestandenen Wertgeladenheit schon des Ungleichheits*begriffs* keine zwingende Notwendigkeit, der soziologischen Ungleichheitsforschung unbedingt ein normatives Fundament geben zu müssen – beschränke sie sich, wofür er wirbt, strikt auf Fachliches, dann könne sie darauf sehr wohl verzichten. Und auch für die Frage nach der relativen Bedeutsamkeit unterschiedlicher sozialer

Ungleichheiten sieht *Rössel* einen fachinternen Ansatzpunkt: Für eine empirisch ausgerichtete Ungleichheitsforschung werden Ungleichheiten danach bedeutsam, wenn und soweit sie von kausaler Relevanz sind. Bis dahin also Einigkeit mit *Nollmann*. Zur weiteren Plausibilisierung seiner Sicht wählt *Rössel* allerdings einen anderen Zugang, nämlich den der illustrativen Ausleuchtung des für die soziologische Forschung und Theoriebildung seines Erachtens besonders wichtigen Problems der *Macht*. Dieses Problem eigne sich dafür nicht zuletzt deshalb, weil dem Machtbegriff in Sozialstruktur- und Ungleichheitsanalysen wiederholt eine zentrale Rolle zugemessen worden sei. Als Beispiele nennt und diskutiert *Rössel* u.a. einschlägige Arbeiten Randall *Collins'*, Walter *Korpis* und James *Colemans*. Der Durchgang durch diese und weitere Arbeiten bestätige, so *Rössel*, dass dem Machtbegriff in der Analyse sozialen Handelns und sozialer Interaktionen erhebliches explanatorisches Gewicht zukomme und dass die differentielle Verfügung über Machtressourcen eine wichtige, wenn nicht *die* zentrale Dimension sozialer Ungleichheit sei. Für die Sozialstrukturanalyse und die Ungleichheitsforschung folge daraus, dass diese allen Grund habe, dem Phänomen besondere Aufmerksamkeit zu schenken. Der Kern von *Rössels* Argument hätte vermutlich auch dann Bestand, wenn die von ihm postulierte Zentralität des Machtbegriffs sich in künftigen Analysen nicht uneingeschränkt bestätigen sollte – man müsste dann eben auf andere Phänomene abstellen.

Ob die Ungleichheitsforschung trotz der in vielen Beiträgen dieses Bandes zum Ausdruck kommenden Bemühungen um „Wertfreiheit" – oder jedenfalls um ein Vermeiden vorschneller und unreflektierter Wertungen – *faktisch* jemals ganz ohne Wertbezüge auskommen wird und ob sie, bemühte sie sich erfolgreich darum, noch denselben gesellschaftspolitischen Stellenwert für ihre Analysen beanspruchen könnte, den diese bislang wenigstens von Zeit zu Zeit genießen, steht freilich dahin. Die Diskussion der diesen Band leitenden Fragestellungen nach offenen und verschwiegenen, nach unbegründeten, aber möglicherweise doch auch begründbaren normativen Grundlagen des Ungleichheitsbegriffs und der Ungleichheitsforschung scheint jedenfalls gerade erst zu beginnen. Bleibt zu hoffen, dass die hier versammelten Beiträge mithelfen, Intensität und Niveau der Debatten der Bedeutung ihres Gegenstands – Gleichheit *und* Ungleichheit – wenn schon nicht anzugleichen, so doch wenigstens anzunähern.

Literatur

Barlösius, E./Ludwig-Mayerhofer, W. (Hg.) (2001): Die Armut der Gesellschaft, Opladen: Leske + Budrich.

Baumert, J./Artelt, C./Klieme, E./Neubrand, M./Prenzel, M./Schiefele, U./Schneider, W./ Tillmann, K.-J./Weiß, Manfred (Hg.) (2002): Pisa 2000 – Die Länder der Bundesrepublik Deutschland im Vergleich, Opladen: Leske + Budrich.

Baumert, J./Klieme, E./Neubrand, M./Prenzel, M./Schiefele, U./Schneider, W./Stanat, P./ Tillmann,, K.-J./Weiß, M. (Hg.) (2001): Pisa 2000. Basiskompetenzen von Schülerinnen und Schülern im internationalen Vergleich, Opladen: Leske + Budrich.

Beck, U. (1983): Jenseits von Stand und Klasse? Soziale Ungleichheiten, gesellschaftliche Individualisierungsprozesse und die Entstehung neuer sozialer Formationen und Identitäten. In: Kreckel, R. (Hg.), S. 35-74.

Beck, U. (1986): Risikogesellschaft. Auf dem Weg in eine andere Moderne, Frankfurt a.M.: Suhrkamp.

Berger, P.A. (1988): Die Herstellung sozialer Klassifikationen: Methodische Probleme der Ungleichheitsforschung. In: Leviathan 16: 501-520.

Berger, P.A. (1989): Ungleichheitssemantiken. Graduelle Unterschiede und kategoriale Exklusivitäten. In: Archives Européenes de Sociologie XXX: 48-60.

Berger, P.A. (1990): Ungleichheitsphasen. Stabilität und Instabilität als Aspekte ungleicher Lebenslagen. In: Berger, P.A./Hradil, S. (Hg.), S. 319-350.

Berger, P.A. (1996): Individualisierung. Statusunsicherheit und Erfahrungsvielfalt. Opladen: Westdeutscher Verlag.

Berger, P.A./Hradil, S. (1990): Die Modernisierung sozialer Ungleichheit – und die neuen Konturen ihrer Erforschung. In: Berger, P.A./Hradil, S. (Hg.): Lebenslagen, Lebensläufe, Lebensstile, Göttingen: Schwartz, S. 3-24.

Berger, P.A./Konietzka, D. (Hg.) (2001): Die Erwerbsgesellschaft, Opladen: Leske + Budrich.

Berger, P.A./Vester, M. (Hg.) (1998): Alte Ungleichheiten – neue Spaltung, Opladen: Westdeutscher Verlag.

Bergmann, J./Brandt, G./Körber, K./Mohl, E.T./Offe, C. (1969): Herrschaft, Klassenverhältnisse und Schichtung. In: Adorno, T.W. (Hg.): Spätkapitalismus oder Industriegesellschaft? Verhandlungen des 16. Deutschen Soziologentages, Stuttgart: Enke, S. 67-78.

Bourdieu, P (1982): Die feinen Unterschiede. Kritik der gesellschaftlichen Urteilskraft, Frankfurt a.M: Suhrkamp.

Bude, H. (1998): Die Überflüssigen als transversale Kategorie. In: Berger/Vester (Hg.), S. 363-381.

de Tocqueville, A. (1985 [1835]): Über die Demokratie in Amerika, Ditzingen: Reclam.

Easterlin, R.A. (2000): The Worldwide Standard of Living Since 1800. In: Journal of Economic Perspectives 14: 7-26.

Firebaugh, G (2003): The New Geography of Global Income Inequality, Cambridge, Mass.: Harvard University Press.

Geiger, T. (1949): Die Klassengesellschaft im Schmelztiegel, Köln/Opladen: Westdeutscher Verlag.

Giddens, A. (1979): Die Klassenstruktur fortgeschrittener Gesellschaften, Frankfurt a.M: Suhrkamp.

Gilbert, N. (2002): Transformation of the Welfare State. The Silent Surrender of Public Responsibility, Oxford: Oxford University Press.

Handl, J./Mayer, K.U./Müller, W. (1977): Klassenlage und Sozialstruktur, Frankfurt a.M./New York: Campus.

Hradil, S. (1983): Die Ungleichheit der „Sozialen Lage". Eine Alternative zum schichtungs-soziologischen Modell sozialer Ungleichheit. In: Kreckel, R. (Hg.), S. 101-118.

Hradil, S. (1987): Sozialstrukturanalyse in einer fortgeschrittenen Gesellschaft, Opladen: Leske + Budrich.

Institut für Marxistische Studien und Forschungen (IMSF) (Hg.) (1973): Klassen- und Sozialstruktur der BRD 1950-1970. Theorie – Diskussion – Sozialstatistische Analyse. 3 Bde., Frankfurt a.M: Verlag Marxistische Blätter.

Koller, P. (2003): Soziale Gerechtigkeit – Begriff und Begründung. In: Erwägen Wissen Ethik 14: 237-250.

Kreckel, R. (1992): Politische Soziologie der sozialen Ungleichheit, Frankfurt a.M./New York: Campus.

Kreckel, R. (Hg.) (1983): Soziale Ungleichheiten, Göttingen: Schwartz.

Kronauer, M. (2002): Exklusion, Frankfurt a.M./New York: Campus.

Kronauer, M./Vogel, B. (1998): Spaltet Arbeitslosigkeit die Gesellschaft?, in: Berger/Vester (Hg.), S. 333-350.

Leibfried, S./Leisering, L./Buhr, P. (1995): Zeit der Armut. Frankfurt a.M.: Suhrkamp.

Lepsius, M.R (1979): Soziale Ungleichheit und Klassenstrukturen in der Bundesrepublik Deutschland. In: Wehler, H.-U. (Hg.): Klassen in der europäischen Sozialgeschichte, Göttingen: Vandenhoeck & Ruprecht, S. 166-209.

Luhmann, N. (2002): Die Politik der Gesellschaft, Frankfurt a.M.: Suhrkamp.

Merkel, W. (2001): Soziale Gerechtigkeit und die drei Welten des Wohlfahrtskapitalismus. In: Berliner Journal für Soziologie 11: 135-157.

Offe, C. (1972): Politische Herrschaft und Klassenstrukturen. In: Kress, G./Senghaas, D. (Hg.), Politikwissenschaft, Frankfurt a.M.: Fischer, S.135-164.

Polanyi, K. (1978) [1944]: The Great Transformation, Frankfurt a.M: Suhrkamp.

Projekt Klassenanalyse (PKA) (1974): Materialien zu Klassenstruktur der BRD, Berlin/Hamburg: VSA.

Przeworski, A./Alvarez, M.E./Cheibub, J.A. (2000): Democracy and Development. Political Institutions and Well-Being in the World, 1950-1990, Cambridge: Cambridge University Press.

Schelsky, H. (1968): Die Bedeutung des Klassenbegriffs für die Analyse unserer Gesellschaft. In: Seidel, B./Jenkner, S. (Hg.): Klassenbildung und soziale Schichtung, Darmstadt: Wissenschaftliche Buchgesellschaft, S. 398-446.

Schmidt, V.H. (1995): Soziologische Gerechtigkeitsanalyse als empirische Institutionenanalyse. In: Müller, H.-P./Wegener, B. (Hg.): Soziale Ungleichheit und soziale Gerechtigkeit, Opladen: Leske + Budrich, S. 173-194.

Schmidt, V.H. (2000a): Bedingte Gerechtigkeit. Soziologische Analysen und philosophische Theorien, Frankfurt a.M./New York: Campus.

Schmidt, V.H. (2000b): Ungleichheit, Exklusion und Gerechtigkeit. In: Soziale Welt 51: 383-400.

Schmidt, V.H. (2004): Erfolgsbedingungen des konfuzianischen Wohlfahrtskapitalismus. Kultursoziologische und modernisierungstheoretische Überlegungen. In: Beyer, J./Stykow, P. (Hg.): Gesellschaft mit beschränkter Hoffnung? Die ungewisse Aussichtslosigkeit rationaler Politik. Wiesbaden: VS Verlag für Sozialwissenschaften (i.E.).

Schmidt, V.H./Hartmann, B.K. (1997) Lokale Gerechtigkeit ind Deutschland. Studien zur Verteilung von Bildungs-, Arbeits- und Gesundheitsgütern, Opladen: Westdeutscher Verlag.

Schulze, G (1992): Die Erlebnisgesellschaft, Frankfurt a.M./New York: Campus.

Tilly, C. (1998): Durable Inequality, Berkeley: University of California Press.

Tyrell, H. (1978): Anfragen an die Theorie gesellschaftlicher Differenzierung. In: Zeitschrift für Soziologie 7: 175-193.

Vester, M./von Oertzen, P./Geiling, H./Herrmann, T./Müller, D. (2001): Soziale Milieus im gesellschaftlichen Strukturwandel, Frankfurt a.M: Suhrkamp.
Weber, M. (1976): Wirtschaft und Gesellschaft. Grundriß der verstehenden Soziologie,
    Tübingen: Mohr.
World Bank (2001): World Development Report 2000/2001: Attacking Poverty, New York:
    Oxford University Press.

Demokratie als normative Prämisse der Ungleichheitsforschung

Raphael Beer

1. Einleitung

Nachdem die These der Individualisierung (*Beck* 1986) und die These einer Nivellierung sozialer Ungleichheiten durch eine Anhebung des materiellen Wohlstandes der Gesamtgesellschaft (*Schulze* 1992) die Hoffnung auf eine endgültige Überwindung der Ungleichheits- und Armutsproblematik genährt hatten, zeigt die empirische Datenlage am Ausgang des 20. Jahrhunderts, dass diese Hoffnung trügerisch war (*Bundesministerium für Arbeit und Sozialordnung* 2001). Auch der Übergang in eine wissensbasierte Ökonomie, die eine über neue Kommunikationsmedien induzierte allgemeine Partizipation am gesellschaftlichen Wohlstand ermöglichen sollte, stellt sich entgegen der ursprünglichen Emphase bezüglich der Chancen für bis dahin depravierte Schichten eher als eine Reproduktion ungleichheitsrelevanter Merkmale dar (*Bittlingmayer* 2001). Eine Überwindung der Ungleichheitsproblematik, so das ernüchternde Resümee, steht weiter aus. Im Gegenteil ist auch ohne die Aufklärung durch sozialwissenschaftliche Methoden eine anhaltende und sich verschärfende soziale Disparität unübersehbar. Offen bleiben muss jedoch die Frage, warum dieser Zustand kritikwürdig ist, warum Ungleichheit überwunden werden soll?

Selbst Karl *Marx* als prominentester Großkritiker der kapitalistischen Gesellschaft, dessen ‚Kritik der politischen Ökonomie' die Mechanismen ungleicher Verteilung dechiffrieren sollte, hatte bereits auf eine theoretisch-moralische Auseinandersetzung mit dem Problem Armut, das für ihn allenfalls einen argumentativen Hebel für die Politisierung breiter Bevölkerungsschichten darstellte, verzichtet (*Wienold* 2001). Pierre *Bourdieu* nun, der in gewisser Weise in der Tradition von *Marx* steht, kommt unzweifelhaft das Verdienst zu, die soziale Ungleichheitsforschung auf ein breiteres Fundament als die Zentrierung auf den Produktionsmittelbesitz zu stellen (*Eder* 1989). Die wesentliche Neuerung seines kultursoziologisch erweiterten Ungleichheitsbegriffes liegt in der Einbeziehung des von Max *Weber* eingeführten Begriffes der *Lebenslage*, der bei *Bourdieu* zum Begriff des *Lebensstiles* ausgebaut wird. Damit wird nicht nur die ungleiche Verteilung materieller Ressourcen in den Blick genommen, sondern zugleich die Dimension der kulturellen Auswirkungen der ungleichen Verteilung dieser Ressourcen. So kann *Bourdieu* deutlich machen, dass ein Mangel an ökonomischem Kapital in der Herkunftsfamilie immer auch zu Habitusstrukturen führen kann, die etwa eine (informelle) Exklusion von Bildungschancen oder ungleiche

Partizipationsmöglichkeiten an kulturellen Angeboten nach sich ziehen (*Bourdieu* 1994). Mit diesem Fokus wird sichtbar, dass Ungleichheit mehr ist als das Haben von materiellen Ressourcen: Ungleichheit bedeutet *unterschiedliche Lebenschancen bzw.* -qualitäten. Dennoch bleibt die Frage, warum dies kritikwürdig ist. *Bourdieu* selbst unterlässt aufgrund seines relationalen Paradigmas konsequenterweise eine normative Gewichtung der sozialen Milieus und damit der Lebensstile. Kein Lebensstil, so *Bourdieu*, kann als normativer Fixpunkt im kulturcodierten Klassenkampf etabliert werden. Eine Folge dieser Begriffsstrategie *Bourdieus* ist, dass mit seinem Ansatz der Beschreibung moderner Ungleichheiten diese rechtfertigbar werden, wenngleich *Bourdieu* sich als politischer Bürger immer wieder gegen diese engagiert hat (*Bourdieu* 1998a).

Der Verzicht auf eine normative Gewichtung der Lebensstile folgt neben dem relationalen Paradigma einer wesentlichen Einsicht des modernen Denkens, das den grundsätzlichen Problemhorizont der Frage nach den *normativen Prämissen der Ungleichheitsforschung* absteckt. Eine objektivistische Moraltheorie oder Ästhetik, die eine normative Gewichtung der Lebensstile begründen könnte, ist unter nachmetaphysischen Bedingungen nicht mehr zu haben. Angesichts dieses Verlustes normativer Letztbegründungen bleibt letztlich nur der Rückgriff auf gesellschaftlich kursierende Normen. Diese kulminieren, insbesondere in Europa, in dem der Moderne inhärenten *diffusen Gleichheitsideal* der französischen Revolution. Die Unruhe bezüglich einer normativen Grundlegung der Ungleichheitsforschung ist damit jedoch keineswegs gebannt. Ein Blick in die Ideengeschichte seit 1789 zeigt, dass die zunächst abstrakte Formel '*Liberté, Egalité, Fraternité*' politisch und wissenschaftlich-philosophisch höchst umstritten bleibt, wenn sie konkretisiert werden soll. Der moderne *Wirtschaftliberalismus* etwa begreift Freiheit immer als Freiheit des h*omo oeconomicus*, dessen Akkumulation von Reichtum nicht durch gesellschaftliche Eingriffe gestört werden darf. Demgegenüber setzen klassisch *sozialdemokratische Strategien* gerade auf diese Eingriffe, um soziale Disparitäten, als Nebenfolge der Dynamik freier Märkte, zugunsten eines Mehr an Gerechtigkeit zu kompensieren (vgl. *Koller*, in diesem Band, S. 49-71). Allgemein produziert die Formel der französischen Revolution damit ein ungelöstes Spannungsverhältnis von *Freiheit und Gleichheit.*

Zur Klärung dieses Spannungsverhältnisses bieten sich zwei Möglichkeiten an. Zum einen kann dies als *Expertendiskurs* geschehen. Die Folge davon dürfte eine Entfremdung von lebensweltlichen Bezügen (*Habermas* 1981) oder ein platonischer Philosophenstaat sein. Zum anderen jedoch kann der Diskurs über das Spannungsverhältnis als *Diskurs einer demokratischen Öffentlichkeit* konstituiert werden. Das moderne Gleichheitsideal selbst in seiner diffusen Form legt m.E. die zweite Möglichkeit nahe. Im vorliegenden Beitrag wird daher der Vorschlag gemacht, die *Demokratie*, verstanden als Ort öffentlich-gesellschaftlicher Auseinandersetzung, als *normative Prämisse der Ungleichheitsforschung* zu begreifen.

Die Ergebnisse der Ungleichheitsforschung zeigen allerdings: Die demokratische Öffentlichkeit ist keineswegs unberührt von sozialen Disparitäten. Vielmehr zeichnet sich der unterschiedliche Zugang zur demokratischen Öffentlichkeit seinerseits durch die ungleiche Verfügung über sowohl materielle als auch kulturelle Ressourcen aus. Dieses interdependente Verhältnis von *Demokratie und Ungleichheit* bietet, wie im Weiteren gezeigt werden soll, die Möglichkeit, die Demokratie nicht nur als normative Prämisse, sondern zugleich als empirisch-analytischen Analyserahmen der Ungleichheitsforschung zu operationalisieren.

Um dies zu verdeutlichen, wird in einem *ersten Schritt* ein analytischer Demokratiebegriff formuliert, aus dem sich spezifische Anforderungen an die Mitglieder einer demokratischen Gesellschaft ableiten lassen. In einem *zweiten Schritt* werden diese Anforderungen auf einen komplementären demokratischen Vernunftbegriff bezogen. In einem *letzten Schritt* wird dann die Habitus- und Klassentheorie *Bourdieus* als empirischer Analyserahmen für die Untersuchung der Genese dieser demokratischen Vernunft skizziert.

2. Demokratie als Verschränkung von Freiheits- und Partizipationsrechten

Um Demokratie als normative Prämisse der Ungleichheitsforschung operationalisieren zu können, bedarf es eines hinreichend *abstrakten* Demokratiebegriffes, der einzig den allgemeinen Gehalt bzw. die Idee der Demokratie analytisch zusammenfasst. Explizit soll daher der im Folgenden zu entwickelnde Demokratiebegriff nicht normativ verstanden werden. Zwei Möglichkeiten bieten sich für einen solchen Begriff der Demokratie an.

Einerseits kann Demokratie als *Erlebensform* konzipiert werden. Dies würde eine psychologische oder lebensweltphänomenologische Forschung instruieren, die nach den konkreten Erfahrungsmöglichkeiten demokratischer Vergesellschaftung fragt (etwa *Hopf* et al. 1995). Für die Ungleichheitsforschung bleibt dies jedoch irrelevant, da unterstellt werden kann, dass Demokratie, zumindest partiell, in allen und damit auch in den depravierten Schichten erlebt wird.

Andererseits kann Demokratie als ein *abstraktes Regelwerk* begriffen werden, das kognitiv erfasst werden muss. Der Vorteil dieses Unternehmens für die Ungleichheitsforschung ist, dass die Diagnose ungleicher kognitiver Kompetenzen aufgrund milieuspezifischer Umweltbedingungen (*Grundmann* 1998) aufgegriffen und spezifiziert werden kann.

Gewinnen lässt sich ein solcher Demokratiebegriff, der die Idee der Demokratie explizieren soll, aus der politischen Philosophie der Neuzeit. Dabei sind es vor allem zwei Paradigmen, die konstituierend für moderne De-

mokratien geworden sind: Der Liberalismus einerseits und der Republikanismus bzw. Kommunitarismus andererseits (vgl. *Koller*, in diesem Band, S.
49-71).

Der politische *Liberalismus* (*Locke* 1690 [1992]; *Macpherson* 1973;
Rawls 1979, 1997; *Waldron* 1993) pointiert die Individualrechte als wesentliche Konstituante der bürgerlichen Gesellschaft. Zugleich wird damit ein
Verständnis des Individuums als unabhängige und autonome Größe konzipiert, das aufgrund unhintergehbarer Rechte jegliche staatliche Ordnung begrenzt. Entsprechend postuliert der politische Liberalismus die Ausdifferenzierung des Staates aus der Gesellschaft und eine Reduktion des Staates auf
eine ethisch neutrale Instanz, der einzig die Aufgabe zukommt, eine gewalt-
freie Konfliktlösung der Interessenskonfrontation je privater Individuen zu
garantieren. Es gilt der *Vorrang des Rechten vor dem Guten.*

Insbesondere gegen das Verständnis eines autonomen Individuums
macht das republikanische bzw. *kommunitaristische Paradigma* (*Rousseau*
1762 [1988], 1755 [1993]; *Walzer* 1993; *Honneth* 1995; *Taylor* 1995,
1997a; *Macintyre* 1997) die Verortung des Individuums in kulturellen Kontexten geltend. Mit dieser Perspektive einer sozialisatorisch wirksamen Ein-
gebundenheit des Individuums konzentriert sich dieses Paradigmas vornehmlich auf die Partizipationsrechte bzw. Mitbestimmungsmöglichkeiten
des Einzelnen. Der Staat wird nicht als ethisch neutrale und ausdifferenzierte Institution begriffen, sondern als identisch mit der Gesellschaft. Eingriffe
in ethisch-moralische Selbstverständnisse und Diskurse durch den Staat sind
daher nicht nur zulässig, sondern sogar erwünscht (*Taylor* 1997b). Nicht die
pluralistische Vorstellung diversifizierter Individuen gilt daher als Grundlage der Demokratie, sondern die Vorstellung einer kulturellen Präharmonie
der Gemeinschaft, der sich das Individuum bis zu einem gewissen Grad
subsumieren soll. Die Freiheit des Einzelnen entspringt so der über die Partizipationsrechte institutionalisierten Verschränkung mit dem Kollektiv. Es
gilt entgegen dem Liberalismus der *Vorrang des Guten vor dem Rechten.*

Beide Paradigmen haben in unterschiedlicher Weise Eingang in das moderne Demokratieverständnis gefunden, wenngleich der Republikanismus
wiederholt zur legitimatorischen Grundlage für diktatorische Regime (Jako-
binerherrschaft, Stalinismus) instrumentalisiert wurde. Ein analytischer
Demokratiebegriff muss daher beide Paradigmen integrieren können. Dies
scheint auf den ersten Blick aussichtslos. Ermöglicht wird dies jedoch,
wenn beide Paradigmen auf ihren *Freiheitsbegriff* bezogen werden. Isaiah
Berlin kommt das Verdienst zu, dies mit der Formulierung negativer und
positiver Freiheiten verdeutlicht zu haben.

Negative Freiheit meint dann die Abstinenz äußerer, zumeist staatlicher,
Zwänge, die geeignet wären, die Selbstbestimmung des Einzelnen zu kon-
terkarieren. „Freisein in diesem Sinne bedeutet [...], dass ich von anderen
nicht behelligt oder gestört werde. Je größer der Bereich der Ungestörtheit,

desto größer meine Freiheit." (*Berlin* 1995: 203). Dieser Freiheitsbegriff korreliert, wie leicht ersichtlich, mit den klassisch liberalen Abwehrrechten. Im Gegensatz dazu meint *positive* Freiheit nicht die Freiheit *von*, sondern die Freiheit *zu* (Selbstverwirklichung, usw.). „Die positive Bedeutung des Wortes Freiheit leitet sich aus dem Wunsch des Individuums ab, sein eigener Herr zu sein. Ich will, dass mein Leben und meine Entscheidungen von mir abhängen und nicht von irgendwelchen äußeren Mächten. Ich will das Werkzeug meiner eigenen, nicht fremder Willensakte sein." (*Berlin* 1995: 211). Im Vordergrund dieses Freiheitsbegriffes, der dem Republikanismus entlehnt ist, stehen die klassischen Partizipationsrechte, die gegenüber dem negativen Freiheitsbegriff, der mit einer autokratischen Rechtssetzung kompatibel ist, wenn diese die Privatautonomie garantiert, die Möglichkeiten demokratischer Mitbestimmung betonen.

Eine Integration dieser beiden Freiheitsbegriffe leistet die *Diskurstheorie des Rechts* von Jürgen *Habermas* (1994). Zwar konstatiert *Habermas* zunächst den subjektivistischen Charakter des modernen Rechts. Anders als der Kommunitarismus vermutet, folgt für *Habermas* daraus jedoch keineswegs eine atomisierte Gesellschaft. Den hobbesianischen Gedanken einer praktischen Klugheit und die kantische Hoffnung auf die Reziprozität der Vernunft in Anspruch nehmend, verweist *Habermas* auf den Umstand, dass je subjektive Rechte (negative Freiheiten) nur durch die gegenseitige Anerkennung der Rechtsgenossen stabilisiert werden können. Sie verweisen damit immer schon auf die republikanischen Partizipationsrechte (positive Freiheit), so dass beide in einen interdependenten Zirkel gebracht werden: „Der gesuchte interne Zusammenhang zwischen Menschenrechten und Volkssouveränität besteht dann darin, dass das Erfordernis der rechtlichen Institutionalisierung einer staatsbürgerlichen Praxis des öffentlichen Gebrauchs kommunikativer Freiheiten eben durch die Menschenrechte selbst erfüllt wird. Menschenrechte, die die Ausübung der Volkssouveränität ermöglichen, können dieser Praxis nicht als Beschränkung von außen auferlegt werden." (*Habermas* 1996a: 300). Kurz: Die liberalen Individualrechte konstituieren die republikanischen Partizipationsrechte und diese stellen jene durch ihren Gebrauch auf Dauer. Das Ergebnis dieser Begriffsstrategie ist ein (transzendentales) *System von Rechten* als konstituierendes Element moderner Demokratien, das sowohl die klassisch liberalen Abwehrrechte als auch die klassisch republikanischen Partizipationsrechte beinhaltet (*Habermas* 1994: 155ff.).

Neben diesem System von Rechten erblickt *Habermas* in einer deliberierenden Öffentlichkeit eine wesentliche Bedingung für die Demokratie (*Heming* 1997). Dieser kommen zwei Aufgaben zu. Einerseits ist sie der *Raum*, in dem die negativen und positiven Freiheiten durch Gebrauch konserviert und ausgebaut werden. Anderseits soll sie die *lebensweltlichen Impulse* gegen die sich verselbständigenden Systeme (Ökonomie, politische

Administration) artikulieren und diese so in ihrer expansiven Eigendynamik begrenzen. *Habermas* entwickelt seinen Öffentlichkeitsbegriff wiederum aus einer Diskussion der beiden Paradigmen moderner Demokratien (*Habermas* 1996b). Wie bereits dargestellt, postuliert der Liberalismus eine Ausdifferenzierung von Staat und Gesellschaft (Öffentlichkeit), während im Republikanismus beide ineinander fallen. Dies hat Konsequenzen für den Rechtssetzungsprozess. Das liberalistische Modell begnügt sich mit einer Öffentlichkeit, die durch lebensweltliche Kommunikationen die auf eine Systemlogik und Repräsentation umgestellte Rechtssetzung umlagert und programmiert. Der Republikanismus setzt dagegen das normativ anspruchsvollere Konzept einer Öffentlichkeit, die die Rechtssetzung unter ihrer Hoheit behält, mit dieser identisch ist.

Allein, beide Paradigmen operieren mit einem *Öffentlichkeitsbegriff*, so dass dieser dann eine Integrationsmöglichkeit bietet, wenn er, entgegen der von *Habermas* letztlich favorisierten Strategie des Liberalismus (*Engländer* 1995), auf die Idee eines gesellschaftlichen Raumes für Auseinandersetzungen zurückgenommen wird. Die Frage nach dem Umfang der legislativen Befugnis dieser Öffentlichkeit (Programmierung der Rechtssetzung oder Selbstgesetzgebung) wird dann dem Staatsbürgerpublikum überantwortet, dass entscheiden muss, welche Form der Institutionalisierung der Demokratie favorisiert werden soll. Der *reduzierte* Begriff der Öffentlichkeit, wie er hier Verwendung finden soll, bietet dann den Raum für einen entsprechenden selbstreflexiven Diskurs der Demokratie. Eine deliberierende Öffentlichkeit, die immer auch die Institutionen der Demokratie selbst in den Sog der Problematisierung zieht, ist damit neben dem System der Rechte das zweite Moment des allgemeinen Gehalts moderner Demokratien.

Aus diesem (analytischen) Demokratiebegriff ergeben sich nun spezifische *Anforderungen* an die Rechtsgenossen. Sie müssen erstens den abstrakten Gehalt demokratischer Rechte *kognitiv erfassen* können. Konkret bedeutet dies: Sie müssen das Modell der Verfahrensgerechtigkeit, dass aus dem System der Rechte folgt, auch dann akzeptieren, wenn die Ergebnisse einer demokratischen Rechtssetzung den eigenen Interessen zuwider laufen. Die Demokratie muss als Möglichkeit der gewaltfreien Form der Auseinandersetzung begriffen und darf nicht mit je individuellen Akkumulationschancen gleichgesetzt werden. Generell setzt diese Anforderung die kognitive Fähigkeit zu *abstraktem Denken* voraus, da der Stellenwert und der intrinsische Gehalt der demokratischen Rechte nicht konkret erfahrbar sind. Zweitens müssen die Rechtsgenossen die Rechte auf eine gleichberechtigte Partizipation *allen anderen Mitgliedern* der Gesellschaft unabhängig von deren politischer Meinung, ethnischer Abstammung, Geschlecht, etc. einräumen. Dies gilt zumal unter der Bedingung pluralistisch diversifizierter Gesellschaften. Diese Anforderung verlangt den Rechtsgenossen die Fähigkeit zur *Dezentrierung der eigenen Perspektive* (*Geulen* 1982) ab. Drittens müssen die Rechtsgenossen zu einem *distanzierten Umgang* mit tradierten Normen und

Werten fähig sein. Eine Partizipation an einer deliberierenden Öffentlichkeit macht schließlich nur dann Sinn, wenn sedimentierte Wertvorstellungen *kritisch hinterfragt* werden und die Rechtsgenossen ihre je eigenen Interessen und Überzeugungen in den Prozess eines öffentlichen Diskurses auch dann einbringen, wenn diese nicht mit der Mehrheitsmeinung kompatibel sind.

Mit diesen drei Anforderungen ist ein Konzept von *Demokratiebefähigung* umschrieben, dass einer mündigen und gleichberechtigten Partizipation an demokratischen Entscheidungs- und Meinungsbildungsprozessen zugrunde liegt. Inhaltlich bezieht sich dabei die erste Anforderung auf die Demokratie als Ganze und das System der Rechte, die zweite Anforderung auf eine gleichberechtigte Partizipation und die dritte Anforderung auf die Konzeption einer deliberierenden Öffentlichkeit.

Die bisherigen Ausführungen legen den Verdacht nahe, die Demokratie werde mit Kognition gleichgesetzt. Das kognitionstheoretische Konzept der Demokratiebefähigung wird jedoch als *transzendentales Argument* verwendet. Das kognitive Erfassen von Demokratie gilt als notwendige, nicht aber hinreichende, Bedingung für eine gleichberechtigte Partizipation an der Demokratie. Dies schließt Akteure, die über eine hohe Demokratiebefähigung verfügen und diese gegen die Demokratie verwenden, genauso wenig aus wie Akteure mit einer geringen Demokratiebefähigung, die sich für die Demokratie engagieren. Schließlich ist Demokratie zweifelsohne mehr als das intellektuelle Prozessieren von Rechtsgleichheit. Wie Axel *Honneth* (1998) plausibel verdeutlicht, wird die Anerkennung je gleicher Rechte immer auch durch weitere Anerkennungsformen flankiert, deren Verweigerung zu Persönlichkeitsstörungen führen kann, die dann ihrerseits hemmend auf die Entwicklung einer demokratischen Gesinnung wirken können. Allein, Anerkennungsformen, die *unterhalb* der formalen Rechtsgleichheit angesiedelt sind, können weder durch staatliche Eingriffe erzwungen werden, noch sind sie, wie oben bereits dargelegt, geeignet, einen Rahmen für die Ungleichheitsforschung zu generieren. Einzig aus analytischen Gründen wird daher ein kognitionstheoretisch reduzierter Demokratiebegriff verwendet, der jedoch keineswegs andere Zugriffe auf die Demokratie ausschließt.

3. Kritik der demokratischen Vernunft

Die kognitiven Anforderungen, die eine Demokratie an die Rechtsgenossen stellt, machen einen komplementären *Vernunftbegriff* notwendig, der die Ebene der Akteure problematisiert. Ein solcher Vernunftbegriff kann aus der Tradition der genetischen Epistemologie Jean *Piagets* (1980, 1981; *Buggle* 1997; *Ginsburg/Opper* 1998; *Kesselring* 1999) gewonnen werden, da diese schwerpunktmäßig die Entwicklung kognitiver Fähigkeiten in den Blick nimmt. Theoriegeschichtlich ergibt sich diese Zentrierung aus dem Anschluss an die kopernikanische Wende der „Kritik der reinen Vernunft".

Dies meint, dass nicht die Inhalte des Denkens, sondern die formalen Strukturen bzw. kognitiven Schemata, die dem Denken zugrunde liegen, thematisiert werden. Entgegen der kantischen Philosophie, die von Verstandeska-
tegorien a priori ausgegangen war, behauptet die zentrale These der genetischen Epistemologie jedoch eine *Entwicklung* der Vernunft.

Den Motor für diese Entwicklung erblickt *Piaget* (1976) in einem stän-
digen Ungleichgewicht der kognitiven Schemata. Können neue Umweltereignisse nicht durch bereits bestehende kognitive Schemata erklärt werden,
bedarf es einer Weiterentwicklung oder Ausdifferenzierung dieser Schemata. Die krisengesteuerte Vernunftentwicklung oszilliert dabei zwischen den
Polen der Assimilation und der Akkommodation, also zwischen der je subjektiven Aneignung von Erfahrungen und der Anpassung der kognitiven
Schemata an objektive Umweltereignisse, d.h. zwischen Begriff und Wirklichkeit (*Piaget* 1991).[1] Überwiegt einer der beiden Pole, kommt es entweder zu *egozentrischen Dispositionen* (Dominanz der Assimilation) oder zu
einer Subordination unter gesellschaftliche Normen bzw. einer *Ich-Schwä-
che* (Dominanz der Akkommodation). Wie ersichtlich, ist weder das eine
noch das andere mit den oben skizzierten Anforderungen an die Mitglieder
einer demokratischen Gesellschaft vereinbar.

Der Entwicklungsprozess der Vernunft als ständige kognitive Krise, die
eine Weiterentwicklung antreibt, bezieht sich zunächst auf intrapsychische
Prozesse, die einzig einer Auseinandersetzung mit der Dingwelt aufsitzen
(*Seiler* 1998). Tatsächlich blendet *Piaget* in seinem Spätwerk, dem die Ä-
quilibrationsthese entnommen ist, die ursprüngliche Verortung der Vernunft
in einem sozialen Kontext aus. Um diese Dimension der Entwicklung durch
intersubjektiven Austausch in die genetische Epistemologie zu reintegrieren,
können die Arbeiten von James *Youniss* (1994) verwendet werden. Dieser
hatte die frühen Hinweise *Piagets* auf die *Bedeutung von Sozialkontakten*
für die individuelle Entwicklung aufgenommen und sich bemüht, diese
durch den Begriff der *Reziprozität* zu fundieren. Dabei bedient er sich des
symbolischen Interaktionismus von George Herbert *Mead* (1995), der an
der Wettkampfsituation die These des ‚*generalized other'* abgelesen hatte,
nach der der Einzelne genötigt ist, die Perspektive aller Beteiligten einzunehmen. Mit diesem theoretischen Rüstzeug kann *Youniss* deutlich machen,
dass die je individuelle Entwicklung nicht unabhängig von intersubjektiven
Aktionen ist, wobei diese ihre Wirkung durch eine Verschränkung der Perspektiven entfalten. Nicht nur wird mit dieser intersubjektiven Lesart der
Äquilibrationsthese der Bereich der Normen und Werte in die Entwicklungstheorie eingeholt. Entscheidend ist, dass der intersubjektive Austausch
für die Entwicklung insofern eine bedeutende Rolle spielt, als er zu kogniti-

---

1   Der Begriff der Wirklichkeit darf hier selbstverständlich nicht in einem abbildtheoreti-
     schen, objektivistischen Sinne verstanden werden. Im Kontext der genetischen Epistemo-
     logie ist Wirklichkeit immer auf die Aktivität des Subjektes bezogene Wirklichkeit (*Sei-
     ler/Claar* 1993).

ven Ungleichgewichten durch sprachlich vermittelte Erfahrungen (schulisches und außerschulisches Lernen, Austragung von Interessenkonflikten, usw.) anregt, die dann auf einem höheren Niveau in ein neues Gleichgewicht gebracht werden müssen.

Neben der fehlenden Anbindung der Entwicklung an soziale Umwelten, hat die in der Tradition der genetischen Epistemologie stehende Forschung auf ein weiteres Problem aufmerksam gemacht. *Piaget* hatte die Vernunftentwicklung als eine *Stufentheorie* konzipiert, die weder empirisch noch theoretisch plausibilisiert werden kann. Vielmehr muss zwischen einer *universellen Logik* und einer *individuellen Dynamik* der Entwicklung unterschieden werden (*Edelstein* 1993). Die Logik der Entwicklung behauptet dann nur, dass die kognitiven Strukturen im Laufe der Entwicklung befähigt werden, immer komplexere Umwelten zu verarbeiten. Die individuelle Dynamik der Entwicklung bezieht sich auf interindividuelle Differenzen im Entwicklungsverlauf, die aus bereichsspezifischen Anforderungen (z.B. Wissenschaft vs. Kunst) und verschiedenen sozialen Umwelten resultieren können.

Je individuelle Entwicklungsverläufe aufgrund bereichsspezifischer Anforderungen, die jedoch in ähnlicher Weise geeignet sind, eine optimale Genese der kognitiven Schemata zu provozieren, sind für die Ungleichheitsforschung irrelevant. Relevant sind dagegen unterschiedliche Entwicklungsverläufe *aufgrund unterschiedlicher sozialer Umwelten*. So ergab die Forschung: Kinder aus depravierten Milieus erreichen die postulierte Endstufe der Entwicklung (s.u.) nicht vollständig oder verzögert (*Freitag* 1983; *Grundmann* 1998).

Diese Ergebnisse legen es nahe, den Begriff eines ‚*defizitären Erfahrungsraumes'* einzuführen, der einen eingeschränkten Raum von möglichen Interaktionen und Erfahrungen *sui generis* bezeichnet. Wenn ein optimaler Entwicklungsverlauf auf hinreichende Widerstände in der Umwelt des Subjektes angewiesen ist, so dass tatsächlich jene kognitiven Krisen ausgelöst werden, die eine Weiterentwicklung und Ausdifferenzierung der kognitiven Schemata anschieben, bilden Umwelten, die ein solches Potential *nicht* zur Verfügung stellen, entsprechend eine Barriere für eine optimale Vernunftentwicklung. Aufgrund der Forschungslage muss der Begriff des ‚defizitären Erfahrungsraumes' hier zunächst auf diesem abstrakten Niveau verharren. Er hat einzig den Stellenwert einer theoretischen Deduktion aus den empirischen Befunden und dem theoretischen Modell der genetischen Epistemologie. Eine mögliche Annäherung an diesen Begriff erlaubt allerdings der Bezug auf unterschiedliche Kontextsysteme, die höhere oder niedrigere Anforderungen an den Prozess der kognitiven Entwicklung stellen, wie dies Untersuchungen zur Aufgabenstellung einer experimentellen bzw. rein verbalen Klasseninklusion nahe legen (*Schröder* 1993). Anhand solcher Befunde kann vermutet werden, dass etwa die Auseinandersetzung mit komplexen

Kontexten wie Wissenschaft oder (klassische) Kultur stärker zu einer kognitiven Entwicklung anreizt. Dies schließt allerdings eine Entwicklung, die
die postulierte Endstufe vollständig erreicht, jenseits solcher Umwelten
(und andersherum) keineswegs aus, so dass eine gesicherte Beschreibung
optimaler Umweltbedingungen für eine Vernunftentwicklung ausbleibt.

Bevor der Bogen, der mit den theoretischen Anleihen bei der genetischen Epistemologie gespannt wurde, zurückgeschlagen werden kann, muss
die von *Piaget* beschriebene Entwicklung noch nach ihrer empirischen Seite
hin skizziert werden. Wenngleich dabei das Werk *Piagets* umstandslos rezipiert wird, steht dies unter dem oben thematisierten Vorbehalt, dass von
einer starken Stufentheorie nicht ausgegangen werden kann. Die einzelnen
Stufen sollen dementsprechend als *grobe Phasen* einer idealtypischen Entwicklung verstanden werden.

Die ersten beiden von *Piaget* unterteilten Phasen sind für den vorliegenden Argumentationsgang ohne Bedeutung. Sie beschreiben die Entwicklung
senso-motorischer Fähigkeiten und den Spracherwerb. Es kann davon ausgegangen werden, dass dies schichtenübergreifend erreicht wird. Entscheidend sind die Stufen der *Operationalität*, die in die Phasen der *konkreten*
und der *formalen* Operationalität differenziert werden (*Piaget* 1992; *Piaget/
Inhelder* 1980). Allgemein wird mit dem Begriff der Operationalität die Systematisierung des Denkens umschrieben, nach der einzelne Erfahrungen
und Handlungen in ein Gesamtsystem von kognitiven Schemata und Opera-
tionen gebracht werden können, so dass ihnen ein zeit- und raumunabhängi-
ger Bedeutungsgehalt zugeschrieben werden kann. Während dabei das Denken und Urteilen des Kindes der konkret-operationalen Phase an konkrete
Erfahrungen gebunden bleibt, wird mit dem Übergang zur formal-operationalen Phase diese Anbindung an das Konkret-Wirkliche überwunden. Die
bedeutsame Errungenschaft der formal-operationalen Phase liegt darin, dass
die je aktuellen Erfahrungen zu einem *Sonderfall* des Möglichen und die
kognitiven Schemata immer allgemeiner, inhaltloser und abstrakter werden.
Insgesamt entwickelt sich das Denken zu einem hypothetischen Möglichkeitsdenken (*Schröder* 1989).

Synchron dazu verläuft für *Piaget* (1983) die *Moralentwicklung*, deren
Ergebnis sich als Freisetzung aus einer heteronomen Sakralisierung von
Normen und Werten zugunsten eines autonomen moralischen Urteilsvermögens darstellt. Das postulierte Ziel dieser Entwicklung ist eine Regelsetzung
nach dem Prinzip des herrschaftsfreien Diskurses und eine Regelbefolgung
aus Einsicht. Detaillierter als *Piaget* fasst Lawrence *Kohlberg* (1997), der
allerdings im Gegensatz zu *Piaget* nicht von der Empirie ausgeht, sondern
vom dem moralischen Ideal, wie es in der kantischen Philosophie formuliert
ist, die Moralentwicklung. Als Vertreter der Entwicklungspsychologie behauptet er eine Stufenentwicklung der Moral, wobei die höchste Stufe mit
dem Postulat, den Menschen als Zweck an sich zu betrachten (*Kant* 1788
[1993]), zusammenfällt. Ungeachtet der Diskussionen um die Plausibilität

der Stufen (Vgl. *Habermas* 1976; *Höffe* 1986; *Krettenauer* 1999) und deren Verschiebungen durch *Kohlberg* selbst, kann hier ein Entwicklungsmodell der Moral zugrunde gelegt werden, das die Moralentwicklung in drei große Episoden einteilt, die *Kohlberg* als präkonventionell, konventionell und postkonventionell beschreibt, und die jeweils durch zwei Unterstufen charakterisiert sind. *Präkonventionalität* meint dabei ein moralisches Urteilsniveau, das sich wesentlich aus einem egoistischen Nutzenkalkül speist und durch die Abwehr von Bestrafungen motiviert ist. *Konventionalität* bezeichnet die Orientierung moralischen Urteilens an partikularen Gemeinschaftsbeziehungen. Regeln werden aufgrund ihrer soziale Geltung anerkannt. *Postkonventionalität* schließlich bringt ein moralisches Urteilsniveau auf den Begriff, das sich durch die Ausrichtung an universalisierbaren Prinzipien auszeichnet. Nicht mehr die Orientierung an einer konkreten Sittlichkeit dominiert die moralische Einstellung, sondern im Gegenteil die Distanz gegenüber partikularen Normen, die vor dem Hintergrund bedingungsloser und allgemeiner Prinzipien wie z.B. der Verfahrensgerechtigkeit der Demokratie legitimierbar sein müssen (vgl. *Koller*, in diesem Band, S. 49-71).

Mit der Stufe der Postkonventionalität als postulierter Endstufe der Entwicklung bezieht *Kohlberg* die Position einer formalistischen Gesinnungsethik, die als Korrelat zu einem hypothetischen Möglichkeitsdenken gelten kann. Zwar setzt er die kognitive Entwicklung nicht mit der moralischen Entwicklung gleich, dennoch ist erstere auch für *Kohlberg* die Bedingung für das Erreichen höherer Moralstufen, ohne dass diese automatisch mit der intellektuellen Entwicklung verwirklicht würden (vgl. dazu *Hoff* 1999). Und auch bezüglich der Entwicklungsbedingungen ähneln sich die kognitive und die moralische Entwicklung: Beide sind auf entgegenkommende Lebenswelten angewiesen, wie die empirische Moralforschung zeigt (vgl. *Krettenauer* 1998; *Grundmann/Keller* 1999; *Nunner-Winkler* 1999).

Aus der inhaltlichen Beschreibung der Vernunftentwicklung lässt sich nun ein demokratischer Vernunftbegriff ableiten, so dass allgemein gilt: Das Ereichen der formalen Operationalität (bzw. der postkonventionellen Moral) ist das *subjektive Pendant* zu den Anforderungen, die eine Demokratie an ihre Mitbürger stellt. Wie bereits gesagt, können die Grundsätze einer demokratischen Gesellschaft nicht konkret erfahren, sondern müssen als abstraktes Regelwerk kognitiv erfasst werden. Dies wird mit jener formal-operationalen Überwindung der Anbindung an das Konkret-Wirkliche erreicht. Darüber hinaus korreliert die Fähigkeit zu einem hypothetischen Möglichkeitsdenken mit jenem Begriff einer deliberativen Öffentlichkeit, deren Diskurse vor dem Hintergrund von möglichen Meinungsalternativen grundsätzlich ergebnisoffen sind und deren Reichweite immer auch aktuelle Institutionalisierungen der Demokratie in den Sog der Problematisierung einbezieht. Anders formuliert: Je eigene Meinungen und Interessen müssen immer als *Sonderfall des Möglichen* angesehen werden, da ansonsten das deli-

berative Potential eines öffentlichen Diskurses vertrocknen bzw. der delibe-
rative Meinungsaustausch überhaupt seinen Sinn verlieren würde. Dieser
Zusammenhang verweist zugleich auf die Notwendigkeit, allen Rechtsgenossen die gleichen Rechte jenseits von politischer Meinung, ethnischer
Herkunft etc. einzuräumen, und auf einen autonomen Umgang mit tradierten Normen und Werten, wobei auch hier vermutet werden kann, dass eine
vollständige Befähigung dazu erst mit der Phase der formalen Operationalität bzw. der postkonventionellen Moral einsetzt.

Wenn nun das Erreichen der Phase der formalen Operationalität die *notwendige* (aber nicht hinreichende) Bedingung für eine mündige und gleichberechtigte Partizipation an der Demokratie ist, so wird doch auch zugleich
deutlich: Diese Bedingung kann potentiell von den Akteuren der Demokratie erfüllt werden. Dazu sind diese allerdings auf soziale Umwelten angewiesen, die eine optimale Entwicklung der Vernunft befördern. Die normative Konsequenz für eine Ungleichheitsforschung liegt auf der Hand: Wenn
die Frage nach der konkreten Bestimmung des diffusen modernen Gleich-
heits- und Gerechtigkeitsideals dem demokratischen Staatsbürgerpublikum
überlassen werden soll, müssen die Mitglieder einer demokratischen Gesellschaft über entsprechende kognitive Voraussetzungen verfügen und damit
über soziale Umwelten, die eine Entwicklung dieses Potentials anregen.[2]

Wie angedeutet, muss dabei offen bleiben, *wie* solche sozialen Umwelten, die die gesuchte Bedingung erfüllen, inhaltlich bestimmt werden können. Einen empirischen Analyserahmen für die Annäherung an eine solche
Bestimmung, der zudem geeignet ist, den fehlenden Bezug der genetischen
Epistemologie zu gesellschaftlichen Bestimmungsgründen zu ergänzen, bietet allerdings die Klassen- und Habitustheorie Pierre *Bourdieus*.

4. Lebensstil und Kognition

Der Übergang zu einer empirisch fundierten Gesellschaftstheorie ist nicht
bruchlos. Insbesondere kollidieren mit der genetischen Epistemologie und
dem Strukturalismus *Bourdieus* zwei gegensätzliche Subjektvorstellungen.
Während *Piaget* mit seiner kognitionstheoretischen Assimilationsthese die
Eigenaktivität und Autonomie des Subjektes behauptet, stand *Bourdieu* immer wieder unter einem handlungstheoretischen *Determinismusverdacht*

---

2   Die sich an diese Forderung anschließende Frage, wie sich eine mögliche Nichterfüllung
    der kognitiven Voraussetzungen durch einen Großteil der Bevölkerung auf den Demokra-
    tiebegriff auswirken würde, muss an dieser Stelle unbeantwortet bleiben, da sie den Rah-
    men sprengen würde. Allerdings kann darauf hingewiesen werden, dass die Demokratie
    neben den kognitiven Voraussetzungen ihrer Akteure immer auch spezifische *Institutio-
    nen* (System der Rechte) in Anspruch nimmt, die den demokratischen Charakter einer Ge-
    sellschaft wesentlich mitbestimmen und die bis zu einem gewissen Grad *unabhängig* von
    den kognitiven Voraussetzungen der Akteure sind. Die demokratischen Rechte etwa müs-
    sen schließlich allen Mitgliedern der Demokratie gleichermaßen und *ohne* Ansehen ihrer
    kognitiven und moralischen Befähigung zugesprochen werden.

(*Pfeffer* 1985; *Honneth* 1990). An anderer Stelle wurde daher der Versuch unternommen, die Habitustheorie *Bourdieus* mit Hilfe der Lebensweltphänomenologie von Alfred *Schütz* so zu reformulieren, dass sie einerseits an die genetische Epistemologie anschlussfähig wird, andererseits aber ihr diagnostisches und kritisches Potential nicht verliert (*Beer* 2002). Dies braucht hier nicht im Detail zu interessieren. Entscheidend ist der Hinweis, dass mit der Klassen- und Habitustheorie *Bourdieus* nicht das theoretische Modell der genetischen Epistemologie komplementiert wird. Vielmehr können aus dieser Theorie Hinweise gewonnen werden, die als Heuristik für eine empirische Untersuchung der bisherigen Ausführungen dienen können.

Dies bezieht sich vor allem auf die Klassentheorie, die eine disparate Strukturierung unterschiedlicher sozialer Gruppen durch unterschiedlichen Kapitalbesitz thematisiert (*Bourdieu* 1995, 1997). *Bourdieu* berücksichtigt dabei sowohl das Volumen des Kapitalbesitzes als auch dessen Zusammensetzung aus ökonomischem und kulturellem (Bildung, inkorporierter Umgang mit Wissen, Kunstobjekte) Kapital. Entsprechend dem Volumen des verfügbaren Kapitalbesitzes unterteilt er auf einer vertikalen Achse drei große Klassen (Ober-, Mittel- und Unterklasse). Auf einer horizontalen Achse werden verschiedene Klassenfraktionen abgebildet, deren Kapitalbesitz auf der einen Seite durch einen hohen Anteil kulturellen Kapitals und auf der anderen Seite durch einen hohen Anteil ökonomischen Kapitals charakterisiert ist. Schließlich wird auf einer dritten Achse die soziale Mobilität abgezeichnet. Zwar rechnet *Bourdieu* mit herkunftsspezifischen Laufbahnen, unterschlägt aber nicht die Möglichkeit, dass kollektive (Krieg, ökonomische Wandlungsprozesse, usw.) oder individuelle (emotionale Bindungen usw.) Ereignisse einen sozialen Auf- oder Abstieg initiieren können. Diese Klassentheorie ist problemlos mit der genetischen Epistemologie kompatibel, zumal *Bourdieu* nicht mit einem ontologischen Klassenbegriff arbeitet. Klassen, so *Bourdieu*, werden nicht über eine (determinierte) Bewusstseinshomogenität konstituiert, sondern existieren zunächst als Analyseraster des Sozialwissenschaftlers. Allenfalls eine politische Mobilisierung vermag die Klasse ‚an sich' in eine Klasse ‚für sich' zu transformieren.

Wie geschildert, besteht das wesentliche Verdienst *Bourdieus* darin, den Blick dafür geschärft zu haben, dass ein Mangel an Ressourcen mehr bedeutet als der Verzicht auf bestimmte Güter. Er bedeutet immer auch eine *Exklusion* aus gesellschaftlichen Feldern und Handlungsoptionen, die einen symbolischen Eintrittspreis verlangen, der eben nicht ausschließlich ökonomisch codiert ist (Vgl. auch *Geißler* 1996). Das für den vorliegenden Kontext anregende an diesem Programm ist, dass *Bourdieu* mit diesem Ansatz empirisch aufzeigen kann, dass spezifische soziale Positionen innerhalb der Klassenstruktur mit spezifischen *Alltagspraktiken* (Lebensstilen) korrelieren, die ihrerseits auf die Reproduktion ungleichheitsrelevanter Merkmale zurückwirken (*Bourdieu* 1994, 1998b; *Müller* 1997). Theoretisch zusammengezogen wird dieser Zusammenhang nun durch den Habitusbegriff, der den Umstand formuliert, dass das Individuum qua Sozialisation spezifische Werte, Handlungsmuster und Kompetenzen erwirbt, die dann zur Grundlage für je aktuelle Situationsdefinitionen und Handlungsentscheidungen werden (*Bourdieu* 1976, 1993). Die frühkindliche Erfahrungswelt des Kindes wird so zu einer zweiten Natur, die eine personale Identität in Form einer Lebensstilisierung garantiert (*Michailow* 1994, 1996), durch eine Selektion von Alternativen jedoch zugleich Entwicklungsmöglichkeiten blockieren kann. So werden etwa Orte (Restaurants, Theater, Sportplätze, usw.) oder Berufslaufbahnen gemieden, die sich nicht in die erworbenen habituellen Dispositionen einfügen lassen (*Neckel* 1991).

Der Begriff des *Habitus* deckt sich in dem allgemeinen Sinn einer Strukturierung der Umwelt mit dem Begriff des *kognitiven Schemas* bei *Piaget*. Wie angedeutet, hat *Bourdieu* jedoch den Verdacht deterministischer Implikationen seines Habitusbegriffes nicht ausräumen können. Für eine reformulierte Lesart des Habitusbegriffes, die die von *Piaget* reklamierte Autonomie des Subjektes ernst nimmt, bedeutet das, dass diese sich daran messen lässt, „inwieweit [das Individuum, R.B.] subjektiv die praktische Fähigkeit bilden und erhalten konnte, weder von der Macht der anderen noch von der eigenen Ohnmacht sich dumm machen zu lassen" (*Herz* 1996: 96). Entgegen der Gesellschaftsvergessenheit *Piagets* macht *Bourdieu* allerdings deutlich, dass die kognitiven Schemata bzw. habituellen Dispositionen keineswegs einer ‚List der Vernunft' geschuldet sind, sondern in der Auseinandersetzung mit sozialen Umwelten generiert werden. Die Entwicklung und Behauptung subjektiver Autonomie kann unter dieser sozialwissenschaftlichen Perspektive für den Einzelnen zu einem vakanten, ergebnisoffenen Projekt werden, das zu einem gewissen Grad in Opposition zu den expliziten und impliziten Ansprüchen aus der sozialen Umwelt realisiert werden muss. Dies aufzuzeigen, macht den Habitusbegriff fruchtbar für eine empirische Übersetzung der Entwicklungstheorie Piagets.

Auf der Grundlage des Habitusbegriffes, der durch seine formaltheoretische Ausrichtung unabhängig von konkreten Erscheinungsweisen habitueller Dispositionen operiert, ist *Bourdieus* Beschreibung des Lebensstils der unteren Klassen in der französischen Gesellschaft in der zweiten Hälfte der 20. Jahrhunderts insofern hypothesengenerierend, als sie zeigt, dass moderne Gesellschaften, die durch Klassenunterschiede strukturiert sind, zu Habitusformen führen können, die ein nicht vollständiges Erreichen der Phase der formalen Operationalität indizieren. Insgesamt zeichnet sich der Lebensstil dieser Klasse durch eine zur Tugend erhobene Not aus, die dem konkret-pragmatischen Aspekt eine Dominanz gegenüber formal-ästhetischen Ansprüchen einräumt. Dies bezieht sich unter anderem auf die Wohnungseinrichtung, die Esskultur und die Kunstpräferenzen. Als besonders problematisch für eine optimale Vernunftentwicklung stellt sich indessen ein *interner Konformitätsdruck* dar. Dieser entfaltet eine Barriere, die sich hemmend auf Bildungs- und damit Entwicklungschancen auswirken kann. Es konnte gezeigt werden, dass Mitglieder bildungsferner Schichten neben einer mangelnden fachlichen Unterstützung durch ihr Herkunftsmilieus vor allem auch mit emotionalen Ressentiments zu rechnen haben. Die Folge davon ist, dass diejenigen, die trotz solcher Widerstände eine Bildungskarriere planen, zusätzlich die psychischen Kosten für die Generierung einer Identität zwischen der Entfremdung von ihrem Herkunftsmilieu und dem Gefühl der Fremdartigkeit im Gegenwartsmilieu aufbringen müssen (*Rohleder* 1997). Fügen sich die Mitglieder aufgrund solcher Milieustrukturen ihren Herkunftsbedingungen, schneiden sie sich selbst die Möglichkeit auf potentielle Erfahrungen ab, die geeignet wären, eine habituelle bzw. kognitive Krise zu provozieren.

Generell ergibt sich aus der auf dem Habitusbegriff basierenden Forschung die Hypothese: Mitgliedern unterer Schichten stehen offensichtlich nicht alle gesellschaftlichen Räume gleichermaßen offen. Dabei werden zum einen nach wie vor *objektive Exklusionsanreize* wirksam, wie etwa Jens *Dangschat* stadtsoziologisch an einer sozialen Schließung der Innenstädte demonstriert. „Der symbolische Gehalt der Architektur,", so *Dangschat*, „wirkt ausgrenzend auf jene, die diesen Stil nicht goutieren (können oder wollen). Nicht nur in symbolischer Wirkung, sondern auch de facto werden diese Gruppen aus den Zentren abgedrängt an die Peripherie – die der Städte und dadurch auch innerhalb der Gesellschaft." (*Dangschat* 1996: 123). Zum anderen jedoch macht die Habitustheorie *Bourdieus* deutlich, dass der gleichberechtigten Partizipation an der Gesellschaft oftmals eine milieuinduzierte *Selbstexklusion* im Wege steht. Mitglieder unterer Schichten sprechen sich selbst die Kompetenz ab, im öffentlichen Diskurs mitreden zu können, wobei solche Formen der Selbstexklusion die objektiven Exklusionsanreize in ihrer Wirkung begünstigen dürften.

Dies hat für die Demokratie die direkte Folge, dass Teile der Bevölkerung de facto von einer Beteiligung an einer deliberativen Öffentlichkeit ausgegrenzt sind. Soll jedoch das moderne Gleichheitsideal in einem demokratischen Diskurs konkretisiert werden, dürfen gerade jene Schichten, die durch eine anhaltende Ungleichheit im besonderen Maße benachteiligt sind, nicht ausgeschlossen werden. Die formale Gewährung gleicher Rechte reicht vor dem Hintergrund dieser Befunde nicht aus. Die Akteure der Demokratie müssen zugleich über die entsprechenden Kompetenzen, die aus den Anforderungen der Demokratie an ihre Mitglieder folgen, verfügen können.

Die Befunde verweisen darauf, dass eine *kompetenzorientierte Habitustheorie* sich als ein sozialwissenschaftlicher Schlüssel anbietet, um Lebenswelten zu dechiffrieren, die eine optimale Entwicklung kognitiver Kompetenzen erschweren bzw. fördern. Für ein solches Unternehmen sind die Habitusstrukturen der Akteure, verstanden als kognitive und moralische Schemata, darauf hin zu befragen, inwieweit sie einen formal-operationalen Umgang insbesondere mit abstrakten Entitäten ausgebildet haben und inwieweit eine autonome Moral entwickelt wurde, die sich gegen Konformitätsansprüche behaupten kann. Die Lebensstilbeschreibungen *Bourdieus* lassen vermuten, dass Unterschichtsangehörige dies nicht vollständig erreichen. Damit bietet sich die Habitus- in Verbindung mit der Klassentheorie als analytischer Rahmen für eine empirische Explikation jener Ungleichheiten an, die vor dem normativen Hintergrund der Demokratie problematisch werden. Beide, und dies ist entscheidend, ermöglichen das Zurückführen von habituellen Dispositionen bzw. kognitiven Schemata auf *soziale Positionen*, die durch die Verfügungsgewalt über ökonomische und kulturelle Ressourcen definiert werden. Zusammengefasst: *Bourdieus* Ansatz ermöglicht eine strukturierte Beschreibung unterschiedlicher Lebenswelten, die die Gesellschaftsvergessenheit der genetischen Epistemologie zu kompensieren vermag.

5. Demokratie als Norm und Analyserahmen

Nachdem das Projekt der Aufklärung auch das Reich normativer Gewissheiten entzaubert hatte, gingen jene moralischen oder ästhetischen Selbstverständlichkeiten verloren, die einstmals intersubjektiv gültige Wertmassstäbe verbürgen konnten. Angesichts anhaltender Ungleichheiten entstand so eine *Begründungslücke* bei dem Versuch, diese im Lichte eines gesamtgesellschaftlich geteilten Ideals kritisch zu problematisieren. Mit der Idee einer demokratischen Rechtssetzung ist allerdings der Moderne ein Restideal geblieben, dass auf eine breite Zustimmung verweisen kann. Die Beantwortung der Frage, welche Ungleichheiten *akzeptiert* und welche *überwunden* werden sollen, kann daher an ein Staatsbürgerpublikum übergeben werden, das sich bemüht, in öffentlichen Diskursen Normen für den Umgang mit Ungleichheiten zu generieren. Die Ungleichheitsforschung selbst jedoch trübt die Hoffnung, dass ein solches Staatsbürgerpublikum in der Form existiert, dass tatsächlich allen Akteuren ein gleichberechtigter Zugang zu den öffentlichen Diskursen offen steht.

Wenn aber der Demokratie zugemutet werden soll, mit ihren Diskursen die normative Lücke zu schließen, die der Entzauberungsprozess der Aufklärung hinterlassen hat, bedarf es eines Staatsbürgerpublikums, dass mit dem Anspruch auf eine freie und gleichberechtigte Partizipation ernst macht. Anders formuliert: Es braucht Akteure, die aufgrund ihrer kognitiven und moralischen Entwicklung befähigt sind, sich gleichberechtigt und mündig in demokratischen Diskursen zu artikulieren.

Mit einem kognitionstheoretischen Demokratieverständnis lassen sich die Bedingungen einer solchen gleichberechtigten und mündigen Partizipation konkretisieren, die dann als normativer Fixpunkt und als Analyserahmen gleichzeitig fungieren können. Als *Analyserahmen* basiert die Demokratie einerseits auf der genetischen Epistemologie, die die Entwicklung der demokratischen Vernunft auf der Akteursebene thematisiert, und andererseits auf der Klassen- und Habitustheorie *Bourdieus*, die eine Strukturierung unterschiedlicher Lebenswelten vor dem Hintergrund der Ressourcenausstattung der Akteure erlaubt. Als *Norm* basiert die Demokratie auf einer reduzierten Diskurstheorie des Rechts, die über ein System der Rechte und eine deliberierende Öffentlichkeit die Idee der Demokratie etikettiert.

Die Ineinandersetzung von Norm und Analyserahmen produziert freilich einen *Zirkel*: Demokratie dient zum einen der Kritik sozialer Ungleichheit, ist aber zum anderen vor dem Hintergrund realer Ungleichheiten nicht uneingeschränkt zu haben. Dieser Zirkel ist jedoch in der Weise fruchtbar für die Normierung der Ungleichheitsforschung, als er die normative Forderung nach einer Überwindung jener sozialen Ungleichheiten, die aus der Perspektive der gleichberechtigten Partizipation an der Demokratie problematisch sind, zu erheben erlaubt. Dennoch bleibt das Problem, dass die Verzahnung eines idealisierten Demokratiebegriffes mit den desillusionierenden Ergebnissen der empirischen Sozialwissenschaft es erlaubt, jene Akteure, die nicht über eine ausreichende Demokratiebefähigung verfügen, implizit oder explizit aus dem Staatsbürgerpublikum zu exkludieren. Dieses Problem markiert jedoch die grundsätzliche Ambivalenz jeglicher Ungleichheitsforschung. Der Nachweis von sozialstruktureller Deprivation hatte zumeist die Intention, „jene Freiheit zu erlangen, die sich den sozialen Determinismen mit Hilfe der Erkenntnis dieser sozialen Determinismen immerhin abringen läßt" (*Bourdieu* 1998c: 9). Dennoch wird dieser Nachweis in einer Gesellschaft, die sich selbst als chancengleich beschreibt, immer auch mit der Arroganz des Wissenschaftlers, dem attestiert wird, letztlich nur die eigene Position legitimieren zu wollen, assoziiert. Die Demokratie als normativen Maßstab der Ungleichheitsforschung zu wählen bedeutet jedoch, dass die demokratischen Rechte und der freie und gleiche Zugang zu einer deliberierenden Öffentlichkeit *unabhängig* von kognitiven und moralischen Kompetenzen gewährt werden müssen. Würde dies verweigert, würde damit zugleich die Demokratie bis zur Unkenntlichkeit entstellt werden. Eine Elitendemokratie, die aus den vorgestellten Überlegungen logisch nicht ausgeschlossen werden kann, kann mit diesem Hinweis zumindest normativ zurückgewiesen werden. Anders formuliert: Die konstitutiven Merkmale der Demokratie werden durch die Befunde der Ungleichheitsforschung nicht suspendiert.

Auf der anderen Seite geraten mit der Demokratie als Norm, wie angedeutet, jene Ungleichheitsdimensionen in den Blick, die die Verwirklichung von Demokratie vakant werden lassen und aus denen sich spezifische normative Forderungen ableiten. Zweifelsohne erfordert die Partizipation an der Demokratie zunächst einen materiellen Mindeststandard, der das physische Überleben der Akteure garantiert. Dazu können etwa sozialphilosophische Überlegungen im Kontext des Auslaufens der Arbeitsgesellschaft rezipiert werden, die vorschlagen, die drohende Freisetzung großer Teile der Bevölkerung aus einem über Arbeit gesteuerten Erwerbssystem mit einer monetären ‚Belohnung' bürgerschaftlichen Engagements (*Beck* 1999, 2000) oder einem bedingungslosen Grundeinkommen (*Gorz* 2000) zu kompensieren. Eine über die Entwicklungspsychologie Piagets angeleitete Ungleichheitsforschung kann sich hingegen mit der Gewährung eines monetären Minimalismus nicht begnügen. Der hier offen gehaltene Begriff eines ‚*defizitären Erfahrungsraumes'* lässt vermuten, dass die Akteure für eine gleichberechtigte und mündige Partizipation zusätzlich auf kulturelle Ressourcen und damit auf Lebenswelten angewiesen sind, die eine optimale Vernunftentwicklung ermöglichen. Das Ausmaß der erforderlichen kulturellen Ressourcen genauer zu bestimmen, bleibt jedoch die Aufgabe einer empirischen Ungleichheitsforschung.

Literatur

Beck, Ulrich (1986): Risikogesellschaft. Frankfurt: Suhrkamp.

Beck, Ulrich (1999): Schöne neue Arbeitswelt. Frankfurt/New York: Campus.

Beck, Ulrich (2000): Wohin führt der Weg, der mit dem Ende der Vollbeschäftigungsgesellschaft beginnt? In: ders.: Die Zukunft von Arbeit und Demokratie. Frankfurt: Suhrkamp, S. 7-67.

Beer, Raphael (2002): Zur Kritik der demokratischen Vernunft. Individuelle und soziale Bedingungen einer gleichberechtigten Partizipation. Wiesbaden: Deutscher Universitäts-Verlag.

Berlin, Isaiah (1995): Zwei Freiheitsbegriffe. In: ders.: Freiheit. Frankfurt: S.Fischer, S. 197-257.

Bittlingmayer, Uwe (2001): Spätkapitalismus oder „Wissensgesellschaft"?, Aus Politik und Zeitgeschichte, B36: 15-24.

Bourdieu, Pierre (1976): Entwurf einer Theorie der Praxis auf der ethnologischen Grundlage der kabylischen Gesellschaft. Frankfurt: Suhrkamp.

Bourdieu, Pierre (1993): Sozialer Sinn. Frankfurt: Suhrkamp.

Bourdieu, Pierre (1994): Die feinen Unterschiede. Frankfurt: Suhrkamp.

Bourdieu, Pierre (1995): Sozialer Raum und Klassen. In: ders.: Sozialer Raum und Klassen. Leçon sur leçon. Frankfurt: Suhrkamp, S. 7-47.

Bourdieu, Pierre (1997): Ökonomisches Kapital – kulturelles Kapital – soziales Kapital. In: ders.: Die verborgenen Mechanismen der Macht. Hamburg: VSA-Verlag, S. 49-81.

Bourdieu, Pierre (1998a): Gegenfeuer. Konstanz: Universitätsverlag.

Bourdieu, Pierre (1998b): Das Reale ist relational. In: ders.: Praktische Vernunft. Frankfurt: Suhrkamp, S. 15-23.

Bourdieu, Pierre (1998c): Vorwort zu Praktische Vernunft. In: ders.: Praktische Vernunft. Frankfurt: Suhrkamp, S. 7-15.

Buggle, Franz (1997): Die Entwicklungspsychologie Jean Piagets. Stuttgart/Berlin/Köln: Kohlhammer.

Bundesministerium für Arbeit und Sozialordnung (2001): Lebenslagen in Deutschland. Bonn: O.V..

Dangschat, Jens S. (1996): Raum als Dimension sozialer Ungleichheit und Ort als Bühne der Lebensstilisierung? – Zum Raumbezug sozialer Ungleichheit und von Lebensstilen. In: Otto Schwenk: Lebensstil zwischen Sozialstrukturanalyse und Kulturwissenschaft. Opladen: Leske + Budrich, S. 99-139.

Edelstein, Wolfgang (1993): Soziale Konstruktion und die Äquilibration kognitiver Strukturen: Zur Entstehung individueller Unterschiede in der Entwicklung. In: Wolfgang Edelstein/Siegfried Hoppe-Graff: Die Konstruktion kognitiver Strukturen. Perspektiven einer konstruktivistischen Entwicklungspsychologie. Bern/Göttingen/Toronto/Seattle: Verlag Hans Huber, S. 92-107.

Eder, Klaus (1989): Klassentheorie als Gesellschaftstheorie. Bourdieus dreifache kulturtheoretische Brechung der traditionellen Klassentheorie. In: ders.: Klassenlage, Lebensstil und kulturelle Praxis. Frankfurt: Suhrkamp, S.15-47.

Engländer, Armin (1995): Grundrechte als Kompensation diskurstheoretischer Defizite? Kritische Anmerkungen zu Jürgen Habermas' Diskurstheorie des Rechts, Archiv für Rechts- und Sozialphilosophie, Nr. 81, 482-495.

Freitag, Barbara (1983): Der Aufbau kindlicher Bewußtseinsstrukturen im gesellschaftlichen Kontext. München: Fink Verlag.

Geulen, Dieter (1982): Soziales Handeln und Perspektivübernahme. In: ders.: Perspektivübernahme und soziales Handeln, Frankfurt: Suhrkamp, S. 24-73.

Ginsburg, Herbert P./Opper, Sylvia (1998): Piagets Theorie der geistigen Entwicklung. Stuttgart: Klett-Cotta.

Gorz, André (2000): Arbeit zwischen Misere und Utopie. Frankfurt: Suhrkamp.

Grundmann, Matthias (1998): Norm und Konstruktion. Opladen: Leske + Budrich.

Grundmann, Matthias/Keller, Monika (1999): Familiale Beziehungen und soziomoralische Entwicklung. In: Lothar Krappmann/Hans Rudolf Leu: Zwischen Autonomie und Verbundenheit. Frankfurt: Suhrkamp, S. 330-357.

Habermas, Jürgen (1976): Moralentwicklung und Ich-Identität. In: ders.: Zur Rekonstruktion des historischen Materialismus. Frankfurt: Suhrkamp, S. 63-92.

Habermas, Jürgen (1981): Theorie des kommunikativen Handelns. Frankfurt: Suhrkamp.

Habermas, Jürgen (1994): Faktizität und Geltung. Beiträge zur Diskurstheorie des Rechts und des demokratischen Rechtsstaates. Frankfurt: Suhrkamp.

Habermas, Jürgen (1996a): Über den internen Zusammenhang von Rechtsstaat und Demokratie. In: ders.: Die Einbeziehung des Anderen, Frankfurt: Suhrkamp, S. 293-309.

Habermas, Jürgen (1996b): Drei normative Modelle der Demokratie. In: ders.: Die Einbeziehung des Anderen. Frankfurt: Suhrkamp, S. 277-293.

Heming, Ralf (1997): Öffentlichkeit, Diskurs und Gesellschaft. Zum analytischen Potential und zur Kritik des Begriffes der Öffentlichkeit bei Habermas. Wiesbaden: Deutscher Universitätsverlag.

Herz, Martin (1996): Disposition und Kapital. Ein Beitrag zur Bourdieu-Debatte. Wien: Braumüller.

Höffe, Otfried (1986): Autonomie und Verallgemeinerung als Moralprinzipien. Eine Auseinandersetzung mit Kohlberg, dem Utilitarismus und der Diskursethik. In: Fritz Oser/Reinhard Fatke/Otfried Höffe: Transformation und Entwicklung. Grundlagen der Moralerziehung. Frankfurt: Suhrkamp, S. 56-89 .

Hoff, Ernst H. (1999): Kollektive Probleme und individuelle Handlungsbereitschaft. Zur Entwicklung von Verantwortungsbewusstsein. In: Matthias Grundmann: Konstruktivistische Sozialforschung. Frankfurt: Suhrkamp, S. 240-267.

Honneth, Axel (1990): Die zerrissene Welt der symbolischen Formen. In: ders.: Die zerrissene Welt des Sozialen. Frankfurt: Suhrkamp, S. 177-203.

Honneth, Axel (1995): Einleitung zu „Kommunitarismus". In: ders.: Kommunitarismus. Frankfurt/New York: Campus, S. 7-18.

Honneth, Axel (1998): Kampf um Anerkennung. Frankfurt: Suhrkamp.

Hopf, Christel et al. (1995): Familie und Rechtsextremismus. Familiale Sozialisation und rechtsextreme Orientierungen junger Männer. Weinheim/München: Juventa.

Kant, Immanuel (1788 [1993]): Kritik der praktischen Vernunft. Frankfurt: Suhrkamp.

Kesselring, Thomas (1999): Jean Piaget. München: C.H. Beck.

Kohlberg, Lawrence (1997): Die Psychologie der Moralentwicklung. Frankfurt: Suhrkamp.

Krettenauer, Tobias (1998): Gerechtigkeit als Solidarität. Entwicklungsbedingungen sozialen Engagements im Jugendalter. Weinheim: Beltz.

Krettenauer, Tobias (1999): Individualismus, Autonomie und Solidarität. Entwicklungsbedingungen sozialen Engagements im Jugendalter. In: Hans-Rudolf Leu/Lothar Krappmann: Zwischen Autonomie und Verbundenheit. Bedingungen und Formen der Behauptung von Subjektivität. Frankfurt: Suhrkamp, S. 266-299.

Locke, John (1690 [1992]): Zwei Abhandlungen über die Regierung. Frankfurt: Suhrkamp.

MacIntyre, Alasdair (1997): Der Verlust der Tugend. Zur moralischen Krise der Gegenwart. Frankfurt: Suhrkamp.

Macpherson, C.B. (1973): Die politische Theorie des Besitzindividualismus. Frankfurt: Suhrkamp.

Mead, George Herbert (1995): Geist, Identität und Gesellschaft. Frankfurt: Suhrkamp.

Michailow, Matthias (1994): Lebensstilsemantik. Soziale Ungleichheit und Formationsbildung in der Kulturgesellschaft. In: Ingo Mörth/Gerhard Fröhlich: Das symbolische Kapital der Lebensstile. Frankfurt/New York: Campus, S. 107-129.

Michailow, Matthias (1996): Individualisierung und Lebensstilbildungen. In: Otto Schwenk: Lebensstil zwischen Sozialstrukturanalyse und Kulturwissenschaft. Opladen: Leske + Budrich, S. 71-99.

Müller, Hans-Peter (1997): Sozialstruktur und Lebensstile. Frankfurt: Suhrkamp.

Neckel, Sighard (1991): Status und Scham. Frankfurt/New York: Campus.

Nunner-Winkler, Gertrud (1999): Sozialisationsbedingungen moralischer Motivation. In: Hans-Rudolf Leu/Lothar Krappmann: Zwischen Autonomie und Verbundenheit. Bedingungen und Formen der Behauptung von Subjektivität. Frankfurt: Suhrkamp, S. 299-330.

Pfeffer, Gottfried (1985): Das fehlende Positive. Sozialdeterministische Aspekte bei Bourdieu und ihr möglicher Aufklärungswert, Neue Sammlung, 25. Jahrg.: 279-297.

Piaget, Jean (1976): Die Äquilibration der kognitiven Strukturen. Stuttgart: Ernst Klett.

Piaget, Jean (1980): Abriß der genetischen Epistemologie. Stuttgart: Walter Verlag.

Piaget, Jean (1981): Über Jean Piaget. München: Kindler.

Piaget, Jean (1983): Das moralische Urteil beim Kinde. Stuttgart: Klett-Cotta.

Piaget, Jean (1991): Das Erwachen der Intelligenz beim Kinde. Stuttgart: Klett-Cotta.

Piaget, Jean (1992): Psychologie der Intelligenz. Stuttgart: Klett-Cotta.

Piaget, Jean/Inhelder, Bärbel (1980): Von der Logik des Kindes zur Logik des Heranwachsenden. Stuttgart: Klett-Cotta.

Rawls, John (1979): Eine Theorie der Gerechtigkeit. Frankfurt: Suhrkamp.

Rawls, John (1997): Die Idee des politischen Liberalismus. Frankfurt: Suhrkamp.

Rohleder, Christiane (1997): Zwischen Integration und Heimatlosigkeit. Arbeitertöchter in Lehramt und Arztberuf. Münster: Westfälisches Dampfboot.

Rousseau, Jean-Jacques (1755 [1993]): Diskurs über die Ungleichheit. Paderborn/München/Wien/Zürich: UTB.

Rousseau, Jean-Jacques (1762 [1988]): Der Gesellschaftsvertrag. Leipzig: Reclam.

Seiler, Thomas Bernhard (1998): Entwicklung und Sozialisation: Eine strukturgenetische Sichtweise. In: Klaus Hurrelmann/Dieter Ulich: Handbuch der Sozialisarionsforschung. Weinheim/Basel: Beltz, S. 99..

Seiler, Thomas Bernhard/Claar, Annette (1993): Begriffsentwicklung aus strukturgenetisch-konstruktivistischer Perspektive. In: Wolfgang Edelstein/Siegfried Hoppe-Graff: Die Konstruktion kognitiver Strukturen. Perspektiven einer konstruktivistischen Entwicklungspsychologie, Bern/Göttingen/Toronto/Seattle: Verlag Hans Huber, S. 107-126 .

Schröder, Eberhard (1989): Vom konkreten zum formalen Denken: individuelle Entwicklungsverläufe von der Kindheit zum Jugendalter. Bern/Stuttgart/Toronto: Verlag Hans Huber.

Schröder, Eberhard (1993): Individuelle Konstruktion und kognitive Entwicklung: Eine Analyse der Veränderungen intraindividueller Unterschiede. In: Wolfgang Edelstein/Siegfried Hoppe-Graff: Die Konstruktion kognitiver Strukturen. Perspektiven einer konstruktivistischen Entwicklungspsychologie, Bern/Göttingen/Toronto/Seattle: Verlag Hans Huber.

Schulze, Gerhard (1992): Die Erlebnisgesellschaft. Kultursoziologie der Gegenwart. Frankfurt/New York: Campus.

Taylor, Charles (1995): Negative Freiheit? Zur Kritik des neuzeitlichen Individualismus. Frankfurt: Suhrkamp.

Taylor, Charles (1997a): Das Unbehagen an der Moderne. Frankfurt: Suhrkamp.

Taylor, Charles (1997b): Die Politik der Anerkennung. In: ders.: Multikulturalismus und die Politik der Anerkennung. Frankfurt: Fischer, S. 13-79.

Waldron, Jeremy (1993): Liberal Rights. Collected Papers 1981-1991. Cambridge: Cambridge University Press.

Walzer, Michael (1993): Kritik und Gemeinsinn. Frankfurt: Fischer.

Wienold, Hanns (2001): Gesellschaft bei Marx. Münster: Westfälisches Dampfboot.

Youniss, James (1994): Soziale Konstruktion und psychische Entwicklung. Frankfurt: Suhrkamp.

Gleichheit und Pluralismus
in politikphilosophischer Perspektive

Peter Koller

1. Einleitung

Soziale *Gleichheit* war und ist wohl immer noch eine der maßgebenden Leitideen der Selbstorganisation moderner Gesellschaften, ein grundlegender Maßstab der Legitimität ihrer rechtlichen und politischen Ordnung. Die Idee der sozialen Gleichheit bekräftigt die fundamentale Annahme der grundsätzlichen moralischen Gleichwertigkeit, der gleichen Würde aller Menschen, eine Annahme, die das Gebot impliziert, Andere *als Gleiche* zu achten und zu behandeln. Diese Idee bildet – zusammen mit den Ideen der Freiheit und der Solidarität – den Kern der heute vorherrschenden Vorstellung sozialer Gerechtigkeit, die sich in der Neuzeit mit den sozialen Bewegungen des Bürgertums und der Arbeiterschaft nach und nach verbreitet und schließlich weithin durchgesetzt hat (*Koller* 2001).

Freilich hat es darüber, was soziale Gleichheit genauer bedeutet und was sie im Einzelnen verlangt, seit je weitgehende und tiefgreifende *Differenzen* gegeben. Und das ist noch immer so, auch wenn sich die Fronten der Kontroversen über das rechte Verständnis von Gleichheit mehrfach verschoben haben. Gerade in jüngster Zeit, so scheint es, sind manche der hergebrachten Vorstellungen sozialer Gleichheit ins Rutschen geraten und in Wandel begriffen. Dieser Wandel, der sowohl die Wertschätzung sozialer Gleichheit als auch die Wahrnehmung sozialer Ungleichheiten betrifft, hat offenbar mit sozialen Entwicklungen zu tun, die zusammenfassend mit dem Stichwort ‚Pluralismus' angesprochen werden können. Ich nenne nur einige wenige Indizien dafür, die dem akademischen Diskurs entnommen sind, aber bis zu einem gewissen Grade wohl auch die öffentliche Stimmungslage widerspiegeln.

Anthony *Giddens*, der in seiner Person die Rolle eines renommierten Soziologen mit der eines intellektuellen Ratgebers der politischen Erneuerung verbindet, schreibt in einem Artikel über die Frage der sozialen Ungleichheit, es gehe heute darum, das „Verständnis von Gleichheit mit dem Pluralismus sowie der Vielfalt der Lebensstile in Einklang zu bringen" und „die von klassischen Liberalen immer wieder betonten Konflikte zwischen Freiheit und Gleichheit" nicht zu leugnen. Wir sollten daher, so meint er, das eindimensionale Ideal der Gleichheit, das auf die Nivellierung sozialer Ungleichheiten zielt, verabschieden und „ein dynamisches, an Lebenschancen orientiertes Konzept von Gleichheit entwickeln, dessen Schwerpunkt auf Chancengleichheit liegt", auch wenn diese, wie *Giddens* durchaus ein-

räumt, „im Ergebnis üblicherweise Ungleichheiten eher vergrößert als verringert" (*Giddens* 2001:96f.). Gleichheitskritische Auffassungen dieser und
ähnlicher Art scheinen in der Soziologie gegenwärtig an Boden zu gewinnen, treten jedenfalls in der neueren Literatur zunehmend hervor, darunter
in einem brillanten Aufsatz von Volker *Schmidt* (2000). Analoge Tendenzen
gibt es in anderen Sozialwissenschaften, vor allem in der Ökonomie, deren
marktliberales Lager, das der Gleichheitsidee ja seit jeher wenig Sympathie
entgegenbringt, neuerdings wieder stark prosperiert.

Auch in der *Philosophie* steht die Gleichheitsidee gegenwärtig in Diskussion und wegen ihres angeblich prekären Verhältnisses zum Pluralismus
unter Beschuss. Ein prominentes Beispiel ist Michael *Walzer*, der die herkömmliche Vorstellung sozialer Gleichheit im Sinne einer Angleichung der
Lebenslagen als viel zu simpel kritisiert und ihr ein Konzept „komplexer
Gleichheit" entgegenstellt, das dem Pluralismus moderner Gesellschaft besser Rechnung tragen soll (*Walzer* 1992: 26ff.). Während *Walzer* aber an der
Gleichheitsidee grundsätzlich festhält und sie nur auf eine neue Weise zu interpretieren sucht, gibt es auch eine wachsende Zahl von Stimmen, welche
die Forderung sozialer Gleichheit überhaupt in Frage stellen oder sogar
ganz und gar verdammen. Die Kritik läuft in der Regel darauf hinaus, soziale Gleichheit habe weder einen Eigenwert, der sie um ihrer selbst willen als
erstrebenswert erscheinen lasse, noch vertrage sie sich mit den tragenden
Grundsätzen liberaler Gesellschaften, den Grundsätzen individueller Autonomie, Freiheit und Selbstverantwortung, die unvermeidlich einen gesellschaftlichen Pluralismus mit vielfältigen sozialen Unterschieden zur Folge
haben (*Krebs* 2000; *Kersting* 2002).

Diese neue Debatte um die Gleichheit scheint mir einigermaßen irritie-
rend. Was mich daran irritiert, ist nicht so sehr der Umstand, dass die Idee
sozialer Gleichheit gerade jetzt, vor dem Hintergrund rapide zunehmender
wirtschaftlicher Ungleichheiten, in Frage gestellt, ja teilweise einer geradezu rabiaten Kritik unterzogen wird. Dass diese Kritik im Sog der gegenwärtigen Renaissance des Wirtschaftsliberalismus steht, die ihrerseits eine
merkliche Verschiebung der sozialen Machtverhältnisse zugunsten der Ge-
winner des Marktwettbewerbs reflektiert, ist offensichtlich und nicht schwer
zu verstehen, auch wenn man den Lauf der Dinge bedauern mag. Meine Ir-
ritation betrifft vor allem den *sachlichen Gehalt* der Debatte, in der nach
meinem Eindruck viel Verwirrung herrscht. Die Verwirrung resultiert schon
aus einem ziemlich sorglosen Gebrauch der wesentlichen Grundbegriffe,
vor allem jener der Gleichheit und des Pluralismus, und sie mündet in fast
unauflösbare Konfusionen, wenn es überdies substanzielle Meinungsverschiedenheiten über empirische Tatsachen oder normative Voraussetzungen
gibt.

Um die strittigen Fragen, die sich aus dem Spannungsfeld von sozialer
Gleichheit und gesellschaftlichem Pluralismus ergeben, besser zu verstehen,
möchte ich im Folgenden versuchen, ihre begrifflichen und normativen As-

pekte systematisch herauszuarbeiten und transparent zu machen. Zu diesem Zweck ist es unumgänglich, zunächst die Begriffe der *sozialen Gleichheit* einerseits und des *Pluralismus* andererseits näher zu betrachten, um zu sehen, worin denn eigentlich die Probleme liegen, die eine Revision der herkömmlichen Vorstellungen von Gleichheit notwendig machen sollen. Davon ausgehend werde ich dann den Versuch unternehmen, die Konturen der umfassenderen *politischen Weltbilder* zu skizzieren, die den diversen Interpretationen von sozialer Gleichheit zugrunde liegen und meines Erachtens zu einem Gutteil die fortdauernden Kontroversen über soziale Gleichheit, einschließlich der gegenwärtigen Debatte, erklären.

2. Soziale Gleichheit

Im vorliegenden Zusammenhang spielen offenbar zwei verschiedene, wenn auch verwandte und zusammenhängende Konzepte der sozialen Gleichheit eine Rolle, die es zu unterscheiden gilt: einerseits ein *politisch-normatives* Konzept, nämlich das im politischen Diskurs verwendete Postulat der sozialen Gleichheit, und andererseits ein *empirisch-deskriptives* Konzept, das die Sozialwissenschaften zur Beschreibung und Erklärung der realen sozialen Gegebenheiten benutzen. Ich möchte beide nacheinander kurz betrachten.

2.1. Das politische Postulat der sozialen Gleichheit

Die *politische Idee sozialer Gleichheit*, so wie sie sich im Laufe der Geschichte der Neuzeit nach und nach entwickelt hat und heute weithin verstanden wird, ist ein ziemlich vielschichtiges und komplexes Konzept, das sich aus einer ganzen Reihe von Teilforderungen zusammensetzt (*Koller* 2002). Die allgemeinste und grundlegendste dieser Forderungen, auf der alle anderen beruhen, ist ein *Prinzip konditionaler Gleichheit*, dem zufolge alle Mitglieder einer Gesellschaft gleiche Rechte und Pflichten haben und gleichermaßen an den Annehmlichkeiten und Bürden, an den Gütern und Lasten des sozialen Lebens teilhaben sollen, sofern es nicht gute Gründe für eine Ungleichbehandlung oder Ungleichverteilung gibt. Dieses Prinzip, das soziale Ungleichheiten *begründungsbedürftig* macht, setzt freilich ein bestimmtes Verständnis von Gesellschaft voraus, das sich erst mit der Herausbildung staatlicher Herrschaft nach und nach durchsetzen konnte: Das ist die Auffassung, dass eine Gesellschaft eine Art von Gemeinschaft bildet, ein Gemeinwesen, dessen rechtliche Ordnung die Verteilung von Gütern und Lasten maßgeblich bestimmt und zumindest bis zu einem gewissen Grade planmäßiger Gestaltung zugänglich ist.

Auf der Grundlage des Postulats konditionaler Gleichheit haben sich im Laufe der neuzeitlichen Gesellschaftsentwicklung in Reaktion auf drückende soziale Problemlagen und im Rückenwind der sich formierenden sozialen Bewegungen nach und nach diverse weitere, spezifischere Forderungen der sozialen Gleichheit herauskristallisiert. Das sind vor allem die folgenden:

1) *rechtliche Gleichheit*, d.h. gleiche Rechtsstellung, Gleichheit der allgemeinen bürgerlichen Rechte und Pflichten sowie Gleichheit vor dem und im Gesetz;

2) *bürgerliche Freiheit*, d.i. die weitestgehende gleiche Freiheit aller Bürger, die in einer wohlgeordneten Gesellschaft möglich ist;

3) *demokratische Teilnahme*, also gleichberechtigte politische Beteiligung an der Meinungs- und Willensbildung über allgemeine Belange;

4) *soziale Chancengleichheit*, d.h. gleiche Zugangsmöglichkeiten der Gesellschaftsmitglieder zu begehrten sozialen Positionen; und

5) *wirtschaftliche Gerechtigkeit*, also gleiche Möglichkeiten des Zugangs zum und der Teilhabe am gesellschaftlichen Wirtschaftsleben, dessen Vorteile und Bürden freilich – je nach Ansicht – mehr oder minder ungleich verteilt werden können.

Es ist augenfällig, dass diese Forderungen allesamt die Verteilung von Werten oder Gütern betreffen, die in jeder Gesellschaft den Angelpunkt fortdauernder Konflikte bilden: allgemeine Rechte, individuelle Freiheiten, politische Mitsprache, soziale Chancen und ökonomische Aussichten. Alle diese Güter haben zwei Eigenschaften gemeinsam, durch die sie sich als Anwendungsgegenstände des Prinzips konditionaler Gleichheit qualifizieren: Sie sind erstens *grundlegende* Güter insofern, als sie wesentliche Bedingungen des Überlebens und Gedeihens, der Selbstbehauptung und Selbstbestimmung von Menschen sind, was sie für diese unabhängig von deren sonstigen Interessen und Zielen begehrenswert macht; und sie sind zweitens *soziale* Güter in dem Sinne, dass sie nur durch ein entsprechendes kooperatives Zusammenwirken aller oder wenigstens der meisten Gesellschaftsmitglieder zustande kommen, was die Folgerung nahe legt, dass diesen auch ein *prima facie* gleicher Anspruch auf Teilhabe an diesen Gütern zukommt. Die Forderungen der sozialen Gleichheit haben also die grundlegenden sozialen Güter – oder in der Terminologie John *Rawls'* (1975): die „gesellschaftlichen Grundgüter" („primary social goods") – zum Gegenstand, welche die wesentlichen Bedingungen der Selbstbehauptung und des Wohlergehens von Menschen – oder wie Amartya *Sen* (1992) sagt, deren „Befähigungen der Existenzbewältigung" („capabilities of functioning") – verkörpern.

Die ersten drei der früher genannten Forderungen sozialer Gleichheit – nämlich rechtliche Gleichheit, bürgerliche Freiheit und demokratische Teilnahme – sind heute in den fortgeschrittenen Gesellschaften nicht nur allgemein anerkannt und unbestritten, sondern auch garantierte Grundsätze ihrer Verfassungsordnungen. Anders liegt die Sache aber bei den zwei letzten Forderungen, der sozialen Chancengleichheit und der wirtschaftlichen Verteilungsgerechtigkeit. Obwohl auch sie im Prinzip, d.h. ganz allgemein verstanden, weithin Anerkennung finden dürften, bestehen darüber, was sie im Einzelnen bedeuten und verlangen, offenbar ganz erhebliche Meinungsdifferenzen. Die Bandbreite der Auffassungen, die sich mit einer Moral der gleichen Achtung vereinbaren lassen, reicht von *extrem wirtschaftsliberalen Positionen*, die so gut wie alle Ungleichheiten der sozialen Chancen und der ökonomischen Aussichten, die sich auf der Grundlage gleicher Rechte und Freiheiten aus dem Marktprozess von selber ergeben, für akzeptabel halten (*Hayek* 1971; *Nozick* 1976), bis zu *egalitaristischen Konzeptionen*, die Ungleichheiten der sozialen Stellung und wirtschaftlichen Lage nur dann als zulässig betrachten, wenn diese Ungleichheiten unter Bedingungen strikter Anfangsgleichheit durch ungleiche Leistungen oder ungleiche Bedürfnislagen gerechtfertigt scheinen (*Dworkin* 2000; *Nagel* 1994). Zwischen diesen Extremen gibt es eine Vielfalt von intermediären – sozialdemokratischen und sozialliberalen – Vorstellungen, die liberale und egalitäre Grundsätze zu verbinden oder zwischen ihnen zu vermitteln suchen. Eine solche Vorstellung repräsentiert beispielsweise die Konzeption von *Rawls*, die vielfältige Ungleichheiten der sozialen Position und der wirtschaftlichen Lage zulässt, so lange sie bestimmten Anforderungen der Chancengleichheit und der allgemeinen Vorteilhaftigkeit entsprechen (*Rawls* 1975).

Trotz dieser Differenzen dürften aber immerhin zwei Dinge konsensfähig sein: *erstens*, dass auch die sozialen Chancen und die wirtschaftlichen Aussichten der Individuen *soziale* Güter sind, die sich nicht einzig und allein den persönlichen Fähigkeiten und Leistungen, sondern zumindest in einem gewissen Umfang den gesellschaftlichen Verhältnissen verdanken und darum insoweit einer gerechten Verteilung bedürfen; und *zweitens*, dass eine gerechte Verteilung dieser Güter *nicht* notwendig in deren Gleichverteilung bestehen muss, sondern vielfältige Ungleichheiten zulässt, sofern es dafür allgemein akzeptable Gründe gibt (*Ladwig* 2000; *Hinsch* 2002; *Koller* 2003).

Die grundlegenden sozialen Güter, auf die sich die Forderungen der sozialen Gleichheit beziehen, stellen, wie erwähnt, auf die wesentlichen Bedingungen der Existenzbewältigung und Selbstbehauptung der Individuen im sozialen Leben ab, insoweit diese Bedingungen gesellschaftlicher Regelung fähig sind. Und eben weil diese Güter bzw. Bedingungen nicht bloß aus naturgegebenen Umständen, sondern zumindest zum Teil auch aus der gesellschaftlichen Ordnung resultieren, stellen sie zugleich die für den Vergleich der sozialen Lebenslagen von Menschen relevanten Gesichtspunkte bereit, die Unterschiede zwischen solchen Lebenslagen als *soziale Ungleichheiten* erscheinen lassen und die deshalb auch als die maßgeblichen Parameter des empirischen Begriffs sozialer Gleichheit bzw. Ungleichheit gelten.

2.2. Der empirische Begriff sozialer Gleichheit/Ungleichheit

Wenn die *Beschreibung und Erklärung* realer sozialer Ungleichheiten, nicht aber deren Rechtfertigung oder Kritik zur Debatte steht, ist ein empirischer Begriff von sozialer Gleichheit bzw. Ungleichheit vonnöten (*Kreckel* 1992: 13ff.; *Hradil* 2001: 27ff.). Obwohl ein solcher Begriff hinsichtlich seiner Semantik im Wesentlichen *deskriptiven* Charakter hat, weil er soziale Unterschiede als objektiv feststellbare Tatsachen der Erfahrungswelt zum Gegenstand hat, liegen ihm notwendig gewisse *normative* Vorannahmen zugrunde, welche die Wahl der Gesichtspunkte leiten, bezüglich welcher Menschen verglichen und als gleich oder ungleich eingestuft werden sollen. Worum es hier geht, das sind ja nicht irgendwelche beliebigen Umstände, bezüglich welcher sich Menschen gleichen oder unterscheiden können, sondern die individuellen Lebenslagen, die sich aus der Verteilung der erwähnten grundlegenden sozialen Güter ergeben. Es liegt daher nahe, den empirischen Begriff sozialer Ungleichheit mit Bezugnahme auf jene Güter zu definieren. So kann man, Stefan *Hradil* folgend, sagen, dass soziale Ungleichheit vorliegt, „wenn Menschen aufgrund ihrer Stellung in sozialen Beziehungsgefügen von den 'wertvollen Gütern' einer Gesellschaft regelmäßig mehr als andere erhalten" (*Hradil* 2001: 30). Dem gemäß sind die wesentlichen Parameter, auf die sich die Sozialwissenschaften beziehen, wenn sie die bestehenden sozialen Ungleichheiten empirisch erforschen oder erklären wollen, wiederum vor allem die folgenden: *rechtlicher Status* (grundlegende Rechtsstellung, allgemeine Rechte, Zugang zum Recht), *politische Macht* und *sozialer Einfluss* (formelle Entscheidungs- und Zwangsbefugnisse, Organisationsfähigkeit, Meinungsmacht, Sozialbeziehungen, Prestige), *soziale Chancen* (Sozialisationsbedingungen, Bildungsgelegenheiten, Berufsaussichten, Zugangsmöglichkeiten zum Wirtschaftsleben) und *ökonomische Lage* (Vermögen, Einkommen, Erwerbschancen, Arbeitsbedingungen, Zugang zu öffentlichen Leistungen).

Die normative Imprägnierung unseres Verständnisses von sozialer Gleichheit oder Ungleichheit schließt es freilich nicht grundsätzlich aus, ein *empirisches* Konzept sozialer Gleichheit bzw. Ungleichheit zu formulieren, mit dessen Hilfe es möglich ist, die Ungleichheiten, die in oder zwischen einzelnen Gesellschaften bestehen, gewissermaßen 'wertneutral' zu identifizieren, zu messen und zu klassifizieren (vgl. *Meulemann*, in diesem Band, S. 115-136). So ist es den Sozialwissenschaften immerhin gelungen, einigermaßen brauchbare und anerkannte Methoden der Ungleichheitsforschung zu entwickeln, mit denen sie die bestehenden Sozialstrukturen regelmäßig mit Bezug auf die ihnen inhärenten sozialen Ungleichheiten in statischer und dynamischer Hinsicht untersuchen und objektiv nachprüfbare Aussagen darüber machen. Es spricht jedoch einiges dafür, dass dieses Unterfangen zunehmend schwieriger wird als es in der Vergangenheit war, und zwar deshalb, weil sich gegenwärtig in den einzelnen Gesellschaften, aber auch zwischen ihnen, ein tiefgreifender sozialer Wandel vollzieht, mit dem weitgehende Veränderungen ihrer Sozialstruktur und der in ihnen bestehenden sozialen Ungleichheiten einhergehen.

In früheren Zeiten, etwa bis in die ersten Dezennien des 20. Jahrhunderts, war es, so die gängige These, relativ einfach, die bestehenden sozialen Ungleichheiten zu identifizieren und zu klassifizieren, weil die Gesellschaft – die typische Formation der Gesellschaften Europas und Amerikas – durch eine relativ klare Schichtung gekennzeichnet war: Die Gesellschaft gliederte sich in einige wenige, ziemlich kompakte und deutlich unterschiedene soziale Klassen, deren Angehörige sich in allen Dimensionen der sozialen Ungleichheit deutlich unterschieden: in ihrer ökonomischen Lage, ihrer politischen Macht, ihrem sozialen Einfluss und ihren sozialen Chancen. Einer relativ kleinen Oberschicht, deren Mitglieder in jeder Hinsicht privilegiert waren, standen verschiedene Gruppen von mehr oder minder benachteiligten Menschen gegenüber, von denen viele in äußerst drückenden Verhältnissen leben mussten, ohne eine Aussicht auf eine Verbesserung ihrer Lage zu haben (*Hradil* 2001: 130ff.). Nur am Rande sei bemerkt, dass die Verhältnisse wohl niemals ganz so einfach lagen. Sicher aber trifft es zu, dass die damals bestehenden sozialen Ungleichheiten von einem großen Teil der Menschen als äußerst ungerecht empfunden wurden und zur Bildung mächtiger sozialer Bewegungen Anlass gaben, die das Ideal der sozialen Gleichheit auf ihre Fahnen schrieben und die Überwindung jener Ungleichheiten zum zentralen Thema ihrer Bestrebungen machten.

Nun, die sozialen Verhältnisse haben sich in dem Maße, in dem es gelungen ist, den Kapitalismus durch den Ausbau des Wohlfahrtsstaates zu domestizieren und in eine mehr oder minder „soziale" Marktwirtschaft zu verwandeln, erheblich verändert, vor allem durch *folgende Entwicklungen*: 1. die Verbesserung und weitgehende Angleichung der Rechtsstellung der unteren Schichten, 2. die Ausweitung und Verallgemeinerung der bürgerlichen Freiheiten und Rechte, 3. die Demokratisierung des politischen Systems, 4. die Absicherung der schlechter gestellten Gruppen gegen schlimme Notlagen, 5. eine beträchtliche Steigerung sowohl des Durchschnitts- als auch des Mindesteinkommens, und 6. eine erhebliche Verbesserung der Aufstiegschancen der unteren Schichten vermittels der Öffnung und Verbreiterung des Bildungssystems (*Ritter* 1989).

Infolge aller dieser und einiger anderer Entwicklungen hat sich die Struktur der sozialen Ungleichheiten nicht unerheblich gewandelt, obwohl die ökonomischen Differenzen, wenn auch auf einem höheren Level, kaum abgenommen haben, ja neuerdings wieder wachsen. Ich bringe nur die markantesten Veränderungen in Erinnerung:

1) die *Verflüssigung und Auflösung der starren Klassenstrukturen* früherer Zeiten durch eine gewisse Entflechtung der verschiedenen Dimensionen sozialer Ungleichheit, nämlich der rechtlichen, ökonomischen und

politischen Ungleichheiten, oder, um mit Max *Weber* zu sprechen, der Unterschiede der Klasse, des Standes und der Partei (*Weber* 1972: 531ff; *Dahrendorf* 1971: 86ff.);

2) die *verstärkte Thematisierung von Unterschieden,* die zwar auch schon früher bestanden, aber wenig Aufmerksamkeit gefunden haben, wozu insbesondere die – in etwas irreführender Weise als „horizontal" bezeichneten – Geschlechterungleichheiten, regionalen Disparitäten und Formen der Diskriminierung von Minderheiten und Randgruppen gehören (*Weiß* et al. 2001);

3) das *Auftreten neuer Ungleichheiten,* die sich aus der sozialen Diskriminierung, Marginalisierung und Ausgrenzung diverser Risikogruppen ergeben, unter denen sich Gastarbeiter, Einwanderer, Dauerarbeitslose, Schulabbrecher und notorische Wettbewerbsversager befinden (*Kreckel* 1992: 107ff; *Adamy/Steffen* 1998);

4) die *Diversifizierung und Pluralisierung* von individuellen Lebensstilen und Wertorientierungen, von Existenzweisen und Lebensläufen, von Gemeinschaftsformen und Bezugsgruppen (*Hörning/Michailow* 1990; *Müller* 1992; *Berger* 1996). Zu Problemen führt vor allem die zuletzt genannte Entwicklung, weil ziemlich unklar ist, ob und inwieweit es sich bei der daraus resultierenden Varietät von Lebenslagen um harmlose Unterschiede oder doch um belangvolle soziale Ungleichheiten handelt: Denn obwohl sich die unterschiedlichen Lebenslagen zwar einerseits als Folge der freien Entscheidung der Individuen darstellen, lassen sie sich andererseits doch oft auch als Reaktion auf ungleiche soziale Ausgangsbedingungen interpretieren.

Alle diese Umstände, so meinen viele Soziologen, machen es immer schwieriger, die vorhandenen sozialen Ungleichheiten zu identifizieren, zu messen, zu klassifizieren und zu erklären (*Berger* 1987; *Berger/Hradil* 1990b). Und dazu kommt noch ein weiteres Problem: das ist ein merkbarer *Wandel der öffentlichen Wahrnehmung und Bewertung sozialer Ungleichheiten* (*Hradil* 2001: 407ff.). Soziale Ungleichheiten spielen, anders als noch vor wenigen Jahrzehnten, in der politischen Diskussion kaum noch eine Rolle, und sie regen selbst dann, wenn von ihnen die Rede ist, nicht mehr viele Leute auf. Obschon die ökonomischen Ungleichheiten in den letzten drei Jahrzehnten nicht nur nicht abgenommen, sondern sowohl in den einzelnen Gesellschaften als auch weltweit wieder erheblich zugenommen haben und sehr wahrscheinlich in Zukunft weiter wachsen werden, scheinen die meisten Bürger der reichen Gesellschaften an ihnen keinen Anstoß zu nehmen, sei es, weil sie sie gar nicht wahrnehmen oder aber für akzeptabel halten. Kurz: Das Wissen um wie auch die Sensibilität für die realen sozialen Ungleichheiten scheint im Schwinden begriffen (*Hradil* 1990). Und diese Tatsache, sofern sie besteht, dürfte in der Tat mit dem wachsenden Pluralismus unserer Gesellschaften zusammenhängen.

3. Moralischer Pluralismus

Der Begriff des Pluralismus bezeichnet ein facettenreiches und komplexes Phänomen, das auf verschiedenen Ebenen des gesellschaftlichen Lebens in Erscheinung tritt: auf der Ebene der Sozialstruktur, im Feld der Politik und im Bereich der individuellen Lebensführung. Auf der Ebene der Sozialstruktur findet ein *Prozess der fortschreitenden gesellschaftlichen Differenzierung* statt, der zu einer immer weiter gehenden – teils vertikalen, teils horizontalen – Gliederung des sozialen Lebens in verschiedene Funktionssysteme, Berufsfelder, Gruppierungen und Interaktionsnetzwerke führt, ein Prozess, der die Entwicklung der modernen Gesellschaft seit je begleitet. Im Feld der Politik vollzieht sich ein tiefgreifender *Wandel der Organisationsformen des politischen Machtwettbewerbs*, in dessen Verlauf sich die auf relativ homogene Bevölkerungsgruppen zugeschnittenen und ideologisch profilierten Wahlparteien und Interessenverbände früherer Zeiten zunehmend auflösen, um einem immer rascher sich verändernden Gemenge von politischen Unternehmen Platz zu machen, die mit ständig wechselnden Themen möglichst viele Menschen für sich zu gewinnen versuchen. Und auf der Ebene der individuellen Lebensgestaltung ist ein *Prozess der Individualisierung* zu beobachten, der in einer wachsenden Vielfalt individueller Lebensstile, Wertorientierungen und Moralvorstellungen Ausdruck findet. Nur dieser letzte Aspekt des Pluralismus, der sich als ein Reflex der Dynamik des sozialen Wettbewerbs wie auch der Offenheit moderner Gesellschaftsordnungen verstehen lässt, soll im Folgenden interessieren.

3.1. Individualisierung und moralischer Pluralismus

Der Pluralismus der individuellen Lebensweisen und Wertvorstellungen bringt das überlieferte Verständnis sozialer Gleichheit vor allem dann in Schwierigkeiten, wenn er nicht bloß in der Gestalt einer Vielfalt individueller Lebensweisen und Wertorientierungen in Erscheinung tritt, sondern sich auch auf die *grundlegenden moralisch-politischen Einstellungen* der Einzelnen erstreckt, auf ihre Vorstellungen davon, wie eine gerechte und gute soziale Ordnung aussehen sollte. Denn in dem Maße, in dem ein solcher Pluralismus der moralisch-politischen Haltungen – kurz: ein *moralischer Pluralismus* – Platz greift, scheint es auch zunehmend schwieriger, einen Konsens über eine gerechte und allgemein vorteilhafte Regelung der sozialen Verhältnisse zu erzielen. Und obwohl der moralische Pluralismus, wie ein Blick in die Geschichte zeigt, sicher kein neues Phänomen ist, spricht doch einiges dafür, dass er mit der fortdauernden Differenzierung der sozialen Welt eher wachsen als abnehmen wird.

Dies ist wohl der Grund, warum in der Moralphilosophie und in der politischen Theorie gegenwärtig so viel von Pluralismus die Rede ist, wobei es gewöhnlich um moralischen Pluralismus geht. Ein prominentes Beispiel ist

Rawls' Theorie der Gerechtigkeit, deren Zielsetzung darin besteht, Grundsätze der Gerechtigkeit zu formulieren, über die ein „übergreifender Konsens" („overlapping consensus") erzielt werden soll, dem die meisten der
vielen unterschiedlichen, miteinander unvereinbaren, ja oft entgegengesetz-
ten Vorstellungen des Rechten und Guten beitreten können (*Rawls* 1992,
293ff.). Eine besonders wichtige Rolle spielt der Pluralismus aber bei *Walzer* (1992), der ihn überhaupt als Ausgangspunkt seiner Theorie der Gerechtigkeit und der sozialen Gleichheit wählt. Das lohnt eine etwas nähere Betrachtung.

    Walzer hebt zwei Aspekte des Pluralismus hervor, denen eine angemes-
sene Konzeption der sozialen Gerechtigkeit Rechnung tragen muss. Der
erste Aspekt ist die *Vielzahl und Vielfalt der Güter*, die es in jeder Gesellschaft zu verteilen gilt, für deren gerechte Verteilung es aber nach *Walzers* Ansicht kein singuläres Kriterium oder gemeinsames Prinzip gibt. Jedes dieser Güter müsse vielmehr gemäß den Prinzipien verteilt werden, die
aus seiner „gesellschaftlich geteilten Bedeutung" entstehen, welche jedoch
ihrerseits vom historischen und kulturellen Kontext der jeweiligen Gesellschaft abhänge und sich darum von Gesellschaft zu Gesellschaft unterscheiden könne. Dieser Befund führt ihn zur These, „dass die Prinzipien der Gerechtigkeit ihrerseits in ihrer Form pluralistisch sind; dass die verschiedenen
Sozialgüter aus unterschiedlichen Gründen von verschiedenen Agenten und
Mittlern auf der Basis unterschiedlicher Verfahren verteilt werden sollten;
und dass alle diese Unterschiede sich herleiten aus den unterschiedlichen
Bedeutungen der Sozialgüter selbst – dem unvermeidlichen Resultat eines
historischen und kulturellen Partikularismus" (*Walzer* 1992: 30). Und eben
dieser *historische und kulturelle Partikularismus* ist der zweite Aspekt von
Walzers Pluralismus-Begriff. Eine Konzeption der Gerechtigkeit habe stets
nur partikulare Gültigkeit, weil jede Gesellschaft ihre eigenen Moralvorstellungen im Einklang mit ihrer besonderen Traditionen konstruiere. Und dieser Partikularismus, der sich in der kulturellen Diversität moralischer Überzeugungen zeige, mache es auch unmöglich, universell gültige Prinzipien
der Gerechtigkeit ausfindig zu machen und zu begründen.

    Ich räume ein, dass beide Aspekte belangvoll sind und ernst genommen
werden müssen. Dennoch habe ich den Eindruck, dass *Walzer* sie zu sehr
vermischt und sich dadurch den Blick auf die komplexe Struktur des moralischen Denkens verstellt. Um diese Struktur etwas zu erhellen, schlage ich
vor, zwischen *zwei Arten des moralischen Pluralismus* zu unterscheiden, die
nicht einfach in einen Topf geworfen werden dürfen, weil sie sowohl in
theoretischer Hinsicht differieren als auch unterschiedliche praktische Reak-
tionen erfordern. Eine Form des moralischen Pluralismus ist *moralische
Differenzierung*, die andere *moralischer Dissens*.

3.2. Moralische Differenzierung

Moralische Differenzierung bedeutet, dass verschiedenartige Formen des sozialen Handelns entsprechend ihrer spezifischen Funktion unterschiedlichen Standards von Moral und Gerechtigkeit unterliegen, welche sich zumindest auf den ersten Blick nicht auf einen gemeinsamen Nenner zu bringen lassen scheinen. Ein Beispiel hierfür ist die Differenzierung zwischen den Geboten einer universellen Moral, die für alle Menschen unabhängig von deren jeweiligen Sozialbeziehungen Geltung besitzen, und den Erfordernissen der sozialen Gerechtigkeit, die spezielle Verpflichtungen zwischen den Mitgliedern ein und desselben gesellschaftlichen Gemeinwesens begründen. Darüber hinaus gibt es viele weitere Erscheinungsformen moralischer Differenzierung, darunter die speziellen moralischen Pflichten, die in bestimmten Bereichen des sozialen Zusammenlebens bestehen, wie beispielsweise in Familien, Freundschaften, Nachbarschaften, Arbeitsgemeinschaften, im Marktgeschehen, ja selbst im Krieg und in Konzentrationslagern. Allgemein wird man sagen können, dass der Bedarf nach moralischer Differenzierung der Komplexität der sozialen Welt entspricht, die sich aus dem jeweiligen Grad der sozialen Arbeitsteilung und Interdependenz ergibt und in der Existenz relativ abgesonderter – funktional spezialisierter oder personell segmentierter – Sphären des sozialen Lebens in Erscheinung tritt.

Insoweit *Walzer* verschiedene „Sphären der Gerechtigkeit", die sich jeweils auf ein bestimmtes soziales Gut (wie Mitgliedschaft, Sicherheit, Wohlfahrt, Reichtum, Erziehung, politische Macht) beziehen, unterscheidet, um zu zeigen, dass für sie unterschiedliche Prinzipien gelten, hat er es mit moralischer *Differenzierung*, nicht mit moralischem Dissens zu tun. Und obwohl ich seine Erörterung dieser Sphären und sein Prinzip „komplexer Gleichheit", das eine Trennung der einzelnen Sphären durch die gesellschaftliche Ordnung verlangt (*Walzer* 1992: 46ff.), im Wesentlichen plausibel finde, scheint mir seine Theorie im Ganzen doch nicht befriedigend. Dies aus mehreren Gründen.

Erstens ist *Walzers* These, die für die einzelnen Sphären maßgeblichen Gerechtigkeitskriterien seien in den gesellschaftlich geteilten Bedeutungen der jeweils in Betracht stehenden Güter zu finden, kaum überzeugend. Abgesehen davon, dass eine solche Bedeutung oft schon deshalb nicht zu finden sein wird, weil darüber kein hinreichender Konsens besteht, wird man das vorherrschende gesellschaftliche Selbstverständnis wohl nicht immer als das letzte Wort betrachten können. Denn es ist ja möglich, dass dieses Selbstverständnis einen aus moralischer Sicht ganz und gar unannehmbaren gesellschaftlichen Zustand reflektiert. *Zweitens* gibt *Walzer* keinerlei Erklärung dafür, woraus sich die von ihm angenommene Liste der sozialen Güter und Sphären der Gerechtigkeit ergibt, eine Liste, die im Übrigen sowohl redundant als auch unvollständig ist. *Drittens* steht Walzers Ansicht, die für die verschiedenen Sphären relevanten Verteilungskriterien hätten nichts gemeinsam, in Kontrast zu seiner eigenen Analyse dieser Sphären. Seine diesbezüglichen Erörterungen weisen nämlich – abgesehen vom Fall der Mitgliedschaft – stets dasselbe Grundmuster auf: Sie beginnen mit der Annahme, dass alle Mitglieder einer Gesellschaft als Gleiche behandelt werden sollen, und behandeln dann die Frage, ob und in welchem Umfang eine Ungleichverteilung der in Betracht stehenden Güter aus allgemein annehmbaren Gründen gerechtfertigt erscheinen kann. Infolgedessen setzt *Walzer* zumindest ein allgemeines, wenn auch sehr abstraktes Prinzip der Gerechtigkeit voraus: Das ist das schon früher erwähnte Prinzip der *konditionalen Gleichheit*, das heute weithin als die Grundforderung der distributiven Gerechtigkeit anerkannt wird.

Allen diesen Einwänden liegt ein und derselbe Mangel von *Walzers* Theorie zugrunde: Das Fehlen einer tragfähigen Konzeption der moralischen Arbeitsteilung, die eine plausible Erklärung dafür bieten würde, wie es zur Differenzierung zwischen universeller Moral und sozialer Gerechtigkeit im Allgemeinen und zwischen den einzelnen Sphären der Gerechtigkeit im Besonderen kommt und wie damit umzugehen ist. Es ist hier nicht der Platz, eine solche Konzeption zu entwickeln, aber ich möchte behaupten, dass es einige brauchbare Ansätze dazu gibt und dass die Tatsache der moralischen Differenzierung nicht den geringsten Grund hergibt, das politische Postulat der sozialen Gleichheit in Zweifel zu ziehen (*Koller* 2003). Schwieriger liegt die Sache bei der anderen Form des moralischen Pluralismus, dem moralischen Dissens.

3.3. Moralischer Dissens

Moralischer Dissens liegt vor, wenn Menschen voneinander abweichende oder unvereinbare moralische Überzeugungen über richtiges Handeln oder die richtige Regelung gemeinsamer Angelegenheiten haben. Ein solcher Dissens kann leicht entstehen, da jede Moral trotz ihres Anspruchs auf universelle Gültigkeit insofern subjektiven Charakter hat, als sie auf der freien Anerkennung seitens der Einzelnen beruht. Das hindert aber nicht, von der Moral einer Gruppe, einer Gesellschaft, einer Kultur, ja sogar der Menschheit im Ganzen zu sprechen, sofern zwischen deren Mitgliedern weitgehende Übereinstimmung über manche Moralnormen besteht, was ja in der Regel der Fall ist. Moralischer Dissens kann daher auf verschiedenen Aggregatebenen des sozialen Handelns auftreten: zwischen Individuen, sozialen Gruppen, Gesellschaften und Kulturen. Ich möchte nur am Rande bemerken, dass *Walzer* zwar sehr viel Aufhebens vom moralischen Dissens *zwischen* verschiedenen Gesellschaften macht, aber die ganz erheblichen moralischen Meinungsverschiedenheiten *innerhalb* der einzelnen Gesellschaften verharmlost, wenn er auf die „gesellschaftlich geteilten Bedeutungen" der sozialen Güter setzt.

Anders als moralische Differenzierung ist moralischer Dissens, obschon ganz unvermeidbar, sicher nicht wünschenswert. Denn wenn Menschen interagieren oder einander durch ihr Handeln tangieren, dann brauchen sie gewisse Normen des wechselseitigen Verhaltens, um ihre sozialen Beziehungen in friedliche Bahnen zu lenken, und wenn diese Normen zugleich für alle Beteiligten akzeptabel sein sollen, dann ist eine *öffentliche Moral*, ein Grundbestand weithin geteilter moralischer Standards, vonnöten. Das Bemühen um moralischen Konsens ist deshalb selber eine moralische Forderung und ein unverzichtbares Element des moralischen Diskurses. Doch wie kann ein solcher Konsens erreicht werden?

Diese Frage legt es nahe, eine wichtige Unterscheidung aufzugreifen, die die Anhänger eines moralischen Relativismus, so auch *Walzer*, gewöhnlich links liegen lassen: Das ist die Unterscheidung zwischen einer *konventionellen* (oder *positiven*) Moral einerseits und einer *kritischen* (oder *rationalen*) Moral andererseits (*Hart* 1961: 176ff.). Während eine konventionelle Moral nichts weiter als die Schnittmenge der in einer Gruppe, Gesellschaft oder Kultur überwiegend anerkannten Moralnormen darstellt, ist eine *kritische Moral* eine fortdauernde Praxis öffentlicher moralischer Urteilsbildung, welche die überlieferten Moralauffassungen immer wieder auf ihre allgemeine Annehmbarkeit überprüft und angesichts neuer Problemlagen nach einer aus unparteiischer Sicht allgemein annehmbaren Regelung der anstehenden Konflikte sucht (vgl. *Beer*, in diesem Band, S. 27-47). Obwohl diese Praxis keine Gewähr bietet, dass ein moralischer Konsens tatsächlich zustande kommt, ist sie eine unverzichtbare Leitidee jeder moralischen Erörterung, weil sie den einzigen Weg zur sozialen Konstruktion einer öffentlichen Moral bietet, deren Normen nicht auf bloßer Gewohnheit oder gar auf einem Aberglauben, sondern auf vernünftiger Einsicht beruhen (*Koller* 1997: 266ff.).

Davon ausgehend möchte ich nun wieder zur Frage der sozialen Gleichheit zurückkommen. Dazu werde ich zunächst versuchen, die tieferen Gründe für die sicher nicht unerheblichen moralischen Meinungsdifferenzen über den Gehalt und das Gewicht der diversen Forderungen sozialer Gleichheit, insbesondere der sozialen Chancengleichheit und der ökonomischen Verteilungsgerechtigkeit, zu erhellen.

4. Politische Weltbilder

Unsere moralisch-politischen Überzeugungen zu einzelnen Fragen stehen meist nicht für sich allein, sondern sind eingebettet in ein umfassenderes *politisches Weltbild*, in ein Gewebe von Vorstellungen, die wir uns davon machen, wie die soziale Welt funktioniert und wie sie funktionieren sollte. Jedes solche Weltbild verknüpft also irgendwelche Annahmen über die Beschaffenheit der sozialen Welt mit gewissen normativen Prämissen, die uns freilich vielfach nicht bewusst sind und die sich oft auch nicht leicht benennen lassen. In jeder fortgeschrittenen Gesellschaft gibt es sicher ein breites Spektrum von einander teils überlappenden, teils widersprechenden politischen Weltbildern, denen vielfältige Positionen zur Frage der sozialen Gleichheit entsprechen. Im vorliegenden Zusammenhang soll es nur darum gehen, mit Hilfe einer groben Typologie solcher Weltbilder einige wesentliche Voraussetzungen aufzuzeigen, die unsere Haltungen zur sozialen Gleichheit maßgeblich bestimmen. Ich werde mich zu diesem Zweck an den bedeutenden politischen Theorien der Neuzeit orientieren, die ja die elaborierteste Form solcher Weltbilder verkörpern und bis zu einem gewissen Grade auch die weithin verbreiteten politischen Auffassungen prägen.

4.1. Eine Typologie politischer Weltbilder

Jedes *politische Weltbild*, das eine geeignete Grundlage für die Bewertung – die Legitimation oder Kritik – sozialer Normen, Verhältnisse oder Ordnungen bieten soll, muss notwendigerweise zwei Sorten von Grundannahmen enthalten und miteinander in Beziehung setzen:

1) *sozialtheoretische Annahmen* über die grundlegenden Bedingungen der menschlichen Existenz und Koexistenz, so vor allem darüber, wie Menschen von Natur aus beschaffen sind, welche Dinge sie erstreben und warum sie Gesellschaften bilden; und

2) *begründungstheoretische Annahmen*, welche die Bedingungen angeben, unter denen eine soziale Ordnung oder einzelne Elemente derselben für die Beteiligten akzeptabel ist und damit als legitim oder gerecht gelten kann.

Beide Sorten von Annahmen eröffnen natürlich ein weites Feld von Möglichkeiten, die hier nicht im Einzelnen diskutiert werden können (*Koller* 1995). Für die Zwecke der vorliegenden Problemstellung muss eine grobe Klassifikation genügen.

Was die *sozialtheoretischen Annahmen* betrifft, so schlage ich vor, in starker Vereinfachung zwei Grundmodelle der Gesellschaft zu unterscheiden: ein Marktmodell und ein Gemeinschaftsmodell.

Das *Marktmodell* stellt sich eine Gesellschaft als eine Vereinigung unabhängiger und selbständiger Individuen vor, die von vornherein über die ihnen jeweils zukommenden Befähigungen und Ressourcen verfügen, sich aber angesichts der Nachteile einer ungeregelten Koexistenz in ihrem allseitigen Interesse zu einem geordneten Gemeinwesen verbinden, indem sie sich freiwillig gewissen Regeln eines friedlichen Zusammenlebens unterwerfen. Dieses Modell, das den Theorien des klassischen *Liberalismus* und seiner neueren Erscheinungsformen (*Hobbes, Locke, Kant, Mill, Hayek, Buchanan*) zugrunde liegt, geht von einer individualistisch-atomistischen Ontologie aus, nach der menschliche Individuen als selbstbestimmungsfähige Personen vor, d.h. unabhängig von der Gesellschaft existieren. Die Gesellschaft wird mithin nach dem Muster eines *Marktes* gedeutet, auf dem die

Einzelnen ihre wechselseitigen Beziehungen über freiwillige Übereinkünfte koordinieren.

Dem stellt das *Gemeinschaftsmodell* eine ganz andere Gesellschaftsauffassung entgegen. Es versteht die Gesellschaft als eine umfassende soziale *Gemeinschaft*, die ihre Mitglieder von Geburt an entscheidend prägt und zu einem engen Netzwerk der arbeitsteiligen Kooperation und der wechselseitigen Abhängigkeit verbindet. Die gesellschaftliche Gemeinschaft stellt nicht nur das soziale Umfeld bereit, in dem sich Menschen zu lebens- und selbstbestimmungsfähigen Personen entwickeln können, sondern sie hat auch später auf deren Lebens- und Entfaltungschancen erheblichen Einfluss, weil ihre soziale Ordnung die Rahmenbedingungen festlegt, unter denen es den Einzelnen erst möglich ist, ihr Leben nach eigenem Gutdünken mehr oder minder erfolgreich zu gestalten. Hier liegt eine *holistisch-kommunitäre* Auffassung der Gesellschaft vor, die für sozialistische und kommunitaristische, aber auch für viele sozialliberale Theorien des politischen Denkens (*Rousseau, Hegel, Marx, Rawls, Walzer*) typisch ist (vgl. *Beer*, in diesem Band, S. 27-47).

Die zweite Sorte von Annahmen betrifft den *normativen Maßstab* der Begründung politischer Grundsätze und der Bewertung sozialer Ordnungen. Auch hier kann man mit einigem Mut zur Vereinfachung zwei Ansätze unterscheiden, die als ethischer Partikularismus und als ethischer Universalismus angesprochen seien.

Als *ethischen Partikularismus* bezeichne ich die Ansicht, dass moralisch-politische Normen dann und nur dann begründet sind, wenn sie *unter den gegebenen Umständen den tatsächlichen Interessen und Wertvorstellungen* aller beteiligten Akteure (Personen oder Gruppen) entsprechen und darum von diesen allgemein akzeptiert werden sollten. Dieser Begründungsansatz, der sich schon bei *Hobbes* findet und heute insbesondere von den Exponenten der Rational-choice-Theorie (*Buchanan, Gauthier*), in anderer Form aber auch von manchen Exponenten des Kommunitarismus (*Walzer, Taylor, MacIntyre*) vertreten wird, stellt also allein auf die partikularen Interessen und/oder Wertvorstellungen der beteiligten Individuen oder Gruppen ab.

Damit gibt sich der zweite Ansatz, den ich *ethischen Universalismus* nenne, nicht zufrieden. Ihm zufolge sind moralisch-politische Normen dann, aber auch nur dann begründet, wenn sie *bei rechter, d.h. unparteiischer und wohlinformierter Erwägung* deswegen die Zustimmung aller beteiligten Personen finden sollten, weil ihre Geltung *im gleichmäßigen Interesse aller* liegt. Dieser Begründungsansatz, der ebenso wie der Partikularismus in vielen verschiedenen Erscheinungsformen auftritt, ist den politischen Theorien von *Smith, Rousseau, Kant, Mill, Rawls* und *Habermas* gemeinsam, um nur einige prominente Beispiele zu nennen.

Kombiniert man die beiden Differenzierungen, so ergibt sich das folgende *Vierfelder-Schema*, dessen einzelne Felder gewisse typische politische Weltbilder repräsentieren, die jeweils durch einige theoretische Exponenten exemplifiziert seien:

	Markt-modell	**Gemeinschafts-modell**	
Partikula-rismus	**Hobbes, Buchanan**	**Hegel, Walzer**	**gleichheits-indifferent**
Universa-lismus	**Kant, Mill**	**Rousseau, Rawls**	**gleichheits-freundlich**
	ungleichheits-insensitiv	**ungleichheits-sensitiv**	

Da ich die verschiedenen Theorien, die ich in dieses Schema eingeordnet habe, hier nicht im Einzelnen diskutieren kann, möchte ich nur die *Konsequenzen* der politischen Weltbilder hinsichtlich der Frage der sozialen Gleichheit bzw. Ungleichheit in Kürze skizzieren.

4.2. Weltbilder und Gleichheit

Wird eine Gesellschaft im Sinne des *Marktmodells* als eine Vereinigung selbständiger Individuen verstanden, die nichts weiter als ihre eigenen Zwecke verfolgen, so ergibt sich die Vorstellung einer sozialen Ordnung, die in erster Linie dazu dient, die Sicherheit und das Eigentum der Einzelnen zu schützen und allgemein vorteilhafte wirtschaftliche Austauschbeziehungen zu ermöglichen, indem sie die Ausübung willkürlicher Gewalt unterbindet und für die Einhaltung von Verträgen sorgt. Und dies hat zur Folge, dass die Gestaltung des sozialen Lebens zwar den Erfordernissen der *Tauschgerechtigkeit*, nicht aber jenen der Verteilungsgerechtigkeit unterliegt. Sind die Gebote der Tauschgerechtigkeit erfüllt, etwa dass die Beteiligten diese Beziehungen freiwillig eingehen, dass sie über ausreichende Geisteskraft verfügen, um ihre Interessen wahrnehmen zu können, dass sie einander nicht in Irrtum führen und dergleichen, dann bleibt alles Weitere dem freien Spiel der Kräfte überlassen. Denn wenn angenommen wird, dass es unter der Voraussetzung einer akzeptablen Anfangsverteilung jeder einzelnen Person frei steht, über ihre Güter nach Belieben zu verfügen, dann ist die Güterverteilung, die sich im Wege gerechter Tauschverhältnisse von selber ergibt, wie ungleich sie auch sein mag, notwendigerweise auch gerecht. Unter dieser Voraussetzung gibt es gar keinen Grund, irgendeine andere, etwa eine gleichmäßigere Verteilung der gesellschaftlichen Güter zu fordern (*Koller* 1994).

    Dabei macht es jedoch einen gewissen Unterschied, ob man das Marktmodell mit einem *partikularistischen* oder einem *universalistischen* Begründungsansatz verknüpft, weil diese Ansätze den Ausgangszustand, von dem aus eine Einigung über die Grundsätze der sozialen Ordnung zustande kommen soll, unterschiedlich konzipieren. Da ein *partikularistischer* Ansatz einfach den jeweiligen Status quo als Ausgangszustand nimmt, muss er alle Ungleichheiten für akzeptabel halten, die sich im Rahmen einer sozialen Ordnung ergeben, auf die sich die Beteiligten unter den jeweils bestehenden Machtverhältnissen einigen können. Je ungleicher diese Machtverhältnisse sind, umso mehr Ungleichheiten wird voraussichtlich auch die daraus resultierende soziale Ordnung aufweisen. Demgegenüber ist den *universalistischen* Ansätzen von vornherein eine gewisse Tendenz zur sozialen Gleichheit immanent, weil sie zur Begründung moralisch-politischer Grundsätze einen – hypothetischen – Zustand der anfänglichen Gleichbefindlichkeit aller Beteiligten voraussetzen müssen, um solche Grundsätze bei unparteiischer Betrachtung allgemein akzeptabel zu machen. Obwohl dieser Unterschied theoretisch nicht unerheblich ist, fällt er im Ergebnis meist nicht besonders ins Gewicht, weil die partikularistischen Konzeptionen als Ausgangszustand gewöhnlich nur eine Konstellation der Machtsymmetrie in Betracht ziehen, was dann die Folgerung nahe legt, die Normen der sozialen Ordnung würden nicht nur für alle Beteiligten gleichermaßen gelten, sondern ihnen auch ungefähr gleiche Vorteile verschaffen. Aber diese Beschränkung ist im Rahmen eines partikularistischen Ansatzes durch nichts begründet und überdies ganz unrealistisch. Es ist überhaupt ein auffälliges Charakteristikum fast aller Theorien, die dem Marktmodell verpflichtet sind, dass sie sozialen Machtverhältnissen kaum Beachtung schenken und sich daher auch um die Verzerrungen des Marktprozesses, die aus ungleichen Machtverhältnissen resultieren, nicht viel kümmern (vgl. *Rössel*, in diesem Band, S. 221-239).

Anders das *Gemeinschaftsmodell*. Hier wird die Gesellschaft als ein umfassender Prozess der funktionsteiligen Zusammenarbeit konzipiert, in dem die verschiedenen Aktivitäten aller Mitglieder aufs engste ineinander greifen und voneinander abhängen. Dem gemäß werden die wirtschaftlichen Aussichten und die sozialen Positionen der Bürger nicht mehr als das zufällige Resultat unabhängiger Produktions- und Austauschvorgänge verstanden, sondern als soziale Güter, die aus der gemeinsamen Zusammenarbeit aller entspringen und eben deswegen auch einer gerechten Verteilung bedürfen. Gustav *Schmoller* hat das sehr treffend auf den Punkt gebracht:

> „Je weiter aber die Arbeitsteilung geht, je vielverschlungener die Verkehrsfäden den Einzelnen hineinbinden in eine unlösliche soziale Gemeinschaft, desto mehr wird auch die ganze Produktion den Charakter einer gemeinsamen, nicht einer individuellen Angelegenheit annehmen. Es wachsen nun die gemeinsamen Aufgaben der örtlichen und nationalen Gemeinschaft, es werden immer mehr die Individuen durch soziale Körper verdrängt. (...) Und daher entsteht die Auffassung: hier wird gemeinsam produziert, hier ist eine sittliche Gemeinschaft, und damit die Frage: ist das Verhältnis der Beteiligten, ist die Teilung des Produktes eine gerechte?" (*Schmoller* 1881: 38f.)

Wird die Gesellschaft im Sinne des Gemeinschaftsmodells als ein gemeinsames Unternehmen der sozialen Kooperation verstanden, so erhebt sich die Forderung der *sozialen Verteilungsgerechtigkeit*, die Forderung, dass soziale Positionen und wirtschaftliche Ressourcen gemäß dem Prinzip der konditionalen Gleichheit zu verteilen sind, und das heißt, dass sozio-ökonomische Ungleichheiten einer allgemein akzeptablen Rechtfertigung bedürfen. Es gibt zwar offenbar mehrere Argumente, die solche Ungleichheiten bis zu einem gewissen Grade rechtfertigen können, so vor allem das Leistungs-, das Bedürfnis- und das Freiheitsargument, aber alle diese Argumente setzen den Ungleichheiten auch bestimmte *Grenzen*. Und dies legt die Forderung nach einer sozialen Ordnung nahe, die das Wirtschaftsleben entsprechend reguliert, um eine einigermaßen gerechte Verteilung der sozialen Positionen und wirtschaftlichen Aussichten sicherzustellen. Welche Forderungen sozialer Gleichheit das Gemeinschaftsmodell im Einzelnen unterstützt, das hängt freilich nicht unwesentlich auch vom normativen Begründungsansatz ab, an dem sich die Legitimation politischer Ordnungsvorstellungen orientiert.

Wer eine kommunitäre Gesellschaftsauffassung mit einem *partikularistischen* Begründungsansatz verknüpft, legt sich auf die Ansicht fest, dass alle Standards von Moral und Gerechtigkeit gesellschaftlich *kontingent*, d.h. nur im Kontext der jeweiligen Traditionen und Lebensbedingungen einer Gesellschaft begründet sind. Welches Gewicht der Idee sozialer Gleichheit in einer Gesellschaft zukommt, ist damit eigentlich eine empirische Frage, für deren Beantwortung es allein auf die reale Beschaffenheit und das vorherrschende *Selbstverständnis* der betrachteten Gesellschaft ankommt (vgl. *Neckel* u.a., in diesem Band, S. 137-164, *Mau*, in diesem Band, S. 165-190, *Nollmann*, in diesem Band, S. 191-222). Demzufolge würden in einer Gesellschaft, in der relativ ausgewogene Machtverhältnisse bestehen und soziale Gleichheit als hoher Wert betrachtet wird, viel stärkere Gleichheitsforderungen gelten als in einer hierarchischen Gesellschaft, deren Mitglieder die bestehenden Ungleichheiten überwiegend akzeptieren. Diese im Rahmen eines partikularistischen Ansatzes schwer vermeidbare Konsequenz, die stets auf eine Apologie des Status quo hinausläuft, ist freilich nicht besonders interessant. Sie scheint im Übrigen nicht einmal die Theoretiker zu befriedigen, die einen solchen Ansatz vertreten, weil die meisten von ihnen doch für eine anspruchsvollere Konzeption einer guten sozialen Ordnung eintreten.

Bringt man dagegen eine kommunitäre Gesellschaftsauffassung mit einem *universalistischen* Begründungsansatz zusammen, so ergibt sich eine ziemlich eindeutige Präferenz *für* soziale Gleichheit, die grundsätzlich alle genannten Teilforderungen einschließt, auch wenn für deren nähere Ausformulierung erheblicher Spielraum bleibt. Denn wenn eine Gesellschaft einerseits als ein gemeinschaftliches Unternehmen der sozialen Kooperation und wechselseitigen Unterstützung verstanden wird, dessen gemeinsame Güter und Lasten einer gerechten Verteilung bedürfen, und wenn eine solche Verteilung andererseits nach unparteiischen Grundsätzen erfolgen muss, die alle Beteiligten unabhängig davon akzeptieren können, welche soziale Position sie unter den bestehenden Verhältnissen gerade einnehmen, dann drängt sich die Forderung auf, dass alle Mitglieder *prima facie* gleiche Rechte und

Pflichten und gleichen Anteil an den gemeinschaftlichen Gütern und Lasten haben müssen, sofern ihre Ungleichbehandlung nicht durch gute, bei unparteiischer Betrachtung allgemein vertretbare Gründe gerechtfertigt scheint. Wie diese Forderung im Einzelnen zu verstehen ist, ist sicher eine schwierige und umstrittene Frage, aber sie ist nicht ohne Gehalt. Denn auch wenn einiges dafür sprechen mag, dass sie erhebliche soziale Ungleichheiten der sozialen Positionen und der ökonomischen Lage zulässt, macht sie deutlich, dass solche Ungleichheiten nicht moralisch belanglos, sondern nur dann und insoweit vertretbar sind, wenn sie auf lange Sicht im Interesse aller Gesellschaftsmitglieder, insbesondere auch der schlechter gestellten, liegen.

Soweit die politischen Weltbilder, die den verschiedenen Einstellungen zur Frage der sozialen Gleichheit zugrunde liegen. Ich meine, dass sie die tieferen Gründe der moralischen Meinungsverschiedenheiten, die darüber bestehen, zumindest bis zu einem gewissen Grade erhellen können. Ich möchte mit einigen Bemerkungen schließen, in denen ich meine persönliche Sicht der Dinge kurz andeuten will.

5. Ausblick

Entstammt der ethische Universalismus dem Denken des Christentums und der Aufklärung, so geht die kommunitäre Deutung der modernen industriellen Gesellschaft auf die Ideen der Arbeiterbewegung, vor allem des Sozialismus, zurück. Beide zusammen ergeben ein politisches Weltbild, in dem die Forderung sozialer Gleichheit einen prominenten Platz einnimmt und das man mit einem Stichwort vielleicht am ehesten als *„sozialdemokratisch"* ansprechen kann. Dieses Weltbild hat im 20. Jahrhundert – wenn man von den Zeiten des Faschismus absieht – das öffentliche Selbstverständnis der entwickelten okzidentalen Gesellschaften lange Zeit, jedenfalls bis ins achte Jahrzehnt, in hohem Maße geprägt und wohl die wichtigste Legitimationsgrundlage für den Wohlfahrtsstaat bereitgestellt. Doch die Zeiten ändern sich.

Seit einiger Zeit, insbesondere seit dem Zusammenbruch der real-sozialistischen Gesellschaftssysteme, erleben wir einen merklichen Wandel der öffentlichen Stimmungslage in Richtung auf einen altbackenen Marktliberalismus, in dem sich eine mehr oder minder atomistische Auffassung der Gesellschaft mit einem modisch gewordenen, sich „postmodern" nennenden ethischen Partikularismus paart. Darin ist für soziale Gleichheit, abgesehen von der für den Marktprozess funktionsnotwendigen Gleichheit der elementaren bürgerlichen Rechte und Freiheiten, nicht viel Platz. Dieser Meinungswandel hat sicher mehrere Gründe, mit denen ich mich hier nicht näher befassen kann. Ein Grund dürfte aber wohl darin liegen, dass der erwähnte Prozess der *Individualisierung* die Sensibilität für die bestehenden Ungleichheiten *schwächt* und die Fähigkeit der Benachteiligten zur kollektiven Artikulierung und Verfolgung ihrer Interessen *mindert*. Doch welche

Gründe den Wandel der öffentlichen Meinung auch immer erklären mögen, soviel ist jedenfalls sicher, dass die Idee der Gleichheit nicht deswegen unaktuell geworden sein kann, weil man sie ohnehin für hinreichend realisiert halten könnte. Denn tatsächlich haben in den letzten Jahrzehnten die sozialen Ungleichheiten sowohl in den meisten Gesellschaften als auch im Weltmaßstab nicht nur nicht abgenommen, sondern sich sogar deutlich verschärft. Das gilt insbesondere für die ökonomischen Ungleichheiten, die aber über kurz oder lang meist auch solche des politischen Einflusses und der sozialen Chancen nach sich ziehen (*Krugman* 2002).

Im Rahmen einer normativ-philosophischen Betrachtung kann die bestehende öffentliche Stimmungslage aber ohnedies nicht als der Weisheit letzter Schluss genommen werden. Für eine solche Betrachtung ist eine kritische Moral vonnöten, die danach fragt, ob bestimmte politische Vorstellungen oder Grundsätze auf guten Gründen beruhen, auf Gründen, die diese Vorstellungen oder Grundsätze bei vernünftiger, d.h. informierter und unpersönlicher Erwägung als wohlbegründet, weil allgemein akzeptabel erscheinen lassen. Vom Standpunkt einer *kritischen Moral* besteht meines Erachtens nicht die geringste Veranlassung, mit dem Wind der gegenwärtigen neoliberalen Mode zu segeln und die Idee der sozialen Gleichheit über Bord zu werfen. Denn aus der Sicht einer kritischen Moral sprechen, glaube ich, alle Gründe für ein politisches Weltbild, das einen *differenzierten moralischen Universalismus* mit einer *moderat kommunitären Gesellschaftsauffassung* vereint.

Ein differenzierter moralischer Universalismus ist die Konzeption einer universellen, allgemeine Gültigkeit beanspruchenden Moral, die – anders als ein strikter Universalismus – der Selbständigkeit jeder Person und der Möglichkeit moralischer Arbeitsteilung Rechnung trägt, indem sie die moralischen Ansprüche und Verbindlichkeiten zwischen Menschen auf das Maß ihrer Zumutbarkeit begrenzt und entsprechende Abstufungen dieser Ansprüche und Verbindlichkeiten nach der Art der sozialen Beziehungen zwischen den Betroffenen vornimmt. Und eine moderat kommunitäre Auffassung versteht die Gesellschaft als eine soziale Gemeinschaft, deren verteilungsbedürftige Güter und Lasten – abweichend von der Deutung der Gesellschaft als einer totalen Gemeinschaft – nicht schlechthin alle erwünschten und unerwünschten Dinge einschließen, sondern nur jene Werte umfassen, die ein entsprechendes Zusammenwirken aller Gesellschaftsmitglieder erfordern, um ein aus unparteiischer Sicht für alle vorteilhaftes System der sozialen Kooperation und der wechselseitigen Unterstützung zu erreichen.

Ein differenzierter moralischer Universalismus und eine moderat kommunitäre Gesellschaftsauffassung fundieren zusammen eine klare Präferenz für eine zwar nicht extreme, aber doch recht *anspruchsvolle Konzeption sozialer Gleichheit*. Anspruchsvoll ist diese Konzeption insofern, als sie nicht nur alle Forderungen der sozialen Gleichheit – rechtliche Gleichheit, gleiche Freiheit, demokratische Beteiligung, soziale Chancengleichheit und wirtschaftliche Gerechtigkeit – umfasst, sondern vor allem auch die beiden letzten Forderungen unterstreicht. So legen die genannten Voraussetzungen eine relativ *weitgehende* Deutung der Chancengleichheit nahe, die – wenn auch mit gewissen Einschränkungen – im Großen und Ganzen gleiche Startbedingungen für alle Gesellschaftsmitglieder verlangt, nämlich gleiche Bildungsgelegenheiten, eine gleiche materielle Grundausstattung und gleiche Zugangsmöglichkeiten zum Wirtschaftsleben (vgl. *Meulemann*, in diesem Band, S. 115-136).

Ähnliches gilt für die Forderung der wirtschaftlichen Gerechtigkeit, die mit Blick auf die gemeinschaftlichen Elemente des gesellschaftlichen Lebens der gerechten Verteilung der ökonomischen Ressourcen besonderes Augenmerk schenken muss. Wirtschaftliche Ungleichheiten sind demnach nur dann gerecht, wenn sie durch allgemein annehmbare Gründe gerechtfertigt sind. Da solche Gründe die in Betracht stehenden Ungleichheiten auch für die jeweils schlechter gestellten Personen akzeptabel machen, liegt es unter einigen weiteren plausiblen Zusatzannahmen nahe, die Forderung der wirtschaftlichen Gerechtigkeit im Sinne des folgenden Prinzips verstehen, das im Großen und Ganzen dem *Rawls*'schen Differenzprinzip entspricht: Wirtschaftliche Ungleichheiten sind *akzeptabel*, wenn sie notwendig mit einer sozialen Ordnung verbunden sind, die längerfristig dem bestmöglichen Vorteil der schlechter gestellten Personen dient, d.h. deren ökonomische Lage so weit wie möglich verbessert. Und daraus folgt: Wirtschaftliche Ungleichheiten sind *ungerecht*, wenn es möglich ist, die Lage von schlechter gestellten Personen durch eine Umverteilung ökonomischer Ressourcen von oben nach unten nicht bloß kurzfristig, sondern nachhaltig zu verbessern (*Koller* 2003).

70   *Peter Koller*

Literatur

Adamy, Wilhelm/Johannes Steffen (1998): Abseits des Wohlstands. Arbeitslosigkeit und neue Armut. Darmstadt: Wissenschaftliche Buchgesellschaft.
Berger, Peter A. (1987): Klassen und Klassifikation. Zur „neuen Unübersichtlichkeit" in der soziologischen Ungleichheitsdiskussion, Kölner Zeitschrift für Soziologie und Sozialpsychologie 39: 40-85.
Berger, Peter A. (1996): Individualisierung. Statusunsicherheit und Erfahrungsvielfalt. Opladen: Westdeutscher Verlag.
Berger, Peter A./Stefan Hradil (Hg.) (1990a): Lebenslagen, Lebensläufe, Lebensstile. Göttingen: Otto Schwartz.
Berger, Peter A./Stefan Hradil (1990b): Die Modernisierung sozialer Ungleichheit – und die neuen Konturen ihrer Erforschung. In: Berger/Hradil 1990a, S. 3-24.
Dahrendorf, Ralf (1971): Gesellschaft und Demokratie in Deutschland. München: dtv.
Dworkin, Ronald (2000): Sovereign Virtue. The Theory and Practice of Equality. Cambridge, MA/London: Harvard University Press.
Giddens, Anthony (2001): Die Frage der sozialen Ungleichheit. Frankfurt a.M.: Suhrkamp.
Hart, H.L.A. (1961): The Concept of Law. Oxford: Clarendon Press.
Hayek, F.A. (1971): Die Verfassung der Freiheit. Tübingen: Mohr.
Hinsch, Wilfried (2002): Gerechtfertigte Ungleichheiten. Grundsätze sozialer Gerechtigkeit. Berlin/New York: de Gruyter.
Hörning, Karl. H./Matthias Michailow (1990): Lebensstil als Vergesellschaftungsform. Zum Wandel von Sozialstruktur und sozialer Integration. In: Berger/Hradil 1990a, S. 501-521.
Hradil, Stefan (1990): Postmoderne Sozialstruktur? Zur empirischen Relevanz einer „modernen" Theorie sozialen Wandels. In: Berger/Hradil 1990a, S. 125-150.
Hradil, Stefan (2001): Soziale Ungleichheit in Deutschland, 8. Aufl. Opladen: Leske + Budrich.
Kersting, Wolfgang (2002): Kritik der Gleichheit. Über die Grenzen der Gerechtigkeit und der Moral. Weilerswist: Velbrück.
Koller, Peter (1994): Gesellschaftsauffassung und soziale Gerechtigkeit. In: Günter Frankenberg (Hg.): Auf der Suche nach der gerechten Gesellschaft. Frankfurt a.M.: S. Fischer, S. 129-150.
Koller, Peter (1995): Soziale Gleichheit und Gerechtigkeit. In: Hans-Peter Müller/Bernd Wegener (Hg.): Soziale Ungleichheit und soziale Gerechtigkeit. Opladen: Leske + Budrich, S. 53-79.
Koller, Peter (1997): Theorie des Rechts. Eine Einführung, 2. Aufl. Wien/Köln/Weimar: Böhlau.
Koller, Peter (2001): Zur Semantik der Gerechtigkeit. In: Peter Koller (Hg.): Gerechtigkeit im politischen Diskurs der Gegenwart. Wien: Passagen, S. 19-46.
Koller, Peter (2002): Was ist und was soll soziale Gleichheit? In: Reinold Schmücker /Ulrich Steinvorth (Hg.): Gerechtigkeit und Politik. Berlin: Akademie, S. 95-115.
Koller, Peter (2003): Soziale Gerechtigkeit – Begriff und Begründung, Erwägen Wissen Ethik (vormals Ethik und Sozialwissenschaften) 14, Heft 2: 237-250.
Krebs, Angelika, Hg. (2000): Gleichheit oder Gerechtigkeit. Texte der neueren Egalitarismuskritik. Frankfurt a.M.: Suhrkamp.
Kreckel, Reinhard (1992): Politische Soziologie der sozialen Ungleichheit. Frankfurt/New York: Campus.
Krugman, Paul (2002): Der amerikanische Albtraum, DIE ZEIT, Nr. 46, 7.11.2002: 25-28.
Ladwig, Bernd (2000): Gerechtigkeit und Gleichheit, PROKLA 30, Heft 121: 585-603.
Müller, Hans-Peter (1992): Sozialstruktur und Lebensstile. Der neuere theoretische Diskurs über soziale Ungleichheit. Frankfurt a.M.: Suhrkamp.
Nagel, Thomas (1994): Eine Abhandlung über Gleichheit und Parteilichkeit und andere Schriften zur politischen Philosophie. Paderborn: Schöningh.

Nozick, Robert (1976): Anarchie, Staat, Utopia. München: Moderne Industrie.

Rawls, John (1975): Eine Theorie der Gerechtigkeit. Frankfurt a.M.: Suhrkamp.

Rawls, John (1992): Die Idee des politischen Liberalismus. Aufsätze 1978-1989. Hg. von Wilfried Hinsch, Frankfurt a.M.: Suhrkamp.

Ritter, Gerhard A. (1989): Der Sozialstaat. München: Oldenbourg.

Schmidt, Volker H. (2000): Ungleichheit, Exklusion und Gerechtigkeit, Soziale Welt 51: 383-400.

Schmoller, Gustav (1881): Die Gerechtigkeit in der Volkswirtschaft, Jahrbuch für Gesetzgebung, Verwaltung und Volkswirtschaft 5: 19-54.

Sen, Amartya (1992): Inequality Reexamined. Oxford: Clarendon Press.

Walzer, Michael (1992): Sphären der Gerechtigkeit. Ein Plädoyer für Pluralität und Gleichheit. Frankfurt/New York: Campus.

Weber, Max (1972): Wirtschaft und Gesellschaft. Hg. von Johannes Winckelmann, 5. Aufl., Tübingen: Mohr.

Weiß, Anja/Cornelia Koppetsch/Albert Scharenberg/Oliver Schmidtke (Hg.) (2001): Klasse und Klassifikation. Die symbolische Dimension sozialer Ungleichheit. Wiesbaden: Westdeutscher Verlag.

Ungleichgewichtige Ungleichheiten

Volker H. Schmidt

I.

Die Ungleichheitsforschung hat ein Problem, das sich leicht benennen, aber mit dem fachlichen Instrumentarium, das einer empirischen Disziplin wie der Soziologie zur Verfügung steht, nicht lösen lässt. Es handelt sich um das Problem, dass ihre Untersuchungen faktisch über weite Strecken unbestreitbar und logisch wohl auch unausweichlich von einem normativen Wertkern ausgehen, dessen Gültigkeit bestenfalls vorausgesetzt, aber nirgends systematisch begründet (oder auch: geprüft) wird. Ein Problem ist dies aus zwei Gründen: *erstens*, weil sich über die Frage, ob Gleichheit besser ist als Ungleichheit (genauer: auf welchen Feldern wie viel Gleichheit mindestens gefordert oder wie viel Ungleichheit allenfalls zulässig ist), trefflich streiten lässt; und *zweitens*, weil soziale Ungleichheiten ubiquitär sind, was, gesetzt den Fall, man will etwas gegen sie unternehmen, eine Prioritätenfrage aufwirft, sofern sich nicht alle als problematisch eingestuften Ungleichheiten gleichzeitig und gleichermaßen beseitigen lassen – sei es aus Gründen der Mittelknappheit oder weil einige der verfolgten Gleichheitsziele miteinander unverträglich sind.

Bei genauerer Betrachtung zeigt sich freilich, dass auch die erste der genannten Fragen letztlich auf eine Prioritätenfrage hinausläuft, weil in der modernen Gesellschaft die sozialstrukturellen und sozialethischen Grundlagen für eine *grundsätzlich* von der Ungleichheit der Menschen ausgehende gesellschaftliche Ordnung entfallen sind. In der normativen Theoriebildung zur sozialen Gerechtigkeit reflektiert sich diese Ausgangslage in der prägnant von Amartya *Sen* (1992) formulierten Einsicht, dass eine Gerechtigkeitskonzeption, die der Gleichheit *jeden* Wert oder jede Berechtigung abspräche, heute keine Chance mehr hätte, auch nur ansatzweise Zustimmung zu finden. Entsprechend wird auch nicht (mehr) darüber gestritten, *ob* Gleichheit gelten soll oder nicht, sondern *welche* Gleichheiten aus welchen Gründen anzustreben sind und wie viel Gewicht ihnen jeweils zukommt.[1] Also wiederum (nur) über die Prioritäten unterschiedlicher Gleichheitswerte.

---

1 Um es in *Sens* eigenen Worten (1992: 12; Hervorhebung im Original) zu sagen: „[E]very normative theory of social arrangement that has at all stood the test of time seems to demand equality of *something* – something that is regarded as particularly important in that theory". Das gilt im übrigen auch für die (insoweit einem Selbstmissverständnis unterliegende) neuere Egalitarismus*kritik*, von der Angelika *Krebs* (2000) einige Beispiele in dem Band „Gleichheit oder Gerechtigkeit" versammelt hat. Der *Gegensatz* zwischen Gleichheit und Gerechtigkeit, den die Herausgeberin konstruiert, löst sich bei Licht bese-

Um diese Prioritätenfrage soll es im Folgenden gehen. Da sie, wie ich
an anderer Stelle gezeigt habe (vgl. *Schmidt* 2000), für die soziologische
Ungleichheitsforschung zwar hoch relevant, jedoch mit deren eigenen Mitteln nicht beantwortbar ist, werde ich dabei wohl oder übel gewisse Anleihen bei der einschlägigen gerechtigkeitstheoretischen Literatur machen
müssen, deren (systematische) Rezeption die soziologische Ungleichheitsforschung bislang eher scheut.

II.

Ich beginne mit einer nicht weiter begründeten Unterscheidung[2] zwischen
absoluten und relativen Gleichheiten, um dann im Bereich der letzteren weitere Differenzierungen vorzunehmen. Als *absolut* bezeichne ich Gleichheiten, die im Prinzip keine Abstufungen oder Abstriche zulassen, weil Ungleichheiten bzw. -behandlungen in den betreffenden Dimensionen als Ver-
stöße gegen unveräußerliche Rechte gelten; T.H. *Marshalls* ,civil' und ,po-
litical rights' mögen dafür als Beispiele dienen, desgleichen minimalistisch
verstandene Menschenrechte (etwa im Sinne von *Kersting* 2000a: 256ff.).
Relative Gleichheiten lassen dagegen durchaus gewisse Abstufungen zu,
mithin auch Ungleichheiten. Sozio-ökonomische Ungleichheiten sind ein
Fall solcher im Prinzip zulässiger Ungleichheiten, und so nimmt es denn
nicht wunder, dass *Marshalls* dritte Gruppe von Rechten, die ,social rights',
nicht nur von Anbeginn umstrittener war und bis heute geblieben ist als die
beiden anderen, sondern auch unklarer hinsichtlich des genauen Umfangs
der aus ihnen erwachsenden Ansprüche.

Wie müssen Umstände beschaffen sein, die sozio-ökonomische Ungleichheiten rechtfertigen könnten? Einen Hinweis darauf liefert das Differenzprinzip der *Rawls*schen Gerechtigkeitstheorie. Ausgangspunkt dieser
Theorie ist die Prämisse des Rechts aller, mit gleichem Gewicht an der Entscheidung über die Architektur der institutionellen Grundordnung der Gesellschaft beteiligt zu werden. Unter dieser, modernen Verhältnissen allein
angemessenen Voraussetzung, so die *Rawls*sche Überlegung, werden *rationale* Akteure einer Ungleichverteilung gesellschaftlicher Grundgüter nur
zustimmen, wenn sie Anlass zu der Erwartung haben, im ungünstigsten Fall
immer noch besser dazustehen als bei Gleichverteilung. Das Differenzprinzip gewährleistet das insofern, als es die Legitimität von Ungleichverteilungen an die Bedingung knüpft, dass diese den jeweils sozial Schlechtestgestellten zum Vorteil gereichen müssen (vgl. *Rawls* 1971). Indem es das tut,

---

hen denn auch rasch in ein Problem der Spezifizierung von Geltungsdimensionen und der
Graduierung von Geltungsansprüchen egalitaristischer Anliegen auf – was auch ein
schwieriges Problem ist, aber nicht den Wert der Gleichheit *als solchen* in Frage stellt.

2   Vgl. aber immerhin *Schmidt* 2003, wo ich diese Unterscheidung erstmals in Auseinandersetzung mit einem instruktiven Aufsatz Peter *Kollers* zur sozialen Gerechtigkeit (2003)
verwende, dem der vorliegende Text auch sonst viel verdankt.

nimmt es allerdings zugleich auch möglicher Kritik an solcher Ungleichheit die Spitze, weil niemand sich vernünftigerweise über Zustände beklagen kann, von denen er selbst profitiert.

Bezogen auf die Ebene gesellschaftlicher Makrostrukturen und -institutionen, auf die *Rawls* selbst sich konzentriert, impliziert seine Konzeption zunächst eine Kontingentsetzung von Märkten. Märkte fallen bei *Rawls*, anders als bei Teilen des wirtschaftswissenschaftlichen mainstreams, nicht gleichsam „vom Himmel", sondern sind, weil kontingent, begründungsbedürftig. Das Differenzprinzip liefert die erforderliche Begründung. Märkte generieren zwar unweigerlich soziale Ungleichheit, zugleich aber auch so viel Reichtum, dass die Verlierer ausreichend kompensiert werden könn(t)en, um ihnen einen Lebensstandard zu ermöglichen, der den unter einem *anderen* ökonomischen Regime erreichbaren klar übersteigt. Das zu gewährleisten, ist die Aufgabe umverteilender Steuer- und Sozialpolitik, und den sozialen Rechten kommt dann gewissermaßen die Funktion institutioneller Geltungsgaranten zu.

Unter der Voraussetzung, dass sozialstaatlich abgepufferte Marktwirtschaften den Test des Differenzprinzips bestehen (und somit besser abschneiden als alternative ordnungspolitische Arrangements), folgt daraus, dass man sich mit der sozialen Ungleichheit *als solcher* arrangieren muss; es kann dann nur noch um Niveaufragen gehen.[3] Und da sozio-ökonomische Ungleichheiten sich in praktisch alle anderen Lebensbereiche hinein verlängern, gilt dies *grundsätzlich* auch für eine Reihe von weiteren Ungleichheiten. Man kann nicht ernsthaft davon ausgehen, Ungleichheiten des Einkommens und des Wohlstands ließen andere Bereiche (wie Bildung, Wohnen, Gesundheit usw.) unberührt, und auch noch so generöse sozialpolitische Maßnahmen wären außerstande, derlei „Folgeungleichheiten" gänzlich aufzuheben – das hat die soziologische Ungleichheitsforschung wiederholt überzeugend demonstriert.[4] Freilich hat es Konsequenzen auch für die Ungleichheitsforschung selbst, die m.E. bislang nicht zureichend bedacht worden sind. Denn *wenn* es sich so verhält, dann macht es auch keinen Sinn mehr, etwaige Ungleichheits*befunde* in den betreffenden Bereichen an jenem *absoluten* Gleichheitsmaß zu messen, das die Ungleichheitsforschung ihren Untersuchungen zumindest implizit weithin zugrunde legt.

---

3 So indirekt auch *Phillips* (1999: 45; Hervorhebung im Original), die meint, in der zeitgenössischen politischen Philosophie werde ein Ideal absoluter sozio-ökonomischer Gleichheit praktisch nicht mehr vertreten: „The consensus, if any, is that ‚literal', ‚simple', ‚levelling' equality is incoherent and deeply unattractive. (...) [T]he notion that equality means eliminating *all* inequalities in income or wealth has come to be regarded as so absurd that people are hard put to believe that anyone ever intended their equality so literally."

4 Unüberboten in den Arbeiten Pierre *Bourdieus* (vgl. statt vieler etwa *Bourdieu* 1982) und insbesondere sicher in der Bildungssoziologie, aber auch in vielen anderen Bereichen.

III.

Kehren wir noch einmal zur Unterscheidung zwischen absoluten und relativen Gleichheiten zurück. Die wollte darauf aufmerksam machen, dass es eine Reihe von Gleichheiten gibt, deren Sollgeltung nahezu allgemein akzeptiert und, wenigstens in der westlichen Welt, auch weithin institutionalisiert ist. Gemeint sind vor allem die Gleichheiten der bürgerlichen und politischen Grundfreiheiten, also: des klassischen Rechts auf Schutz vor Verletzungen der physischen und symbolischen Integrität der Person, des Rechts auf Eigentum, des Rede-, Versammlungs- und Vereinigungsrechts, des aktiven und passiven Wahlrechts bzw. des Rechts auf Partizipation am kollektiven Meinungs- und Willensbildungsprozess usw. Die Gleichheit der Verteilung dieser (oft als ‚negativ' bezeichneten) Grundgüter ist in den Verfassungen und Rechtsordnungen vieler Länder festgeschrieben und insoweit unumstritten (vgl. *Koller*, in diesem Band, S. 49-71). Das heißt nicht, dass sie auch praktisch stets gewährleistet wäre; das ist sie selbstverständlich nicht. Aber *wo* sie missachtet wird, geschieht das heute meist nicht durch, sondern *gegen* die staatliche Ordnung, die sie verbürgen soll (vgl. *Offe* 1994a).

Für die soziologische Ungleichheitsforschung sind Verletzungen solcher Gleichheiten, z.B. Akte ungezügelter Gewalt gegen Angehörige ethnischer, religiöser oder sexueller Minderheiten, gegen Obdachlose, Asylbewerber und diverse anderweitig benachteiligte soziale Gruppen durch selbst oft disprivilegierte Teile der Bevölkerung, kaum je ein Thema gewesen[5]; sie konzentriert sich eher auf Ungleichheiten des Einkommens, der materiellen Lebenslagen, -chancen und -stile, der Macht, des Prestiges und gesellschaftlichen Ansehens usw. – also überwiegend auf *Ungleichheiten oder Folgeungleichheiten sozio-ökonomischer Art.* Das ist solange unproblematisch, wie man deren geringere – d.h. den Ungleichheiten des *absoluten* Typs lexikographisch nachgeordnete – Bedeutsamkeit im Auge behält. Außerdem ist bei der Bewertung entsprechender Befunde zu beachten, dass Angleichungsbestrebungen in einzelnen Dimensionen sozio-ökonomischer Ungleichheit oft nur um den Preis wachsender Ungleichheit in anderen Dimensionen zu haben sind, was dann entsprechende Zielkonflikte aufwirft. Man muss die betreffenden Ungleichheiten also stets in Relation zu anderen Ungleichheiten setzen, denn erst die Gesamtschau aller als bedeutsam angesehenen Ungleichheiten erlaubt es, diese zu gewichten und in eine Rangordnung unterschiedlicher Dringlichkeit zu bringen.

---

5   Eine Ausnahme bilden Diskriminierungen von Personen(gruppen) im Zugang zu sozial begehrten Ressourcen und Positionen anhand funktionsunerheblicher (askriptiver) Differenzmerkmale. Sie stehen zwar sicher nicht im Zentrum des Interesses der Ungleichheitsforschung, werden aber immer wieder notiert und auch skandalisiert.

Welchen sozio-ökonomischen Ungleichheiten gebührt also im Zweifel der Vorrang gegenüber welchen anderen? Folgt man den thematischen Schwerpunktsetzungen der Ungleichheitsforschung, d.h. schließt man von der Prominenz ihrer Gegenstände auf zugeschriebene Relevanzen, dann liegt die *Einkommensverteilung* sicher mit an vorderster Stelle. In dieser Dimension haben sich in den letzten ca. 20 Jahren gerade in den reichen Ländern erhebliche Verschiebungen zugunsten der Bessergestellten ergeben. So verfügte etwa in Deutschland 1998 das einkommensstärkste Fünftel der Bevölkerung über knapp 38 Prozent aller Einkünfte, also über fast das Doppelte seines Anteils an der Bevölkerung, während gleichzeitig das einkommensschwächste Fünftel sich mit weniger als der Hälfte dessen begnügen musste, was seinem Anteil an der Bevölkerung entsprochen hätte (*Hradil* 2001: 225). Noch deutlich ausgeprägter sind die Unterschiede in den USA. Dort vergrößerte sich der Anteil, den die reichsten fünf Prozent der Haushalte am Gesamteinkommen auf sich vereinigen, zwischen 1974 und 1997 von 14,8 auf 20,7 Prozent (*Wolff* 2002: 59). In den 1980er Jahren sank das Einkommen des schlechtest gestellten Fünftels der Bevölkerung um 4 Prozent, während dasjenige des wirtschaftlich stärksten Fünftels um 63 Prozent stieg (*Miller* 2002: 302f.). Zwischen 1976 und 1998 hat sich der Anteil aller privaten Vermögens- und Anlagewerte, über den das reichste Hundertstel der amerikanischen Haushalte verfügt, von 21,8 Prozent auf 38,1 Prozent nahezu verdoppelt (*Wolff* 2002: 59). 1978 verdiente ein typischer Topmanager noch „nur" das Sechzigfache eines Arbeiters, 1995 bereits das Hundertsiebzigfache (vgl. *Cassidy* 1997). Der Gini-Index stieg in den USA in den 1990er Jahren auf einen Wert von 0.34 an. In Deutschland lag er mit 0.27 ungefähr im Mittelbereich der OECD-Länder, und am niedrigsten fiel er in den schon traditionell „egalitärsten" skandinavischen Wohlfahrtsstaaten aus – in Dänemark, dem heute drittreichsten Land Europas, betrug er nur 0.24 (vgl. *Hradil* 2001: 225 und *Galbraith* 2002: 206).

Was ist diesen Befunden zu entnehmen? Etwa, dass die Einkommensverteilung in den USA ungerechter ist als diejenige in der Bundesrepublik und diese wiederum ungerechter als die in Dänemark? Vielleicht ist es das. Aber *wenn* man zu diesem Schluss kommt, dann sicher nicht bei rein isolierter Betrachtung der Einkommensunterschiede, sondern aufgrund einer systematischen Zusammenschau *mehrerer* wohlfahrtsrelevanter Parameter, die Auskunft über die Lebenschancen der Menschen geben (darauf komme ich zurück), und auch nicht auf der Grundlage schlichter Positiv- und Negativcodierungen des Gleichheits- bzw. Ungleichheitswerts. Formeln im Stile Reinhard *Kreckels* (1992: 24) etwa, wonach bis zum Beweis des Gegenteils angenommen werden dürfe, das gegenwärtig feststellbare Maß an Ungleichheit sei, gemessen am Grad der Gleichheit, der technisch und wirtschaftlich möglich wäre, „zu hoch", scheinen allzu simpel und dienen allenfalls der moralischẽn Selbstvergewisserung sozial „Wohlmeinender" (*Luhmann*); zielführend sind sie nicht.

Technisch und wirtschaftlich *möglich* wäre nämlich auch ein Maß an Gleichheit, dessen *Wünschbarkeit* zumindest zweifelhaft ist. Das zeigt ein Vergleich der Entwicklung der Wirtschaftsleistung je Einwohner in der Bundesrepublik und in der DDR von 1950 bis 1989. In der Bundesrepublik wuchs diese in dem genannten Zeitraum von 8.215 auf 35.856 DM, was einer Steigerung um 336 Prozent entspricht; in der DDR dagegen wuchs sie nur von 4.285 auf 11.829 DM, also um 176 Prozent und damit um lediglich die Hälfte des im Westen erreichten Werts (*Meister-Scheufelen* 2002: 232). Anders gesagt: Wäre die Wirtschaftsleistung der DDR im selben Umfang gewachsen wie diejenige der Bundesrepublik, dann wäre der Reichtumsabstand zwischen den beiden Ländern nicht von ursprünglich knapp eins zu zwei auf eins zu drei gestiegen, sondern auf ungefähr ein Drittel geschrumpft. Wie allgemein bekannt, war das Einkommensgefälle in der DDR sehr gering – *weitaus* geringer als dasjenige in der Bundesrepublik. Trotzdem war der Lebensstandard *aller* im Westen höher als derjenige im Osten.[6] Unter diesen Umständen würden rationale, am *Rawls*schen Differenzprinzip sich orientierende Akteure für das Regime *größerer*, nicht für dasjenige *geringerer* sozialer Ungleichheit votieren – und ggf. ihr „Vetorecht", das dieses Prinzip ihnen zum Schutz vor etwaigen Übervorteilungen durch die Mehrheit einräumt (indem es die Zulässigkeit von Ungleichverteilungen an die Zustimmung *sämtlicher* Betroffener bindet), so einsetzen, dass diese auch den *eigenen* Nutzen mehrt, nicht nur den Aggregatnutzen des gesellschaftlichen Kollektivs.[7] Wer sich dagegen am technisch und wirtschaftlich *möglichen* Gleichheitsmaß orientiert, der müsste sich interessenwidrig, nämlich *trotz* der damit einhergehenden Wohlfahrtsverluste, für eine sozialistische Ordnung entscheiden.[8]

---

6   Ein Vergleich Nord- und Südkoreas unter diesem Gesichtspunkt würde sicher zu demselben Ergebnis führen, wenn es entsprechende Daten für Nordkorea gäbe (was offenbar nicht der Fall ist). Es gibt aber Vergleichsdaten zu *Taiwan* und der *Volksrepublik China*: Beide Länder starteten nach dem Zweiten Weltkrieg auf etwa gleichem Entwicklungsniveau. Bereits 1978 war das in Taiwan erzielte pro-Kopf-Sozialprodukt sechsmal höher als dasjenige auf dem Festland, und das pro-Kopf-Einkommen war 1980 von US $ 70 auf US $ 2.280 gestiegen; in der Volkrepublik wurde ein ähnliches Niveau erst in den neunziger Jahren erreicht, also mehr als eine Dekade nach Einleitung der Marktreformen, die Beobachter für nicht zuletzt durch den Erfolg Taiwans inspiriert halten (vgl. *Berger* 1987: 147; *Yoshihara* 2000: 8). Inzwischen erzielt bekanntlich auch China Wachstumsraten, die zu den höchsten der Welt zählen.

7   Also wiederum: auf soziale Rechte dringen, die sicherstellen, dass die „Ungleichheitsdividende" auch ihnen zugute kommt.

8   Es liegt mir fern, *Kreckel* (oder auch anderen) etwaige Sympathien für eine mittlerweile gründlich diskreditierte Ordnung zu unterstellen. Das Beispiel dient mir lediglich zur Herausarbeitung einer unerfreulichen Konsequenz, die man sich, wenn man so argumentiert wie er, zwangsläufig einhandelt.

Man sieht: Unter bestimmten Voraussetzungen hätten selbst Egalitaristen guten Grund, auf *sozio-ökonomischem* Gebiet der Ungleichheit den Vorzug vor der Gleichheit zu geben – und dies nicht nur aus Effizienz-, sondern (was auf den ersten Blick überraschen mag) auch und gerade aus *Gerechtigkeits*erwägungen. Die Frage, *wie viel* Ungleichheit eine so verstandene Gerechtigkeit tolerieren oder *welches Mindestmaß* an materieller Basisgleichheit sie verlangen würde, beantwortet das noch nicht. Also z.B. auch nicht die Frage, ob die Einkommensverteilung in Dänemark gerechter ist als diejenige in den USA, denn dafür ist der Grad der Ungleichheit *als solcher* relativ unerheblich. Gerechtigkeits*erheblich* wird er erst, wenn wachsende Ungleichheiten den Interessen der Schlechtestgestellten zuwiderlaufen (statt ihnen zu nutzen) – und um das zu ermitteln, bedarf es mehr als eines Blicks auf den Gini-Index. Denn dazu muss man nicht nur die Alternativen kennen, sondern auch weitere Parameter einbeziehen, die Einkommensinteressen ins Verhältnis zu anderen Interessen setzen, welche möglicherweise dringlicher sind. Und man muss natürlich wissen, wer eigentlich die Schlechtestgestellten sind, deren Interessen gefördert werden sollen. Wer also sind die Schlechtestgestellten?

IV.

Die Schlechtestgestellten auszumachen, fällt gar nicht schwer. In modernen Wohlfahrtsstaaten wie der Bundesrepublik handelt es sich vor allem um die Armen, insbesondere um die chronisch Armen. Letztere bilden – als ‚underclass' – selbst innerhalb der Armutspopulation noch eine Klasse für sich. Nach den Befunden der Bremer Langzeitstudie ist rund ein Drittel der in Deutschland lebenden Menschen von gelegentlicher Armut bedroht. Für die meisten der Betroffenen ist Armut allerdings ein nur vorübergehender, gelegentlich sogar selbst gewählter Zustand, mit dem sie sich gewisse Freiheiten, etwa solche der Aus- und Weiterbildung oder der Herauslösung aus einer unbefriedigenden Partnerschaft, erkaufen. Sie verlieren dadurch aber nicht ein für alle Mal den Anschluss an die Mehrheitsgesellschaft, auch wenn der relative Wohlstand, den sie später erreichen mögen, oft prekär bleibt. Wesentlich ungünstiger ist schon die Lage jener 7 Prozent, die zwar gelegentlich der Armut entkommen, aber immer wieder in sie zurückfallen, und nahezu aussichtslos stellt sie sich für die knapp 3 Prozent derer dar, die dauerhaft arm sind und es aller Voraussicht nach auch bleiben werden (*Leisering/Leibfried* 1999: 252). Eine homogene Gruppe sind die Armen also offenkundig nicht. Aber selbst wenn das Schicksal einiger durchaus erträglich scheint, es gibt auch heute noch genügend Arme, für die es gleichbedeutend mit dem reinen Elend ist.

Eine zweite Gruppe, die sich quantitativ schwerer fassen lässt und mit der ersten teilweise überlappt, ist die der Exkludierten und der Überflüssigen. Exkludiert finden die Betroffenen sich zunächst am Arbeitsmarkt, und überflüssig sind sie nicht an sich, sondern aufgrund von Bedingungen, *die sie dazu machen*. Es handelt sich vor allem um die sog. „Problemgruppen" des Arbeitsmarkts: die Jungen und die Älteren, die Frauen und die Ausländer; und unter allen diesen Kategorien speziell diejenigen ohne Bildungsabschluss und/oder mit nur geringer Berufsqualifikation. Arbeitslosigkeit kann jeden treffen, trifft aber nicht jeden mit der gleichen Wahrscheinlichkeit, und unter denen, die sie trifft, wird sie insbesondere für diejenigen zum Problem, bei denen sie lange andauert, weil das über die unmittelbaren Wohlfahrtsverluste hinaus auch ihre Aussichten beeinträchtigt, jemals wieder Anschluss ans Beschäftigungssystem zu finden. Wer diesen schon in jungen Jahren verpasst, dem droht, was desillusionierte Jugendliche bereits Ende der 1970er Jahre treffend auf den Begriff gebracht haben: „no future", eine Zukunft ohne Zukunft. Ebenfalls kaum Zukunftsaussichten, jedenfalls im Beschäftigungssystem, haben ehemalige Arbeitnehmer, die in „fortgeschrittenem" Alter, also spätestens jenseits der 50, arbeitslos werden. Aber die meisten von ihnen hatten wenigstens schon eine Vergangenheit, in der sie u.U. sogar etwas Vorsorge treffen, zumindest einige ihrer Lebenspläne und Hoffnungen verwirklichen konnten, von deren Kontinuierung sie nun abrupt abgeschnitten sind (vgl. *Kronauer* 1997).[9]

Was macht die Überflüssigen überflüssig, was führt zu ihrem Ausschluss – erst aus dem Beschäftigungssystem, dann, da Exklusion dazu neigt, kumulativ zu wirken, aus immer weiteren sozialen Systemen, bis sie schließlich zum Signum einer ganzen Existenzweise wird? Das sind vor allem diejenigen Bedingungen, die den Zugang zum Arbeitsmarkt und mithin zu abhängiger Beschäftigung regeln; genauer: die ihn für bestimmte Gruppen immer schwerer machen. Man kann hier zwischen endogenen und exogenen Faktoren unterscheiden. *Exogene* Faktoren sind zum einen der beschleunigte technologische Wandel, der zu laufenden Produktivitätssteigerungen führt, also generell den Bedarf an menschlicher Arbeitskraft verringert, speziell aber den an un- bzw. wenig qualifizierter Arbeitskraft; zum zweiten ist hier die zunehmende Internationalisierung der Kapital- und Gütermärkte zu nennen, die die Mobilität des Kapitals erhöht und es bei besseren Rentabilitätschancen zu Produktionsstandorten im Ausland abwandern lässt. Der wichtigste *endogene* Faktor (und zugleich eine zentrale Determinante der Rentabilität) sind demgegenüber die Arbeitskosten. Sie haben in

---

9 Wie erwähnt, bestehen zwischen den Armen und den Exkludierten große Überschneidungszonen. Arbeitslose, mithin auch sämtliche Problemgruppen des Arbeitsmarkts, zählen zu den am häufigsten Armen. Überdurchschnittlich arm sind darüber hinaus oft noch Alleinerziehende (dies freilich wiederum vor allem deshalb, weil sie oft nicht oder nur prekär erwerbstätig sind bzw. aufgrund ihrer Erziehungstätigkeit sein können) und, in wachsendem Ausmaß, Kinder – überwiegend aus Haushalten von Alleinerziehenden und mit mindestens einem arbeitslosen Elternteil (vgl. *Hradil* 2001: 252-254). Speziell zur wachsenden Kinderarmut vgl. jetzt auch *Huster* 2003.

Deutschland bekanntlich ein Niveau, das zu den höchsten der Welt gehört – und dies bei abnehmenden Qualifikations- und Produktivitätsvorsprüngen gegenüber der wesentlich billigeren Konkurrenz in Osteuropa und Ostasien. Zusammengenommen bewirken diese Faktoren, dass die Beschäftigung wachsender Teile der deutschen Erwerbsbevölkerung ökonomisch uninteressant wird – mithin die längst zur Gewohnheit gewordene Massenarbeitslosigkeit, die ihrerseits für viele den Einstieg in den Abstieg, wenn nicht vollends ins soziale Abseits bedeutet.

Was soll man tun? Um diese Frage beantworten zu können, braucht man erstens *normatives* Wissen darüber, was wem im Namen der Gerechtigkeit geschuldet ist, und zweitens *empirisches* (z.B. soziologisches) Wissen darüber, welches die Hintergründe bestehender Ungerechtigkeiten sind und wie diesen ggf. bestmöglich beizukommen wäre. Was zunächst den normativen Aspekt angeht, so liefert wiederum *Rawls* mit seiner Konzeption gesellschaftlicher Grundgüter, die gleich zu verteilen sind, wenn dem nicht wichtige Gründe entgegenstehen, einen ersten Ansatzpunkt. Dass es durchaus gute Gründe geben *kann*, von einer Gleichverteilung einzelner Güter Abstand zu nehmen, hat sich bereits erwiesen. Allerdings war das an die Voraussetzung gebunden, dass dadurch niemand schlechter gestellt wird als bei Gleichverteilung. Mit anderen Worten: an die Voraussetzung einer gewissen Mindestausstattung auch mit diesen Gütern, hinter die legitimerweise niemand zurückfallen darf. Will man über solche Negativbestimmungen hinaus auch einen *positiven* Flucht- oder Zielpunkt für eine praktische Politik der Gerechtigkeit gewinnen, kommt man indes mit Rawls kaum weiter.

Dafür bietet sich ein Anschluss an die einschlägigen Arbeiten *Sens* an (vgl. dazu auch: *Ludwig-Mayerhofer*, in diesem Band, S. 93-113). Im Mittelpunkt von dessen Gerechtigkeitskonzeption steht ein aristotelisch inspirierter, bei grundlegenden menschlichen Funktionen und Befähigungen ansetzender Freiheitsbegriff, der darauf abstellt, allen Bürgern ein Mindestmaß an selbstbestimmter Lebensführung zu ermöglichen. Um das zu gewährleisten, darf der Staat sich weder (im Sinne der negativen Freiheitskonzeption des klassischen Liberalismus) auf den bloßen Schutz der Bürger vor An- und Übergriffen Dritter beschränken, noch lediglich korrigierend in die am Markt erzielten Verteilungsergebnisse eingreifen, wenn diese sich als problematisch erweisen sollten. Sondern er muss von vornherein denen, die das aus eigener Kraft nicht schaffen, ausreichend Mittel zur Entwicklung jener grundlegenden menschlichen Befähigungen bereitstellen, die für die Realisierung tatsächlicher – und nicht bloß proklamierter – Wahlfreiheit unverzichtbar sind.[10] Er muss also vom Nachtwächterstaat zum Sozialstaat ausgebaut werden, der nicht nur *formal* alle gleich behandelt, sondern auch

---

10 Und er muss seine diesbezüglichen Anstrengungen naturgemäß wiederum auf diejenigen konzentrieren, die es in dieser Hinsicht am schwersten haben.

real dafür sorgt, dass alle wenn schon nicht effektiv *gleiche*, so wenigstens *überhaupt* eine Chance(n) bekommen, der Unfreiheit abhängiger Lebensführung zu entgehen (*Sen* 1992).

Das ist noch relativ abstrakt, lässt sich aber unschwer weiter spezifizieren. Zum einen erfordert ein solches Programm der pro-aktiven Freiheitsförderung die Bereitstellung eines Mindestmaßes an öffentlich finanzierter Erziehung und Bildung, medizinischer Versorgung, Fürsorge usw., auf das alle den gleichen Anspruch haben. Zum anderen erfordert es die Rücknahme solcher Gleichheiten, die mit dieser Gleichheit einer basalen positiven Freiheit der Selbstbestimmung kollidieren (vgl. Abschnitt V.). Kombiniert man das nun wiederum mit der aus der *Rawls*schen Konzeption sich ergebenden Forderung, das Los der Schlechtestgestellten ins Zentrum aller sozialpolitischen Regelungsbestrebungen zu stellen, und bezieht man darüber hinaus ein gewisses Maß an Kontextwissen über die momentanen arbeitsmarkt- und sozialpolitischen Probleme in Deutschland mit ein, dann ergibt das in einem weiteren Konkretisierungsschritt ungefähr die folgende, von Wolfgang *Merkel* vorgeschlagene Prioritätenliste sozialpolitischer Handlungsgebote, der hier (trotz einiger, im einzelnen nicht zu diskutierender Vorbehalte) im großen und ganzen gefolgt wird:

Oberstes Ziel staatlicher Sozialpolitik ist diesem Vorschlag gemäß die Verhinderung von Armut. Ihr folgen an zweiter Stelle die Gewährleistung höchstmöglicher Ausbildungsstandards für alle, an dritter das Ziel einer maximalen Arbeitsmarktinklusion, an vierter die Garantie ausreichender sozialer Sicherungsstandards, und erst an fünfter und letzter Stelle die Verringerung eventueller Einkommens- und Vermögensdisparitäten (*Merkel* 2001: 141). Soweit einzelne dieser Aspekte miteinander in Konflikt geraten, kommt dem jeweils höherstehenden der Vorrang zu. Was begründet diese Rangordnung?

Zunächst zur *Armutsverhinderung*. Deren überragende sozialpolitische Bedeutung ergibt sich aus dem Umstand, dass Armut nicht nur ein materielles Problem ist, sondern auch massiv würde- und autonomieverletzend, sozial exkludierend und isolierend wirkt, abhängig macht und, wenn sie sich verhärtet und noch dazu von Generation zu Generation weitergegeben wird, Übergänge in den Inklusionsbereich der Mehrheitsgesellschaft extrem erschwert. Dem Anspruch auf einen Lebensstandard oberhalb der Armutsgrenze kommt daher, in *Merkels* Worten (2001: ebd.), der „Status eines unveräußerlichen Grundrechts" zu.[11]

Zugleich ist mit einem staatlich garantierten Wohlfahrtsminimum, das oberhalb der Armutsgrenze liegt, aber auch schon viel von dem unter Gerechtigkeitsgesichtspunkten Nötigen getan. Denn ein solches Wohlfahrtsmi-

---

11   In der hier verwendeten Terminologie könnte man auch sagen, der Anspruch auf ein entsprechendes Einkommensminimum gehört in den Bereich der absoluten Gleichheiten, darf also (sozial-)politisch nicht zur Disposition gestellt werden.

nimum genügt, um eine kapitalistische Wirtschaftsordnung auch für diejenigen annehmbar zu machen, die sich am unteren Ende der Verteilungsordnung wiederfinden, dürften damit doch auch sie, *trotz* ihrer relativen sozioökonomischen Schlechterstellung, *insgesamt gesehen* vom Kapitalismus profitieren – zumal der genügend „Surplus" abwirft, um auch ihnen neben einem ausreichenden Einkommen noch Zugang zu einer Reihe weiterer hochwertiger Güter, z.B. in den Bereichen von Bildung und Gesundheit, zu eröffnen, der ihnen sonst[12] voraussichtlich verschlossen bliebe. Ein Sozialstaat, der das sicherstellt, dürfte den Anforderungen des *Rawls*schen Differenzprinzips vollauf genügen.[13] Andererseits ist kaum zu erwarten, dass irgend jemand sich auf Ungleichverteilungen einlassen würde, wenn diese das Risiko beinhalten, zum Opfer vermeidbarer Deprivation zu werden.

Das hohe Gewicht von *Bildung und Ausbildung* ergibt sich aus dem Umstand, dass hier Fundamente gelegt werden, die in praktisch alle anderen Lebensbereiche hineinreichen und maßgeblich über die Lebenschancen der Individuen entscheiden (vgl. *Beer*, in diesem Band, S. 27-47; *Meulemann*, in diesem Band, S. 115-136). Das gilt beileibe nicht nur für die Chancen auf dem Arbeitsmarkt, beeinflusst aber gerade sie besonders stark. Zwar bedeutet eine gute Ausbildung noch keine Garantie für eine gute Stelle, aber der umgekehrte Zusammenhang gilt fast sicher: Ohne oder mit nur geringer Ausbildung wird es immer schwerer, überhaupt noch eine Anstellung zu finden, und wenn doch, dann zunehmend nur zu gleich in mehreren Hinsichten (Entlohnung, Beschäftigungssicherheit, Aufstiegsmöglichkeiten) suboptimalen Bedingungen.

Der *Inklusion in den Arbeitsmarkt* selbst kommt vor allem deshalb große Bedeutung zu, weil dort nicht nur Einkommen verteilt werden, sondern weil über die Erwerbsarbeit auch wichtige symbolische Güter wie gesellschaftliches Ansehen und persönliche Selbstachtung vermittelt werden, die durch anhaltende Arbeitslosigkeit massiv Schaden nehmen (können). Dass sie in der Prioritätenordnung hinter der Bildung rangiert, erklärt sich aus dem trivialen Umstand, dass ihr Erfolg, wie dargelegt, maßgeblich von deren Güte abhängt. Es handelt sich also nur um eine logische Vorrangstellung; praktische Zielkonflikte zwischen Bildung und Arbeitsmarktinklusion sind kaum vorstellbar.

Sehr wohl vorstellbar sind solche Zielkonflikte dagegen zwischen Arbeitsmarktinklusion und (zu) hohen *Standards der sozialen Sicherung*, vor allem wenn diese weitgehend über Sozialversicherungsbeiträge finanziert

---

12 Sonst: das heißt hier wiederum unter vor- oder nichtkapitalistischen Bedingungen, also im Rahmen einer Wirtschaftsordnung, die womöglich insgesamt gesehen weniger Ungleichheit kennt (und sei es, weil die Masse der Bevölkerung in großer Armut lebt – manche asiatischen Entwicklungsländer wären dafür sicher ein Beispiel), dafür aber auch deutlich weniger leistungsfähig ist.

13 Vgl. dazu auch die im Kern wohl ähnlichen Folgerungen bei *Hinsch* (1998: 35ff.), einem der im deutschen Sprachraum sicher ausgewiesensten *Rawls*-Kenner.

werden oder sonst wie die Beschäftigungskosten in die Höhe treiben. Diesen Zielkonflikt will *Merkel* im Zweifel zu Lasten der Sicherheit aufgelöst sehen, weil „zu hohe" Sicherheitsstandards für die Insider sich in „zu viel" Exklusion von Outsidern niederschlagen.

Dann, aber auch *nur* dann, wenn die ersten vier Gerechtigkeitsforderungen vollständig erfüllt sind, sieht *Merkel* Spielraum auch noch für eventuelle Korrekturen der gesellschaftlichen Einkommens- und Vermögensdispersion. Die Beweislast dafür, dass dies *ohne Schaden für die vorgeordneten Ziele* möglich ist, schiebt er freilich denen zu, die das behaupten.

V.

Soviel zu den Grundzügen eines normativ gehaltvollen Programms der Priorisierung sozio-ökonomischer Gleichheitsziele. Welche Implikationen ergeben sich daraus für eine praktische Politik sozialer Gerechtigkeit? Drei solcher Implikationen seien an dieser Stelle kurz benannt und erläutert. Die *erste* ist eine Umstellung der sozialen Sicherungssysteme auf Steuerfinanzierung zur Entlastung der Arbeitskosten bei gleichzeitiger Nivellierung der Sicherungsansprüche auf einem Niveau der „Suffizienz" (*Kersting* 2000b) – die einschlägigen Stichworte lauten hier Grundeinkommen, Grundrente und medizinische Grundversorgung. Nach „unten" hin bedeutete das eine Anhebung der Mindeststandards, also mehr *Gleichheit*, nach „oben" eine Abkehr von den Prinzipien der Statussicherung in der Altersversorgung und bei Arbeitslosigkeit sowie von der Maximalversorgung im öffentlichen Gesundheitswesen, also mehr *Ungleichheit*. Solidarität übt diese Politik nicht, wie es die überkommenen deutschen Sicherungssysteme tun, in erster Linie mit den bessergestellten Teilen der Arbeiterschaft und den Mittelschichten, die sich auch selbst zu helfen wüssten, sondern, ganz im Sinne des *Rawls*schen Differenzprinzips, mit den Schlechtestgestellten: mit den Armen und den Schwachen, die ohne gezielte Förderung und Stützung im harten Wettbewerb des Marktes nicht mithalten können, und mit den sozial Exkludierten oder anderweitig Deprivierten, deren Inklusions- und Lebenschancen sie nachhaltig verbessern will. Damit *alle* wenigstens einigermaßen erträglich leben können, müssen *einige*, womöglich sogar viele, auf Teile ihrer angestammten Privilegien verzichten.

Die *zweite* Implikation weist in dieselbe Richtung. Hier geht es um eine Umschichtung der Sozialausgaben von primär konsumtiven Leistungsbereichen wie Alterssicherung und Gesundheitsversorgung in den investiven Bildungsbereich. Der (im Sinne *Esping-Andersens*) „konservative" deutsche Sozialstaat weist eine erhebliche Schieflage zu Gunsten der erstgenannten, eher vergangenheits- bzw. gegenwartsorientierten Leistungsbereiche und zu Lasten des zukunftsorientierten Bildungswesens auf. So zeigt ein Vergleich von OECD-Staaten, dass Deutschland mit Werten von 9,8 bzw. 10,5 Prozent des Bruttoinlandsprodukts Spitzenpositionen in der Alterssicherung und Gesundheitsversorgung erreicht, dagegen aber mit nur 4,35 Prozent für öffentliche Bildungsausgaben in diesem Bereich allenfalls Mittelmaß ist (vgl. *Merkel* 2001; *Schmidt* 2002). Und innerhalb des Bildungswesens schneidet insbesondere der Primarbereich sehr schlecht ab. Daran ist vor allem zweierlei problematisch. Erstens droht eine solche Schieflage auf Dauer die Konkurrenzfähigkeit der deutschen Wirtschaft zu gefährden, die nicht ausreichend mit qualifiziertem Nachwuchs versorgt wird. Zweitens, und für die hier interessierende Fragestellung genauso wichtig, stellt diese Schieflage ein Gerechtigkeitsproblem dar: Sie begünstigt klar die Älteren gegenüber den Jungen und ebenso klar die Mittel- gegenüber den Unterschichten.

Die Älteren werden begünstigt, weil sie auf Kosten der gegenwärtigen Einkommen Renten beziehen, die für die Jüngeren in dieser Höhe aufgrund der bekannten demographischen Entwicklungen unerreichbar sein werden und die zudem in vielen Fällen das Maß des für eine würdige Lebensführung Nötigen weit überschreiten; an den Gesundheitskosten beanspruchen die Älteren bedürftigkeitsbedingt gleichfalls den Löwenanteil. Die Unterschichten verlieren in beiden Sektoren, insbesondere aber im Rentenbereich, weil die für sie im deutschen System erreichbaren Einkommen attraktive Renten selbst dann in weite Ferne rücken würden, wenn es die erwähnten demographischen Probleme nicht gäbe. Zugleich wird ihre inferiore Stellung in der gesellschaftlichen Hierarchie strukturell fort- und festgeschrieben, weil die zentrale Aufstiegsleiter Bildung ihnen mangels adäquater Ausstattung stärker als anderen Schichten, die von Haus aus bessere Voraussetzungen mitbringen, verschlossen bleibt (dazu *Solga/Wagner* 2001). Mangelnde oder jedenfalls mangelhafte Ausbildung erhöht das Arbeitslosigkeitsrisiko und verweist die Betroffenen zunehmend an den Rand des Beschäftigungssystems, wo sie sich oft genug mit Gelegenheitsjobs herumschlagen müssen; Prekarität ist für sie längst zur Normalität geworden. Dem wäre nur mit deutlich erhöhten Humankapitalinvestitionen beizukommen, die die Marktgängigkeit und damit nicht zuletzt die Chancengleichheit gerade dieser Verlierer verbessern könnten. Wer etwas für die Schechtestgestellten tun will, wird also hier ansetzen müssen – ggf. auf Kosten anderer Leistungsbereiche.

Die *dritte* Implikation ist eine Politik der Deregulierung und der Flexibilisierung des Arbeitsmarkts mit dem Ziel, die Zugangschancen bislang Exkludierter nachhaltig zu verbessern. Wenn richtig ist, dass neue Beschäftigungsgelegenheiten künftig primär im Dienstleistungssektor zu erwarten sind (*Scharpf* 2000), und wenn weiter richtig ist, dass der Produktivitätssteigerung von Dienstleistungstätigkeiten deutlich engere Grenzen gezogen sind als derjenigen im (schrumpfenden) Sektor industrieller Produktion (*Esping-Andersen* 1999, Kap. 6; *Pierson* 2001), dann wird man dem wohl Rechnung tragen müssen, indem man Konditionen zulässt, die eine rentable

Beschäftigung selbst wenig produktiver Arbeitskraft (wieder) erlauben. Also: durch Aufhebung oder wenigstens Lockerung der Allgemeinverbindlichkeit der von den Tarifparteien ausgehandelten Löhne, die zu (jedenfalls für die unteren Qualifikationssegmente) prohibitiven Eingangstarifen führt, einerseits, sowie durch Rückführung eines rechtlich verbürgten Kündigungsschutzes andererseits, der zwar kaum eine Entlassung verhindert (*Schmidt/Hartmann* 1997), dafür aber jede ausgesprochene Kündigung erheblich verteuert und somit selbst in Zeiten des wirtschaftlichen Aufschwungs eine äußerst zurückhaltende Einstellungspolitik nahe legt – vor allem gegenüber potentiell besonders „geschützten" (de facto aber gerade dadurch kompetitiv benachteiligten) Kategorien von Arbeitsuchenden. Die durch solche Maßnahmen erhöhte *Zugangsgleichheit zum* Inklusionsbereich des Arbeitsmarkts wird erkauft durch wachsende *interne Ungleichheit* hinsichtlich Bezahlung, Arbeitsbedingungen, Anforderungsprofilen, Arbeitsplatzsicherheit usw.

Das ist gewiss ein hoher Preis. Gerechtfertigt scheint er gleichwohl, weil es im Rahmen der bestehenden Arrangements für wachsende Teile der Bevölkerung immer schwieriger wird, überhaupt noch einen „Zipfel Erwerbsarbeit"[14] zu erhaschen.[15] Deren Verbannung in die Arbeitslosigkeit ist nicht allein mit Einkommensverlusten verbunden, sondern auch mit massiven Freiheitsverlusten, weil Arbeitslosigkeit, zumal auf längere Sicht, zu einer dramatischen Abnahme der Fähigkeit zu einer selbstbestimmten Lebensführung führt, also zu Dependenz und Unmündigkeit. Und das ist unter Gerechtigkeitsgesichtspunkten *noch* unerträglicher, noch weniger zumutbar als die ohne Zweifel schmerzhafte (Teil-)Erosion hoher Beschäftigungsstandards für diejenigen, die (derzeit noch) relativ gut dastehen.

VI.

Zusammengenommen laufen die genannten Implikationen auf eine weitreichende Neujustierung des Verhältnisses zulässiger sozialer Ungleichheiten einerseits und geforderter sozialer Gleichheiten andererseits hinaus. Bevor abschließend die Frage erörtert wird, was daraus für die Ungleichheitsforschung folgt, soll nun noch einmal kurz das Problem der Bewertung der eingangs erwähnten Entwicklungen im Bereich der Einkommensverteilung an-

---

14 Dieser Begriff, im Kontext der Erklärung wachsender Frauenerwerbstätigkeit, bei *Born* 1987.

15 Und man wird wohl realistischerweise weder davon ausgehen können, dass das Problem sich auf längere Sicht demographisch (aufgrund des allgemeinen Bevölkerungsrückgangs) sozusagen von selbst erledigt noch dass auch bei bestmöglichen Ausbildungsangeboten (für deren Bereitstellung hier geworben wird) alle Erwerbsfähigen Qualifikationen erwerben würden, die es erlaubten, sie zu Arbeits- und Einkommensbedingungen zu beschäftigen, von denen Claus *Offe* (1994b: 799) meint, im internationalen Vergleich nähmen sie sich eindeutig als „de luxe" aus.

geschnitten werden. Betrachtet man diese im Licht von *Merkels* Prioritätenordnung sozialer Gleichheits- und Gerechtigkeitsziele, dann erscheint die Einkommensverteilung Dänemarks in der Tat als gerechter als diejenige der USA mit ihrer weitaus größeren Ungleichheit. Sie tut das aber nicht deshalb, weil eine geringere Einkommensungleichheit *per se* besser wäre als eine größere, sondern weil diese in Dänemark, wie in den skandinavischen Wohlfahrtsstaaten allgemein, nicht zu Lasten anderer, der Einkommensverteilung *vorgeordneter* Gleichheitswerte geht, sondern im Einklang mit ihnen erreicht wird. Denn zumindest im Vergleich mit den USA (wie den angelsächsischen Wohlfahrtsstaaten überhaupt) weist Dänemark (und mit ihm ganz Skandinavien) nicht nur eine deutlich niedrigere Armutsquote auf, sondern auch höhere Bildungsaufwendungen (mit entsprechend besseren Ergebnissen), einen höheren Grad der Arbeitsmarktinklusion (mit entsprechend geringerer Arbeitslosigkeit) und höhere Standards sozialer Sicherheit. Mit anderen Worten: Die skandinavischen Wohlfahrtsstaaten schneiden in *allen* hier berücksichtigten Vergleichsdimensionen besser ab als die USA (und wiederum auch als die angelsächsischen Wohlfahrtsstaaten überhaupt), und *unter diesen Umständen* ist schwer zu sehen, welche Art von *Gerechtigkeits*erwägungen eine höhere Einkommensungleichheit rechtfertigen könnten – irgendwelche Vorteile scheinen die Schlechtestgestellten davon in den USA jedenfalls nicht zu haben. Im Sinne der Gerechtigkeit müssten sie das aber, um diese zu rechtfertigen.

Schwieriger als der Vergleich Skandinavien/USA oder auch Skandinavien/Deutschland fällt indes der Vergleich zwischen Deutschland und den USA – oder zwischen angelsächsischen und kontinentaleuropäischen Wohlfahrtsstaaten[16] – aus. Das liegt daran, dass hier unterhalb des Zentralwerts Armutsvermeidung eine Reihe von positiven und negativen Bilanzwerten in den verschiedenen Ungleichheitsdimensionen miteinander verrechnet werden müssen, die sich einer schlichten mechanischen Aufaddierung entziehen. Nur aufgrund der extrem hohen Armutsquote in den USA, die Mitte der 1990er Jahre bei knapp 19 Prozent lag (*Merkel* 2001: 145) und die, wie man wohl hinzufügen muss, aufgrund des Elends, das Armut dort speziell für die Bewohner innerstädtischer Minoritätenghettos oft bedeutet (vgl. *Wilson* 1987), auch qualitativ (noch) eine andere Bedeutung hat als in großen Teilen Nordwesteuropas, scheint es plausibel, die USA im Gerechtigkeitsranking hinter den kontinentaleuropäischen Wohlfahrtsstaaten zu platzieren. Denn hinsichtlich der nächstniedrigeren Gerechtigkeitsparameter – öffentliche Bildungsinvestitionen und Arbeitsmarktinklusion – schneiden die USA besser ab als Deutschland und schneiden auch die angelsächsischen Länder insgesamt besser ab als die kontinentaleuropäischen. Das Mehr, das die

---

16 Eine Ausnahme mögen hier die Niederlande bilden, die in einer ähnlich angelegten Analyse von *Goodin* et al. (1999) vergleichsweise gut und jedenfalls deutlich besser abschneiden als das deutsche Modell.

kontinentaleuropäischen Wohlfahrtsregimes den Inkludierten an Beschäftigungssicherheit und an Einkommensgleichheit bieten, bezahlen sie mit
größerer Arbeitslosigkeit, vor allem: Langzeitarbeitslosigkeit, und mit einer
erheblich geringeren Erwerbsquote – hier speziell der Frauen, die überdies
durch weitere Besonderheiten des institutionellen Designs der „koordinier-
ten" politischen Ökonomien (*Hall/Soskice* 2001) Kontinentaleuropas benachteiligt sind, insbesondere durch das auf die Vermittlung industriespezi-
fischer Qualifikationen abstellende duale Ausbildungssystem (dazu ausführlich *Estevez-Abe* et al. 2001).

So überzeugend *Merkels* Gerechtigkeitsranking mit Bezug auf die skandinavischen Länder auch scheint – gegenüber seiner klaren Höherbewertung
des deutschen/kontinentaleuropäischen Regimes im Verhältnis zum ame-
rikanischen/angelsächsischen (*Merkel* 2001: 149ff.) erheben sich begründete Einwände, insofern sie sich letztlich allein auf die Vorrangstellung der
Armutsvermeidung stützt. Die scheint zwar ihrerseits durchaus plausibel
hergeleitet, kann aber in der praktischen Betrachtung auch dazu verleiten,
Unterschiede in anderen Wohlfahrtsdimensionen herunterzuspielen, die
durchaus bedeutsam sind und die auch genügend Anlass zum Überdenken
zentraler Elemente kontinentaleuropäischer Wohlfahrtsregimes gäben. Freilich ist *Merkel* sich dessen vollkommen bewusst, so dass der Einwand,
wenn er denn stäche, mehr die Konstruktionslogik seines Modells träfe als
ihn selbst.

VII.

Der Ausgangspunkt der hier vorgestellten Überlegungen war, dass weder
alle Gleichheiten bzw. Ungleichheiten gleichermaßen wichtig sind noch
gleichermaßen angestrebt bzw. behoben werden können, weil zwischen
mehreren Gleichheiten *Zielkonflikte* bestehen und/oder weil aufgrund von
Ressourcenknappheiten *Prioritätensetzungen* unausweichlich sind. Wenn
das grundsätzlich richtig gesehen ist, dann muss man sich Gedanken darüber machen, wie diese Prioritäten adäquaterweise zu setzen sind. Dazu
habe ich, unter Rekurs auf insbesondere *Rawls, Sen* und *Merkel*, einen Vorschlag gemacht. Dem muss man nicht folgen, und da es hier um eine normative Frage geht, lässt sie sich mit den Mitteln der Ungleichheitsforschung
ohnehin nicht abschließend beantworten. Aufgrund des verdeckten Normativismus dieser Forschung, der immer wieder durch ihre Analysen durch-
schimmert, ist das Problem selbst aber dennoch von Belang auch für sie.
Und es scheint an der Zeit, dass sie sich diesem Problem stellt.

Anhand eines Beispiels sei noch einmal erläutert, worin das Problem
überhaupt besteht. Das Beispiel entstammt dem Gesundheitsbereich, und es
beleuchtet einen Aspekt der auch dort bestehenden (und vermutlich zunehmenden) Ungleichheit. Es handelt sich um die Beobachtung eines sozial un-

gleich verteilten Risikos, einen vorzeitigen Tod zu sterben. So konnte in Studien, über die Johannes *Siegrist* (2001: 37) berichtet, nachgewiesen werden, dass das „Erkrankungs- und Sterberisiko an Herzinfarkt in der niedrigsten im Vergleich zur höchsten sozialen Schicht etwa dreimal so hoch ist". Als Hauptursachen dafür macht *Siegrist* zwei Faktoren aus: zum einen gesundheitsschädigendes Verhalten, zum anderen berufliche Gratifikationskrisen aufgrund enttäuschter Lohn-, Aufstiegs- und sonstiger -aspirationen. Beide Phänomene, so *Siegrist*, sind bei Mitgliedern unterer sozialer Schichten überdurchschnittlich stark verbreitet. Und was den ersten Faktor angeht, so lautet seine wenig überraschende Folgerung dann, dass er verstärkte Aufwendungen für die Prävention nahe lege.

Das entspricht gewissermaßen dem Standardrespons eines aus der Haltung der Ungleichheitsforschung formulierten policy-Vorschlags: Man diagnostiziert einen Mangel und fordert mehr Mittel zu dessen Behebung. Es ist aber keineswegs ausgemacht, dass die betreffenden Mittel bestmöglich angelegt wären, führte man sie dem Gesundheitswesen selbst zu. Es gibt nämlich Anzeichen dafür, dass die beste Gesundheitsförderung eine Verbesserung der Allgemeinbildung ist, weil Personen mit höherer Bildung nicht nur dazu neigen, gesundheitsbewusster zu leben, sondern auch selbstbewusster und fordernder gegenüber Ärzten aufzutreten, die ihnen bei Ressourcenknappheit bestimmte Leistungen mit vorgeschobenen medizinischen Begründungen vorenthalten wollen (vgl. z.B. *Aaron/Schwartz* 1984 und *Goodin/Le Grand* 1987). Entsprechendes gilt für das Auftreten gegenüber Vorgesetzten im Beschäftigungssystem, von denen man sich schlecht behandelt fühlt. Wer hier mehr Gleichheit anstrebt, der mag also durchaus plausibel erst einmal auf eine Verbesserung der Bildungsetats dringen und dann vielleicht auch noch auf Umschichtungen innerhalb des Gesundheitsetats.

Es kommt für das obige Argument nicht darauf an, ob dies die „(einzig) richtige" Folgerung ist – darüber mag man begründet unterschiedlicher Auffassung sein. Entscheidend ist vielmehr zweierlei: erstens, dass entsprechende Möglichkeiten überhaupt in Betracht gezogen (und dann ggf. auch wieder verworfen) werden, und zweitens, dass bei (wie immer verdeckt) erhobenen Forderungen nach dem Abbau bestehender Ungleichheiten die Begrenztheit der Mittel, die für solche Zwecke zur Verfügung stehen, stets mitberücksichtigt wird. Darüber hinaus ist (wie die vorangegangene Diskussion ergeben hat), drittens, zu bedenken, dass verschiedene je für sich genommen sämtlich begründbar erscheinende Gleichheiten auch unabhängig von Ressourcenknappheiten (nämlich strukturell) miteinander unverträglich sein können. Das führt dann zwangsläufig zu einer Reflexion von Prioritätskonflikten zwischen unterschiedlichen Gleichheitswerten und zur Notwendigkeit entsprechender (Selbst-)Festlegungen. Will man dazu *irgend* etwas Gehaltvolles sagen, braucht man eine Vorstellung von der relativen Wichtigkeit unterschiedlicher Gleichheitsziele. Und man *müsste* dazu eigentlich etwas sagen *wollen*, weil die moralische Anklage, die sich hinter der Offenlegung vieler Ungleichheiten verbirgt, sich verböte, erwiese sie sich als bloßer Ausdruck gesinnungsethischer Befindlichkeiten.

Es ist mir nicht bekannt, dass die soziologische Ungleichheitsforschung jemals ernsthafte Anstrengungen unternommen hätte, sich dieses Problems systematisch anzunehmen. Woran liegt das? Es liegt vermutlich daran, dass die Ungleichheitsforschung, darin nicht nur den *Luhmann*schen Funktionssystemen, sondern auch vielen anderen wissenschaftlichen Disziplinen und Teildisziplinen ähnlich, zur Überidentifikation mit ihrem Gegenstand und zur Hypostasierung des je diagnostizierten Bezugsproblems neigt. Die Tendenz im Fach geht dahin, laufend „neue" Ungleichheiten zu entdecken und dann „auch noch" für problematisch, also: veränderungsbedürftig zu erklären, ohne darüber nachzudenken, wie sich die Relevanz der betreffenden Ungleichheit in der Gesamtschau, im Verhältnis zu anderen Ungleichheiten und auch zu solchen gesellschaftlichen Anliegen ausnimmt, die quer zur Gleichheits-/Ungleichheitsproblematik liegen. Aber was bei isolierter Betrachtung eines *einzelnen* Bereichs und aus dessen jeweiliger Binnensicht heraus durchaus seine Berechtigung und Plausibilität haben mag, rückt in ein anderes, nämlich differenzierteres Licht, wenn es in den Kontext dieser Weiterungen gestellt wird.

Im Übrigen muss man natürlich – und das kompliziert das Problem nochmals erheblich – die verschiedenen Ungleichheitsbefunde nicht nur ins Verhältnis zu *anderen* Ungleichheiten oder Wohlfahrtsparametern setzen, sondern auch noch den *Maßstab* selbst (neu-)bestimmen, anhand dessen beobachtbare Unter*schiede* überhaupt als (kritikwürdige) Un*gleichheiten* erscheinen (sollen). Denn wenn ein *absolutes* Gleichheitsmaß sich heute, weil „absurd" (Phillips), in vielen Bereichen schlicht verbietet,[17] an welchem normativen Leit- und Gegenwert will man seine Forschungen dann eigentlich *statt dessen* ausrichten? Anders gesagt: Wenn es im sozio-ökonomischen Bereich nicht wirklich um die Alternative Gleichheit *oder* Ungleichheit geht, mit welchen Folgeungleichheiten von als legitim anerkannten Ungleichheiten muss man sich dann wohl oder übel arrangieren? Kann man dann z.B. wirklich (d.h. ohne Selbstbetrug) noch davon ausgehen, alle sollten *exakt* die gleichen Lebenschancen haben? Ich vermute, das wird man realistischerweise kaum machen können, denn wenn man sich einmal *grundsätzlich* auf die Ungleichheitsordnung eines wie immer pazifizierten Kapitalismus eingelassen hat, dann werden in jeder Hinsicht gleiche Lebensbedingungen (und damit auch wieder gleiche Lebenschancen) extrem unwahrscheinlich. Aber das wäre ein Thema für einen eigenen Aufsatz.[18]

---

17 Und dies zumal in den Bereichen, auf welche die Ungleichheitsforschung sich bislang weitgehend konzentriert!

18 Einen Hinweis will ich aber dennoch geben. Gesetzt den Fall, die Realisierung vollständi-

Literatur

Aaron, Henry J./Schwartz, William B. (1984): The Painful Prescription. Rationing Hospital Care, Washington, D.C.: Brookings Institution.

Berger, Peter L. (1987): The Capitalist Revolution. Fifty Propositions About Prosperity, Equality, and Liberty, Aldershot: Gower.

Born, Claudia (1987): Hausfrau oder Berufsfrau – eine auch für Mütter mit kleinen Kindern inadäquate Perspektive? In: Jürgen Friedrichs (Hg.) Technik und sozialer Wandel. 23. Deutscher Soziologentag. Beiträge der Sektions- und Adhoc-Gruppen, Opladen: Westdeutscher Verlag, 86-89.

Bourdieu, Pierre (1982): Die feinen Unterschiede. Kritik der gesellschaftlichen Urteilskraft, Frankfurt: Suhrkamp.

Bourdieu, Pierre/Passeron, Jean-Claude (1971): Die Illusion der Chancengleichheit, Stuttgart: Klett.

Cassidy, John (1997): The Return of Karl Marx, The New Yorker, October 20: 248-259.

Esping-Andersen, Gøsta (1999): Social Foundations of Postindustrial Economies, Oxford: Oxford University Press.

Estevez-Abe, Margarita/Iversen, Torben/Soskice, David (2001): Social Protection and the Formation of Skills: A Reinterpretation of the Welfare State. In: Peter Hall und David Soskice (eds.) Varieties of Capitalism. The Institutional Foundations of Comparative Advantage, Oxford: Oxford University Press, 145-183.

Galbraith, James K. (2002): The Importance of Being Sufficiently Equal. Social Philosophy & Policy 19: 201-224

Goodin, Robert E./Headey, Bruce/Muffels, Ruud/Dirven, Henk-Jan (1999): The Real Worlds of Welfare Capitalism, Cambridge: Cambridge University Press.

Goodin, Robert E./Le Grand, Julien (1987): Not Only the Poor: The Middle Classes and the Welfare State, London: Allen & Unwin.

Hall, Peter/Soskice, David (2001): An Introduction to Varieties of Capitalism. In: dies. (eds.) Varieties of Capitalism. The Institutional Foundations of Comparative Advantage, Oxford: Oxford University Press, 1-68.

Hinsch, Wilfried (1998): Rawls' Differenzprinzip und seine sozialpolitischen Implikationen. In: Siegfried Blasche und Dieter Döring (Hg.) Sozialpolitik und Gerechtigkeit, Frankfurt: Campus, 17-74.

Hradil, Stefan (2001): Soziale Ungleichheit in Deutschland, 8. Auflage, Opladen: Leske + Budrich.

Huster, Ernst-Ullrich (2003): Kinderarmut in Deutschland – Zentrale Ergebnisse der AWO/ISS-Studie ‚Gute Kindheit – Schlechte Kindheit?'. Sozialer Fortschritt 52: 10-17.

Kersting, Wolfgang (2000a): Politik und Recht. Abhandlungen zur politischen Philosophie der Gegenwart und zur neuzeitlichen Rechtsphilosophie, Weilerswist: Velbrück Wissenschaft.

Kersting, Wolfgang (2000b): Politische Solidarität statt Verteilungsgerechtigkeit? Eine Kritik egalitaristischer Sozialstaatsbegründung. In: ders. (Hg.) Politische Philosophie des Sozialstaats, Weilerswist: Velbrück Wissenschaft, 202-265.

---

ger Chancen*gleichheit* erwiese sich definitiv als „illusionär" (*Bourdieu/Passeron* 1971), könnte man immer noch für ein anspruchsvolles (wenngleich gegenüber der im Wortsinn verstandenen Gleichheitsforderung etwas „abgespecktes") Konzept der Chancen*gerechtigkeit* plädieren (vgl. *Meulemann*, in diesem Band, S. 115-136), das darauf abzielt, gerade den Schlechtestgestellten wenigstens echte Chancen im Zugang zu sozial begehrten Gütern und Positionen zu geben – insbesondere wohl wiederum durch das Angebot entsprechender Bildungsmöglichkeiten. Wie man nicht erst seit den PISA-Studien weiß, mangelt es gerade daran in Deutschland besonders eklatant.

Koller, Peter (2003): Soziale Gerechtigkeit – Begriff und Begründung. Erwägen Wissen Ethik 14: 237-250.

Krebs, Angelika (2000) (Hg.): Gleichheit oder Gerechtigkeit. Texte der neuen Egalitarismuskritik, Frankfurt: Suhrkamp.

Kreckel, Reinhard (1992): Politische Soziologie der sozialen Ungleichheit, Frankfurt: Campus.

Kronauer, Martin (1997): ‚Soziale Ausgrenzung' und ‚Underclass': Über neue Formen der gesellschaftlichen Spaltung, Leviathan 25: 28-49.

Leisering, Lutz; Leibfried, Stephan (1999): Time and Poverty in Western Welfare States. United Germany in Perspective, Cambridge: Cambridge University Press.

Meister-Scheufelen, Gisela (2002): Gerechtigkeitsbegriff der sozialen Marktwirtschaft. Sozialer Fortschritt 51: 232-234.

Merkel, Wolfgang (2001): Soziale Gerechtigkeit und die drei Welten des Wohlfahrtskapitalismus. Berliner Journal für Soziologie 11: 135-157.

Miller, Richard W. (2002): Too Much Inequality. Social Philosophy & Policy 19: 275-313.

Offe, Claus (1994a): Moderne 'Barbarei': Der Naturzustand im Kleinformat. Journal für Sozialforschung 34: 229-247.

Offe, Claus (1994b): Vollbeschäftigung? Zur Kritik einer falsch gestellten Frage. Gewerkschaftliche Monatshefte 45: 796-806.

Philipps, Anne (1999): Which Equalities Matter? Cambridge: Polity Press.

Pierson, Paul (2001): Post-Industrial Pressures on the Mature Welfare States. In: ders. (ed.) The New Politics of the Welfare State, Oxford: Oxford University Press, 80-104.

Rawls, John (1971): A Theory of Justice, Cambridge, Mass.: Harvard University Press.

Scharpf, Fritz W. (2000): The Viability of Advanced Welfare States in the International Economy. Vulnerabilities and Options. European Review 8: 399-425.

Schmidt, Manfred G. (2002): Warum Mittelmaß? Deutsche Bildungsausgaben im internationalen Vergleich. Politische Vierteljahresschrift 43: 3-19.

Schmidt, Volker H. (2000): Ungleichheit, Exklusion und Gerechtigkeit. Soziale Welt 51: 383-400.

Schmidt, Volker H. (2003): Die Tücken der Gerechtigkeit. Erwägen Wissen Ethik 14: 298-300.

Schmidt, Volker H./Hartmann, Brigitte K. (1997): Lokale Gerechtigkeit in Deutschland. Studien zur Verteilung von Bildungs-, Arbeits- und Gesundheitsgütern, Opladen: Westdeutscher Verlag.

Solga, Heike/Wagner, Sandra (2001): Paradoxie der Bildungsexpansion. Die doppelte Benachteiligung von Hauptschülern. Zeitschrift für Erziehungswissenschaft 4: 107-127.

Sen, Amartya (1992): Inequality Reexamined, New York: Russell Sage Foundation.

Siegrist, Johannes (2001): Distributive Gerechtigkeit und Gesundheit: eine medizinsoziologische Perspektive. Ethik in der Medizin 13: 33-44.

Wilson, William J. (1987): The Truly Disadvantaged: The Inner City, the Underclass, and Public Policy, Chicago: University of Chicago Press.

Wolff, Edward N. (2002): The Stagnating Fortunes of the Middle Class. Social Philosophy & Policy 19: 55-71.

Yoshihara, Kunio (2000): Asia Per Capita. Why National Incomes Differ in East Asia, London: Curzon Press.

Ungleichheit, welche Ungleichheit?

Wolfgang Ludwig-Mayerhofer[1]

1. Ungleichheit und Ungerechtigkeit – jenseits des Einkommens

In diesem Beitrag möchte ich folgender Frage nachgehen: Wovon sprechen wir, wenn wir auf (möglicherweise als ungerecht empfundene) *Ungleichheiten* verweisen, *welche „Güter"* untersuchen wir hinsichtlich ungleicher Verteilungen, wie lassen sich diese konzeptualisieren? Diese Frage wird zu einer weiteren Frage führen, die ich hier jedoch nur soweit wie nötig ansprechen, jedoch nicht ausführlich erörtern werde: Was sind die „Orte", die gesellschaftlichen *Institutionen*, an denen diese ungleichen Verteilungen produziert und reproduziert werden? Zweifelsohne stehen diese Fragen immer mehr oder weniger deutlich im Raum, wenn über Ungleichheiten gesprochen wird, und dass es keine kurzen, einfachen und eindeutigen Antworten gibt, wird in den meisten Texten zu sozialer Ungleichheit ebenfalls deutlich. Es scheint mir aber wichtig, die Komplexität des Ungleichheitsbegriffes auch und gerade im Kontext des Themas *Gerechtigkeit* anzusprechen, um zu zeigen, wie hier empirische Forschung und theoretische Diskussion weiterentwickelt werden könnten. Ich argumentiere im Folgenden also letztlich mit Blick auf Gerechtigkeitskonzepte, und zwar vorrangig solche, die Gegenstand der *soziologischen Gerechtigkeitsforschung* sind;[2] der Hinweis auf eine Vielfalt von Möglichkeiten, gesellschaftlich angestrebte und (möglicherweise ungleich) verteilte Güter zu konzeptualisieren – Güter, die potenziell zum Gegenstand von Gerechtigkeitsauseinandersetzungen werden können –, ist mir deshalb wichtig, weil sich der Eindruck aufdrängt, dass dieser Vielfalt in der Gerechtigkeitsforschung manchmal eher eindimensionale Argumentationen gegenüberstehen.

Weite Teile derselben beziehen sich nämlich auf ein einziges Gut: auf *Einkommen*. Damit verknüpft ist, dass als Institutionen der Erzeugung von Ungleichheit in erster Linie der Markt und in zweiter Linie der Wohlfahrtsstaat (als Institution der Umverteilung von Markteinkommen) in den Blick geraten. Exemplarisch für die soziologische Gerechtigkeitsforschung sei das *,International Social Justice Project'* genannt. Vorstellungen der Bevölke-

---

1 Ich danke den Herausgebern des Bandes, insbesondere Volker H. *Schmidt*, für hilfreiche Hinweise zur Verbesserung dieses Beitrages.

2 Gelegentlich werfe ich allerdings kleine Seitenblicke in die Gerechtigkeitsdiskurse der Philosophie (zur Spannung zwischen Gerechtigkeitstheorien und soziologischer Gerechtigkeitsforschung siehe *Wegener* 2001). Ich vermute auch, dass manche der hier angestellten Überlegungen für die Philosophie der Gerechtigkeit von Interesse sein könnten (vgl. dazu auch die Beiträge von *Koller* und *Schmidt*, in diesem Band, S. 49-71 und S. 73-92), doch kann ich mir kein definitives Urteil hierüber anmaßen.

rung von Gerechtigkeit werden hier hauptsächlich darüber gemessen, ob
Personen in bestimmten Berufen das Einkommen haben, das von den Befragten als „fair" wahrgenommen wird; ob es fair ist, wenn sich Einkommen
auf Leistung, auf Übernahme von Verantwortung oder auf Bedarf gründet;
ob die Einkommensunterschiede in einem Land zu groß sind oder nicht;
schließlich, ob der Staat in die Einkommensverteilung eingreifen sollte oder
nicht.[3] Aber auch die sozialpolitische Diskussion bezieht sich größtenteils
auf Einkommen, nur dass hier der Staat als Umverteiler bzw. als Institution,
die neben dem Markt potenziell die Aufgabe hat, Personen mit Einkommen
zu versorgen, weitaus mehr in das Zentrum der Aufmerksamkeit rückt
(siehe etwa *Blasche/Döring* 1998; *Döring* et al. 1995).[4]

Soweit ich sehe, gibt es selten eine Begründung für diese Konzentration
auf Einkommen als Zielgröße sowie auf Markt und Staat als dessen zentrale
Distributionsinstanzen. Sicherlich ließen sich solche Begründungen ohne
weiteres finden. Jedenfalls in modernen Geldwirtschaften (und hierauf bezieht sich die Gerechtigkeitsforschung zumeist) ist *Einkommen* eine zentrale
Ressource, mit deren Hilfe zahlreiche andere Güter beschafft werden können. Aktuelle Entwicklungen der (Diskussionen über die) Einkommensverteilung – etwa die sich jedenfalls in einigen Ländern abzeichnende Zunahme der Einkommensungleichheit oder umgekehrt die Behauptung, die Einkommensungleichheit sei immer noch zu gering (wie dies z.B. häufig in
Deutschland mit Bezug auf Arbeitslöhne behauptet wird) – könnten die Dominanz von Einkommen in der Forschung zusätzlich rechtfertigen. Freilich:
Zu solchen aktuellen Fragen hat sich die Gerechtigkeitsforschung noch wenig geäußert. Die Wahl von Einkommen als zentralem Kriterium scheint
eher dem gesellschaftlichen *‚common sense'* von Gerechtigkeitsvorstellungen zu entsprechen. Denn wenn die Gerechtigkeitsforschung auf Einkommen fokussiert und daran Fragen nach Leistungs- versus Bedarfsgerechtigkeit und nach dem Ausmaß staatlicher Eingriffe in die Marktverteilung an-
knüpft, so greift sie genau jene Fragen auf, welche die öffentlichen Diskussionen über Gerechtigkeit dominieren – die „legitimen" Fragen über Gerechtigkeit.[5] Insoweit sich die empirische Gerechtigkeitsforschung als Forschung über die Verbreitung von Gerechtigkeitswahrnehmungen und -vor-

---

3   Die wichtigste Literatur hierzu: *Wegener* 1995; *Liebig/Wegener* 1995; *Jasso* 2000; *Ma-
    son/Kluegel* 2000; *Verwiebe/Wegener* 2000; siehe auch http://www.isjp.de
4   Einige Ausnahmen von der „Einkommensfixierung" in der Gerechtigkeitsdiskussion:
    Schmidt (1995, 2000) über institutionelle Verteilungsregeln, oder *Daniels* (1985, 1995)
    und *Klammer* (1998) über Gesundheit. Insgesamt gehen Diskussionen in der Philosophie
    wie in der Sozialpolitik häufiger über das Einkommen hinaus – doch im Zentrum steht es
    meist auch dort.
5   Nur am Rande sei festgestellt, dass in den aktuellen philosophischen Gerechtigkeitstheor-
    ien Begriffe wie *Leistungs- und Bedarfsgerechtigkeit* allenfalls eine untergeordnete Rolle
    spielen (als Ausnahme siehe etwa *Miller* 1999). Ich beziehe mich in dieser Arbeit aber auf
    die dominanten gesellschaftlichen Diskurse (die, soweit ich sehe, vor allem mit dem
    genannten Begriffspaar operieren – hinzu kommen gegebenenfalls noch Fragen der Chan-
    cengerechtigkeit) und ihren Niederschlag in der empirischen Gerechtigkeitsforschung.

stellungen versteht, ist es nur naheliegend, dass sie sich auf gesellschaftlich legitime Begründungsmuster bezieht.

Ohne Zweifel ist die Erforschung gesellschaftlicher Deutungsmuster und Ideologien ein wichtiger Forschungsgegenstand. Allerdings scheint mir auch die Gefahr zu bestehen, dass die Gerechtigkeitsforschung diese Deutungsmuster zu sehr beim Wort nimmt und sie nicht auf ihre Grenzen und Widersprüchlichkeiten befragt – anders formuliert: Sie als vorhandene Muster aufgreift, statt nach ihrer gesellschaftlichen Genese und ihrer Wirkung zu fragen. Beispielsweise kann man die Auffassung vertreten, dass das Prinzip der Leistungsgerechtigkeit auch eine ideologische Funktion (im klassischen Sinn) hat, indem es suggeriert, Leistung sei ein objektivierbarer, von Bewertungen unabhängiger Begriff und es müsse nur der adäquate Lohn für die Leistung gefunden werden (*Heid* 1994). Ich will mich im folgenden aber den Beschränkungen der Gerechtigkeitsforschung von einer anderen Seite nähern, indem ich aufzuzeigen versuche, dass mit der Konzentration auf Einkommen und die Frage nach seiner (gerechten oder ungerechten) Verteilung andere wichtige Ungleichheiten *vernachlässigt* werden (vgl. *Schmidt*, in diesem Band, S. 73-92) – Ungleichheiten, die sich auch nicht (oder nicht ohne weiteres) unter den Kriterien der Leistungs- oder Bedarfsgerechtigkeit deuten lassen. Zu diesem Zweck zeichne ich einige Argumente nach, die sich mit der Frage befassen, anhand welcher „Güter" – im weitesten Sinn des Wortes – Ungleichheit (oder allgemein: gesellschaftliche Wohlfahrt und ihre Verteilung) gemessen werden könnte oder sollte. Hierbei beziehe ich mich (nach einem kurzen Blick in die Soziologie) vor allem auf Ansätze aus der *Wohlfahrtsökonomie*. Dort wird nämlich die Bedeutung von Einkommen als einziger oder auch nur wichtigster ungleichheitsrelevanter Größe schon seit langem in Frage gestellt; es werden Versuche diskutiert, Einkommen als Indikator für „wichtige Güter" durch andere Kriterien entweder ganz zu ersetzen oder jedenfalls zu ergänzen. Dies stelle ich in Abschnitt 2 dar; im 3. Abschnitt versuche ich, einige mögliche Konsequenzen für die Gerechtigkeitsforschung anzusprechen, und der 4. fasst die Diskussion zusammen.

Meine Ausführungen erheben nicht den Anspruch von Originalität. Vieles von dem, was ich hier anspreche, ist in der Wohlfahrtsökonomie seit langem bekannt bzw. wird dort intensiv diskutiert. Weniger gesehen oder diskutiert wird jedoch die Verbindung zwischen den nachfolgend dargestellten Fragen und der Gerechtigkeitsforschung. Diese herzustellen ist Anliegen meines Beitrages.

2. Güter und ihre Konzeptualisierung

Für die *Soziologie sozialer Ungleichheit* ist die Einsicht, dass Ungleichheiten nicht nur hinsichtlich des Einkommens, sondern auch hinsichtlich anderer Güter ins Auge gefasst werden müssen, keineswegs neu. Stefan *Hradil* etwa gibt in seinem Lehrbuch (Hradil 1999) folgende zusammenfassende Definition: „'Soziale Ungleichheit' liegt dann vor, wenn Menschen aufgrund ihrer Stellung in sozialen Beziehungsgefügen von den ,wertvollen Gütern' einer Gesellschaft regelmäßig mehr als andere erhalten" (S. 26). Hierbei handele sich nicht nur um materiellen Wohlstand, sondern auch um Macht, Prestige, Bildung und schließlich auch Arbeits-, Wohn-, Umwelt- und Freizeitbedingungen. Rainer *Geißler* beschreibt zwar in seinem Buch zur Sozialstruktur Deutschlands (*Geißler* 2002) hauptsächlich Einkommensungleichheiten; aber in dem von ihm herausgegebenen Buch „Soziale Schichtung und Lebenschancen in Deutschland" (*Geißler* 1994) finden sich Analysen der Ungleichheit hinsichtlich Arbeitsbedingungen, politischer Teilhabe, Bildung, (Freiheit von) Strafverfolgung, Gesundheit und Wohlbefinden im Alter.

Auch Lehrbücher aus anderen Ländern teilen die grundlegende Annahme einer Vielzahl potenziell ungleich verteilter Güter. Nur ein Beispiel sei angeführt: Harold *Kerbos* „Social Stratification and Inequality" (*Kerbo* 2000, Kap. 2) beginnt zwar ebenfalls mit Einkommen (und Vermögen), geht aber im weiteren auf Grundbedürfnisse wie z. B. Ernährung oder Gesundheit und schließlich auch Ungleichheiten hinsichtlich Besteuerung oder öffentlich bereitgestellter Güter ein. Zusammenfassend führt Kerbo aus: „... it should now be evident that any material good, condition, or service that people come to value ... may be unequally distributed by or through a stratification system" (S. 44) und betont zuletzt noch Leben (wer wird Opfer von Kriminalität oder stirbt im Krieg?) sowie Status („status or honor, self-esteem or self-evaluations, and social deference"; ebd.) als weitere wichtige Güter.

Die Soziologie scheint also ein klares Bewusstsein davon zu haben, dass Ungleichheit in zahlreichen Aspekten, Dimensionen oder Bereichen betrachtet werden kann und muss. Allerdings ist die Argumentation im allgemeinen ad hoc; es wird mit plausiblen Beispielen gearbeitet, aber keinerlei Versuch gemacht, die verschiedenen Güter zu systematisieren oder ihren Status – etwa als *Ursache* oder *Folge* (oder beides) von Ungleichheit oder als ungleichheitsgenerierende Mechanismen – genauer zu explizieren.[6] Mit

---

6   Am meisten elaboriert ist wahrscheinlich *Kreckels* (1992) Versuch, Dimensionen sozialer Ungleichheit zu ordnen – und weist doch die im Text genannten Schwächen auf: Die von ihm herausgearbeiteten Größen, nämlich materielle Lage, soziale Beziehungen, Wissen und Hierarchie, werden manchmal als Dimensionen, teilweise aber auch als Ressourcen, und schließlich als Prinzipien von Ungleichheit bezeichnet (siehe insbesondere *Kreckel*

anderen Worten: Man findet dort im allgemeinen keine Theorie, anhand derer verschiedene Aspekte von Ungleichheit (inhaltlich oder nach ihrer Wichtigkeit) unterschieden werden können, und im allgemeinen wird weder untersucht, wie die Ungleichheiten hervorgebracht, noch, wie sie gesellschaftlich legitimiert werden. Dadurch sind die soziologischen Befunde m.E. auch für differenzierte gerechtigkeitsbezogene Argumentationen wenig anschlussfähig.

Wenn ich hier auf einem differenzierten Begriff von Ungleichheiten insistiere, könnte man geneigt sein, gar nicht erst den Umweg über die Ungleichheitssoziologie zu gehen, sondern unmittelbar Theorien der Gerechtigkeit zu betrachten – eben solche, die „plurale" Gerechtigkeitskonzeptionen vertreten wie etwa Michael *Walzers* (1992) These verschiedener „Sphären der Gerechtigkeit". Tatsächlich sehe ich eine gewisse Verwandtschaft (allerdings auch nicht mehr als dies) zwischen meinem Argumentationsziel und *Walzers* Konzeption – genauer: seiner differenzierungstheoretischen Argumentation (im Gegensatz zu deren kommunitaristischen Grundlagen, die für meine Argumentation irrelevant sind; vgl. *Koller*, in diesem Band, S. 49-71). *Walzer* geht es vorrangig darum, herauszustellen, dass jedenfalls in modernen Gesellschaften von *„komplexer Gleichheit"* gesprochen werden könne bzw. müsse, weil die Verteilung von Vor- und Nachteilen in einer „Sphäre" sich nicht auf andere Sphären übertragen lasse. *Walzer* sieht dies vor allem normativ: Die „komplexe Gleichheit" kann der Tyrannei entgegenwirken, weil sie Dominanz verhindert (auf diese normative Seite stellt auch *Müller* 1995 ab). *Walzer* formuliert damit jedoch nur eine Einsicht, für die sich aus soziologischer Perspektive auch gute faktische (und theoretische) Gründe geltend machen lassen: Was bei *Walzer* als normatives Postulat formuliert wird, ist nichts anderes als eine *differenzierungstheoretische Sicht* auf Gesellschaft; anders gesagt: Das von *Walzer* postulierte Prinzip ist jedenfalls in modernen Gesellschaften zumindest ansatzweise realisiert: Insofern die gesellschaftlichen Subsysteme von Politik, Wirtschaft, Recht, Kunst, Religion, Technik, Kunst etc. auseinandergetreten sind, ist jedenfalls im großen und ganzen politische Macht bei anderen Personen konzentriert als ökonomische, und wieder jeweils andere Personen dominieren im System der Kunst, des Rechts, der Bildung – und wenn doch solche Macht-

---

1992: 20f. und 62ff.). Wenig hilfreich ist auch, dass materielle und relationale Ungleichheiten (also Ungleichheiten hinsichtlich sozialer Beziehungen) zum einen – qua Ressourcen – als Ursache von Ungleichheiten in anderen Bereichen betrachtet (z. B. hinsichtlich Lebenschancen, ein Begriff, der allerdings nie explizit eingeführt oder präzisiert wird), zum anderen aber auch als Verteilungsresultat thematisiert werden (ebd. S. 80). Das ist sicher nicht per se falsch, doch wird die Unterscheidung zwischen *Ursachen* von Ungleichheiten und von ungleichen *Resultaten* (also Verteilungsergebnissen) zu wenig systematisch ausgeführt.

oder Ressourcenhäufungen auftreten, werden sie in der Regel als gesellschaftliches Problem wahrgenommen.[7]

Wie schon angedeutet, will ich im Folgenden jedoch einen anderen
Weg gehen und versuchen, Diskussionen aus dem Bereich der Wohlfahrtsökonomie aufzugreifen.[8] Ich hoffe zeigen zu können, dass man auf dieser
Grundlage bessere Argumente finden kann, warum es wichtig ist, zwischen
verschiedenen Kriterien sozialer Ungleichheit zu unterscheiden, und dass
man damit auch ein (zumindest grobes) begriffliches Instrumentarium an
der Hand hat, mit dem man verdeutlichen kann, dass die üblichen auf Einkommen fixierten Gerechtigkeitskonzepte einer Erweiterung bedürfen.
Welche Vorschläge finden sich also, Güter (im weitesten Sinn) und ihre Ungleichheiten zu konzeptualisieren?

2.1. Einkommen und andere Ressourcen

Die Messung von Ungleichheit anhand von Einkommen wird in der Literatur unter sogenannte *Ressourcen-Konzepte* subsumiert; hiermit können statt
oder zusätzlich zu Einkommen etwa auch Fähigkeiten, Wissen, Ausdauer
oder soziales Kapital gemeint sein, doch steht das Einkommen meist im
Zentrum der Aufmerksamkeit. Andere Autoren sprechen in diesem Zusammenhang von *indirekter Messung* von Gütern. Beide Bezeichnungen beziehen sich darauf, dass es hier um Güter geht, die nicht um ihrer selbst willen
erworben werden, sondern deshalb, weil man mit ihrer Hilfe jene Güter
oder Dienstleistungen erwerben kann, die unmittelbar die Wohlfahrt von
Menschen bestimmen – was in zugegebenermaßen simplifizierter Weise jene Autoaufkleber oder Plakate verdeutlichen, die uns verkünden, dass man
Geld nicht essen kann (das gleiche gilt natürlich auch für Wissen oder soziales Kapital).

Wie schon im ersten Abschnitt angedeutet, gibt es gute Gründe für eine
ressourcenbasierte Konzeptualisierung von Ungleichheiten. Neben den im
ersten Abschnitt genannten inhaltlichen Gründen für die Thematisierung
von Einkommen ist nicht zuletzt festzuhalten, dass gerade *Einkommen und
Vermögen* (und diese werde ich im folgenden vorrangig diskutieren) jedenfalls im Prinzip einfach zu messen sind, weil es sich ihrer Natur nach um
gut quantifizierbare Größen handelt. Allerdings sollte diese Tatsache – die
sich im übrigen anders darstellt, wenn man an die faktischen Erhebungspro-
bleme denkt[9] – nicht die Nachteile vergessen lassen.

---

7   Einer ähnlichen Programmatik folgt die Idee der „lokalen Gerechtigkeiten" von *Schmidt*
     (2000).
8   Die folgenden Ausführungen verdanken viel den Arbeiten von *Sen* (1985, 1992) sowie
     Ringen (1997).   '
9   *Einkommen* und *Vermögen* gehören zu jenen Angaben, die in sozialwissenschaftlichen
     Umfragen relativ häufig verweigert werden. Außerdem sind Angaben häufig ungenau; so
     zeigen sich nicht unerhebliche Diskrepanzen zwischen Angaben zum gesamten Haus-

Ein *erstes* Problem ist kein prinzipielles, wohl aber ein faktisches Problem – sowohl in der Ungleichheits- als auch in der Gerechtigkeitsforschung. Ich meine die Tatsache, dass schon das Vermögen – als dem Einkommen im Grunde sehr verwandte Ressource – in vielen Analysen eine sehr nachgeordnete Rolle spielt. Ebenso wie die Soziologie ungleich weniger Daten und Analysen zum Vermögen und seiner Verteilung als zum Einkommen bereitstellt (eine neuere Ausnahme: *Hauser/Stein* 2001), wird die Vermögensverteilung auch in der Gerechtigkeitsforschung weitgehend ausgeklammert. Das rührt möglicherweise von einem wichtigen Unterschied zum Einkommen her: *Einkommen* (üblicherweise als Erwerbseinkommen konzipiert) kann mit Blick auf die Frage der Leistungsgerechtigkeit diskutiert werden; es lassen sich aber auch Fragen einer „Miminalausstattung" mit Einkommen (also eines Mindesteinkommens) oder der Bedarfsgerechtigkeit erörtern. Würde man *Vermögen* ins Auge fassen, wären die Grundlagen einer gerechten Verteilung wesentlich schwerer und jedenfalls nicht unter Rekurs auf die genannten Kriterien der Leistungs- und Bedarfsgerechtigkeit zu etablieren.[10]

Ein *zweites* Problem ist grundsätzlicherer Natur und betrifft sowohl Einkommen als auch Vermögen. Wenn ich oben argumentiert habe, dass diese zentrale Ressourcen sind, um jene Güter zu erwerben, die (im Gegensatz zu Einkommen und Vermögen, welche selbst ohne „Gebrauchswert" sind) letztlich menschliche Wohlfahrt ausmachen, so ist das zwar richtig, aber keineswegs vollständig. Denn neben dem Erwerb von Gütern über den Markt findet sich auch in ökonomisch sehr weit entwickelten Gesellschaften noch ein erhebliches Ausmaß der Produktion und Konsumtion von Gütern und Dienstleistungen *im „privaten" Haushalt* (im Übrigen auch in anderen Zusammenschlüssen wie etwa Nachbarschaftshilfen oder Vereinen), also *jenseits* das Marktes und damit auch nicht direkt über Einkommen und Vermögen bestimmbar. Tatsächlich kommt nach Zeitverwendungsstudien die im Haushalt bzw. in der Familie geleistete Arbeit dem *zeitlichen Umfang* nach der Erwerbsarbeit gleich oder übertrifft sie möglicherweise; und wird auch der (errechnete) *Wert* der Haushaltsproduktion als geringer beurteilt – ein Urteil, welches sich auf den Marktwert der betreffenden Tätigkeiten stützt und in dem sich Ungleichheiten verbergen, die unter Gesichtspunkten der Gerechtigkeit höchst interessant wären –, so stellt sie auch in dieser Betrachtung erhebliche Anteile der gesamten „Wirtschaftsleistung" (also des Bruttosozialproduktes plus der nicht marktförmig geleisteten Tätigkeiten) (*Blanke* et al. 1996). Damit sind natürlich nicht nur Grenzen der Messung von Ungleichheit anhand von Einkommen und Vermögen bezeichnet, son-

---

haltseinkommen durch eine Person und Angaben, die nach den einzelnen Einkommens-
quellen differenzieren.

10 Der letzte Abschnitt versucht, die hier und im folgenden artikulierten Probleme zusammenfassend zu diskutieren. Daher deute ich in diesem Abschnitt diesbezügliche Argumente nur an.

dern auch der Fixierung auf Markt und Staat als Orte der Hervorbringung (oder Reduzierung) von Ungleichheit.

Das *dritte* und von vielen Autoren am gravierendsten eingestufte Problem einer Orientierung an Einkommen (oder Vermögen) besteht schließlich darin, dass Fragen der Einkommens*verwendung* ausgeblendet werden: Jemandem, der große Teile seines Einkommens für bestimmte Güter ausgibt, kann es durchaus an anderen – und vielleicht lebensnotwendigen – Gütern mangeln. Allgemeiner gesprochen: Die Tatsache, dass jemand über Ressourcen verfügt, sagt *nichts* darüber aus, ob bzw. in welchem Umfang diese Ressourcen verwertet werden (können). Dies ist aber entscheidend, denn wie ich schon betont habe, entsteht individuelle Wohlfahrt letzten Endes nicht durch Geld an sich, sondern durch Wohnung, Nahrung, Kleidung, Unterhaltungs- und Informationsmedien und viele andere materielle und immaterielle Güter mehr. Auch ein scheinbar ausreichendes Einkommen ist nicht immer gleichbedeutend damit, dass diese Güter tatsächlich zur Verfügung stehen – sei es, weil die Menschen viel Geld für andere Güter ausgeben, sei es, weil die gewünschten Güter nicht oder nicht in ausreichendem Maße bereit gestellt werden. Insgesamt zeigt die Forschung, dass Zusammenhänge zwischen Einkommen und anderen Gütern zwar vorhanden, aber wesentlich schwächer als üblicherweise angenommen sind (einige Nachwiese bei *Krämer* 2000: 102). Erfasst man Ungleichheiten also anhand der Verfügung über konkrete Ge- und Verbrauchsgüter, hat man ein *direkteres* Maß der Lebensumstände, in denen sich Menschen befinden. Tatsächlich sind Vorschläge gemacht worden, solche Aspekte in den Mittelpunkt der Messung von Ungleichheiten zu stellen.

2.2. Konsum, Güterausstattung Lebensstandard

Messungen, die direkt an der Ausstattung von Menschen mit Gütern ansetzen, werden (in Deutschland) manchmal als *Lebenslagenkonzepte* bezeichnet. Mit dem Begriff „Lebenslage" im Sinn von Gerhard *Weisser* ist jedoch mehr und Anspruchsvolleres gemeint (ich komme darauf zurück), so dass es mir angemessener scheint, von *Lebensstandard* zu sprechen. Auch dieser kann in unterschiedlicher Weise gemessen werden. So wird vorgeschlagen, die faktischen Ausgaben von Personen oder Haushalten zu erfassen (*„expenditure approach"*): Wofür geben die Menschen ihr Geld aus? Allerdings vernachlässigt diese Messung die Tatsache, dass auch nicht gekaufte Güter konsumiert werden; daher wäre es im Prinzip sinnvoller, den *tatsächlichen* Konsum von Gütern und Dienstleistungen zu betrachten, also auch den nicht-marktlichen Konsum. Damit sind nicht nur die Güter und Dienstleistungen gemeint, die im Haushalt erzeugt bzw. erbracht oder direkt gegen andere Güter getauscht werden, sondern auch kostenlos abgegebene öffentliche Güter.

Allerdings verweist die Kritik auch darauf, dass Konsum und Güterausstattung alleine nicht ausreichen, wichtige Dimensionen menschlicher Wohlfahrt zu erfassen. Denn auch die Güter, über die eine Person verfügen kann, sagen nicht immer viel darüber aus, welchen *Nutzen* sie davon hat, in welchem Ausmaß also diese Güter konkret zu ihrer Wohlfahrt beitragen. Das verweist auf individuell unterschiedliche *Bedarfe*, die in der soziologischen Ungleichheitsforschung oft vernachlässigt werden. Um eines der manchmal drastischen Beispiele von Amartya *Sen* zu nennen: Ein Einbeiniger kann man mit einem Fahrrad nicht viel anfangen. Allgemeiner gesprochen: Ältere Menschen haben in manchen Hinsichten ganz andere Bedarfe als jüngere, Stadtbewohner andere als Landbewohner, Frauen jedenfalls teilweise andere als Männer, Kranke andere als Gesunde, usw.[11] Das, was Menschen benötigen und was sie anstreben, lässt sich also letztlich weder über Einkommen bzw. allgemein Ressourcen noch über Güter erfassen. Es geht viel mehr darum, einen *„way of life"* (*Ringen* 1997), oder nach *Sen* (1985) eine Reihe von *„functionings"* zu realisieren. Um beim eben verwendeten Beispiel zu bleiben: Entscheidend ist nicht, ob ich ein Fahrrad oder ein Auto habe oder nicht, sondern wichtig ist das, was ich damit erreichen kann: mobil zu sein oder über Transportmöglichkeiten zu verfügen. „Functionings" betreffen einmal elementare Lebensnotwendigkeiten wie ausreichend ernährt zu sein und ein Dach über dem Kopf zu haben, gesund zu sein und nicht vorzeitig zu sterben. Aber ebenso gehören dazu die schon erwähnte Mobilität, Informationsmöglichkeiten, Freundschaft und soziale Beziehungen und schließlich auch Güter wie *Anerkennung* oder die schon von Adam *Smith* im Zusammenhang mit Armut diskutierte Notwendigkeit, in der Öffentlichkeit auftreten zu können, ohne sich wegen seiner ärmlichen Kleidung schämen zu müssen.

2.3. Entfaltungsmöglichkeiten und Lebenschancen

Eine noch allgemeinere, freilich auch noch schwerer zu konkretisierende Konzeptualisierung lässt sich schließlich anhand von Amartya *Sens* (1985, 1992) „Capabilities"-Ansatz erläutern. Zu menschlicher Wohlfahrt gehört nach *Sen* nicht nur, dass die erwähnten „functionings" in irgendeiner Art und Weise befriedigt werden; vielmehr muss dies in einer Art und Weise geschehen, die den Menschen Möglichkeiten der Selbstentfaltung, der Wahl eines Lebensweges gibt. Daher spricht Sen von *„capabilities"* („Entfaltungsmöglichkeiten" nach *Krämer* 2000: 55 oder „Verwirklichungschancen" [so die deutsche Übersetzung in *Sen* 2002]). Ungleichheit ist also auch

---

11 Diese Kritik, dass unterschiedliche Bedarfe zu wenig berücksichtigt werden, betrifft im übrigen auch die Messung von Ungleichheit anhand von Einkommen: Die üblicherweise verwendeten *Äquivalenzskalen* richten sich ausschließlich auf die Haushaltszusammensetzung und das Alter der Personen im Haushalt, andere Aspekte, die Unterschiede in den Bedarfen begründen können, werden nicht berücksichtigt.

daran zu messen, ob den Menschen in ausreichendem Maße Entfaltungsmöglichkeiten zur Verfügung stehen (vgl. *Beer*, in diesem Band, S. 27-47).

Offenkundig weist dieser Begriff Ähnlichkeit mit dem theoretisch breit konzipierten, empirisch allerdings nicht eingelösten Begriff der *Lebenslage* im Sinne von Güterausstattung *und* Handlungsspielräumen auf, wie er von *Neurath* und *Weisser* formuliert wurde,[12] im Übrigen auch mit *Dahrendorfs* (1979) Konzept der *Lebenschancen*. Wie diese Begriffe ist er von einer umfassenden Konkretisierung und Operationalisierung noch weit entfernt.[13] Entscheidend daran ist aber der Verweis auf die gesellschaftliche Konstitution von so konzipierter Ungleichheit: Im Gegensatz zu Ressourcen-Konzepten (die ja, wenn sie etwa – was sie selten genug tun – auf „Bildung" oder „soziales Kapital" abstellen, durchaus als Chancen eröffnend betrachtet werden müssen) geht es hier nicht nur um Eigenschaften von Individuen (das Ausmaß des individuellen Besitzes von Gütern), sondern auch um die *Kontexte*, in denen sie leben – Kontexte hier gemeint als die gesellschaftlich verfügbaren *Opportunitätsstrukturen*. Eine Gesellschaft mit einer guten Ausstattung an Bildungseinrichtungen (oder Krankenhäusern und Ärzten, oder welchen Gütern auch immer) kann diese für eine elitäre Minderheit reservieren und so massenhafte extreme Ungleichheit produzieren. Entscheidend ist also gerade die Vermittlung von „objektiv verfügbaren" Handlungsspielräumen und den Möglichkeiten der Individuen, sie tatsächlich zu nutzen. Hier bestehen freilich die größten Herausforderungen für die Ungleichheitsforschung: Auf der einen Seite verweisen Begriffe wie „Lebenschancen" oder „Entfaltungsmöglichkeiten" über die empirisch realisierte Verteilung von Gütern oder „functionings" hinaus auf *gesellschaftliche Möglichkeiten*; andererseits sind damit nicht nur abstrakte (z.B. rechtlich kodifizierte oder politisch proklamierte, aber faktisch nicht oder schwer realisierbare) Möglichkeiten gemeint, sondern solche, die Individuen auch *faktisch* offen stehen, so dass eine echte Freiheit besteht, von den Möglichkeiten Gebrauch zu machen oder nicht (*Sen* 2002: 13 f.).

Abschließend sei darauf hingewiesen, dass die Diskussion sich gelegentlich auf Güter wie „Zufriedenheit" oder „Glück" erstreckt, die z. B. in der Sozialindikatorenforschung häufig empirisch erhoben werden. In Diskussionen über Gerechtigkeit scheinen mir diese Güter jedoch wenig rele-

---

12 Auf die vielfältigen Verwendungsweisen und Konnotationen des Begriffs „*Lebenslage*" kann hier nicht im Detail eingegangen werden (sie werden näher dargestellt etwa bei *Clemens* 1994 oder *Geissler* 1994). Dem Anspruch nach, wie er von seinen Schöpfern Otto *Neurath* und Gerhard *Weisser* formuliert wurde, soll er allerdings nicht nur die konkrete Ausstattung mit wichtigen Gütern bezeichnen, sondern auf der einen Seite auch Elemente des Wohlbefindens und der Zufriedenheit, auf der anderen Seite Handlungsspielräume umfassen. Während der Aspekt der *Zufriedenheit* in der sog. Sozialindikatorenforschung in Deutschland freilich umfassend operationalisiert wurde (*Glatzer/Berger* 1984; *Zapf/ Habich* 1996), ist der Begriff der *Handlungsspielräume* trotz einiger Versuche der theoretischen Bestimmung (*Weymann* 1989) nicht empirisch umgesetzt worden.

13 *Anderson* (2000) hat gleichfalls diesen Mangel festgestellt und eine erste Systematisierung in gerechtigkeitstheoretischer Absicht entwickelt.

vant. Zwar sind diese Güter mit Sicherheit ungleich verteilt, und dies hat jedenfalls partiell auch gesellschaftliche Ursachen (beispielsweise sinkt die
Lebenszufriedenheit im allgemeinen bei Arbeitslosigkeit). Dementsprechend kann man ihre ungleiche Verteilung durchaus ungerecht finden (was
man im übrigen auch kann, wenn man sie einem „Schicksal" zuschreibt, das
„ungerecht" ist). Aber: Man wird sich keine staatlichen oder anderen Inter-
ventionen wünschen wollen, die anstreben, direkt die Zufriedenheit oder das
Glück von Menschen zu beeinflussen.[14] Zumindest für eine Gerechtigkeitsforschung, die sich für (Um-)Gestaltungs- oder (Um-)Verteilungsmöglich-
keiten interessiert, dürfte daher „Glück" ein nachrangig zu beachtendes Gut
sein.

3. Konsequenzen für Gerechtigkeitsforschung

Was können wir nun aus diesem Durchgang durch verschiedene Konzeptua-
lisierungen von (potenziell und in den meisten Gesellschaften auch faktisch
ungleich verteilten) Gütern lernen? Was könnte daraus für die Gerechtigkeitsforschung folgen? Meine Argumente beziehen sich auf zwei Punkte:
Erstens will ich noch einmal kurz, jetzt aber mit Blick auf Gerechtigkeit
(-sforschung) rekapitulieren, warum eine Beschränkung der Diskussion von
Ungleichheiten auf Einkommen problematisch ist, und darauf aufbauend
zeigen, dass Staat und Markt unzulänglich erfasst werden, wenn man sie auf
ihre Funktion als Institutionen der (Um-)Verteilung von Einkommen reduziert. *Zweitens* möchte ich daran erinnern – was sich ebenfalls im zweiten
Abschnitt schon angedeutet hat – dass auch andere gesellschaftliche Institutionen als Markt und Staat unter Gerechtigkeitsgesichtspunkten thematisiert
werden können und müssen.

3.1. Markt und Staat jenseits des Einkommens

Um nicht missverstanden zu werden, möchte ich zunächst wiederholen,
dass Einkommen trotz der oben skizzierten Einwände keineswegs irrelevant
ist. Im Gegenteil: Gerade aus der Sicht eines an „capabilities" oder Lebenschancen orientierten Ansatzes *kann* Einkommen eine große Bedeutung
haben – jedenfalls in Gesellschaften, in denen die meisten oder jedenfalls
viele relevante Güter am Markt unter Verwendung von Geld gehandelt werden. Allerdings gilt diese Aussage eben nicht generell, sondern nur in Abhängigkeit von *Kontexten*, die Einkommen je nach Situation zu einem mehr
oder weniger aussagekräftigen (weil gesellschaftlich mächtigen) Indikator

---

14 Dieses Argument stammt von *Dahrendorf* (1979). Dort finden sich auch weitere Gründe,
    Zufriedenheit oder Glück als zweitrangig zu betrachten, etwa den „Aspirationsverfall" –
    die Tatsache, dass Menschen sich an ihre Lebensumstände gewöhnen, und seien diese
    noch so schlecht. Siehe auch *Krämer* (2000: 99).

werden lassen.[15] Auch mit Bezug auf marktwirtschaftlich verfasste Gesellschaften lassen sich aus der Diskussion wohlfahrtsökonomischer Überlegungen in Abschnitt 2 Argumente gegen eine alleinige oder vorrangige
Konzentration auf Einkommen erschließen. Folgt man diesen und nimmt
Ungleichverteilungen von Lebenslagen oder – in *Sens* Terminologie – wichtigen „functionings" in den Blick, gelangt man schnell in Bereiche, in denen
die gesellschaftlich gängigen Deutungen von Ungleichheiten ihre Brüchig-
keit zeigen. Am dramatischsten deutlich wird dies vielleicht mit dem Blick
auf das Gut „*Leben*":[16] Es gilt als gesichert, dass die Lebensdauer (im übrigen auch der Gesundheitszustand) von Menschen von ihrer Stellung in der
sozialen Hierarchie bzw. im Beruf abhängt; es wäre interessant, herauszufinden, ob es Menschen gibt, die dies für gerecht halten.[17] Gebricht es der
Gerechtigkeitsforschung möglicherweise an Mut, solche Fragen anzugehen?
Fast möchte man es meinen, denn sie nimmt den Bereich Gesundheit durchaus ins Visier – aber mit der zweifelsohne relevanten, aber doch „weicheren" Frage danach, ob die Menschen es als gerecht wahrnehmen, wenn sich
Wohlhabende eine bessere medizinische Versorgung leisten können. Auf
jeden Fall scheint es mir evident, dass solche Ungleichheiten nicht durch
Leistungs- oder Bedarfsgerechtigkeit gerechtfertigt werden können – es
dürfte schwierig zu argumentieren sein, jemand habe sich ein längeres Leben durch seine Leistung „verdient" (es sei denn, man interpretiert einen ge-
sundheitsförderlichen oder den Verzicht auf einen gesundheitsgefährdenden
Lebensstil als solche, dann handelt es sich aber um eine unmittelbar auf die
eigene Gesundheit und das eigene Leben bezogene Leistung, nicht um die
Leistung am Arbeitsmarkt, für die Familie oder sonstige Dritte), oder, dass
es dem „Bedarf" eines Menschen entspräche, länger oder kürzer (bzw. ge-
sünder oder weniger gesund) zu leben.

---

15   Ein Beispiel für Kontexte, in denen Geld weniger zählte, haben die ehemaligen „realso-
     zialistischen" Länder abgegeben: Nicht nur war Geld aufgrund der Planwirtschaft seiner
     „Signalfunktion" für Nachfrage beraubt, es spielte auch im Alltag eine geringere Rolle für
     den Gütererwerb als in marktwirtschaftlichen Gesellschaften. Denn die Möglichkeiten
     zum Gütererwerb waren auch in erheblichem Ausmaß von der Zugehörigkeit zu Informa-
     tionsnetzwerken abhängig, so dass Geld zwar (für die meisten Personen) eine notwendige,
     aber keine hinreichende Voraussetzung war, gewünschte Güter erwerben zu können (*Sru-
     bar* 1991).
16   Auch wenn ich im Folgenden hauptsächlich Leben und Gesundheit diskutiere, ließen sich
     sicher zahlreiche weitere Beispiele finden – etwa die Fähigkeit zu politischer Beteiligung
     oder die Beherrschung von Lesen und Schreiben („Literacy"). Letztere ist insbesondere
     bei Untersuchungen im Weltmaßstab ein häufig (auch hinsichtlich ihrer Verteilung) un-
     tersuchter Wohlfahrtsindikator
17   Ohne Zweifel gehört es zu den erstaunlichen Leistungen von *Rawls'* (1979) Differenz-
     prinzip, dass es – so scheint er mir jedenfalls – auf alle Arten von Ungleichheiten an-
     wendbar ist: Es wäre zumindest nachvollziehbar, dass Menschen einer Ungleichheit der
     Lebenserwartung (oder allgemein der Gesundheit) zustimmen würden, wenn die Lebens-
     erwartung (bzw. Gesundheit) aller oder vor allem der am schlechtesten Gestellten verbes-
     sert. *Rawls* selbst würde einer so weiten Anwendung seiner Theorie aber vermutlich wi-
     dersprechen (vgl. *Schmidt* 1995: 180; ders. 2000: 81 ff.).

Es kann daher in die Irre führen, wenn das Einkommen als zentraler Ungleichheitsgrund und Lebenslagen als hiervon nur abgeleitet konzipiert werden. Dieser Fehler findet sich übrigens auch in der soziologischen Literatur zu sozialen Ungleichheiten, beispielsweise bei *Hradil*, der von dem „Befund" spricht, „daß Menschen eine um so längere Lebenserwartung haben, je besser ihre Einkommens- und Vermögensverhältnisse sind" (*Hradil* 1999: 252). Sind es wirklich Einkommen und Vermögen selbst, die eine höhere Lebenserwartung hervorbringen? Vermutlich nicht oder allenfalls in engen Grenzen,[18] sondern wohl eher auf der einen Seite Verhaltensweisen von Individuen, die ihrer Gesundheit zu- oder abträglich sind, auf der anderen Seite äußere Lebensbedingungen, denen sie ausgesetzt sind, etwa solche am Arbeitsplatz. Anders gesagt, es geht um *gesellschaftliche Verhältnisse* (dieser Begriff sei hier als Kürzel gestattet zur Bezeichnung detaillierter zu entschlüsselnder Mechanismen der Reproduktion gesellschaftlicher Ungleichheiten), die einerseits bei Personen in bestimmten sozialen Lagen die Disposition zu Verhaltensweisen erzeugen, durch die sie ihre Gesundheit schädigen, und die andererseits den Zugang von Personen zu Arbeitsplätzen derart steuern, dass Menschen aus bestimmten sozialen Gruppen eher belastenden und krank machenden Arbeitsbedingungen ausgesetzt sind (in analoger Weise wäre auch hinsichtlich anderer krankmachender Einflüsse – etwa Verkehrslärm, Schadstoffe oder anderer Umweltbedingungen – zu argumentieren).

Die Schlussfolgerung hieraus ist, dass wir den Markt (speziell den Arbeitsmarkt) und den Staat unter Gesichtspunkten der Ungleichheit nicht zureichend erfassen, wenn wir sie nur mit Blick auf (Um-)Verteilung von Einkommen betrachten. Am Arbeitsmarkt wird nicht einfach Arbeitsleistung gegen Einkommen getauscht, sondern es werden Lebensbedingungen und Lebensstile produziert und reproduziert: Nacht- und Schichtarbeit, Lärm und Schmutz am Arbeitsplatz, lange Anfahrtswege, körperlicher und psychischer Stress und weitgehend fremdbestimmte, durchregulierte Arbeit wirken zum einen direkt als ungünstige und belastende Arbeitsbedingungen und zum anderen können sie auch dem Leben außerhalb der Erwerbsarbeit Restriktionen auferlegen. (Ähnliche Argumente ließen sich für andere Märkte – gegebenenfalls in ihren wechselseitigen Verknüpfungen – finden: Der Wohnungsmarkt etwa vermittelt nicht nur Wohnungen, sondern über die Lage der Wohnung auch den Zugang zu guter oder schlechter Infrastruktur, zu guten oder schlechten Umweltbedingungen oder [in Verbindung mit dem Arbeitsmarkt] zu günstigen oder ungünstigen Verbindungen zwischen Wohnung und Arbeitsplatz.) Ebenso geht die Rolle des Staates weit über eine Agentur der Re-Distribution von Einkommen durch Steuern und

---

18 Genauer gesagt gilt dies, wenn wir annehmen, dass die medizinische Versorgung (welche wahrscheinlich tatsächlich direkt mit dem Einkommen zusammenhängt) entscheidend für Lebenserwartung und Gesundheitszustand ist – eine Annahme, die jedenfalls in Ländern, wo Hungersnöte und Epidemien ausgerottet sind, keineswegs besonders gut gesichert ist.

soziale Sicherung hinaus: Durch Ausmaß und Art der Infrastruktur, die ein
Staat bereitstellt (oder nicht), durch Rechte, die er Bürgern eröffnet (oder
vorenthält), durch Pflichten, die er ihnen auferlegt (oder erlässt), kann er
den Zugang zu Gütern und die Lebenschancen von Menschen in ganz erheblicher Weise beeinflussen und dabei Ungleichheiten verstärken, reproduzieren oder verringern.[19] Auch hier wird ein Doppeltes geleistet: Auf der
einen Seite werden bestimmte Lebensstile ermöglicht – u. U. sogar nahegelegt bzw. erzwungen (etwa im Falle der Militärpflicht) – oder umgekehrt
eingeschränkt oder verhindert, auf der anderen Seite werden auch Bedingungen erzeugt, die unmittelbar (also ohne den „Umweg" über das Handeln
der Menschen) das Leben von Individuen beeinflussen.

Auf dieser Grundlage können wir uns die Implikationen einer weitge-
henden Beschränkung der Gerechtigkeitsforschung auf Einkommen vor Augen führen. Diese scheinen mir darin zu bestehen, dass deren Theoriegebäu-
de zu sehr den gesellschaftlich legitimen Deutungen des marktförmigen
Tausches verhaftet bleibt, die diesen als Tauschrelation „Arbeitsleistung gegen Einkommen" (oder ähnliche Relationen, z.B. „Verantwortung gegen
Einkommen" oder „[Unternehmer-]Risiko gegen Einkommen") betrachten.
Damit wird von der Grundprämisse ausgegangen, dass das Einkommen
(jedenfalls im Großen und Ganzen) „verdient" ist[20] in dem Sinne, dass ein
niedrigeres bzw. höheres Einkommen einer niedrigeren bzw. höheren Leistung (Verantwortung, Risiko) entspricht.[21] Mit anderen Worten: Was eine
Person für ihre Arbeit bekommt, steht – so suggeriert die Betrachtung des
Marktes unter dem Gesichtspunkt der Leistungsgerechtigkeit – in ihrer
eigenen Verantwortung und „gebührt" ihr aufgrund ihrer geringeren oder
größeren Fähigkeiten (vgl. *Neckel* u.a., in diesem Band, S. 137-164).

Wie wir sahen, ist aber der Tausch, der auf Märkten stattfindet, (nicht
nur, aber besonders) im Falle der Arbeitsmarktes um einiges komplexer, als
die einfache Gleichung „Leistung = Verdienst (Einkommen)" nahe legen
möchte. Oder würden wir behaupten wollen, es sei ein Ausdruck von Leistungsgerechtigkeit, dass Personen mit schwacher Marktposition im allgemeinen nicht nur hinsichtlich der Einkommen, sondern auch hinsichtlich der
sonstigen „Erträge" ihrer Arbeit wie Stress usw. benachteiligt sind? Tatsächlich wird hierin wohl eher deutlich, dass am Markt *Macht* eine große
Rolle spielt, dass die Verhandlungspositionen zwischen den beiden Seiten
sehr *asymmetrisch* verteilt sein können. Ich will nicht behaupten, dass diese

---

19   Das war bereits der Tenor des Hinweises auf die „horizontalen Disparitäten" durch *Berg-*
     mann et al. (1969) – von dem sich die Ungleichheitsforschung trotz häufiger Zitierung in-
     haltlich sehr wenig inspirieren lassen hat.

20   Es ist vielleicht kein Zufall, dass in der deutschen Sprache das Arbeitseinkommen auch
     als (Arbeits-)*Verdienst* bezeichnet wird.

21   Das gilt auch dann, wenn die Bedarfsgerechtigkeit als Korrektiv der Leistungsgerechtig-
     keit eingeführt wird – denn auch damit wird das Grundprinzip des Tauschs „Leistung ge-
     gen Einkommen" nicht in seiner immanenten Problematik kritisiert, sondern nur hinsicht-
     lich möglicher problematischer Folgen zu korrigieren versucht.

Asymmetrie stets und durchgängig zu Lasten ein und derselben Seite bestehen muss (das war die Grundannahme von Karl Marx); doch sind Machtasymmetrien ein Aspekt, der durch die Fokussierung auf den Tausch „Leistung gegen Einkommen" vernachlässigt zu werden droht (vgl. *Rössel*, in diesem Band, S. 221-239).

Eine weitere Implikation der Beschränkung auf Einkommen ist darin zu sehen, dass der Tausch „Leistung gegen Einkommen" (aber auch die staatliche Umverteilung von Einkommen, die zwar häufig gleichfalls an [früher erbrachter] Leistung orientiert ist, aber teilweise auch der Gleichung „Bedürftigkeit gegen Einkommen" folgt) von beiden Seiten einer Logik einfacher Intentionalität gehorcht: Leistung auf der einen und (Markt- oder Transfer-)Einkommen auf der anderen Seite lassen sich (jedenfalls im Prinzip und im Rahmen verfügbarer Ressourcen) sofort und unmittelbar durch den Willen der beteiligten Akteure variieren. Hingegen sind die Kausalketten, die eine soziale Position mit Gesundheit oder Lebenserwartung (oder anderen Gütern im Sinne von „functionings") verknüpfen, wesentlich komplexer und im höherem Grade dem intentionalen Handeln von Akteuren *entzogen*. Das heißt jedoch nicht, dass sie nicht Gegenstand von gerechtigkeitsbezogenen Wahrnehmungen und Urteilen werden oder zumindest werden könnten – doch müsste, wie die Diskussion gezeigt hat, deren Untersuchung vermutlich andere als die bisher verwendeten Gerechtigkeitskonzepte heranziehen.

3.2. Jenseits von Markt und Staat

Mehrfach sind wir darauf gestoßen, dass viele Güter weder über den Markt noch über den Staat hergestellt und verteilt werden. Auch hier hat die Gerechtigkeitsforschung bereits einiges geleistet; hinzuweisen ist beispielsweise auf *Liebigs* (1997) Untersuchungen zu Gerechtigkeit in Organisationen. Ich möchte hier eine andere Institution hervorheben, die zwar ebenfalls schon ein gewisses Maß an Aufmerksamkeit erfahren hat, aber vor allem in der Philosophie der Gerechtigkeit (*Okin* 1989; *Krebs* 2002) und weniger in der soziologischen Gerechtigkeitsforschung:[22] die *Familie* bzw. den *Haushaltskontext* als wichtige Instanz der Produktion und (Um-)Verteilung von Wohlfahrt. Die Bedeutung der Familie[23] ist gewiss auch hinsichtlich des

---

22 Im übrigen (jedenfalls in Deutschland) auch nicht in der Soziologie sozialer Ungleichheit. Ausnahmen bestätigen natürlich die Regel: Reinhard *Kreckel* (1992: 212 ff.) ist in Deutschland der einzige unter den etablierten Ungleichheitsforschern, der *geschlechtsspezifischen Ungleichheiten* eine große Bedeutung einräumt und diese zentral mit der privaten Haushaltsführung verknüpft (dazu besonders *Kreckel* 1992: 246 ff.). Die Feststellung, die Gerechtigkeitsphilosophie habe sich mit diesem Thema befasst, gilt übrigens nicht für die „großen" Gerechtigkeitstheorien (also etwa die *Rawls'* oder *Dworkins*); auch diese tendieren eher zu einer Vernachlässigung von Familie und Haushalt.

23 Mit „*Familie*" meine ich alle sozialen Zusammenhänge, die auf „Liebe" und/oder Zuneigung sowie in der Generationenfolge auf leiblichen oder rechtlichen Eltern-/Kindschafts-

Einkommens groß, denn es nehmen keineswegs alle Gesellschaftsmitglieder am Marktgeschehen teil, und viele davon – Kinder oder nicht erwerbstätige Personen, die (noch) keinen Anspruch auf soziale Sicherungsleistungen haben – können nur über die Zugehörigkeit zu privaten Lebenszusammenhängen an Einkommen bzw. an mit Einkommen erworbenen Gütern partizipieren. Und auch diejenigen Familienangehörigen, die am Marktgeschehen teilnehmen, unterhalten untereinander Tausch- und Machtbeziehungen, die unter Gerechtigkeitsgesichtspunkten wichtig sein können. Doch vor allem (das war mein Hauptargument in Abschnitt 2) werden in Familien zahlreiche Güter und Dienstleistungen *produziert*, die nicht auf den Markt, die dort produzierten Güter und die dort erzielten Einkommen zurückgeführt werden können.

Keineswegs werden Familien (und familienähnliche Sozialzusammenhänge) in der Ungleichheitsforschung übersehen – aber sie werden häufig unzulänglich konzeptualisiert. So ist es in der Armutsforschung üblich, Einkommen (und auch andere Güter) auf der Haushaltsebene zu messen. Allerdings wird der Haushalt stets als ein Verbund von *Gleichen oder Gleichberechtigten* gesehen: Wenn z.B. Pro-Kopf- oder Äquivalenzeinkommen berechnet werden, wird *unterstellt* – jedoch nicht empirisch untersucht –, dass das Haushaltseinkommen faktisch gleich oder nach den Regeln der Äquivalenzgewichte verteilt wird. Ähnlich verhält es sich bei anderen Gütern: Wenn – ein beliebter Wohlfahrtsindikator – die Zahl der Zimmer berechnet wird, die pro Person im Haushalt zur Verfügung stehen, so ist auch dies ein reines statistisches Artefakt, das nichts darüber aussagt, welchen Personen wie viel des vorhandenen Wohnraums tatsächlich zur Verfügung steht.

Mindestens drei Aspekte lassen sich benennen, hinsichtlich derer Familien ungleichheitsrelevant sein und damit Gegenstand von Gerechtigkeitserörterungen werden können. *Erstens* wäre, wie im vorhergehenden Absatz schon impliziert, die Familie als Ort zu untersuchen, an dem unmittelbar Güter (gleich oder ungleich) verteilt werden können; und das betrifft nicht nur die unterschiedliche Belastung durch Haus- und Familienarbeit (also: die ungleiche zeitliche Belastung von Frauen und Männern und ungleiche Anerkennung ihrer Arbeit), sondern kann auch für Einkommen und konkrete Güter des täglichen Lebensbedarfs gelten (*Ludwig-Mayerhofer* 1995; *Krämer* 2000: 95 f.). *Zweitens* spricht vieles dafür, dass die Ungleichheiten innerhalb der Familie auch mit Ungleichheiten in anderen Sphären zusammenhängen; so wird die nach wie vor dominant praktizierte gesellschaftliche Zuweisung der Sphäre „Familien- und Hausarbeit" an die Frauen als

---

verhältnissen beruhen, also auch nichteheliche Lebensgemeinschaften. Es kommt also nicht nur auf das zivilrechtliche Verhältnis als (Ehe-)Partner an, sondern vor allem darauf, dass die Normen, nach denen Güter (im weitesten Sinne) verteilt werden, nur in geringem Ausmaß rechtlich einklagbar sind und vor allem schon die Idee des förmlichen Einklagens in Widerspruch zu der Grundnorm „Liebe" steht.

wichtiger Grund dafür gesehen, dass sie im Erwerbsleben in vieler Hinsicht (Einkommen, Aufstiegschancen) benachteiligt sind. Und *drittens* reproduzieren Familien über die interne Weitergabe von Gütern innerhalb der Generationen und vor allem in der Generationenfolge auch Ungleichheiten zwischen Individuen aus unterschiedlichen Familien – mit anderen Worten: die Zugehörigkeit zu dieser (und nicht einer anderen) Familie ist ein entscheidender Mechanismus der Erzeugung von Ungleichheit, bekanntlich nicht nur durch die Übertragung von Vermögen i. e. S., also von Geld- oder anderem Kapital, sondern auch durch Weitergabe von anderen, namentlich von Bildungsressourcen (*Bourdieu/Passeron* 1971).

Wenn die soziologische Gerechtigkeitsforschung die Familie weitgehend unbeachtet lässt, so entspricht dies gesellschaftlichen Deutungen, die die Familie als einen Ort der Privatheit (in welchen sich Dritte nicht einmischen sollen) und der wechselseitigen Liebe oder des Altruismus (der nicht nach Gerechtigkeit fragt) konzipieren.[24] Doch sollte eine soziologische Gerechtigkeitsforschung sich nicht an solche Vorgaben gebunden fühlen, sondern sie vielmehr zum Gegenstand ihrer Forschung machen. Ich möchte dies nur an einem Beispiel verdeutlichen, dem Vermögen. Es scheint mir offenkundig, dass dessen Ungleichverteilung häufig nicht durch das Konzept der Leistungsgerechtigkeit gerechtfertigt werden kann (selbst wenn man die im Rahmen dieser Arbeit erörterten Vorbehalte gegen dieses Konzept nicht teilt) – nämlich soweit Vermögen auf dem Wege des Erbes weitergegeben und nicht aus eigenem Einkommen akkumuliert wird. Verschiedene Autoren argumentieren nun, dass man auf der Grundlage des Konzepts der *Chancengleichheit* (die in vielen, wenn auch keineswegs allen Gerechtigkeitstheorien und auch im öffentlichen Diskurs eine wichtige Rolle spielt, weil erst auf ihrer Grundlage Ungleichheiten legitimiert werden können) zu der Forderung gelangen muss, Erbschaften seien deutlich höher als bisher üblich zu besteuern (*Giddens* 2001: 114; *Szydlik* 2002).[25] Doch scheinen Vorstellungen einer drastischen Besteuerung von Erbschaften (so drastisch, dass wirkliche Chancengleichheit im Sinne der Gleichheit von Ausgangspositionen herbeigeführt würde) bei vielen Menschen auf Ablehnung zu stoßen,[26] und dies dürfte nicht zuletzt auf die Vorstellung zurückzufüh-

---

24 Vielleicht ist dies der Grund, dass Gerechtigkeitsvorstellungen in Paarbeziehungen eher in der Psychologie thematisiert werden (z.B. *Grau* 1997), allerdings meist in deskriptiver Manier und dem disziplinären Zuschnitt entsprechend mehr mit Blick auf die individuelle Perspektive der Partner als auf gesellschaftliche Kontexte.

25 Selbstverständlich gibt es auch völlig konträre Auffassungen, etwa in der Gerechtigkeitstheorie *Nozicks* (1976), nach der jegliche Besteuerung von legal erworbenem Einkommen (und dazu gehören auch Schenkungen) einen unvertretbaren Eingriff in legitime Rechte darstellt.

26 Gute sozialwissenschaftliche Daten scheinen dazu nicht zu existieren. Laut http://www.verdi.de/0x0ac80f2b_0x00029672 ergab eine ARD-Umfrage vom September (vermutlich: des Jahres 2002), dass 63 Prozent der Bevölkerung eine Erhöhung der Erbschaftssteuer begrüßen würden. Genauere Angaben zu Frageformulierung und Erhebungsdesign waren jedoch nicht ausfindig zu machen. Dass es sich um eine mit großem

ren sein, dass die Beziehungen innerhalb der Familie und damit auch die Weitergabe von Gütern innerhalb ihrer einen besonderen Schutz vor gesellschaftlichen Eingriffen genießen sollten. Die Besonderheiten dieser Sphäre und der hier vorherrschenden Gerechtigkeitskonzepte herauszuarbeiten, wäre eine weitere wichtige Aufgabe für eine Gerechtigkeitsforschung, die nicht einfach gesellschaftlich legitime Deutungsmuster übernimmt, sondern sie kritisch hinterfragt.

4. Zusammenfassung

Ich habe in meinen Ausführungen zu zeigen versucht, dass eine soziologische Gerechtigkeitsforschung zu kurz greift, die sich auf Fragen des Einkommens, seiner Verteilung durch Markt und Staat und die damit einhergehenden Normen der Leistungs- und Bedarfsgerechtigkeit beschränkt. Damit will ich keinesfalls behaupten, dass sie ihren Gegenstand verfehlt; niemand wird bestreiten, dass diese Fragen wichtig sind. Doch scheint es mir erforderlich, die Fragestellungen der Gerechtigkeitsforschung zu erweitern. Ich habe versucht, auf zwei Ebenen für eine solche Erweiterung zu argumentieren.

Erstens scheint es mir notwendig, Ungleichheiten *jenseits des Einkommens* zu betrachten. Solche Ungleichheiten – nämlich Ungleichheiten hinsichtlich konkreter Lebenslagen oder „functionings" – müssen aus inhaltlichen Gründen als von Einkommensungleichheiten verschieden betrachtet werden. Denn wie ich zu zeigen versucht habe, können sie nicht einfach mit diesen gleich gesetzt oder auf sie zurückgeführt werden, sondern bestehen aus anderen Gründen – Gründen, die mit der Funktion von Märkten und von staatlicher Infrastruktur zu tun haben, den Menschen über eine komplexe, transintentionale Tauschbeziehung bestimmte Lebensweisen abzuverlangen oder aufzuzwingen und sie bestimmten Umweltbedingungen auszusetzen. Ferner müssen solche Ungleichheiten hinsichtlich möglicher Gerechtigkeitskriterien anders konzipiert werden als Einkommensungleichheiten, denn sie lassen sich nicht einfach auf den Tausch „Leistung vs. Einkommen" zurückführen. Vielmehr haben sie damit zu tun, dass Individuen sich im Rahmen dieses (für sie notwendigen) Tausches auf Verhältnisse einlassen müssen, die durch Machtasymmetrien und institutionelle Ordnungen gekennzeichnet sind, denen sie Folge leisten müssen.

Zweitens habe ich versucht zu verdeutlichen, dass es gesellschaftliche Institutionen *jenseits des Marktes und des Staates* gibt, die ebenfalls unter Gerechtigkeitsaspekten thematisiert werden können (und müssen), obwohl – bzw. gerade weil – gesellschaftliche Deutungsmuster gebieten, Fragen der Gerechtigkeit hier außen vor zu lassen. Familien (oder familienähnliche Zu-

---

Nachdruck vorgetragene Forderung handelt ist jedoch unwahrscheinlich – denn sonst würden die immer wieder vorgetragenen Forderungen gesellschaftlicher Gruppen (etwa: Jusos, ver.di) nach einer Erbschaftssteuererhöhung wohl zügiger verwirklicht.

sammenhänge) scheinen der paradigmatische Fall einer solchen Institution, weil ihre Bedeutung für die Wohlfahrt von Individuen (entgegen der Behauptung vom Verschwinden der Familie) nach wie vor enorm ist, wie ich hier mit Blick auf intra- und interfamiliale Ungleichheiten gezeigt habe.

Eine Gerechtigkeitsforschung, die mehr erreichen möchte, als die Verteilung gesellschaftlich legitimer, also den herrschenden Diskursen entsprechender Deutungen von Gerechtigkeit zu ermitteln, die es sich auch zur Aufgabe macht, Ungleichheiten zu thematisieren, die sich nicht im Sinne der legitimen Gerechtigkeitskonzepte deuten lassen, hätte hier einige wichtige Forschungsaufgaben.

112   *Wolfgang Ludwig-Mayerhofer*

Literatur

Anderson, Elizabeth S. (2000): Warum eigentlich Gleichheit? In: Angelika Krebs (Hg.):
    Gleichheit oder Gerechtigkeit. Texte der neuen Egalitarismuskritik. Frankfurt a. M.:
    Suhrkamp, S. 117-171.
Bergmann, Joachim/Brandt, Gerhard/Körber, Klaus/Mohl, Ernst Theodor/Offe, Claus (1969):
    Herrschaft, Klassenverhältnis und Schichtung. In: Theodor W. Adorno (Hg.): Spätkapi-
    talismus oder Industriegesellschaft? Verhandlungen des 16. Deutschen Soziologentages.
    Stuttgart: Enke, S. 67-87.
Blanke, Karen/Ehling, Manfred/Schwarz, Norbert (1996): Zeit im Blickfeld. Ergebnisse einer
    repräsentativen Zeitbudgeterhebung. Stuttgart, Berlin, Köln: W. Kohlhammer.
Blasche, Siegfried/Döring, Diether (Hg.) (1998): Sozialpolitik und Gerechtigkeit. Frankfurt/
    New York: Campus.
Bourdieu, Pierre/Passeron, Jean-Claude (1971): Die Illusion der Chancengleichheit. Stuttgart:
    Klett.
Clemens, Wolfgang (1994): „Lebenslage" als Konzept sozialer Ungleichheit – Zur Thematisie-
    rung sozialer Differenzierung in Soziologie, Sozialpolitik und Sozialarbeit, Zeitschrift für
    Sozialreform, 40: 141-165.
Dahrendorf, Ralf (1979): Lebenschancen. Frankfurt a. M.: Suhrkamp.
Daniels, Norman (1985): Just Health Care. Cambridge: Cambridge University Press.
Daniels, Norman (1995): Seeking Fair Treatment. From the AIDS Epidemic to National Health
    Care Reform. New York, Oxford: Oxford University Press.
Döring, Diether/Nullmeier, Frank/Pioch, Roswitha/Vobruba, Georg (1995): Gerechtigkeit im
    Wohlfahrtsstaat. Marburg: Schüren.
Geissler, Birgit (1994): Klasse, Schicht oder Lebenslage? Was leisten diese Begriffe bei der
    Analyse der ‚neuen' sozialen Ungleichheiten? Leviathan, 22: 541-559.
Geißler, Rainer (Hg.) (1994): Soziale Schichtung und Lebenschancen in Deutschland.
    Stuttgart: Enke.
Geißler, Rainer (2002): Die Sozialstruktur Deutschlands. Wiesbaden: Westdeutscher Verlag.
Giddens, Anthony (2001): Die Frage der sozialen Ungleichheit. Frankfurt a. M.: Suhrkamp.
Glatzer, Wolfgang/Berger, Regina (Hg.) (1984): Lebensqualität in der Bundesrepublik: Objek-
    tive Lebensbedingungen und subjektives Wohlbefinden. Frankfurt/New York: Campus.
Grau, Ina (1997): Equity in der Partnerschaft. Meßprobleme und Ursachen für Ungerechtigkeit.
    In: Erich H. Witte (Hg.): Sozialpsychologie der Paarbeziehungen. Lengerich: Pabst, S.
    92-113.
Hauser, Richard/Stein, Holger (2001): Die Vermögensverteilung im vereinigten Deutschland.
    Frankfurt/New York: Campus.
Heid, Helmut (1994): Funktion und Tauglichkeit herrschender Prinzipien zur Gewährleistung
    sozialer Verteilungsgerechtigkeit. In: Leo Montada (Hg.): Arbeitslosigkeit und soziale
    Gerechtigkeit. Frankfurt/New York: Campus, S. 34-52.
Hradil, Stefan (1999): Soziale Ungleichheit in Deutschland. Opladen: Leske + Budrich.
Jasso, Guillermina (2000): Trends in the Experience of Injustice: Justice Indexes About
    Earnings in Six Societies, 1991-1996, Social Justice Research 13: 101-21.
Kerbo, Harold R. (2000): Social Stratification and Inequality. Class Conflict in Historical,
    Comparative, and Global Perspective. Boston: McGraw-Hill.
Klammer, Ute (1998): Gerechtigkeit in der Gesundheitsversorgung – von der Verfehlung des
    Ziels zur Auflösung der Zielvorstellung. In: Siegfried Blasche/Diether Döring (Hg.):
    Sozialpolitik und Gerechtigkeit. Frankfurt/New York: Campus, S. 258-313.
Krämer, Walter (2000): Armut in der Bundesrepublik. Zur Theorie und Praxis eines über-
    forderten Begriffs. Frankfurt/New York: Campus.
Krebs, Angelika (2002): Arbeit und Liebe. Die philosophischen Grundlagen sozialer Gerech-
    tigkeit. Frankfurt a. M.: Suhrkamp.

Kreckel, Reinhard (1992): Politische Soziologie der sozialen Ungleichheit. Frankfurt/New York: Campus.

Liebig, Stefan (1997): Soziale Gerechtigkeitsforschung und Gerechtigkeit in Unternehmen. München, Mering: Rainer Hampp.

Liebig, Stefan/Wegener, Bernd (1995): Primäre und sekundäre Ideologien. Ein Vergleich von Gerechtigkeitsvorstellungen in Deutschland und den USA. In: Hans-Peter Müller/Bernd Wegener (Hg.): Soziale Ungleichheit und soziale Gerechtigkeit. Opladen: Leske + Budrich, S. 265-293.

Ludwig-Mayerhofer, Wolfgang (1995): Familiale Vermittlung sozialer Ungleichheit. Vernachlässigte Probleme in alter und neuer Ungleichheitsforschung. In: Peter A. Berger/Peter Sopp (Hg.): Sozialstruktur und Lebenslauf. Opladen: Leske + Budrich, S. 155-177.

Mason, David S. /Kluegel, James R. (Hg.) (2000): Marketing Democracy: Changing Opinion About Inequality and Politics in East Central Europe. Lanham, MD: Rowman and Littlefield.

Miller, David (1999): Principles of Social Justice. Cambridge, MA, London: Harvard University Press.

Müller, Hans-Peter (1995): Soziale Differenzierung und soziale Gerechtigkeit. Ein Vergleich von Max Weber und Michael Walzer. In: Hans-Peter Müller/Bernd Wegener (Hg.): Soziale Ungleichheit und soziale Gerechtigkeit. Opladen: Leske + Budrich, S. 135-155.

Nozick, Robert (1976): Anarchie, Staat, Utopia. München: Moderne Verlagsgesellschaft.

Okin, Susan Moller (1989): Justice, Gender, and the Family. New York: Basic Books.

Rawls, John (1979): Eine Theorie der Gerechtigkeit. Frankfurt a. M.: Suhrkamp.

Ringen, Stein (1997): Citizens, families, and reform. Oxford: Clarendon Press.

Schmidt, Volker, H. (1995): Soziologische Gerechtigkeitsanalyse als empirische Institutionenanalyse. In: Hans-Peter Müller/Bernd Wegener (Hg.): Soziale Ungleichheit und soziale Gerechtigkeit. Opladen: Leske + Budrich, S. 173-194.

Schmidt, Volker H. (2000): Bedingte Gerechtigkeit. Soziologische Analysen und philosophische Theorien. Frankfurt/New York: Campus.

Sen, Amartya (1985): Commodities and Capabilities. Amsterdam: North-Holland.

Sen, Amartya (1992): Inequality Reexamined. Cambridge, MA: Harvard University Press.

Sen, Amartya (2002): Ökonomie für den Menschen. München: dtv.

Srubar, Ilja (1991): War der reale Sozialismus modern? Versuch einer strukturellen Bestimmung, Kölner Zeitschrift für Soziologie und Sozialpsychologie, 43: 413-431.

Szydlik, Marc (2002): Nicht weit vom Stamm – Die Solidarität zwischen Alten und Jungen ist intakt. Das hat Konsequenzen für die Sozialpolitik. In: DIE ZEIT, 57, 27: 9.

Verwiebe, Roland/Wegener, Bernd (2000): Social Inequality and the Perceived Justice Gap, Social Justice Research, 13: 123-149.

Walzer, Michael (1992): Sphären der Gerechtigkeit. Frankfurt/New York: Campus.

Wegener, Bernd (1995): Gerechtigkeitstheorie und empirische Gerechtigkeitsforschung. In: Hans-Peter Müller/Bernd Wegener (Hg.): Soziale Ungleichheit und soziale Gerechtigkeit. Opladen: Leske + Budrich, S. 195-218.

Wegener, Bernd (2001): Anmerkungen zum Verhältnis von normativer und empirischer Gerechtigkeitsforschung. In: Jutta Allmendinger (Hg.): Gute Gesellschaft? Verhandlungen des 30. Kongresses der Deutschen Gesellschaft für Soziologie in Köln 2000. Opladen: Leske + Budrich, S. 879-904.

Weymann, Ansgar (Hg.) (1989): Handlungsspielräume. Untersuchungen zur Individualisierung und Institutionalisierung von Lebensläufen in der Moderne. Stuttgart: Enke.

Zapf, Wolfgang/Habich, Roland (Hg.) (1996): Wohlfahrtsentwicklung im vereinten Deutschland. Sozialstruktur, sozialer Wandel und Lebensqualität. Berlin: edition sigma.

Sozialstruktur, soziale Ungleichheit und die Bewertung der ungleichen Verteilung von Ressourcen

Heiner Meulemann

1. Soziale Ungleichheit und Sozialstruktur

1.1. Distributiver und relationaler Strukturbegriff

Im sozialen Alltag spricht man ganz selbstverständlich von der Einkommensstruktur einer Gemeinde, der Altersstruktur einer Belegschaft oder der Erwerbsstruktur einer Bevölkerung. „Struktur" meint hier die Verteilung individueller Merkmale in einem sozialen Aggregat. Auch die Soziologie gebraucht den Begriff „Sozialstruktur" zunächst im gleichen Sinne wie die Alltagssprache, nämlich im Sinne einer Verteilung. Der *distributive Strukturbegriff* erfordert, dass man ein Aggregat wählt und die Ausprägungen eines Merkmals seiner Elemente festlegt. Aber welche Merkmale von Personen definieren die Sozialstruktur?

„Unter Sozialstruktur verstehen wir (1) die demographische Grundgliederung der Bevölkerung, (2) die Verteilung zentraler Ressourcen wie Bildung, Einkommen und Beruf, die Gliederung nach (3) Klassen und Schichten, (4) Sozialmilieus und Lebensstilen, aber auch (5) die sozialen Prägungen des Lebenslaufs in der Abfolge der Generationen" (Zapf 1989: 101; Zählung hinzugefügt). Diese Definition zählt auf, welche Merkmale von Personen die Sozialstruktur bilden; aber sie gibt kein Kriterium an, warum sie dazugehören. Offenbar geht der distributive Strukturbegriff zusammen mit einer *enumerativen*, aufzählenden Definition der Merkmale, nach denen sich die Personen in der Sozialstruktur verteilen.

Aber der Gegenstand der Soziologie ist nicht die Verteilung von Merkmalen auf Personen, sondern das auf andere Menschen orientierte, also *soziale Handeln* (vgl. *Nollmann*, in diesem Band S. 191-220). Merkmale sind Indikatoren für soziale Beziehungen, sie reduzieren eine *zwei*stellige Relation auf eine *ein*stellige Eigenschaft – z.B. indiziert der Familienstatus Verpflichtungen zwischen Generationen und Geschlechtern und der Familienstatus „Vater" reduziert die Verpflichtungen für das Kind auf eine Eigenschaft der Person. Diese indizierende Reduktion ist aber nur möglich für bürokratisch verwaltete Beziehungen, die mit eindeutig definierten Positionen und von allen Seiten geteilten Erwartungen verbunden sind. Der distributive Sozialstrukturbegriff wird daher auf Kategorien von „relativer Dauerhaftigkeit" (Fürstenberg 1966) eingeschränkt – wie Familien- und Erwerbsstatus. Dafür sprechen gewichtige praktische Gründe: Staatlich verfasste Nationalgesellschaften sind mit Hilfe bürokratischer Registraturen in der Lage, sich selbst zu messen und zu steuern. Aber dafür gibt es keine theoretische Begründung. Warum sollten sich Sozialstrukturen nicht auch aus revidierbaren oder flüchtigen Beziehungen – von der Freundschaft bis zur Kneipenbekanntschaft – bilden?

Dem Gegenstand der Soziologie entspricht also nicht der distributive, sondern der *relationale Strukturbegriff,* der jede Beziehung zwischen Menschen als Grundlage einer Sozialstruktur zulässt. Soziale Beziehungen definieren sich nicht durch Inhalte, sondern durch ihre formale Qualität: Eine Struktur ist die Summe der Beziehungen zwischen Elementen, eine Sozialstruktur die *Summe der Beziehungen zwischen Menschen.* Eine Sozialstruktur ist nur Struktur, sie hat nichts spezifisch „Soziales" an sich. Erst die bürokratische Registratur nationalstaatlich verfasster Gesellschaften reduziert Beziehungen auf indizierende Merkmale und grenzt den Begriff der Sozialstruktur auf „relativ dauerhafte" Merkmale ein. Aber das ist eine pragmatisch und nicht analytisch motivierte Eingrenzung; deshalb verwundert es nicht, dass der distributive Strukturbegriff nur enumerativ definiert wird.

1.2. Distributiver Strukturbegriff und soziale Ungleichheit

Im sozialen Alltag und in der Soziologie sprechen wir von sozialer Ungleichheit zunächst im gleichen Sinne wie von Sozialstruktur: Mit der „Ungleichheit der Einkommen" in einer Gemeinde ist die Verteilung der Einkommen auf die Mitglieder gemeint – also die „Einkommensstruktur" der Gemeinde. Der Begriff der sozialen Ungleichheit ist also mit dem Begriff der Sozialstruktur insofern *deckungsgleich,* als er sich auf die Verteilung von Personenmerkmalen bezieht, die in die enumerative Definition der distributiven Sozialstruktur eingehen. Soweit ist soziale Ungleichheit die statistische Verteilung sozialstruktureller Merkmale.

Aber der Begriff soziale Ungleichheit bringt eine neue Konnotation in die Sozialstrukturanalyse: die *Bewertung* statistischer Verteilungen als Verstoß gegen den Wert der Gleichheit. Sie wirft zwei Fragen auf. *Erstens*: In welchem Sinne ist Gleichheit Maßstab für ungleiche Verteilungen? *Zweitens*: Welche der sozialstrukturellen Merkmale können unter dem Wert der Gleichheit bewertet werden?

2. Gleichheit

Gleichheit bedeutet in den Verfassungen moderner Industriegesellschaften zunächst die Gleichbehandlung der Bürger durch den Staat (*Boldt* 1990: 77. Sie schließt aus, dass Gerichte und Behörden bei Entscheidungen über Bürger sachfremde Merkmale berücksichtigen, und verpflichtet die Legislative und Exekutive zum Universalismus; an die Stelle differenzierender, ständischer Kriterien tritt die allen gemeinsame „Staatsbürgerrolle" (*Dahrendorf*

1968: 82-91).[1] Gleichbehandlung ist eine Norm für den Staat und nicht für die Bürger, für den Agenten und nicht für den Rezipienten politischen Handelns; sie bezieht sich auf Handlungen und nicht auf Verteilungen. Aber man kann das Gebot der Gleichbehandlung von den Agenten auf die Rezipienten ausweiten: Wenn gilt, dass Gerichte oder Behörden niemanden bevorzugen oder benachteiligen dürfen, dann gilt auch, dass alle von staatlichen Agenten dasselbe empfangen sollen. Dann ergibt sich das erste Konzept zur Beurteilung von Verteilungen: die *Ergebnisgleichheit.*

2.1. Ergebnisgleichheit

Die Ergebnisgleichheit lässt nur eine Ausprägung auf der Verteilung und *keine* Varianz zu: Alle sollen den gleichen Bildungsabschluss oder das gleiche Einkommen beziehen. Wie jedes Konzept von Gleichheit rechtfertigt sich die Ergebnisgleichheit mit Blick auf die *soziale Integration.* Ihr liegt die Annahme zugrunde, dass Unterschiede der Kräfte zwischen den Individuen ungleiche Ergebnisse zwar hervorbringen, aber nicht rechtfertigen können. Jede Benachteiligung gefährdet dann die soziale Integration. So rechtfertigt sich die Forderung des Alten Testaments, das Land der Stämme Israels alle 70 Jahre aufs Neue gleich zu verteilen. So war die Forderung nach „materialer Gleichheit" in den sozialistischen Staaten begründet (siehe z.B. für die DDR: *Meulemann* 1996: 188-190).

Die Ergebnisgleichheit ist nur einfachen, aus gleichartigen und weitgehend autarken Segmenten aufgebauten Gesellschaften angemessen, die – wie die Stämme Israels – nicht durch die Arbeitsteilung, sondern durch einen gemeinsamen Glauben und gemeinsame Wertüberzeugungen zusammengehalten werden. Hier erscheint Ungleichheit als das Ergebnis von Willkür oder Zufall, die der durch den gemeinsamen Glauben gebotenen Brüderlichkeit widersprechen. Sobald jedoch die Segmente Arbeiten teilen und Produkte tauschen, treten sie miteinander in einen Wettbewerb, dessen Ergebnis nicht von Willkür oder Zufall, sondern von Fähigkeiten abhängt.

---

1 *Dahrendorf* unterscheidet – mit T.H. *Marshall* – drei Stufen der Staatsbürgerrolle: die bürgerliche, politische und soziale, die im Rechtsstaat, der Demokratie und im Sozialstaat institutionell verwirklicht werden. Die entscheidende Grenze liegt zwischen der bürgerlichen und politischen Gleichheit und der sozialen Gleichheit – also zwischen der Gleichbehandlung nach Regeln und der gleichen Verteilung von Ressourcen, womit Bildung und soziale Sicherheit gemeint sind (vgl. dazu auch den Beitrag von *Koller*, in diesem Band, S. 49-71). *Dahrendorf* und *Marshall* argumentieren nun, dass nur die soziale Gleichheit die bürgerliche und politische Gleichheit, anders gesagt: der Sozialstaat den Rechtsstaat und die Demokratie, garantieren. Nur wenn die Chancen zum Erwerb von Ressourcen nicht durch ständische Hindernisse beschränkt sind, kann jeder die bereits gewährte Chance, sich rechtlich zu behaupten und sich politisch zu artikulieren, auch faktisch nutzen. Aber die Chancengleichheit des Erwerbs impliziert die Ungleichheit des Ergebnisses. Die Argumentation Dahrendorfs und Marshalls kann also nicht als ein Plädoyer für die Ergebnisgleichheit verstanden werden.

Dann kann nicht mehr Gleichheit durch Solidarität, sondern es muss Ungleichheit durch Leistung gerechtfertigt werden. Differenzierte Gesellschaften beruhen auf Ungleichheit und können soziale Integration nicht durch Ergebnisgleichheit garantieren, sondern nur durch *Rechtfertigungen* der Ungleichheit (*Durkheim* 1893).

In differenzierten Gesellschaften lässt sich Ergebnisgleichheit nur durch staatliche Umverteilung herstellen, die auf den Widerstand der Erfolgreichen stößt. Man muss den Erfolgreichen etwas wegnehmen, was sie glauben, durch persönliche Leistung mit gutem Recht erworben zu haben. Man treibt den Teufel mit Belzebub aus: Um der Loyalität der Erfolglosen willen gefährdet man die Loyalität der Erfolgreichen. Die Ergebnisgleichheit ist nur realisierbar, wenn auch die Erfolgreichen anerkennen, dass die Ungleichheit „zu groß" geworden ist, und sie zum Teilen bereit sind.

In modernen, differenzierten Gesellschaften wird die Ergebnisgleichheit daher nur noch als ein *Mindeststandard* angestrebt, der nur am unteren Ende der Verteilung Ungleichheit ausschließt. Niemand sollte deshalb weniger als ein bestimmtes Einkommen oder ein bestimmtes Bildungsniveau haben. Die Differenzierung nach Leistung, von der differenzierte Gesellschaften leben, soll nicht gefährdet werden; aber ihre unwillkommenen Konsequenzen, die Ausgrenzung derer, die wenig leisten können, sollen minimiert werden (vgl. *Schmidt*, in diesem Band, S. 73-92). Auch der Mindeststandard wird durch die Annahme einer Gefährdung der sozialen Integration gerechtfertigt. Aber die Loyalität der Erfolgreichen wird nicht mehr aufs Spiel gesetzt: Ihnen wird nichts weggenommen, aber es wird an sie appelliert, etwas abzugeben. Mindeststandards leben von der Solidarität der Erfolgreichen, die die Erfolglosen – durch Steuern oder freiwillig – finanzieren.

Bei einem gegebenen Mindeststandard ist eine Verteilung in dem Maße „ungleich", als ein bestimmter Prozentsatz der Bevölkerung unter diese bestimmte Grenze fällt. So ist z.B. *„Armut"* als der Prozentsatz der Bevölkerung definiert, der weniger als die Hälfte des Durchschnittseinkommens erhält (*Datenreport* 1999: 588-591; sowie *Hradil* 1999: 239-250; *Andreß* 1999). Wenn die Soziologie die Ungleichheit durch einen Mindeststandard untersucht, folgt sie also der Politik an zwei Stellen. Erstens übernimmt sie von der Politik die Konvention des Mindeststandards. Zweitens resultiert die Bewertung der am Mindeststandard ablesbaren Ungleichheit aus politischen Argumentationen. Ein bestimmter Prozentsatz von „Armen" ist den einen „zu viel", weil er die politische Loyalität der Bevölkerung und die soziale Integration der Bevölkerung gefährdet; er ist den anderen „zu wenig", weil er die Bevölkerung nicht zur Arbeit anreizt. Beide Seiten können sich in einer Einschätzung entgegenkommen, die das „zu viel" der einen Seite unterschreitet und das „zu wenig" der anderen Seite überschreitet. Das soziologische Forschungsthema wird also durch *politische* Vorgaben und Wertentscheidungen, nicht aber durch die Eigenlogik oder gar durch eigenständige Wertungen des Faches abgesteckt.

Die Ergebnisgleichheit fordert Gleichheit über *die ganze Breite*, der Mindeststandard über das *untere Ende* einer Verteilung. Aber beide beziehen sich nur auf eine univariate Verteilung. Sie lassen sich durch Dispersions- oder Konzentrationsmaße darstellen. Bei Ergebnisgleichheit ist z.B. die Lorenzkurve mit der Gleichheitsgerade identisch (vgl. *Diekmann* 1995: 566); bei einem Mindeststandard ist die Lorenzkurve mit der Gleichheitsgerade bis zu diesem Standard identisch und beginnt erst danach „durchzuhängen".

2.2. Chancengleichheit

Wenn in differenzierten Gesellschaften der Wettbewerb zu ungleichen Ergebnissen führt, dann kann Gleichheit nur noch für die Startbedingungen gefordert werden. *Chancengleichheit* ist die Gleichheit der Ergebnisverteilung für unterschiedliche Startbedingungen im Wettbewerb um die Verteilung der Ergebnisse: Arbeiterkinder und Beamtenkinder sollten mit den gleichen Prozentsätzen wieder Arbeiter oder Beamte werden. Chancen sind *bedingte Wahrscheinlichkeiten*. Der Übergang von Ergebnissen zu Chancen ist also ein Übergang von einer *univariaten* zu einer *bivariaten* Betrachtung: Ergebnisgleichheit wird durch eine Dispersion von Null, Chancengleichheit durch eine Assoziation von Null erfasst.

Die Forderung nach Chancengleichheit rechtfertigt sich wiederum mit Blick auf die soziale Integration. Aber sie respektiert, dass moderne differenzierte Gesellschaften auf Ungleichheit beruhen und Ungleichheit rechtfertigen müssen. Ungleichheit wird sowohl vererbt wie erworben; aber die soziale Integration ist gefährdet, wenn Ungleichheit überwiegend vererbt und nicht erworben ist. Niemand sollte durch Lebensbedingungen, in die er hineingeboren wurde oder die ihm zugefallen sind, bevorzugt oder benachteiligt werden – obwohl das natürlich faktisch geschieht. Die Forderung nach Chancengleichheit ist für Gesellschaften angemessen, die sich nach sozialen Klassen differenzieren, in die Personen hineingeboren werden und die ohne ihr Zutun Lebenschancen bestimmen. Sie ist also defensiv begründet: „Äußerliche" (*Durkheim* 1950) Einflüsse auf die Verteilung sollen reduziert werden.

Die Chancengleichheit lässt sich also ebenso wenig wie die Ergebnisgleichheit ohne eine Umverteilung realisieren. Aber die Umverteilung nimmt nicht mehr den Begünstigten, sondern *gibt* den Benachteiligten – wie z.B. die kompensatorische Erziehung, die Vorschulkinder unterer Schichten begünstigt, oder die „affirmative action", die Frauen bei der Einstellung in den öffentlichen Dienst „bei gleicher Qualifikation" begünstigt.

Darüber hinaus aber wirft die Chancengleichheit ein spezifisches Problem auf: die Bestimmung der „äußerlichen" sozialen Klassen. Sie resultiert nicht aus wissenschaftlichen Ergebnissen, sondern ist *politische Konvention*. Darüber, dass das Elterneinkommen, die Geschwisterzahl und das Ge-

schlecht „äußerliche" Bedingungen sind, dürfte sich ein Konsens leicht herstellen. Aber ist eine Berufswahl mit Blick auf die Übernahme des elter-
lichen Betriebs oder aufgrund der Identifikation mit dem väterlichen Beruf
oder mit den Lehren der ererbten Konfession „äußerlich"? Die Bestimmung
der sozialen Klassen, für die gleiche Chancen herrschen sollten, gerät früher
oder später in eine Grauzone, in der die „äußerlichen" Bedingungen der
Umwelt sich nicht mehr gegen den „innerlichen" Beitrag der Person abgrenzen lassen, also gegen ihren Willen auf der einen Seite und ihre Leistung auf
der anderen Seite.

Der Wille der Person äußert sich in ihren Lebenszielen und ihren Le-
bensplänen, er ergibt sich aus Wünschen und Präferenzen des einzelnen, die
sich zwischen Personen nicht abwägen lassen und für die es kein einheitli-
ches Maß gibt. Sie können daher nicht mehr in die Betrachtung der Gleichheit eingehen. Die Leistung der Person hingegen wird zu einem großen Teil
durch sozial konstruierte Maße erfasst, von psychometrischen Tests, Schulnoten und Schulabschlüssen bis zur betrieblichen Effizienzbewertung und
zum Berufsprestige. Die *Leistung* der Person kann daher in die Betrachtung
der Gleichheit eingehen. Sie wird zum positiven Gegenpol der zu negieren-
den „äußerlichen" Bedingungen, die man als *„soziale Mitgift"* bezeichnen
kann. Die Mitgift – *ascription* (*Parsons/Shils* 1951) – darf nicht, aber die
Leistung – *achievement* – sollte zu unterschiedlichen Ergebnissen führen.

2.3. Chancengerechtigkeit

Mitgift und Leistung als konkurrierende Einflüsse

Aber Mitgift und Leistung hängen in der sozialen Wirklichkeit miteinander
zusammen. Die Beamtenkinder haben höhere Schulabschlüsse als die Arbeiterkinder und kommen insoweit zu Recht häufiger in höhere Berufe.
Wollte man also Chancengleichheit herstellen, so müsste man einige Beamtenkinder von Beamtenberufen ausschließen, obwohl sie bessere Schulabschlüsse haben als die Arbeiterkinder. Man würde der besseren Leistung der
Beamtenkinder nicht gerecht, wenn man für sie die gleiche Chance des Be-
rufsstatuserwerbs fordert wie für die Arbeiterkinder. Weil Leistung Ungleichheit rechtfertigt und weil Herkunft und Leistung miteinander zusammenhängen, geht aus der Forderung nach gleichen Chancen die Forderung
nach *gleichen Chancen bei gleicher Leistung* hervor. Aus Chancengleichheit
wird dann *Chancengerechtigkeit.* Arbeiter- und Beamtenkinder sollen nur
bei gleichem Schulabschluss die gleichen Chancen haben, wieder Arbeiter
oder Beamte zu werden.

Chancengerechtigkeit setzt also die simultane Betrachtung von drei
Faktoren voraus: *Mitgift, Leistung* und *Ergebnis.* Sie trennt zwischen der
Brutto- und der Nettowirkung jeder der beiden Einflüsse, ohne und mit
Kontrolle des jeweils anderen Einflusses, und teilt den Bruttoeinfluss der

Herkunft in einen legitimen, durch Leistung vermittelten und einen illegitimen, an Leistung vorbeigehenden Einfluss auf. Das wird *Abbildung 1* für das Beispiel von Herkunfts- und Zielstatus und das Leistungskriterium Ausbildungsabschluss verdeutlicht.

Abbildung 1: Chancengerechtigkeit

Realisiert

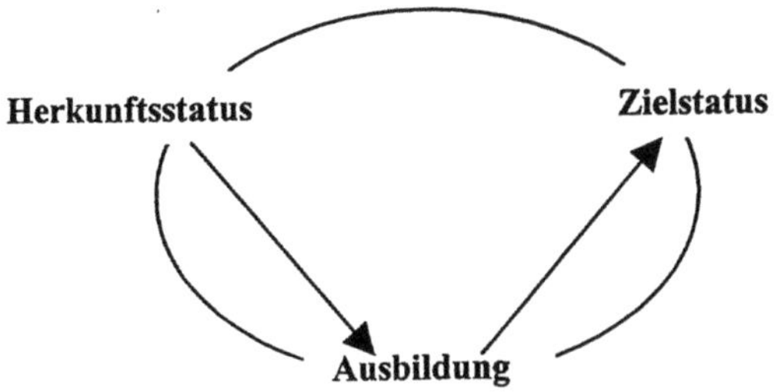

Herkunftsstatus   Zielstatus

Ausbildung

Nicht realisiert

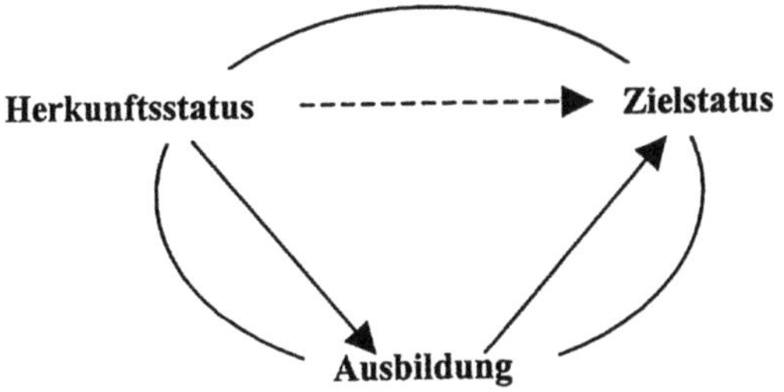

Herkunftsstatus - - - - - - - - - -▶ Zielstatus

Ausbildung

Kurven: Brutto-Einfluss (z.B. Korrelationskoeffizient)
Pfeile: Netto-Einfluss (z.B. Regressionskoeffizient)
gestrichelte Pfeile: illegitim
durchgezogene Pfeile: legitim

Die Kurven in beiden Teilen der Abbildungen, die die drei Variablen in einem Kreis verbinden, sollen die Voraussetzung veranschaulichen, dass alle drei Variablen bivariat miteinander zusammenhängen. Dann kann die trivariate Analyse, die mit den Pfeilen innerhalb des Kreises veranschaulicht wird, je nach dem Stärkeverhältnis der bivariaten Korrelationen zwei Ergebnisse haben. *Entweder* hat allein die Ausbildung, nicht aber der Herkunftsstatus einen Nettoeinfluss auf den Zielstatus – wie im oberen Teil der Abbildung. Dann herrscht Chancengerechtigkeit. *Oder* der Herkunftsstatus *und* die Ausbildung haben einen Nettoeinfluß auf den Zielstatus – wie im unteren Teil der Abbildung. Dann herrscht *keine* Chancengerechtigkeit. Weiterhin kann der gesamte Einfluss der Herkunft in zwei Teile aufgeteilt werden: den *legitimen* Einfluss, der sich als Produkt des Nettoeinflusses der Herkunft auf die Leistung mit dem Nettoeinfluss der Leistung auf den Zielstatus ergibt, und den *illegitimen* Einfluss, der im Nettoeinfluss des Herkunfts-

auf den Zielstatus besteht. Der illegitime, leistungsfremde Einfluss muss
dann durch „äußere" Bedingungen erklärt werden, die in der *Abbildung 1*
noch nicht betrachtet wurden, etwa durch die Beziehungen der Eltern oder
durch die Vorurteile der Beschäftiger. Chancengerechtigkeit herrscht also,
wenn Chancen*un*gleichheit sich *allein* als Resultat unterschiedlicher Leistung ergibt, oder: wenn die bedingte Assoziation zwischen Herkunft und
Ziel Null ist.

Wie die Forderung nach Chancengleichheit rechtfertigt sich die Forderung nach Chancengerechtigkeit mit Blick auf die soziale Integration durch
die Rechtfertigung von Ungleichheit. Aber sie will nicht nur illegitime Bedingungen negieren, sondern auch legitime Kriterien der Chancengleichheit
durchsetzen. Die Forderung nach Chancengerechtigkeit ist daher vor allem
in Gesellschaften angemessen, die sich nach Leistung der Individuen differenzieren. Aber wie die illegitimen so lassen sich auch die legitimen Kriterien nicht allein mit soziologischen Argumenten bestimmen; sie müssen
konventionell, als *politischer Konsens* festgelegt werden. Weil es eine Vielzahl von Kriterien der Leistung gibt, gibt es auch eine Vielzahl von Möglichkeiten, die Betrachtung der Chancengerechtigkeit zu erweitern.

Die Vieldeutigkeit von Leistung: Erweiterungen der Chancengerechtigkeit

Leistung – der „innerliche", von der Person selbst verantwortete Beitrag
zum Ergebnis – kann vieles umfassen (vgl. *Neckel* u.a., in diesem Band, S.
137-164). So wie der Ausbildungsabschluss, so sind auch Motivationen von
der Person selbstverantwortet und hängen sowohl mit dem Herkunfts- wie
dem Zielstatus zusammen. Zusätzlich zur Ausbildung kann man also den
Fleiß der Person als vermittelnde Variable einsetzen, die Chancen*un*gleichheit als Resultat unterschiedlicher Leistungen rechtfertigt, und fragen, ob
die zweifach bedingte Assoziation zwischen Herkunft und Ziel Null wird.
Sollte das nicht der Fall sein, kann man weiterhin die *Weitsicht* der Lebensplanung, das Aspirationsniveau, das Durchhaltevermögen usw. der Person
als vermittelnde Variable einsetzen und wiederum fragen, ob die mehrfach
bedingte Assoziation zwischen Herkunft und Ziel Null wird. Je mehr zusätzliche Leistungsvariablen man einführt, desto besser wird man den Zusammenhang zwischen Herkunft und Ziel durch Leistung erklären können
und desto schwächer wird der verbleibende, direkte und illegitime Einfluss
der Herkunft auf das Ziel werden; desto eher erweist sich die Chancen*un*-
gleichheit als verdient und desto eher wird man Chancengerechtigkeit
diagnostizieren. Diese optimistische Strategie zur Erweiterung der Chancengerechtigkeit ist in der oberen Hälfte von *Abbildung 2* (S. 123) dargestellt.

**Abbildung 2: Zwei Strategien zur Erweiterung
der Chancengerechtigkeit**

<u>*Optimistisch*</u>*: Abbau des illegitimen Einflusses durch Einführung
weiterer vermittelnder Merkmale der „Leistung"*

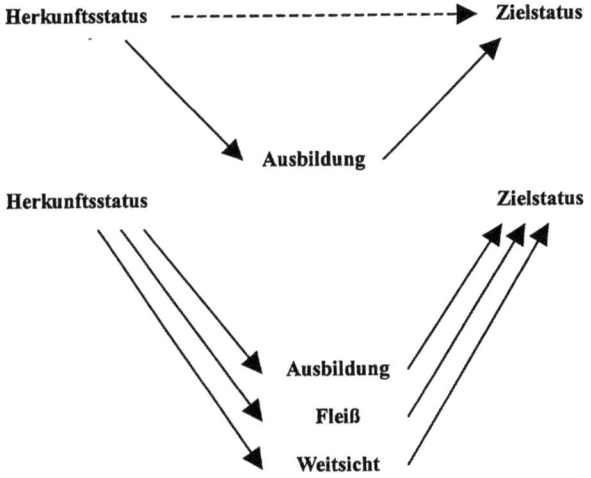

<u>*Pessimistisch*</u>*: Verstärkung des illegitimen Einflusses durch Verlängerung
des vermittelnden Zusammenhangs zwischen Herkunftsstatus und Leistung*

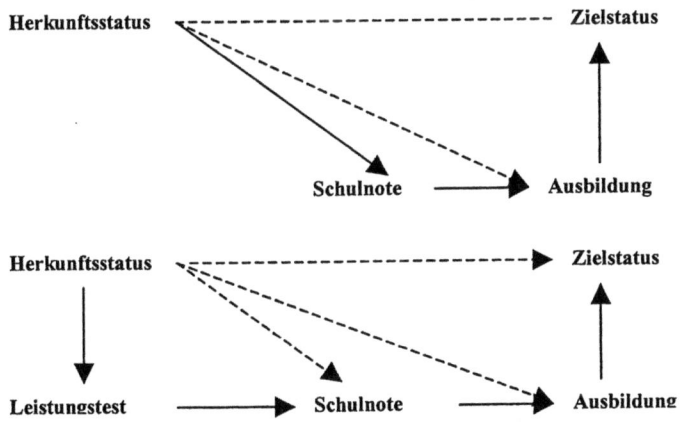

<u>gestrichelte Pfeile</u>: illegitime Einflüsse,
<u>durchgezogene Pfeile</u>: legitime Einflüsse

Aber man kann nicht nur die Zahl der vermittelnden Merkmale der Leistung erhöhen, sondern auch die vermittelnde Kausalkette erweitern. An die Stelle der Frage, ob es neben der Ausbildung weitere selbst verantwortete Vermittlungsprozesse gibt, tritt dann die Frage, ob Ausbildung wirklich eine von der Person selbst verantwortete Leistung ist. Ist der Ausbildungsabschluss nicht genau so wie der Zielstatus durch „äußere" Bedingungen bestimmt, durch das soziale Kapital der Eltern oder durch Vorurteile der Lehrer? Wenn dafür gute Argumente sprechen, dann muss man nach einer Leistungsvariablen suchen, die nun zwischen der Herkunft *und der Ausbildung* vermittelt und mit beiden korreliert: z.B. die *Schulnote.* Die Schulnote kann die Korrelation zwischen Herkunftsstatus und Ausbildungsabschluss genau so in einen illegitimen und legitimen Teil aufgliedern wie der Ausbildungsabschluss die Korrelation zwischen Herkunfts- und Zielstatus. Für die Analyse aller vier Variablen aber gilt dann, dass nur das *Produkt* aus drei Gliedern – den Nettoeinflüssen von Herkunftsstatus zu Schulnote, von Schulnote zu Ausbildung und von Ausbildung zu Zielstatus – den legitimen Einfluss der Herkunft auf das Ziel erfasst. Das Produkt aus dem Nettoeinfluss der Herkunft auf die Ausbildung und dem Nettoeinfluss der Ausbildung auf den Zielstatus ist ein illegitimer Einfluss, weil der Nettoeinfluss der Herkunft auf die Ausbildung, der am legitimen Leistungsmaß der Schulnote vorbeiging, schon illegitim war.

Auch diese Strategie kann man weiter treiben. Die Schulnoten können durch die gleichen äußeren Bedingungen bestimmt sein wie der Ausbildungsabschluss, so dass der Zusammenhang zwischen Herkunftsstatus und Schulnote nach dem Kriterium objektiver Leistungstests in einen illegitimen und legitimen Teil aufgegliedert werden muss. Der legitime Einfluss ist dann nur noch durch den Weg Herkunft-Leistungstest-Schulnote-Ausbildung-Zielstatus gegeben. Alle anderen Wege vom Herkunfts- zum Zielstatus sind illegitim. Je mehr Leistungsvariablen also man zwischen Herkunfts- und Zielstatus einschiebt, desto eher wird sich der illegitime Anteil an der Korrelation zwischen Herkunfts- und Zielstatus vergrößern; desto mehr erweist sich die Chance*un*gleichheit als unverdient und desto seltener wird man Chancengerechtigkeit diagnostizieren. Diese pessimistische Strategie zur Erweiterung der Chancengerechtigkeit ist in der unteren Hälfte von *Abbildung 2* (S. 123) dargestellt.

Vielleicht sieht es nun so aus, als ließen sich beide Strategien nach Belieben verfolgen. Das aber ist nicht der Fall. Drei Bedingungen müssen erfüllt sein, um Chancengerechtigkeit in die eine oder andere Richtung auszuweiten. *Erstens* müssen die zusätzlich eingeführten Leistungsvariablen mit den beiden Variablen korrelieren, zwischen denen sie vermitteln sollen. *Zweitens* muss die Vermittlung durch eine Leistungsvariable sich theoretisch begründen und der illegitime, an der Leistung vorbeigehende Einfluss sich sinnvoll interpretieren lassen. *Drittens* muss die Einfügung einer Leistungsvariable auch einen politischen Gegner überzeugen. Ganz offensichtlich lässt sich die optimistische Strategie ja einer konservativen oder rechten und die pessimistische einer progressiven oder linken politischen Grundhaltung zuordnen. Aber ein Linker wird Schwierigkeiten haben, Fleiß und Weitsicht als persönliche Leistungen anzuerkennen; ein Rechter wird Schwierigkeiten haben, Leistungstests als Korrektiv von Schulnoten anzuerkennen.

Die Erweiterungen ändern die Betrachtung der Chancengerechtigkeit nicht grundsätzlich, sondern nur quantitativ. Statt einer trivariaten wird eine multivariate Verteilung betrachtet; Ungleichheit ergibt sich aus einer bedingten Assoziation bei Kontrolle nicht nur einer, sondern vieler „Dritt"-Variablen. Auch die Probleme der Chancengerechtigkeit werden durch die Erweiterungen nicht verändert, sondern nur vermehrt: Statt eines illegitimen und eines legitimen Einflusses müssen mehrere Einflüsse bestimmt, also in einem politischen Konsens gefunden werden. Die Erweiterungen der Chancengerechtigkeit sind also eine Aufforderung an die Soziologie, die Gültigkeit schrittweise komplexerer politischer Argumentationen an schrittweise stärker kontrollierten Zusammenhängen zwischen Herkunft und Zielstatus zu überprüfen. Die Soziologie verschafft sich auf diese Weise ein empirisches Arbeitsfeld und klärt die politische Meinungsbildung mit Belegen für und gegen die Kontrahenten auf. Aber sie entwickelt *keine* eigenen Maßstäbe zur Bewertung sozialer Ungleichheit, sondern übernimmt die Maßstäbe der Politik.

2.4. Zusammenfassung und Schlussfolgerung

Die drei Konzepte der Gleichheit – Ergebnisgleichheit, Chancengleichheit und Chancengerechtigkeit – werden in *Abbildung 3* (S. 126) zusammenfassend danach verglichen, wie sie soziologisch konzeptualisiert werden können und wo sie mit Hilfe politischer Konventionen konkretisiert werden müssen.

Die obere Hälfte der Abbildung fasst die *soziologische Konzeptualisierung* der Gleichheit zusammen. Auf der *Mikro*-Ebene der Lebensgeschichte, die in den ersten beiden Zeilen dargestellt ist, wird Gleichheit unterschiedlich weit zurückverfolgt, so dass die Dimensionalität der Verteilung ansteigt und die Messung der Ungleichheit sich kompliziert. Auf der *Makro-Ebene* der Gesellschaft, die in den beiden folgenden Zeilen dargestellt ist, sind die drei Konzepte der Gleichheit mit feineren Formen der sozialen Differenzierung und komplexeren Mechanismen der sozialen Integration verbunden.

Abbildung 3: Übersicht über drei Konzepte der Gleichheit

	Ergebnis-gleichheit	Chancen-gleichheit	Chancen-gerechtigkeit
Soziologische Konzeptualisierung			
Dimension der Verteilung: .	univariat	bivariat	trivariat
Ungleichheit als:	Dispersion	Assoziation	bedingte Assoziation
Soziale Differenzierung nach:	Segmenten	Klassen	Leistung
Soziale Integration durch:	Gleichbehandlung	Negation äußerer Differenzen	Affirmation innerer Differenzen
Politische Konkretisierung			
Konvention über:	Minimum	Illegitime Kriterien	Legitime Kriterien
„Zu viel" Ungleichheit messbar als:	Anteil unter dem Minimum	Assoziation illegitimer Einflüsse	bedingte Assoziation illegitimer Einflüsse

Die *Ergebnisgleichheit* bezieht sich auf eine univariate Verteilung, in der Ungleichheit durch Maße der Dispersion erfasst wird; sie ist segmentär differenzierten Gesellschaften angemessen und rechtfertigt sich durch die Annahme, dass die Gleichbehandlung soziale Integration herstellt. Die *Chancengleichheit* bezieht sich auf eine bivariate Verteilung, in der Ungleichheit durch Maße der Assoziation erfasst wird; sie ist nach Klassen differenzierten Gesellschaften angemessen und rechtfertigt sich durch die Annahme, dass soziale Integration hergestellt wird, indem die faktische Wirkung äußerer Differenzen auf die Verteilung reduziert wird. Die *Chancengerechtigkeit* bezieht sich auf ein trivariate – in ihren Erweiterungen: multivariate – Verteilung, in der Ungleichheit durch Maße der bedingten Assoziation erfasst wird; sie ist nach Leistung differenzierten Gesellschaften angemessen und rechtfertigt sich durch die Annahme, dass soziale Integration hergestellt wird, indem die faktische Wirkung innerer Differenzen auf die Verteilung erhöht wird.

Sowohl mikro- wie makrosoziologisch bilden die drei Konzepte also eine Rangfolge. Die *Ergebnisgleichheit* hat keine genetische Tiefe und ist nur segmentären Gesellschaften angemessen; aber sie überlebt in differenzierten Gesellschaften in der Form von Mindeststandards. Die *Chancengleichheit* geht genetisch auf illegitime Einflüsse zurück, deren Einfluss eingeschränkt werden soll; sie ist Gesellschaften angemessen, die sich nach sozialen Klassen differenzieren. Die *Chancengerechtigkeit* verfolgt vergleichend die Genese illegitimer und legitimer Einflüsse und will legitime Einflüsse stärken; sie ist Gesellschaften angemessen, die sich nach Leistung differenzieren. Als *erste* Schlussfolgerung ergibt sich also, dass modernen, nach Funktionen und nach Leistung differenzierten Gesellschaften allein das Konzept der Chancengerechtigkeit angemessen ist.

Die untere Hälfte der Abbildung fasst die *politischen Konkretisierungen* zusammen, durch die die soziologischen Konzepte greifbar werden. Für die *Ergebnisgleichheit* muss der Mindeststandard und der Anteilssatz definiert werden, der als „zu viel" Ungleichheit angesehen wird. Für die *Chancengleichheit* müssen die illegitimen Kriterien und die Höhe des Assoziationsmaßes festgelegt werden, über dem der illegitime Einfluss als „zu stark" angesehen wird. Für die *Chancengerechtigkeit* müssen die legitimen Kriterien und die Höhe des bedingten Assoziationsmaßes festgelegt werden, über dem der illegitime Einfluss als „zu stark" angesehen wird. Als *zweite* Schlussfolgerung kann also festgehalten werden, dass die Chancengerechtigkeit – wie jedes Konzept der Gleichheit – in wissenschaftlicher Perspektive nicht vollständig definiert werden kann, sondern mit Konventionen konkretisiert werden muss, die sich als Kompromiss aus unterschiedlichen politischen, durch Wertüberzeugungen motivierten Standpunkten ergeben.

Die erste der beiden eingangs gestellten Fragen ist damit beantwortet: Gleichheit kann heute nur *Chancengerechtigkeit* sein; aber die Konkretisierung dieses Maßstabs führt die Soziologie unvermeidlich in die Arena der Politik. Die zweite Frage muss man dann so stellen: Welche der Merkmale von Personen, die üblicherweise in die enumerative Definition der distributiven Sozialstruktur eingehen, können dann mit dem Begriff der Chancengerechtigkeit als soziale Ungleichheit gewertet werden? Um diese Frage zu beantworten, muss man Merkmale von Personen so klassifizieren, dass entschieden werden kann, ob sie auch Kriterium der Ungleichheit sind oder nicht.

3. Merkmale von Personen und soziale Ungleichheit

3.1. Klassifikation von Personenmerkmalen als Basis sozialer Ungleichheit

Merkmale von Personen können *erstens* natürliche Eigenschaften oder soziale Konstruktionen sein. Beide Kriterien lassen sich *zweitens* danach unterteilen, ob sie Qualitäten oder Quantitäten sind. Natürliche Qualitäten sind das Geschlecht, die Haarfarbe, die Körperform usw., natürliche Quantitäten sind das Alter, die Größe, die Körperkraft usw. Sozial konstruierte Qualitäten sind die Zugehörigkeiten zu statistischen Gruppen wie Region, Konfession, Familienstand, Erwerbsstatus und Beruf, die mit Lebenschancen oder Erwartungen verbunden sein können. Da von den natürlichen Merkmalen nur Alter und Geschlecht soziologisch bedeutsam sind, ist es nicht sinnvoll, die Unterscheidung zwischen Qualität und Quantität hier aufrechtzuerhalten. Vielmehr sollen Alter und Geschlecht, die ihre soziologische Bedeutung erst durch die mit ihnen verbundenen Lebenschancen und Erwartungen ge-

winnen, mit den sozialen Qualitäten als Ungleichartigkeiten zusammenge-
fasst werden. Die sozialen Quantitäten hingegen können *drittens* nach der
Art und Weise unterschieden werden, in der sie konstruiert werden – wie in
Abbildung 4 dargestellt.

Abbildung 4: **Merkmale von Personen als mögliche
            Basis sozialer Ungleichheit**

A. Aufgliederung

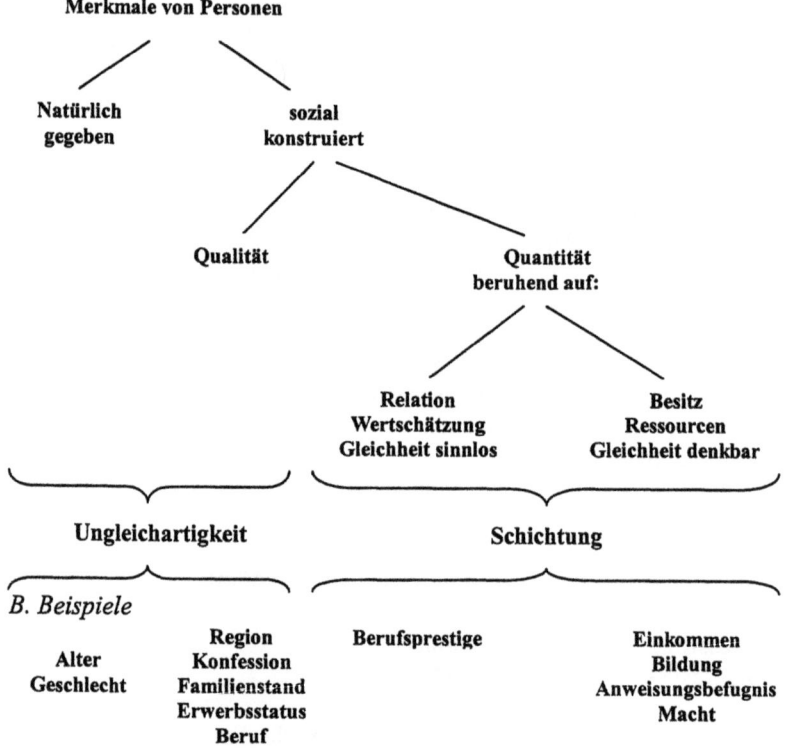

B. Beispiele

Auf der einen Seite können soziale Quantitäten in sozialen Relationen konstruiert werden, in denen eine Person eine andere nach ihrem Beitrag zu
größeren sozialen Einheiten wertschätzt. Im Prinzip kann die *Wertschätzung*
an allen Merkmalen der Ungleichartigkeit festgemacht werden; in arbeitstei-
lig differenzierten Gesellschaften richtet sie sich aber vor allem auf den Beruf, so dass das Berufsprestige das wichtigste Beispiel für relational fundierte soziale Quantitäten ist. Die Verteilung von Wertschätzungen lassen
sich aus zwei Gründen nicht nach dem Wert-Maßstab Gleichheit beurteilen.
Erstens zielt die Wertschätzung ihrer Natur nach auf Ungleichheit, auf ungleiche Belohnungen für ungleiche Beiträge zum Gemeinwohl. *Zweitens*

kann jede Person die Wertschätzung einer anderen nach ihrem Willen und ihren Vorstellungen steigern oder mindern; die Gesamtmenge wird also nicht durch eine soziale Institution so festgelegt, dass für die einzelnen Personen Knappheit entsteht. Der statistischen Verteilung entspricht kein sozialer Verteilungsprozess, der nach Wertvorstellungen der Gleichheit bewertet werden könnte.

Auf der anderen Seite führt die Differenzierung der Gesellschaft in Funktionsbereiche zur sozialen Konstruktion von Ressourcen, von denen jeder unterschiedlich viel besitzen kann. Ressourcen werden von funktionsspezifischen Institutionen produziert, so dass es eine zu verteilende Gesamtmenge gibt und für die Individuen *Knappheit* entsteht; aber jeder erwirbt seinen Anteil an Ressourcen durch individuelle Leistung. Solche Ressourcen sind Einkommen, Bildung, Anweisungsbefugnis und Macht. Weil für Ressourcen eine Gesamtmenge existiert, entspricht ihrer statistischen Verteilung ein sozialer Verteilungsprozess, der nach Wertvorstellungen der Gleichheit bewertet werden kann. Weil Ressourcen zudem individuell erworben werden, muss ihre Verteilung auch unter dem Wertgesichtspunkt der Leistung beurteilt werden.

Weil Wertschätzungen wie Ressourcen Quantitäten sind, lassen sie sich zwar als soziale Schichtung zusammenfassen. Aber Wertschätzungen sind ihrer Natur nach auf Ungleichheit gerichtet, so dass es sinnlos ist, ihre Verteilung als Ungleichheit zu bewerten. Auf der einen Seite wird niemand bestreiten, dass „mehr" Prestige „besser" ist; aber niemand wird von der „Ungleichheit der Prestigeverteilung" sprechen, weil Ärzte mehr Prestige haben als Hilfsarbeiter. Auf der anderen Seite wären viele über die „Ungleichheit der Einkommensverteilung" empört, wenn ein Hundertstel der Bevölkerung die Hälfte aller Einkommen bezöge. Allein für *Ressourcen* ist es daher sinnvoll, von sozialer Ungleichheit zu sprechen; allein sie sollten nach dem Wert der Gleichheit bewertet werden – genauer der Chancengerechtigkeit, die Gleichheit und Leistung in Einklang bringt. Allerdings wird der Begriff der sozialen Ungleichheit häufig auch für Wertschätzungen und soziale Ungleichartigkeiten gebraucht. Um den einschränkenden Sprachgebrauch zu begründen, sollen Ressourcen gegen Wertschätzungen und soziale Ungleichartigkeiten noch genauer abgegrenzt werden.

3.2. Ressourcen und Wertschätzungen

Ressourcen unterscheiden sich von *Wertschätzungen* durch die Art und Wiese, wie sie entstanden sind, und durch die Tatsache, dass ihre Verteilung
unter Wertgesichtspunkten bewertet werden kann.

Soziale Differenzierung und die Entwicklung von Ressourcen

Ressourcen wurden entwickelt, um Funktionsbereiche des sozialen Lebens
zu steuern: die Güterproduktion in der Wirtschaft, die Entscheidungsfindung in der Politik, die Erziehung im Bildungswesen. Ohne Geld ist es
schwer, auf Vorrat zu produzieren und nach Belieben zu konsumieren; die
Arbeitsteilung wäre auf den Naturaltausch angewiesen. Ohne Anweisungsbefugnis und Hierarchien könnte keine Bürokratie Entscheidungen treffen
und durchsetzen. Ohne Bildungsabschlüsse ist es schwierig, Menschen in
Berufe zu rekrutieren. Ressourcen sind also „soziale Erfindungen" (*Zapf*
1989), wenn nicht gar „Universalien der sozialen Evolution" (*Parsons*
1964). Mit der Ausdifferenzierung sozialer Funktionsbereiche haben sich
auch spezifische Dimensionen sozialer Ungleichheit entwickelt.

Ressourcen sind *soziale Konstruktionen*, die die Soziologie vorfindet.
Die Institutionen des jeweiligen Funktionsbereichs haben ihnen einen objektiven, von Personen unabhängigen Wert gegeben. Die Zentralbank druckt
Geld, Ministerien bestimmen die Zugangsbedingungen zum öffentlichen
Dienst nach Bildungsabschlüssen, Behörden definieren ihre Hierarchie der
Anweisungsbefugnis. Die Institutionen legen die Gesamtmenge einer Ressource fest, die auf die Individuen als knappes Gut verteilt wird. Die Geldmenge, die von der Zentralbank gesteuert wird, fließt dem einen als mehr,
dem anderen als weniger Einkommen zu. Die Zentrale Vergabestelle für
Studienplätze in Dortmund weist Studienbewerbern nach Abiturnoten und
Wartezeiten Studienplätze in Fächern und Studienorten zu. Selbst die Vorstellung, dass der Abteilungsleiter an den Referatsleiter, der Meister an den
Vorarbeiter, der Landesvorsitzende an den Bezirksvorsitzenden seiner Partei
ein Stück seiner Macht weitergibt, ist sinnvoll, obwohl es keine Währung
für dieses „Stück" gibt.

Das gilt nicht, wenn man auf das Prestige zurückblickt. Weil es nicht
wie Einkommen und Bildung eine Ressource ist, die in einem sozialen Prozess verteilt wird, lässt es sich nur statistisch als Verteilung betrachten.
Zwar ist das Berufsprestige Resultat des sozialen Prozesses der Wertschätzung der Berufe und seiner soziologischen Verfeinerung. Aber es bleibt
Merkmal jedes einzelnen Berufs und zirkuliert nicht zwischen ihnen. Deshalb gibt es *keine* Gesamtmenge des Prestiges und keine Institution, die Prestige verteilt. Prestige lässt sich nicht tauschen, es hat keinen Markt, und es
wird nicht knapp. Zudem gibt es keinen sozialen Funktionsbereich, zu des-

sen Steuerung das Prestige diente. Prestige ist zwar das Resultat der Wertschätzung, aber Wertschätzung ist kein sozialer Lebensbereich mit eigenen Regeln wie Politik oder Wirtschaft. Prestige ruht auf dem anthropologischen Bedürfnis, den Erfolg des Handelns durch die Wertschätzung anderer zu bestätigen (*Popitz* 1987); es hat kein Fundament in der Ausdifferenzierung sozialer Funktionsbereiche.

Lebenschancen und Ungleichheit

Ressourcen bedeuten *Lebenschancen* für die Personen, auf die sie verteilt werden (*Weber* 1964: 678). Sie sind instrumentell und als Instrument unspezifisch; sie sind – in der Sprache der Systemtheorie – „generalisierte Medien". Sie können umgesetzt und vielseitig umgesetzt werden; und sie lassen sich mit einer begrenzten Berechtigung und einer gewissen Wahrscheinlichkeit umsetzen. Mit Geld kann man meist anfangen, was man will; und dieses Recht ist so selbstverständlich, dass man meist nicht darauf bestehen muss, das Gewünschte zu bekommen. Ein Bildungsabschluss ermöglicht den Eintritt in einen „angemessenen" Beruf, aber garantiert ihn nicht. Ressourcen können auf einem *Markt* getauscht werden – Geld auf dem Gütermarkt, Bildung auf dem Arbeitsmarkt. Die Umsetzbarkeit und Eintauschbarkeit von Ressourcen wird also durch die Institution des Marktes garantiert. Ressourcen sind „Marktchancen" (*Weber* 1964: 223). Gerade weil Ressourcen Lebenschancen gewähren, wird ihre Verteilung nicht als Tatsache hingenommen, sondern als mehr oder minder große soziale Ungleichheit bewertet (vgl. *Ludwig-Mayerhofer*, in diesem Band, S. 97-117). Für Ressourcen ist also die *Minderung der Ungleichheit* der Verteilung ein Ziel.

Auch das gilt nicht für das *Prestige* – es kann gar nicht gelten. Denn Prestige ist ja die Belohnung für ungleiche Beiträge zum Gemeinwohl, schon die Angleichung würde dem Sinn des Prestiges zuwiderlaufen. „Prestigeungleichheit" ist ein „weißer Schimmel" – es gibt kein Prestige ohne Ungleichheit.

3.3. Ressourcen und Ungleichartigkeiten

Konsequenzen von Zugehörigkeiten für Ungleichheit und
für andere Ungleichartigkeiten

Ungleichartigkeiten beruhen auf der Zugehörigkeit zu statistischen Gruppen nach natürlichen oder sozialen Merkmalen. Sie bilden an und für sich noch keine soziale Ungleichheit, sondern erst wenn sie mit unterschiedlichen Ressourcen verbunden sind. Weder Konfession noch Elternberuf noch Geschlecht noch dörfliche Herkunft bilden an und für sich soziale Ungleichheiten; aber „das katholische Arbeitermädchen vom Lande" (*Peisert* 1967) kumuliert vier Zugehörigkeiten, die mit ungleichen Bildungschancen verbunden waren.

Aber nicht alle Einflüsse von Zugehörigkeiten auf Denken und Handeln lassen sich als Ungleichheit verstehen. Männer kleiden sich anders als Frauen, Bayern kochen anders als Preußen – aber die Mode bevorzugt nicht Männer oder Frauen, und Weißwürste sind nicht besser als Leber auf Berliner Art. Geschlecht und Region bringen also soziale Regelmäßigkeiten des Handelns ohne normative Verpflichtung mit sich, die Max *Weber* (1964: 20-26, 240-250) als Brauch und Sitte bezeichnet hat und die nicht mit ungleichen Lebenschancen verbunden sind. Aber einige Zugehörigkeiten sind auch mit verpflichtenden und weit reichenden Konsequenzen verbunden. Katholiken gehen häufiger in die Kirche als Protestanten (*Gabriel* 2001: 388) – aber hat man mehr Lebenschancen, wenn man häufiger (oder seltener) in die Kirche geht? Anders als die Protestanten sind die Katholiken nach der Lehre ihrer Kirche verpflichtet, jeden Sonntag in die Kirche zu gehen. Die Konfessionszugehörigkeit bringt also im Sinne *Webers* eine Konvention (von der Kirche gesehen sogar eine Rechtsvorschrift) mit sich. Eine Ungleichartigkeit schlägt sich in einer anderen nieder, aber nicht in Ungleichheit. Das gilt auch für Verhaltensweisen, die über die Religion hinausreichen. Während die Katholiken ihr „Bildungsdefizit" in den sechziger Jahren aufholen konnten, wählen sie auch heute noch – wo nicht mehr im bischöflichen Hirtenwort am Sonntag vor der Wahl von der Kanzel indirekt dazu aufgerufen wird – häufiger CDU als Protestanten (*Schmitt* 1989). Auch für die Entwicklung der Gesellschaft insgesamt folgenreiche Handlungen verbinden sich also mit sozialer Ungleichartigkeit, ohne soziale Ungleichheit hervorzubringen.

Konsequenzen einer Zugehörigkeit für Ungleichheit und für andere
Ungleichartigkeiten: Geschlechtsunterschiede von Teilhabe und Wahl
im Bildungswesen

Zugehörigkeiten können also sowohl Konsequenzen haben, die Ungleichheit mit sich bringen, wie Konsequenzen, die wiederum Ungleichartigkeiten – dies Mal des Denkens und Handelns – darstellen. Beides kann sogar Konsequenz ein und derselben Zugehörigkeit sein – wie das Beispiel des Einflusses des Geschlechts auf die berufliche Laufbahn zeigt.

Auf der einen Seite gab es bis in die sechziger Jahre ein Defizit der Mädchen im Übergang in weiterführende Schulen im 10. Lebensjahr, das – wie gesagt – heute ausgeglichen ist. Da der Besuch einer weiterführenden Schule die wichtigste Vorentscheidung über die berufliche Laufbahn ist und die Entscheidung darüber zu einem großen Teil nicht von den Jungen und Mädchen allein verantwortet wird, war das Geschlecht durch die Entscheidung über die weiterführende Schule mit sozialer Ungleichheit verknüpft. Wenn aber im 10. Lebensjahr Ungleichheit ausgeglichen ist, kann sie in späteren Phasen des Lebenslaufs wieder auftauchen. In der Tat verdienen auch heute noch Männer selbst bei gleicher Bildung und gleicher Beschäftigungsdauer mehr als Frauen (*Szydlik* 1992). Wie Unterschiede im Niveau der Bildung, die sich nicht durch unterschiedliche Leistungsfähigkeit rechtfertigen lassen, stellen aber Unterschiede im Einkommen, die sich nicht durch Unterschiede der Bildung und anderer für das Einkommen wichtiger Faktoren (wie Arbeitszeit und Berufserfahrung) rechtfertigen lassen, eine Ungleichheit der Lebenschancen dar. Sie wurden nicht von den Personen gewünscht, sondern ihnen vermutlich von den Umständen aufgezwungen; man muss annehmen, dass Beschäftigte, Betriebe oder der Arbeitsmarkt Frauen diskriminieren und sollte prüfen, wie dies geschieht.

Auf der anderen Seite ist das Geschlecht mit beruflichen Entscheidungen verknüpft, die nicht als Oktroi, sondern als Wahl verstanden werden müssen. Männer gingen bis vor einigen Jahren nicht nur häufiger als Frauen in eine weiterführende Schule, sondern begannen auch häufiger eine Berufsausbildung. Diese Unterschiede der *Teilhabe* auch an der Berufsausbildung haben sich zwischen den 1919 und 1956 Geborenen jedoch weitgehend angeglichen (*Blossfeld* 1989: 71-89). Unterschiede in der *Wahl* einer Berufsausbildung zwischen den 1919 und 1956 Geborenen sind jedoch nicht geringer, sondern eher größer geworden: Frauen wählen mehr denn je Ausbildungen in der Dienstleistung und Männer diejenigen in der Produktion (*Blossfeld* 1989: 122-125).[2] Wie die Berufswahl der 14-16jährigen ist auch die Studienfachwahl der Abiturienten vom Geschlecht abhängig. Frauen wählen häufiger den Primarlehrerberuf und Sozialwissenschaften, Männer häufiger Wirtschafts-, Naturwissenschaften, Technik und Recht; Frauen wählen eher „weibliche" Studiengänge, die stärker auf den Umgang mit Menschen als auf den Umgang mit Sachen und Daten vorbereiten (*Meulemann* 1995: 152).

Die Unterschiede der *Teilhabe* an weiterführender Bildung können nun als Ungleichheit bewertet werden. Denn es gibt keinen Beleg für größere Leistungen, etwa kognitive Fähigkeiten, der Männer, die den Vorsprung der Männer rechtfertigen könnte (selbst wenn es einen solchen Beleg gäbe, müsste man fragen, ob er *allein* für die Unterschiede der Teilhabe ursächlich ist – was wohl unwahrscheinlich ist). Aber es ist schwer, die unterschiedliche Berufs*wahl* als Ungleichheit der Lebenschancen zu interpretieren: Männer und Frauen wählen; es trifft nicht zu, dass sie – wie beim Einkommen – ohne Berücksichtigung von Gesichtspunkten der Leistung ungleich behan-

---

2   In der Betrachtung über den Lebenslauf zeigt sich sogar, dass die berufliche Erstausbildung zwischen den Geschlechtern nicht diskriminiert, sondern die Unterschiede des Berufswunsches angleicht. Verfolgt man Planung und Realisierung der beruflichen Ausbildung zwischen Männern und Frauen in Geburtskohorten zwischen 1920 und 1960, so ist die Ungleichartigkeit des Wunschberufs zwischen Männern und Frauen auch in den jüngsten Kohorten noch höher als die Ungleichartigkeit der dann gewählten beruflichen Erstausbildung (*Konietzka* 1999: 221).

delt würden. Mehr noch: Die unterschiedlichen Wahlen sind gleichwertig in Bezug auf Lebenschancen, in ihnen äußern sich Interessen und Präferenzen der Person; man würde die Entscheidungsfreiheit der Person einschränken, wenn man durch eine Annäherung der Wahlen an eine Gleichverteilung der Geschlechter eine Gleichheit der Lebenschancen herstellen wollte.[3] Schließlich kann es sogar sein, dass die Annäherung der Teilhabequoten an beruflicher Bildung die Ungleichartigkeit der Berufs- und Studienfachwahl hervorgerufen hat. Je mehr Frauen in weiterführende Schulen kommen, desto größer wird nämlich die Chance, dass Unterschiede der Interessen zum Ausdruck kommen. Wenn die Präjudizien der Ungleichheit schwinden, steigen die ungleichartigen Wahlmöglichkeiten.

Nicht alle bedeutsamen Lebensentscheidungen, die mit dem Geschlecht zusammenhängen, sind also mit sozialer Ungleichheit verbunden. Männer und Frauen wählen andere Berufe und Studienfächer. Beides ist soziale Konsequenz eines biologischen Unterschiedes. In beiden Fällen kann man sich über die soziale Macht der Biologie wundern; gegen beides kann man angehen – wie etwa die Werbung für ein größeres Engagement von Frauen in technischen Berufen. Beides aber kann man nicht als soziale Ungleichheit bewerten. Denn beides ergibt sich nicht aus unterschiedlich eingeschränkten Wahlmöglichkeiten, sondern aus der Wahl der Personen – im Gegensatz etwa zur schlechteren Bezahlung von Frauen bei gleicher Ausbildung, Arbeitszeit und Berufserfahrung.

---

3 Man könnte weiter argumentieren, dass auch die Wahl einer bestimmten Berufsausbildung nicht chancenneutral ist, weil etwa eine Berufsausbildung als – männlicher – Kfz-Mechaniker mehr zukünftige Berufschancen mit sich brächte denn eine Berufsausbildung als – weiblicher – Friseur. Das scheint mir zwar empirisch haltlos zu sein. Aber selbst wenn über die Gleichwertigkeit von Berufsausbildungsabschlüssen unter dem Gesichtspunkt der Gleichheit der Lebenschancen keine Einigkeit hergestellt werden kann, bleibt es wichtig, zwischen der Einschränkung der Wahlmöglichkeiten durch ungünstige Umstände und der Wahl nach persönlichen Präferenzen zu unterscheiden. Jede Wahl ist Resultat durch die Umstände gesetzter Präjudizien und von der Person entwickelter Präferenzen. Das Überwiegen der ersten führt dazu, dass man sagen kann: „Ich hatte keine andere Wahl"; und nur wenn die Umstände nicht von der Person selber zu verantworten sind, kann man die mangelnden Alternativen im Vergleich mit anderen Personen anderen Instanzen als möglichen Verursachern zurechnen. Nur unter diesen beiden Bedingungen ist es also sinnvoll, von sozialer Ungleichheit zu sprechen. Wer alle Unterschiede der Wahlen von Personen als Ungleichheit der Lebenschancen verstehen will, kann ebenso gut darauf verzichten, Wahlen unter dem Gesichtpunkt der Chancengleichheit zu analysieren. Chancenungleichheit besteht dort, wo Wahlen ohne Verantwortung der Person durch soziale Zugehörigkeiten präjudiziert werden. Wenn man diese analytische Unterscheidung festhält, dann kommt es praktisch darauf an, das Präjudiz der Umstände empirisch zu bestimmen – nicht aber darauf, den immer sinnvollen Verdacht, dass jede Wahl ihre sozialen Hintergründe hat, zum Dogma einer Übermacht der Umstände zu erheben.

4. Soziale Ungleichheit als einschränkende Perspektive auf die Sozialstruktur

Im alltäglichen wie im soziologischen Sprachgebrauch wird „sozialer Ungleichheit" oft ein sehr breiter Gegenstandsbereich zugewiesen: Ungleichheit wird mit Unterschieden überhaupt gleichgesetzt. Die soziale Ungleichheit geht in der distributiv verstandenen Sozialstruktur auf, aber die Negation „Ungleichheit" setzt stillschweigend einen Wertmaßstab „Gleichheit" voraus. Der Begriff soziale Ungleichheit hat die gleiche Denotation wie der Begriff der Sozialstruktur, aber fügt nicht explizierte wertende Konnotationen hinzu, so dass die Grenze zwischen wissenschaftlicher Analyse und politischer Argumentation unscharf und das Zusammenspiel zwischen beiden unbestimmt wird. So gesehen, ist der Begriff der sozialen Ungleichheit nicht nur überflüssig, sondern auch irreführend.

Die vorausgehenden Überlegungen sollten zeigen, dass er beides nicht sein muss. Ihr Fazit ist, dass man „soziale Ungleichheit" als ein besonderes Forschungsgebiet aus der Analyse distributiver Sozialstrukturen unter zwei Bedingungen ausgrenzen kann. *Erstens* muss man das Verständnis von *Gleichheit* explizieren; in differenzierten Gesellschaften kann Gleichheit nur *Chancengerechtigkeit* bedeuten, die mit politisch motivierten Argumenten über die Kriterien von „Leistung" konkretisiert werden muss. *Zweitens* muss man sich auf den Teilbereich der distributiven Sozialstruktur beschränken, für den der Maßstab der Chancengerechtigkeit angemessen ist, nämlich die *Verteilung von Ressourcen*. In summa: *Das Forschungsfeld „soziale Ungleichheit" befasst sich unter dem Gesichtspunkt der Chancengerechtigkeit mit der Verteilung von Ressourcen.*

Der hier vorgeschlagene Sprachgebrauch schränkt also nicht nur den Begriff der „sozialen Ungleichheit" analytisch ein, sondern zwingt auch zur Explikation der Wertungen. „Gleichheit" lässt sich nur mit Wertungen über legitime und illegitime Verteilungskriterien begründen, so dass politische Argumentationen wissenschaftliche Analysestrategien vorzeichnen. Die Soziologie kann dann zwar die politischen Parteien mit empirischen Resultaten aufklären, indem sie das Hin und Her ihrer Argumente in ihren Untersuchungen nachbildet. Aber die Politik behält die Führung bei der Formulierung und Entscheidung normativer Fragen.

Literatur

Andreß, Hans-Jürgen (1999): Leben in Armut. Opladen: Westdeutscher Verlag.
Boldt, Hans (1990): Deutsche Verfassungsgeschichte. Band 2: von 1806 bis zur Gegenwart. München: dtv Wissenschaft.
Blossfeld, Peter (1989): Kohortendifferenzierung und Karriereprozeß. Eine Längsschnittstudie über die Veränderung der Bildungs- und Berufschancen im Lebenslauf. Frankfurt/Main: Campus.
Dahrendorf, Ralf (1968): Gesellschaft und Demokratie in Deutschland. München: Piper.
Datenreport 1999 (erschienen 2000): Zahlen und Fakten über die Bundesrepublik Deutschland. Hg. vom Statistischen Bundesamt. Bonn: Bundeszentrale für politische Bildung (frühere Ausgaben: 1983, 1985, 1987, 1990, dann alle 2 Jahre) .
Diekmann, Andreas (1995): Empirische Sozialforschung. Reinbek: Rowohlt Taschenbuch.
Durkheim, Emile (1893): De la division du travail social. Paris: Presses Universitaires de France (1960). (deutsch: Über soziale Arbeitsteilung. Frankfurt/Main: Suhrkamp 1988, 2. Auflage).
Durkheim, Emile (1950): Leçons de sociologie - Physique des mœurs et du droit. Paris: Presses Universitaires de France (deutsch: Physik der Sitten und des Rechts. Frankfurt/ Main: Suhrkamp 1991) .
Fürstenberg, Friedrich (1966): Sozialstruktur als Schlüsselbegriff der Gesellschaftsanalyse. Kölner Zeitschrift für Soziologie und Sozialpsychologie 18: 439-453.
Gabriel, Karl (2001): Kirchen/Religionsgemeinschaften. in: Schäfers / Zapf (Hg.) a.a.O. S. 380-391.
Hradil, Stefan (1999): Soziale Ungleichheit in Deutschland, 7. Auflage. Opladen: Leske + Budrich.
Konietzka, Dirk (1999): Ausbildung und Beruf. Die Geburtsjahrgänge 1919-1961 auf dem Wege von der Schule in das Erwerbsleben. Opladen: Westdeutscher Verlag.
Meulemann, Heiner (1995): Die Geschichte einer Jugend. Opladen: Westdeutscher Verlag.
Meulemann, Heiner (1996): Werte und Wertewandel. Zur Identität einer geteilten und wieder vereinten Nation. Weinheim - München: Juventa.
Meulemann, Heiner (2001). Soziologie von Anfang an. Opladen: Westdeutscher Verlag.
Parsons, Talcott (1964). Evolutionary Universals in Society. American Sociological Review 29: 339-357.
Parsons, Talcott / Shils, Edward (1951): Values, motives, and Systems of Action. In: dies. (Hg.): Toward A general Theory of Action. Theoretical Foundations for the Social Sciences. New York: Harper, S. 47-278 .
Peisert, Hansgert (1967): Soziale Lage und Bildungschancen in Deutschland. München: Piper.
Popitz, Heinrich, (1987): Autoritätsbedürfnisse. Der Wandel der sozialen Subjektivität. Kölner Zeitschrift für Soziologie und Sozialpsychologie 39: 633-647.
Schmitt, Karl (1989): Konfession und Wahlverhalten in der Bundesrepublik Deutschland. Berlin: Duncker & Humblot.
Szydlik, Marc (1992): Arbeitseinkommen in der Deutschen Demokratischen Republik und in der Bundesrepublik Deutschland. Kölner Zeitschrift für Soziologie und Sozialpsychologie 44: 292-314.
Weber, Max (1964): Wirtschaft und Gesellschaft. Grundriß der verstehenden Soziologie. Studienausgabe, herausgegeben von Johannes Winckelmann. Köln-Berlin: Kiepenheuer & Witsch (Erstausgabe 1922; fünfte revidierte Auflage: Tübingen: Mohr 1972).
Zapf, Wolfgang (1989): Über soziale Innovation. Soziale Welt 40: 170-183.

Welche Leistung, welche Leistungsgerechtigkeit?

Soziologische Konzepte, normative Fragen und einige empirische Befunde

Sighard Neckel, Kai Dröge und Irene Somm

In der Fragestellung, welche Gleichheiten in der modernen Gesellschaft unbedingt gelten sollten und welche Ungleichheiten problematisch und daher möglichst zu beseitigen sind, steckt die Aufforderung zu einer umfassenden *normativen Selbstvergewisserung* der soziologischen Ungleichheitsforschung. Sie hat dabei vor allem zu klären, in welchem normativen Referenzrahmen ihre empirischen Untersuchungen und theoretischen Konzepte zu verankern wären. An externe Instanzen kann die Ungleichheitssoziologie diese Aufgabe nicht delegieren. So ist es nicht Sache der Politik, die soziologische Forschung auf Ungleichheitsprobleme hinzuweisen. Vielmehr sollte die Soziologie umgekehrt die politischen Entscheidungsinstanzen erreichen. Auch der Gang zur normativen Theorie löst das Problem nicht, sondern reformuliert es lediglich auf einer anderen Ebene: Angesichts der Vielzahl widerstreitender philosophischer Positionen müsste die Ungleichheitsforschung (vgl. *Koller*, in diesem Band, S. 49-71) dann begründen, warum sie sich ein spezifisches normatives Paradigma zu Eigen macht und damit andere Perspektiven verwirft, aus denen sich auch andere Forschungsfragen ergeben würden.

1. Orientierungen

Doch über welche eigenen Mittel verfügt die Soziologie, die ihr bei der Suche nach einem normativen Referenzrahmen der Ungleichheitsforschung dienlich sein könnten? Der zentrale Ort, an dem sich normative Orientierungen *empirisch* aufsuchen lassen, ist die Sphäre der *alltäglichen moralischen Urteile und Einstellungen von Akteuren*. Hier kann sich die Ungleichheitsforschung über die lebensweltliche Gestalt und Bedeutung von Gerechtigkeitsprinzipien informieren (vgl. *Mau*, in diesem Band, S. 165-190). Die Erforschung von Gerechtigkeitsurteilen und die Soziologie sozialer Ungleichheit sind heute denn auch vielfach miteinander verschränkt. So operiert die aktuelle soziologische Gerechtigkeitsforschung typischerweise mit empirischen Ungleichheitskonstellationen, die Probanden daraufhin beurteilen sollen, ob sie in ihren Augen gerecht oder ungerecht sind.[1] Wenn die so gewonnenen Ergebnisse dann wiederum der Ungleichheitsforschung als Ausgangspunkt dienen, besteht jedoch die Gefahr einer *zirkulären* Bewe-

---

1   Vgl. hierzu beispielhaft die Forschungen des ,International Social Justice Project' (ISJP), etwa *Kluegel/Mason/Wegener* 1995.

gung, die der Entdeckung neuer Ungleichheitsproblematiken nicht zuträglich sein dürfte. Auch kann die empirische Erforschung von Gerechtigkeitsvorstellungen eine normativ abwägende Reflexion über mehr oder weniger gerechte gesellschaftliche Verteilungsstrukturen nicht ersetzen. Häufig ist die Gerechtigkeitsproblematik bestimmter Ungleichheiten Akteuren selbst gar *nicht bewusst* – etwa weil sie soziale Ungleichheiten als natürliche deuten oder stets schon als Resultate individueller Wahlhandlungen verstehen. Schließlich können partikulare Interessen Interpretationen befördern, die Gerechtigkeitsprobleme eher verbergen.

Die soziologische Ungleichheitsforschung hat immer dann die größte Beachtung gefunden, wenn es ihr gelang, solcherart Mythen, Rationalisierungen und Ideologien aufzuzeigen und zu kritisieren. Eine Voraussetzung dafür ist, sich in der eigenen Forschung zwar von empirischen *Daten*, aber nicht von empirischen *Deutungen* abhängig zu machen. Die soziologische *Theorie* schafft hierbei gewiss reflexive Distanzen. Aber sie operiert mit *analytischen* Kategorien, deren Sinn gründlich missverstanden wäre, würde man sie vorschnell als *normative* verwenden. Dies gilt gerade deshalb, weil die Gesellschaft als Gegenstand der Sozialwissenschaft in sich selbst normativ strukturiert ist. Nirgendwo tritt dies deutlicher zu Tage als in der Ungleichheitsforschung. In das historisch gewachsene Selbstverständnis und in das institutionelle Gefüge einer Gesellschaft sind Gerechtigkeitsnormen eingelagert, die die soziale Praxis regulieren, ohne dabei immer schon eingelöst zu sein. Will die soziologische Theorie diesem Tatbestand entsprechen, ohne sich damit selbst sogleich in eine normative Theorie zu verwandeln, wird sie ihre Begriffe und Konzepte *historisieren* müssen, um in der Spannung zwischen normativen Ansprüchen und sozialen Wirklichkeiten jene Prinzipien zu identifizieren, auf die eine gegebene soziale Ordnung sich selbst beruft (vgl. *Habermas* 1971: 303f.). Mit Hilfe einer gesellschaftsgeschichtlich informierten soziologischen Theorie, die ihre Aufmerksamkeit auf die normative Struktur sozialer Ordnung richtet, vermag die Ungleichheitsforschung gegenüber Alltagswelten eine gewisse reflexive Distanz zu bewahren, und vermeidet dabei zugleich, Maßstäbe an Alltagswelten heranzutragen, die diesen äußerlich sind. Denn die normativen Grundüberzeugen, auf die sich Akteure in ihren moralischen Urteilen stützen, haben sich in Auseinandersetzung mit ihren jeweiligen Sozialwelten gebildet. Gerechtigkeitsurteile einzelner Akteure sind deshalb nie bloß subjektiv. In ihnen wird explizit oder implizit auf gesellschaftlich sedimentierte normative Prinzipien und Ideen zurückgegriffen, die erst den Legitimitätsanspruch der eigenen moralischen Überzeugungen begründen (vgl. ebd.: 94).

Allein die *Rekonstruktion gesellschaftlicher Normenbestände* ermöglicht also adäquate Interpretationen von Akteursperspektiven. Dazu bedarf es einer historisch informierten Analyse derjenigen normativen Begriffe, die im alltäglichen Sinnverständnis sozialer Ungleichheit relevant geworden und geblieben sind. Hierfür ist die Ungleichheitsforschung dann auch auf normative Theorien der Gerechtigkeit verwiesen, deren begrifflich-analytische Instrumentarien dabei behilflich sein können, im Wandel gesellschaftlicher Selbstverständnisse *epochenübergreifende und überlokale Gerechtigkeitsideen* sichtbar werden zu lassen. Auch bietet die normative Theorie systematische Anhaltspunkte, um die prinzipielle Rechtfertigbarkeit historisch rekonstruierter Gerechtigkeitsnormen beurteilen zu können. Im Ergebnis entsteht so das Konzept einer gesellschaftsgeschichtlich verankerten und normativ reflektierten soziologischen Analyse empirischer Gerechtigkeitsvorstellungen, die sich auch für die Blindstellen, die Paradoxien und Widersprüche in den Urteilen von Akteuren interessiert.

2. Welche Empirie, welche Theorie?

In der gegenwärtigen Forschung lassen sich zwei andere Ansätze der soziologischen Gerechtigkeitsforschung identifizieren, die sich von diesem Konzept einer Kombination von normativer Theorie, gesellschaftsgeschichtlicher soziologischer Theorie und empirischer Rekonstruktion alltäglicher Deutungen insofern unterscheiden, als sie jeweils auf eines der drei genannten Elemente verzichten. Zunächst sind hier jene Vorschläge einer *interdisziplinären sozialen Gerechtigkeitsforschung* (vgl. *Liebig/Lengfeld* 2002) zu nennen, die auf eine enge Kooperation von Soziologie und Philosophie abzielen. Seinen Ausdruck findet dies darin, dass empirische Akteursperspektiven mit der normativen Fragestellung konfrontiert werden, ob es sich bei den ermittelten Gerechtigkeitsvorstellungen tatsächlich um moralische Urteile handelt, und wann von außermoralischen, interessegeleiteten Urteilen gesprochen werden muss (vgl. *Liebig* 2002). Die Orientierung an der normativen Gerechtigkeitstheorie dient hier der näheren Klassifizierung empirischer Gerechtigkeitsvorstellungen und vermag deren prinzipiellen moralischen Gehalt auszuweisen. Was die normative Theorie hingegen nicht zu entscheiden hat, ist, ob die von den Probanden formulierten Regeln und Präferenzen auch tatsächlich gerecht sind. Vielmehr sollen die empirischen Gerechtigkeitsurteile, in bewusster Distanz zur sozialen Standortgebundenheit artikuliert, selbst richtungweisend für die normative Theorie werden (vgl. *Liebig/Lengfeld* 2002: 7ff.), so dass sich Akteure gleichsam zu verlässlichen Experten von Gerechtigkeitslücken verwandeln, wenn sie über Verteilungsprobleme nachdenken und normative Vorschläge der Gerechtigkeitstheorie bewerten. Von der zentralen Frage geleitet, „ob die Menschen eine Gerechtigkeitstheorie als moralisch geboten anerkennen" (ebd.: 11), läuft dieser Ansatz darauf hinaus, normative Gerechtigkeitskonzeptionen zu testen. Bewusst wird hierdurch der lebensweltliche Kontext von Gerechtigkeitsurteilen stark reduziert, was sich auch in den methodischen Instrumenten niederschlägt. So schließt *Liebig* (2002) an ein Laborexperiment von *Frohlich* und

Oppenheimer (1992) an, das in einer Art Simulation des Rawls'schen Urzustandes operiert. Die Annahme, ein solches Gedankenmodell könne empirisch simuliert werden, führt jedoch ein Missverständnis mit sich. Denn „die
Parteien, die sich im Urzustand auf vernünftige Prinzipien einigen, sind artifizielle Größen oder Konstrukte; sie dürfen nicht mit den Bürgern aus
Fleisch und Blut identifiziert werden, die unter den realen Bedingungen
einer nach.Gerechtigkeitsprinzipien eingerichteten Gesellschaft leben würden" (*Habermas* 1998: 80f.). Selbst wenn Probanden in ihren Urteilen von
der eigenen Position innerhalb der gesellschaftlichen Verteilungshierarchie
absähen, versetzte sie dies nicht in eine quasi ‚vorgesellschaftliche' Situation, aus der heraus unvoreingenommen über das Beste aller denkbaren
Verteilungsprinzipien zu entscheiden wäre. Ihre Urteile würden vielmehr jenen Deutungshorizont nie vollständig verlassen können, der durch die normativen Rahmungen ihrer Sozialwelten und die darin eingelassenen Prinzipien zur Rechtfertigung sozialer Ungleichheit abgesteckt ist. Deshalb erscheint es sinnvoller, durch eine *Rekonstruktion* dieses gesellschaftlichen
Normenbestandes selbst das Überindividuelle in den Einzelurteilen erkennbar zu machen, als Probanden mittels methodischer Regeln auf einen Universalismus zu verpflichten, den sie faktisch nie einlösen können.

Während der Ansatz der interdisziplinären Gerechtigkeitsforschung auf
die Verankerung von Normen im gesellschaftlichen Selbstverständnis verzichtet, setzen manche Vertreter der *lokalen Gerechtigkeitsforschung* in ihrer Suche nach tragfähigen normativen Prämissen für die Ungleichheitsforschung genau hier an und beabsichtigen, nur diejenigen Maßstäbe zu rekonstruieren, „die (die moderne Gesellschaft) selbst zu ihrer Legitimation in
Anspruch" nimmt (*Schmidt* 2000b: 396). Angesichts dieser Ausgangsüberlegung überzeugt allerdings nicht, dass im Ergebnis nur die „gesellschaftliche Totalexklusion", d.h. die „kumulative Verknüpfung mehrerer und zudem funktional nicht legitimierter Ungleichheitsbehandlungen" (ebd.: 384)
für „uneingeschränkt bedenklich" erachtet wird. *Differenzierende* Ungleichheiten in „inklusiven" Gesellschaftsbereichen – etwa Status- oder Einkommensunterschiede – verlieren an Gewicht oder werden im Anschluss an
Niklas *Luhmann* als „Nebenfolge des (ordnungsgemäßen!) Prozedierens
(der) Funktionssysteme" moderner Gesellschaften und daher als weitgehend
unproblematisch bezeichnet (ebd.: 389; vgl. *Schmidt*, in diesem Band, S.
73-92).

Im Versuch, sich gegen den Vorwurf eines „wirklichkeitsfremden Utopismus" (ebd.: 396) zu wappnen und nur solche Gerechtigkeitsprobleme zu
benennen, die auch sozial- oder wirtschaftspolitisch zu bearbeiten sind,
schwindet dieser Argumentation jedoch der Wirklichkeitsbezug gegenüber
jenen Akteuren, die, obschon inkludiert, dennoch mit Gerechtigkeitsproblemen konfrontiert sind. Ungleichheitsforschung reduzierte sich dann im Wesentlichen auf Exklusionsstudien, womit alle normativen Prinzipien und

Probleme aus dem Blick gerieten, die sich der Unterscheidung von mehr oder weniger gerechten Formen sozialer Ungleichheit verdanken. Im Resultat kann eine solche ungleichheitstheoretische Perspektive nur die ausschließenden Folgen *kategorialer* Formen sozialer Ungleichheit als normativ problematisch vermerken, jene also, die grundlegende Rechte und Ansprüche verwehren. Doch gerade die *graduellen* Unterschiede in gesellschaftlichen Verteilungsordnungen, die stets auf quantitative Differenzen in der Zuteilung von Ressourcen abstellen[2], bedürfen der Rechtfertigung. Sie haben diese im Selbstverständnis moderner Gesellschaften seit je her in normativen Prinzipien gefunden, die die Grenzen der Legitimität sozialer Ungleichheit markieren. Die zentrale moderne Rechtfertigungsidee in der gesellschaftlichen Statusverteilung stellt das *Leistungsprinzip* dar. Im Unterschied zu allen kategorialen Ansprüchen auf politische Gleichheit und unverlierbare persönliche Rechte betrifft es die differenzierende Dimension des Sozialen und postuliert, für alle graduellen Unterschiede von Lebenschancen, Rangstellungen und Einkünften den verbindlichen Maßstab zu bilden. Auch in der inklusiven Sphäre moderner Gesellschaften treffen wir also auf grundlegende Legitimationsansprüche sozialer Ungleichheit, die der empirischen Aufmerksamkeit und der theoretischen Analyse bedürfen – nicht zuletzt deswegen, weil es die gesellschaftlichen Akteure selbst sind, die in graduellen Unterschieden notorisch Gerechtigkeitsprobleme identifizieren.

3. Leistung als Ungleichheitsnorm

Das Leistungsprinzip als Rechtfertigungsinstanz legitimer sozialer Ungleichheit stellt sich in der modernen Gesellschaft so unbestritten wie vieldeutig dar, da stets recht unterschiedliche Sachverhalte mit ihm bezeichnet werden. Und dennoch ist in den sich wandelnden Auslegungen von ‚Leistung' und ‚Leistungsgerechtigkeit' ein *gemeinsamer Kern* auszumachen. Der Sozialphilosoph David *Miller* (1999: 149ff.) verfolgt in diesem Zusammenhang den Gedanken, dass der überzeitliche Kern des Leistungsprinzips angesichts der *inhaltlichen* Vielfalt der historischen und sozialen Leistungsverständnisse nur dann sichtbar wird, wenn er in seiner *formalen* Natur aufgespürt wird, in einer Reihe von unhintergehbaren Merkmalen also, die die Spannweiten in der Verwendung des Leistungsbegriffs pragmatisch begrenzen (vgl. *Neckel/Dröge* 2002: 108ff.). Wenn ein solcher Kern nicht auffindbar wäre, man also feststellen müsste, dass die variationsreiche Rede von der Leistung gänzlich ohne inneren Zusammenhang ist, gehörte das Leistungsprinzip nicht mehr dem Selbstverständnis der modernen Gesellschaft an. Ohne bestimmte Elemente in der Sinngebung von ‚Leistung', die unbeschadet ihrer jeweiligen Auslegung eine gewisse allgemeine Geltung bean-

---

2   Zur Unterscheidung von *kategorialen* und *graduellen* Formen sozialer Ungleichheit vgl. *Berger* 1989; *Neckel* 2003.

spruchen können, würde das Leistungsprinzip im normativen Haushalt der modernen Gesellschaft kaum Bestand aufweisen können.

Wie aber lässt sich dieser formale Kern des Leistungsprinzips näher rekonstruieren? Welche menschlichen Handlungen kommen für das Attribut ‚Leistung' überhaupt in Betracht und welches formale Verhältnis lässt sich für die Regeln von Leistung und Gegenleistung formulieren? Claus *Offe* hat in seiner seinerzeit vieldiskutierten Studie über „Leistungsprinzip und industrielle Arbeit" zu Recht darauf verwiesen, dass im Leistungsprinzip „ein unausgetragener Dualismus von Leistungskriterien" enthalten ist (*Offe* 1970: 47): Der ‚Umfang' einer Leistung bemisst sich einerseits an der *Mühe*, dem individuellen Einsatz und der ‚harten Arbeit', die eine Person eingebracht hat (*Aufwandsdimension*); andererseits soll dabei ebenso die Menge, Güte und Wertschätzung des erzielten *Ergebnisses* berücksichtigt werden (*Ergebnisdimension*). Die Bedeutung der *Aufwandsdimension* erklärt sich historisch aus der Abgrenzung zur vorbürgerlich-ständischen Gesellschaftsordnung: Unter Absehung von allen askriptiven Eigenschaften soll als Leistung einer Person nur gelten, was ihr als *Resultat des eigenen, intentionalen Tuns* zweifelsfrei zurechenbar ist. Eine wichtige ideengeschichtliche Voraussetzung dafür liegt in der durch die Reformation vorangetriebenen Neubewertung der menschlichen Arbeit, die aus dem Makel der niederen Stände eine Quelle individueller Heilsgewissheit machte. Als Arbeitsethos säkularisiert, ist diese Umwertung zentral in das Selbstverständnis der modernen Gesellschaft eingegangen. Die *Ergebnisdimension* von Leistung hingegen bleibt in der frühbürgerlichen Phase noch eigentümlich unbestimmt. Adam *Smith* und anderen liberalen Vordenkern der neuen Gesellschaftsordnung steht ein eher abstraktes Ziel aller Leistungserbringung vor Augen: die „Wohlfahrt der Nationen". Um zu gewährleisten, dass die individuellen Leistungsergebnisse diesem Ziel auch dienlich sind, bedarf es dann lediglich der Installierung bestimmter Rahmenbedingungen wie freier Konkurrenz und Eigentumsrechten. Sind diese gegeben, wird die ‚*invisible hand*' ihr segensreiches Werk verrichten. Während der Liberalismus in den individuellen Leistungsergebnissen Beiträge zu einem abstrakt definierten Gemeinwohl sieht, haben spätere soziologische Analysen den *gesellschaftlichen Wert* einzelner Ergebnisse sehr viel direkter zum Ausgangspunkt von Leistungsbemessungen gemacht. Im Konzept der funktionalen Schichtungstheorie (vgl. *Davis/Moore* 1966) etwa bestimmt sich der Wert einer Leistung nach dem spezifischen Beitrag, den sie zur gesellschaftlichen Reproduktion erbringt. Dieses Konzept ist in der Vergangenheit vielfach kritisiert worden. Die Einwände richteten sich dabei hauptsächlich gegen das unerschütterliche Systemvertrauen des Funktionalismus, das in der Annahme gipfelt, soziale Schichtung sei immer schon ein Spiegel der funktionalen Bedeutungshierarchie von Positionen, während faktisch doch erst die tatsächliche Belohnungsverteilung den Wertmaßstab der gesellschaftlichen

Bedeutungszuweisung einzelner Tätigkeiten setzt (vgl. *Mayntz* 1961). Unstrittig ist jedoch auch bei der Kritik der funktionalen Schichtungstheorie, dass bei jeder Leistungsbemessung eine wie auch immer definierte gesellschaftliche ‚Dienlichkeit' eines Handlungsergebnisses unumgänglich ist. Damit ist freilich nur ein weiteres *formales* Kriterium gewonnen, das die Ergebnisdimension von Leistung genauer umgrenzt. Die Bestimmung des ‚sozialen Wertes.' von Tätigkeiten setzt einen Prozess der *Bewertung* in gesellschaftlichen Aushandlungsprozessen voraus, in denen historisch wandelbare gesellschaftliche Zieldefinitionen und Wertpräferenzen eine maßgebliche Rolle spielen. Deshalb dürfte es angemessener sein, statt von ‚wertvollen' von gesellschaftlich *erwünschten Ergebnissen* zu sprechen.

Jede Leistungsbemessung in der modernen Gesellschaft erfährt also eine doppelte Bindung, deren einer Pol sich in einem intentional *zurechenbaren Aufwand* und deren anderer sich in einem *gesellschaftlich erwünschten Ergebnis* manifestiert. Darin drückt sich nicht zuletzt der rationale Anspruch einer kapitalistischen Industriegesellschaft aus, die die menschliche Güterproduktion von der Wechselhaftigkeit und Unkalkulierbarkeit natürlicher Gegebenheiten unabhängig machen wollte und daher auch einen engen Konnex zwischen den Bemühungen, die eine Person aufbringt, und dem Ergebnis, das sie erzielt, annahm (vgl. *Hartfiel* 1977: 15f.). Gesellschaftsgeschichtlich wird hier die *Erwartung einer Ausgewogenheit von Aufwand und Ergebnis* begründet, die als weiteres formales Kriterium den internen Zusammenhang der beiden Leistungsdimensionen genauer bestimmt. Der „unausgetragene Dualismus von Leistungskriterien", den Offe diagnostizierte, bricht erst dann sichtbar auf, wenn sich die Realität der Leistungserbringung nicht mehr der an sie herangetragenen Ausgewogenheitserwartung fügt: Soll ein Ergebnis, das sich primär einem spontanen Einfall, dem Glück oder einfach günstigen Umständen verdankt, weniger wert sein als wenn es durch anstrengende Arbeit zustande gekommen ist? Soll ein individueller Einsatz, der schließlich an unvorhersehbaren Hindernissen scheitert, „ins Nichts fallen" (*Simmel* 1968: 217), also gänzlich wertlos werden? Die ökonomische Literatur zur Leistungsmessung und die historischen Archive von Lohnkämpfen und Tarifauseinandersetzungen dokumentieren umfangreich das Bemühen, mittels ausgefeilter Bewertungsprozeduren der Erwartung einer Ausgewogenheit von Aufwand und Ergebnis zu entsprechen. Dass diese Bewertungsprozeduren dabei fast zwangsläufig ideologischen Charakter annehmen, hat *Offe* eindrücklich zeigen können. Gleichwohl beweisen die sozialen Auseinandersetzungen um Leistung aber auch, wie fest das Leistungsprinzip in den normativen Vorstellungen der modernen Gesellschaft verankert ist.

Mit den Elementen ‚*Aufwand*', ‚*Ergebnis*' und der auf das Verhältnis dieser Elemente gerichteten ‚*Ausgewogenheitserwartung*' sind fundamentale formale Kriterien benannt, die einen Handlungsakt als ‚*Leistung*' qualifizieren. In der modernen Gesellschaft begründet eine derart erbrachte Leistung den Anspruch auf eine gesellschaftliche *Gegenleistung* in Form von sozialer Anerkennung und sozialökonomischem Status. Diese Gegenleistung ist dann *leistungsgerecht*, wenn sie sich unter Absehung von askriptiven Merkmalen allein am ‚Umfang' und an der ‚Güte' einer sachlichen Leistungserbringung bemisst (vgl. *Meulemann*, in diesem Band, S. 115-136). Leistung und Gegenleistung sollen also in einem Verhältnis der *Äquivalenz* zueinander stehen. Angesichts der oben dargestellten Probleme der Leistungsbemessung ist klar, dass auch die Äquivalenzforderung zunächst nicht mehr als ein rein *formales* Kriterium ist. Nach welchen inhaltlichen Maßstäben diese Äquivalenz zu bestimmen ist, bleibt Gegenstand sozialer Aushandlungsprozesse, die über die Gewichtung des Aufwandes, der Erwünschtheit eines Ergebnisses und den symbolischen Wert verschiedener Formen von Gegenleistungen (etwa materielle Einkünfte oder Prestige) befinden müssen. Als letztes formales Kriterium des Leistungsprinzips ist schließlich die *Chancengleichheit* zu nennen, die als unverzichtbare Rahmenbedingung in dessen normativen Kern eingeht. Wie zentral dieses Kriterium für die Rechtfertigung moderner Statusordnungen ist, lässt sich nicht zuletzt aus der langen Geschichte jener Untersuchungen ablesen, die mangelnde Chancengleichheit zum Anlass ihrer Kritik der sozialen Ungleichheit im modernen Kapitalismus genommen haben (vgl. etwa *Bourdieu/Passeron* 1971). Zusammenfassend lassen sich die formalen Elemente des Leistungsprinzips somit folgendermaßen darstellen:

Schematische Darstellung des Leistungsprinzips

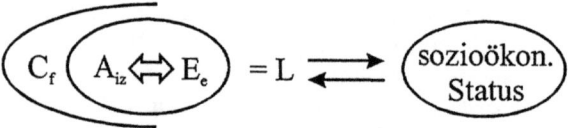

Unter Bedingungen *formaler Chancengleichheit* (C_f) gilt ein *intentionaler* und *individuell zurechenbarer Aufwand* (A_{iz}), der zu einem gesellschaftlich *erwünschten* Ergebnis (E_e) führt, als *Leistung* (L). An das Verhältnis von Aufwand und Ergebnis richtet sich eine *Ausgewogenheitserwartung* ($A_{iz} \Leftrightarrow E_e$). Leistung begründet den Anspruch auf eine *äquivalente Gegenleistung* in Form von sozialökonomischem Status. Statusdifferenzen wiederum haben dem Selbstverständnis der modernen Gesellschaft entsprechend keine andere legitime Grundlage als Leistung. Eine Statuszuteilung ist dann *gerecht*, wenn sie sich äquivalent zu den so bestimmten Leistungen einer Person verhält (L ⇄ sozioökon. Status). In dem Maße, wie eine Gesellschaft sich diese Idee der Leistungsgerechtigkeit als regulatives Prinzip ihrer Statusordnung zu Eigen macht, entwirft sie sich selbst als *Leistungsgesellschaft*.

Dieses Schema deckt sich in weiten Teilen mit der Analyse des „vorinstitutionellen Rationalitätskerns" des Leistungsprinzips, das *Miller* (1999: 131ff.) im Rahmen seines „concept oft desert" vorgelegt hat. Trotz mancher Beschränkungen aus soziologischer Sicht[3] kann es begrifflich-theoretisch der Ungleichheitsforschung als sinnvoller analytischer Bezugsrahmen dienen. Eine strittige Frage ergibt sich allerdings bezüglich der Dimension der *gesellschaftlichen Erwünschtheit* eines Leistungsergebnisses. Der gesellschaftliche Beitrag („contribution to social welfare") stellt in seinen aktuellen Überlegungen nicht mehr, wie noch in einer früheren Fassung seiner Gerechtigkeitstheorie (*Miller* 1976: 103ff.), ein unhintergehbares normatives Kriterium des Leistungsprinzips dar. Obwohl alltägliche Bewertungen sehr oft von dieser Idee geleitet seien, könne sie nicht als konstitutive Bewertungsgrundlage von gerechten Verdiensten betrachtet werden. So kann *Miller* zufolge denn auch berechtigterweise davon gesprochen werden, dass der Anführer eines Bankraubes einen größeren Anteil an der Beute verdient als der Fahrer des Fluchtwagens (vgl. *Miller* 1999: 135). Das Leistungsprinzip hat aber in seiner historischen Genese immer einen Bezug zur gesellschaftlichen Statusordnung im Ganzen gehabt. Bestimmte Tätigkeiten, selbst wenn sie aufgrund ihrer Finesse oder Unerschrockenheit Bewunderung erfahren sollten, scheiden daher immer dann als legitime Basis für sozialen Status aus, wenn ihre gesellschaftlichen Folgen – wie beim Bankraub – als schädlich definiert worden sind. Im Unterschied zu einem abstrakten Verdienstprinzip ist für das Leistungsprinzip die *gesellschaftliche Wertschätzung* einer Tätigkeit unverzichtbar.

---

3   Volker *Schmidt* (2000a: 67ff.) bescheinigt David *Miller* völlig zu Recht, einer der wenigen empirisch informierten Sozialphilosophen zu sein, die ihrer Disziplin die Aufgabe einer „rekonstruktiv betriebenen Aufklärung der Alltagsmoral" zuweisen. Allerdings bleibt *Miller* hinter seinem Anspruch zurück, „Korrespondenzen" seines normativen Modells mit den alltäglichen Gerechtigkeitsüberzeugungen von Akteuren zu identifizieren und damit die „Tiefenstruktur" dieser Überzeugungen aufzuzeigen. Zwar referiert er in differenzierter Weise eine Reihe von Gerechtigkeitsstudien und sieht hier die Zustimmungsfähigkeit des Leistungsprinzips in alltäglichen Gerechtigkeitsurteilen bestätigt (vgl. *Miller* 1999: 61ff.). Bei der konkreten Ausarbeitung des „concept of desert" verzichtet er aber darauf, den einzelnen Dimensionen des Rationalitätskerns von Leistung in der Alltagsmoral systematisch nachzuspüren, sondern begnügt sich weitgehend mit gedankenexperimentellen Illustrationen.

4. Die Vermarktlichung des Leistungsprinzips

Auch wenn sich nachweisen lässt, dass den unterschiedlichen historischen und sozialen Auslegungen des Leistungsprinzips ein gemeinsamer vorinstitutioneller Kern zugrunde liegt, so ist damit noch nicht besagt, welche *Relevanz* dieser normative Kern für die *alltägliche Rechtfertigung* (und Kritik) sozialer Ungleichheit heute empirisch hat. Denn die gesellschaftlichen Interpretationen des Leistungsprinzips beziehen sich ja nie direkt auf einen solchen formalen Kern, sondern finden ihre Ansatzpunkte in einer je gegebenen sozialen Realität der Statusverteilung, in deren Differenzen zwischen Sein und Sollen Akteure immer wieder Anlässe sehen, soziale Ungleichheit mit den normativen Forderungen des Leistungsprinzips zu konfrontieren (vgl. *Honneth* 1992: 205ff.; *Miller* 1999: 142f.). Ob und in welcher Weise Akteure allerdings solche Differenzen tatsächlich wahrnehmen, hängt nicht zuletzt von der gesellschaftlichen Wirklichkeit des Leistungsprinzips selbst ab. Gegenwärtige Entwicklungen werfen die Frage nach der tatsächlichen Relevanz von Leistung im Deutungsbestand der modernen Gesellschaft mit besonderer Dringlichkeit auf, weil die Realität des Leistungsprinzips eine zunehmend *paradoxe* Gestalt annimmt. Denn einerseits ist zu beobachten, dass die Organisation der Statusverteilung auf eine Weise umgestaltet wird, die sich zu den normativen Forderungen des Leistungsprinzips vielfach konträr verhält; andererseits wird aber gerade diese Umgestaltung im gesellschaftspolitischen Diskurs häufig unter Verwendung der Leistungsbegrifflichkeit legitimiert.

Zur zentralsten Herausforderung für das Leistungsprinzip ist dabei der *Bedeutungszuwachs des Markterfolgs* in der gesellschaftlichen Statusverteilung geworden (vgl. *Neckel* 1999: 152 ff.; 2001, 2002; *Neckel/Dröge* 2002; *Dröge* 2003). Das Markt- und das Leistungsprinzip haben gesellschaftsgeschichtlich zwar verwandte Wurzeln, die im Liberalismus begründet liegen. Doch stehen – wie nicht wenige andere Prinzipien des Liberalismus auch – ‚Markt' und ‚Leistung' nicht zwangsläufig schon in einem harmonischen Verhältnis zueinander, sondern weisen innere Konflikte und Antinomien auf. So stellt der Markt auch nicht die ‚natürliche' Wertsphäre dar, in der Leistungen in ganz selbstverständlicher Weise ihre ‚gerechte' Bewertung finden würden. Der Markt operiert nicht im Dienste der Leistungsgerechtigkeit, sondern gehorcht dem Interesse, im Wechselspiel von Angebot und Nachfrage eigene Vorteile zu realisieren (vgl. *Rubinstein* 1988), wie auch die neoklassische Ökonomie nüchtern konstatiert (vgl. *Schmid* 1995). Entscheidend ist, dass in das Marktprinzip der Gewinnorientierung keine Regeln eingelassen sind, die von sich aus schon leistungsadäquate Preisbildungen gewährleisten würden, weshalb erst hinzutretende Regulationen und

‚Einbettungen' von Märkten in Gestalt von Gesetzgebung und Verträgen allzu eklatante Verzerrungen des Leistungsprinzips abzumildern vermögen.[4] Jene hinzutretenden Regulationen aber sind es, die im Zuge der Transformation moderner Sozialordnungen in Marktgesellschaften heute starken Belastungen unterliegen. Der gesellschaftsgeschichtlichen Nähe in den Ursprüngen von Markt- und Leistungsprinzip ist es dabei vermutlich geschuldet, dass Prozesse der Vermarktlichung heute von einer wachsenden Leistungsrhetorik begleitet werden. Auch legt die überbordende Leistungssemantik, mit der zur Zeit noch jede wirtschafts- oder sozialpolitische ‚Modernisierung' auftritt, Zeugnis von der Vermutung ab, dass ohne Bezug auf das Leistungsprinzip der Bedeutungszuwachs von Markterfolgen kaum zu legitimieren wäre. Dies umso mehr, als die marktgesellschaftlichen Entwicklungen der Gegenwart genau jene elementaren Kriterien berühren, die zum formalen Rationalitätskern des Leistungsprinzips gehören. Zum einen betrifft dies die Gewichtung von ‚Aufwand' und ‚Ergebnis' in der Leistungserbringung. Die moderne Marktökonomie folgt stärker denn je einer strikt *ergebnisorientierten* Leistungsbewertung (vgl. *Bender* 1997; *Voswinkel* 2002), so dass Aufwände, die geringere Aussichten auf Markterfolge haben oder an diesen nicht hauptsächlich beteiligt sind, eine Entwertung erfahren. Der stets vorhandene ‚Dualismus' im modernen Leistungsbegriff wird dadurch noch einmal gesteigert. Davon ist zum anderen auch die for-

---

4   In dieser Hinsicht gelangen wir zu einer anderen Einschätzung als David *Miller*, der in seinen neueren Publikationen die generelle Verträglichkeit von Markt- und Leistungsprinzip nachzuweisen versucht. Die Problematik von *Millers* Argumentation zeigt sich am deutlichsten bei den Beispielen, die *Miller* wählt, um seine Thesen zu belegen, die ihnen tatsächlich aber eher widersprechen. Gegenüber dem Einwand, dass der Markt von sich aus weder den sachlichen Wert noch den gesellschaftlichen Beitrag einer Leistung adäquat auszudrücken vermag, verweist er etwa auf das Beispiel eines Unternehmers, der Millionen von Menschen mit Streichhölzern versorgt und das Zehnfache von dem verdient, was ein Anbieter von erstklassiger Unterhaltung mit einem verhältnismäßig kleinen Kundenstamm erhält. Berechtigterweise sei die Tätigkeit des Streichholzproduzenten mehr wert, weil dieser mehr Menschen einen Nutzen bietet (*Miller* 1999: 184). Der höhere Verdienst des Streichholzproduzenten ist zunächst jedoch rein der viel größeren Nachfrage nach seinem Produkts geschuldet. Dies sollte nicht umstandslos als Ausdruck angemessener oder gar „gerechter" sachlicher oder gesellschaftlicher Wertsetzungen verstanden werden, wie dies *Miller* in seinem Beispiel allein schon durch die Auswahl der zu vergleichenden Tätigkeiten und Produkte insinuiert. Hätten wir es nämlich anstelle von Streichhölzern mit Überraschungseiern zu tun und anstelle von erstklassiger Unterhaltung mit alltagstauglichen Solarmobilen, würde deutlich, dass *Millers* Argument sich selbst eines „werthaltigen" Rückgriffs auf Produkte des Grundbedarfs (Streichhölzer) einerseits und exklusiver Güter (erstklassige Unterhaltung) andererseits bedient (vgl. dazu auch den Beitrag von Ludwig-Mayerhofer, in diesem Band, S. 93-113). Vertauscht man die Besetzung des von ihm verhandelten Falles, wird offenbar, dass *Miller* argumentativ zwar auf rein quantitative Aspekt abstellt, aber implizit qualitative Wertunterschiede setzt, die sein Beispiel erst stichhaltig machen sollen. Nur müsste man dann auch begründen können, warum es ein angemessener Ausdruck des sachlichen und sozialen Werts von Tätigkeiten und Produkten sein soll, wenn die Einkünfte eines Produzenten von alltagstauglichen Solarmobilen zehnmal geringer ausfallen als jene des Herstellers von Überraschungseiern, die ohne Zweifel mehr Menschen erreichen ...

male Äquivalenzforderung von ‚Leistung' und ‚Gegenleistung' betroffen,
da die Vermarktlichung des Leistungsprinzips einen Anspruch auf Gegenleistung sowie deren Höhe zunehmend von *ökonomischen Ertragskriterien*
und Geschäftserfolgen abhängig macht.

Umso interessanter ist es, empirisch zu überprüfen, welche Resonanzen
diese Entwicklungen in gesellschaftlichen Deutungen über Gerechtigkeit
finden, und ob normative Anfragen an eine marktgesellschaftliche Statusverteilung tatsächlich auf die formalen Kernaussagen des Leistungsprinzips
rekurrieren. Genau dies ist das Ziel unserer eigenen empirischen Forschung,
die angesichts gravierender und vielfach leistungsferner Veränderungen in
den faktischen Mechanismen der Statusverteilung der *Bedeutung von Leistungskriterien für die Wahrnehmung sozialer Ungleichheit* nachspürt, und
in diesem Zusammenhang die alltagsweltlichen Ausprägungen in der *normativen Relevanz* des Leistungsprinzips untersucht.[5] Als ‚normative Relevanz' verstehen wir dabei nicht (oder zumindest nicht nur), dass Akteure
dem normativen Postulat der ‚Leistungsgerechtigkeit' generell zustimmen,
und auch nicht, dass im ‚unparteilichen Nachdenken' über Verteilungsprobleme das Leistungsprinzip prinzipiell als eine moralisch gebotene Regel
angeführt wird. Vielmehr soll ‚Leistung' dann als normativ relevant gelten,
wenn sich das Leistungsprinzip über einen bloßen Glauben an dessen Sollgeltung hinaus auch als eine normative *Erwartung* an die alltäglich erfahrbare Praxis der sozialen Statuszuweisung artikuliert und sich in Erfahrungen, die einer unterstellten Geltung von Leistungsgerechtigkeit widersprechen, Enttäuschungen zeigen.

Mit ‚Verhaltensrelevanz' – wie von anderen Autoren aus der Gerechtigkeitsforschung präferiert, die Gerechtigkeitsurteile erst dann als valide betrachten, wenn diese unmittelbar ersichtliche Konsequenzen für das individuelle Verhalten zeitigen (vgl. *Schmidt* 2000a: 70ff.) – ist eine solche normative Erwartungsstruktur nicht umstandslos gleichzusetzen. Die Annahme
eines direkten Zusammenhangs von moralischem Urteil und entsprechendem Handeln wird der Komplexität sozialer Situationen kaum gerecht, in
denen außermoralische Wertbindungen (z.B. Selbstverwirklichung), pragmatisches Wissen und situative Bedürfnisse die normativen Erwartungen in
der jeweiligen Handlungsmotivation überlagern können. Die normative Relevanz des Leistungsprinzips ist daher vor allem daran zu ermessen, ob ihm
grundsätzlich eine *handlungsorientierende* Bedeutung zukommt.

---

5   Das Forschungsprojekt „Leistung in der Marktgesellschaft: Erosion eines Deutungsmusters?" wird am *Institut für Sozialforschung* in Frankfurt am Main durchgeführt und seit
    Juli 2002 von der *Deutschen Forschungsgemeinschaft* (DFG) gefördert (NE 475/1-1). Neben den/r Autoren/in ist weiterhin Veronika Schmid an der Forschungsarbeit beteiligt.
    Siehe auch http://www.ifs.uni-frankfurt.de/forschung/leistung/

5. Resonanzen des Leistungsprinzips – ein empirischer Ausschnitt

Die methodische Herausforderung eines solchen empirischen Zugangs zur Rekonstruktion von Deutungsmustern und Gerechtigkeitsproblemen in der Wahrnehmung der gesellschaftlichen Realität des Leistungsprinzips besteht darin, Situationen zu *„simulieren'*, in denen sich alltägliche Erwartungen und die Probleme ihrer Einlösung abbilden lassen. *Gruppendiskussionen*[6] stellen hierfür ein geeignetes empirisches Instrument dar, denn Deutungspraktiken sind konstitutiv interaktive Prozesse, in denen sich die Relevanz von Bewertungsnormen erst in der „performativen Einstellung des Teilnehmers an einer Argumentation" (*Habermas* 1976: 294) offenbart. Die Situation in einer Gruppe fordert die Diskutanten zur Sensibilisierung für das Welt- und Selbstverständnis des jeweils Anderen heraus und stellt damit Intersubjektivität her, ohne Unparteilichkeit einzufordern. Zugleich erzeugt die Dynamik von Argument und Gegenargument einen Druck zur *Begründung* der eigenen Position und generiert so Material, aus dem sich die normative Relevanz von ‚Leistung' und die Verwendung der formalen Kriterien des Leistungsprinzips interpretativ rekonstruieren lassen, ohne Probanden vorab auf eine abstrakte Regelanwendung festzulegen.

Um die spezifischen Konsequenzen der Vermarktlichung für die Relevanz des Leistungsprinzips ermitteln zu können, kontrastieren wir in unseren Erhebungen Gruppen, die in ihrem Alltag in unterschiedlicher Weise mit dem Bedeutungszuwachs von Markterfolgen konfrontiert sind. Das generelle Ziel hierbei ist, zu einer *Typologie* der gesellschaftlichen Deutungs- und Rechtfertigungsmuster sozialer Statusdifferenzen angesichts marktgesellschaftlicher Wandlungsprozesse zu gelangen. Hierzu ist es erforderlich, mit der *gesellschaftlichen Statusordnung* jenen Vergleichs- und Bewertungshorizont in die Diskussionen einzuführen, in dem das Leistungsprinzip Geltung beansprucht. Im empirischen Setting unseres Forschungsprojekts geschieht dies über ein *Szenario*, das die Teilnehmer/innen der Gruppendiskussionen nicht nur als Experten ihres eigenen Alltags anspricht, sondern auch als kompetente Mitglieder einer stratifizierten Gesellschaft im Ganzen. Die Diskussion dieser Szenarios wird ergänzt durch einen feldspezifischen Teil, in dem es um die jeweiligen Erfahrungen der betreffenden Probanden mit der Bewertung eigener Leistungen geht.

Die Rahmenerzählung des Szenarios hat ihr alltagsweltliches Vorbild in den heute weit verbreiteten medialen „Rankings" oder Ausscheidungskämpfen, bei denen ein Publikum eine Auswahl über einzelne Personen bzw.

---

6 Zur Methode der *Gruppendiskussion* vgl. ausführlich *Bohnsack* (2000) sowie *Loos/ Schäffer* (2001), die dieses Verfahren primär zur Rekonstruktion milieugebundener kollektiver Erfahrungsräume einsetzen. Als Instrument der Einstellungsforschung, das der Simulation kollektiver Meinungsbildungsprozesse dient, ist die Methode der Gruppendiskussion ursprünglich von *Mangold* (1960) am Institut für Sozialforschung entwickelt worden.

150   *Sighard Neckel, Kai Dröge und Irene Somm*

‚Kandidaten' zu treffen hat. Im Fall unseres Szenarios wird dem Publikum die Gestalt der ‚Leserjury einer großen Publikumszeitschrift' gegeben, da es uns nicht um eine Abstimmung, sondern um kommunikative Aushandlungsprozesse geht. Die Gruppe bekommt eine Anzahl von kurzen *Portraits* verschiedener Personen vorgelegt und soll als ‚Leserjury' dann gemeinsam entscheiden, welche dieser Kandidaten auf dem Titelblatt der Zeitung zum Thema „Erfolgreich in Deutschland" vorgestellt werden sollen. Bei der Rahmung des Szenarios wird hierbei bewusst zunächst *nicht* der Begriff ‚Leistung' verwendet, um generell beurteilen zu können, ob die Diskutanten überhaupt leistungsbezogene Rechtfertigungen gesellschaftlicher Statusgewinne einführen und wenn ja, wie dies geschieht. Die im Szenario vorgeschlagenen Kandidaten bilden ein Spektrum leistungsnaher und leistungsferner, marktbezogener und marktenthobener Erfolgsmuster sowie der darin je eingelagerten Gerechtigkeitsprobleme ab. Kurz gefasst weisen die Kandidatenportraits folgende Charakterisierungen auf:

- Ein *ehemaliger Fernseh-Star*, der zum richtigen Zeitpunkt in die aussichtsreichere Branche des Trainings von Führungskräften gewechselt hat.

- Ein *mittelständischer Unternehmer*, der sich hochgearbeitet hat und heute nachhaltig seinen betrieblichen Nachwuchs fördert.

- Ein *reicher Erbe*, der sein Vermögen und seine sozialen Kontakte für die wohltätigen Zwecke einer von ihm geleiteten Stiftung einsetzt.

- Ein ‚*Börsianer'*, der viel verloren hat, mittlerweile durch geschicktes Handeln aber wieder beträchtliche Gewinne verzeichnen kann.

- Ein *talentierter Erfinder*, der trotz großer fachlicher Anerkennung mit Schwierigkeiten bei der Markteinführung seines Produkts zu kämpfen hat.

- Ein *ehemals international tätiger Koch*, der heute seine Kinder betreut und sich im Verbraucherschutz öffentlichkeitswirksam ehrenamtlich engagiert.[7]

Die Gruppe steht vor der Aufgabe, die in den verschiedenen Kandidaten verkörperten Erfolgsmuster *vergleichend zu bewerten* und sich dabei über die legitimen Grundlagen ihrer öffentlichen Anerkennung zu verständigen. In diesem Aushandlungsprozess wird offenbar, welche Bedeutung lei-

---

7   Es würde an dieser Stelle zu weit führen, das sachliche und methodische Konstruktionsprinzip dieser hier in Kurzform wiedergegebenen Kandidatenportraits ausführlich zu schildern. Wichtig ist, dass die jeweiligen Erfolgsmuster *unterschiedlichen sozialen Sphären* zugehörig sein und dabei jeweils „komplexe" Züge aufweisen sollten, um unterschiedliche Deutungsmöglichkeiten generieren zu können. Ebenfalls von Bedeutung ist, dass die einzelnen Merkmale aus den Kandidatenportraits, zu denen neben den Tatbeständen des jeweiligen Erfolgs auch persönliche Daten wie Geschlecht, Lebensalter und familiäre Lebensform gehören, im Verlauf der Gruppendiskussion selber variiert werden, um den Einfluss einzelner „Variablen" beurteilen zu können. Dies betrifft z.B. auch die Geschlechtszugehörigkeit, so dass die zunächst immer geschlechtshomogen formulierten Fälle einmal als „männlich", dann wieder als „weiblich" diskutiert werden können.

stungsbezogenen Rechtfertigungsmustern sozialer Ungleichheit überhaupt zukommt, mit welchen normativen Erwartungen sie in die Diskussion eingebracht werden, welche Aspekte des Leistungsprinzips dabei jeweils aufgegriffen werden, was kollektiv geteilt und was umstritten ist, und wie mit normativen Enttäuschungen umgegangen wird. Auch die Entscheidung, ob in die Bewertung gesellschaftlicher Statuspositionen überhaupt *Gerechtigkeits*überlegungen eingehen sollten, bleibt zunächst der Diskussion überlassen.

Auf der Grundlage einer interpretativen Analyse zweier Gruppendiskussionen mit Studierenden der Geistes- und Sozialwissenschaften (GDStud. I+II)[8], die wir am Beginn unserer Forschung durchgeführt haben, werden im Folgenden zwei zentrale formale Bestimmungen des Leistungsprinzips, die sich als kollektiv relevant erwiesen, näher beleuchtet: die *Ausgewogenheit von Aufwand und Ergebnis* und die *Äquivalenz von Leistung und Gegenleistung*. Andere formale Aspekte von Leistungsgerechtigkeit, wie etwa die individuelle Zurechenbarkeit, ließen sich in diesen Diskussionen nicht durchgängig als geteilte normative Erwartungen identifizieren. Mit Hilfe eines an *Bohnsack* (2000) angelehnten rekonstruktiven Auswertungsverfahrens konnten erste formale und inhaltliche Indizien erschlossen werden, die auf eine unterschiedliche Relevanz leistungsbezogener Bewertungsmaßstäbe hindeuten: *Geringe Relevanz* offenbarte sich etwa im Rückgriff auf stereotype Wissensbestände und klassifizierende Schlagworte, die kommunikativ nicht verhandel- und begründbar waren und eher statischen Charakter hatten. Auch wenn bei einer strittigen Bewertungsfrage relativ unvermittelt alle Diskutanten gewillt waren, zugunsten einer Einigung ihre Positionen aufzugeben, um die Diskussion dann ins Spielerische zu wenden, handelte es sich offenbar um vergleichsweise weniger relevante Bezugsnormen. Ebenso konnte beobachtet werden, dass die beteiligten Studierenden die Relevanz übergreifender Bewertungsmaßstäbe, die eine Rangordnung der ,Kandidaten' im Szenario erst ermöglichen würden, zeitweilig explizit zurückwiesen. Der Aufforderung zu einem Abwägungsprozess verschiedener Bewertungsmaßstäbe begegneten sie dann mit einer *horizontalen Pluralisierung* verschiedenster Erfolgsmuster in der Gesellschaft, denen jeweils eigene Bewertungsnormen und entsprechend eng begrenzte Geltungssphä-

---

8   Beteiligt waren insgesamt acht Studenten/innen der Frankfurter Goethe-Universität deutscher und osteuropäischer Herkunft aus unterschiedlichen Studienfächern und Studienphasen im Alter von 22 bis 38 Jahren. Einige von ihnen verfügten bereits über längere Berufserfahrungen vor bzw. neben dem Studium. Obwohl manche Probanden durch ihr Studium Vorwissen zum Thema ,Soziale Ungleichheit' mitbrachten, stellte das Szenario und die darin enthaltene Aufgabe ein geeignetes Instrumentarium dar, eine ,Expertendiskussion' abzuwenden. Dennoch haben Studierende natürlich eine spezifische, durch ihren Erfahrungshintergrund geprägte Sicht, die bei unseren Analysen mitrekonstruiert werden musste. Im kontrastiven Vergleich mit den Deutungen anderer Gruppen wird sich im Verlauf unserer weiteren Forschung dann erweisen, welche Orientierungen fallspezifisch und welche fallübergreifend verallgemeinerbar sind.

ren entsprachen. So wehrte sich ein Student etwa gegen das vorschnelle Ausscheiden des ‚Börsianers' – wofür sich seine Kommilitonen ausgesprochen hatten –, indem er äußerte, dass dessen Erfolg nur im Vergleich mit anderen Aktionären adäquat zu beurteilen sei. Ein anderes Muster dieser Partikularisierung bestand darin, dass die Gruppe Bewertungen generell zu einer Geschmacks- bzw. Gesinnungsfrage erhob, ausgedrückt zum Beispiel in der Frage, ob man eher einem „klassischen" oder einem „modernen" Leistungsbegriff „anhänge", womit man bereits die Gleichwertigkeit verschiedenster Leistungsformen unterstellte. Auffällig war auch, dass Probanden bei mangelnder Durchsetzungsfähigkeit ihrer eigenen Bewertungen stärker auf die Unvergleichbarkeit der Erfolgsmuster abhoben und übergreifende Vergleichsmaßstäbe als Illusion zu entlarven suchten.

Von einer *hohen Relevanz* leistungsbezogener Bewertungsnormen hingegen ist dann auszugehen, wenn sie im Gesprächsverlauf *diskursiv* entstanden, d.h. in der Diskussion von mehreren Probanden artikuliert wurden und jeweils bei weiteren Beteiligten Bestätigung fanden, sie zudem einen *konsistenten Charakter* aufwiesen und gegenüber anderen Bewertungen *begründet verteidigt* wurden. Formal handelte es sich dabei meist um kommunikativ dichte Sequenzen (vgl. *Bohnsack* 2000: 155), die mitunter auch deutliche Gefühlsäußerungen enthielten und somit dokumentierten, dass gegenteilige Äußerungen eine unterstellte moralische Ordnung verletzten (vgl. *Habermas* 2000: 39). Wenn sich die Bewertungen der Diskutanten darüber hinaus auf erlebte Beispiele bezogen und eine ‚plastische' Gestalt annahmen, wurden entsprechende Urteile als ausdrücklich *erfahrungsbasiert* vermerkt. Zwei der kollektiv besonders relevanten Erwartungen hinsichtlich der Geltung von Leistungsmaßstäben sollen im Folgenden kurz skizziert werden.

5.1. Ausgewogenheitserwartung: „Man muss den ganzen Weg kennen"

Die Studierenden teilten die normative Erwartung, dass die Anerkennung eines gesellschaftlichen Erfolges von einem ausgewogenen Verhältnis zwischen dem *Umfang* und der *Qualität eines Handlungsergebnisses* auf der einen Seite und den *Anstrengungen, Ideen* und *Absichten* einer Person auf der anderen Seite abhängt. Auch wenn einzelne Statements bisweilen eine Seite dieser Gleichung besonders betonten, setzten sich solche Äußerungen in der Gruppe nicht durch und wurden auch von denjenigen, die sie vorbrachten, später zumeist wieder relativiert. Die in mehreren Sequenzen auftauchende Metapher des „ *Weges*" versinnbildlichte hierbei den Zusammenhang von Aufwand und Ergebnis. Ein Weg ist zielgerichtet und kann zugleich beschwerlich sein. Nur aus der Zusammenschau von erreichtem Endpunkt und zurückgelegter Wegstrecke lässt sich danach eine Leistung angemessen bewerten und vergleichen: *„Man muss den ganzen Weg kennen"* (GDStudI: 748).

Besonders deutlich wurde die kollektive Ausgewogenheitserwartung in der Diskussion um die Frage, ob man andere Präferenzen in der Auswahl der ‚Kandidaten' hätte, wenn die im ‚Szenario' beschriebenen Personen nicht Männer sondern Frauen wären. Grundsätzlich stimmten die Gruppen darin überein,. dass das Geschlecht keinen direkten Einfluss auf die Leistungsbewertung haben sollte. Allerdings brachten sie bei der Bewertung von erfolgreichen Frauen sogleich das Thema „Kinder" ins Spiel. Grundsätzlich anerkannten die Diskutanten, dass ein Nebeneinander von Beruf und Erziehungsarbeit eine größere Anstrengung bedeutet. Entsprechend der Ausgewogenheitserwartung lag in ihren Augen aber eine zusätzlich zu honorierende Leistung nur dann vor, wenn der Erfolg der beruflichen Tätigkeit sich dadurch nicht schmälert und darüber hinaus die zusätzliche Anstrengung der Kindererziehung ‚erfolgreich' und kontinuierlich neben einem Job bewältigt wird. So äußerte sich ein Student zum diskursiv aufgeworfenen Fallbeispiel einer berufstätigen Frau mit einem Kind, die an der Börse aktiv ist: „Da muss sich dann noch zeigen, ob sie das in den nächsten zehn Jahren dann überhaupt weiterhin so gut schaffen kann" (GDStud.III:193f.) – wobei in dieser Äußerung die Ausgewogenheitserwartung von Aufwand und Ergebnis auch ein Vordringen entsprechender Leistungsnormen in die Privatsphäre impliziert. In bestimmten Berufsbranchen allerdings, die vor allem performative Leistungen abverlangen (etwa im Fernsehen), betrachteten die Studierenden, und hier vor allem die Studentinnen, eine Relativierung der Ausgewogenheitserwartung als angebracht. Die Überwindung erschwerender äußerer Umstände rechtfertigten dann in ihren Augen eine Höherbewertung der erzielten Ergebnisse, so dass bei einem vergleichbaren Statuserfolg der „Weg" dorthin eine gewichtige Rolle bei der Bewertung spielte.

Eine zentrale Einflussgröße auf die Relevanz der Ausgewogenheitserwartung waren Differenzen im *Herkunftsmilieu* der Diskutanten, dokumentiert durch die unterschiedliche Nachdrücklichkeit, mit der diese Erwartung jeweils vorgebracht wurde. Diejenigen, für die das Studium einen sozialen Aufstieg bedeutet, legten besonderen Wert auf die *Kontinuität* und die *Zielstrebigkeit* des „Weges" der Statuserlangung. Für sie war die „wirklich permanente gradlinige Leistung" (GDStudII:713) des „55jährigen mittelständischen Unternehmers Herrn B." aus dem Szenario eindeutig höher zu bewerten als diskontinuierliche, dafür aber außergewöhnliche Erfolgsgeschichten: „In der Öffentlichkeit auffallen würde wahrscheinlich der 55jährige Herr B. weniger. Sondern da würde vielleicht einer, der zwei Millionen macht und vielleicht 'n Fußballverein unterstützt oder einer, der irgendwelche glücklichen oder nicht glücklichen Glanzleistungen vollbringt, vielleicht erst mal mehr Aufmerksamkeit erregen und könnte natürlich hier und da auch, ehh, als erfolgreicher angesehen werden. Nur diese Kontinuität ist halt nicht vorhanden wie bei dem Herrn B" (GDStudII: 391-396). Punktueller, aber öffentlichkeitswirksamer Erfolg wurde darüber hinaus sehr direkt mit einer geringeren Anstrengung assoziiert.

Die Bewertungen von Studierenden ohne Aufstiegserfahrungen fielen wesentlich weniger eindeutig aus. Für sie konnte ein „Weg" auch einmal in die Irre führen oder abbrechen – wenn dabei die ‚Haltung' stimmt, schmälert dies nicht zwingend die Leistung. Die positive Bewertung zurückgelegter Statusetappen rückte hier zugunsten der Honorierung bestimmter *Verhaltensqualitäten* oder *Tugenden* in den Hintergrund. Besonders deutlich wurde dies in einer Kontroverse um den Kandidaten des „Erben", der laut Szenario einen großen Teil seines Familienvermögens einer wohltätigen Stiftung gespendet hat. Ein Philosophiestudent, familiär aus einem wirtschaftsbürgerlichen Milieu und vor seinem Studium bereits als selbständiger Betriebswirt tätig, votierte eindringlich dafür, die sich im Akt des Weggebens offenbarende Entsagung zu belohnen: „Der hat sich dran gewöhnt, dass er in seinem Familienunternehmen mit dieser Familie in der großen Villa wohnt, und das ist alles abgegeben. Das ist eigentlich auch eine ziemlich große-, der hat einen großen Teil des Familienvermögens einfach gespendet, das ist eigentlich von der, ja, menschlichen Seite her auch eine ziemlich große Leistung" (GDStudI: 460ff.). Ganz anders sah dies eine osteuropäische Studentin aus weniger privilegierten Verhältnissen. Sie wollte diese Entsagungsgeste dezidiert nicht als Leistung verstanden wissen und relativierte die Opferqualität eines Verzichts auf ererbten Wohlstand: „Wenn ich zehn Millionen hätte, hätte ich auch gerne eine Million verschenkt, wo ist das Problem?" (GDStudI: 327f.).

In der Argumentation des Philosophiestudenten spiegelt sich ein vom Leistungsprinzip entkoppeltes *ständisch-habituelles* Legitimationsmuster sozialer Ungleichheit, das den Wertbindungen bestimmter bürgerlicher Milieus entspricht[9], während die osteuropäische Studentin demgegenüber auf der Relevanz materieller Ausgangsbedingungen in der Bewertung von Handlungen bestand. Im Umgang mit den unterschiedlichen *Startbedingungen* der im Szenario skizzierten Kandidaten zeigten sich denn auch weitere Differenzen zwischen den Diskutanten. Alle Probanden wollten ungleiche soziale Voraussetzungen bei der Bewertung gesellschaftlicher Erfolge zwar berücksichtigt wissen – über die Art und Weise der Berücksichtigung herrschte allerdings keine Einigkeit. Einigen stellte sich ein grundsätzliches normatives Problem erst, wenn sich bessere Startbedingungen nicht auch in einem entsprechend höheren Ergebnis niederschlugen. Andere identifizierten ein Gerechtigkeitsproblem hingegen bereits dann, wenn sich bessere Startbedingungen als erleichternde Umstände schon auf den biographischen

---

9   Hier bestätigt sich ein Ergebnis zahlreicher Studien aus der Moralforschung, wonach derartige Wertbindungen im normativen Handeln in der Regel nicht irrelevant werden (vgl. *Nunner-Winkler* 1999, 333ff.).

Prozess der Statuserlangung auswirken und etwa die Mühe und Anstrengung eines „Weges" vermindern. Deutlich wurde diese differente Einschätzung etwa in der Reaktion auf die Frage, ob sich die Bewertung des im Szenario portraitierten „mittelständischen Unternehmers" änderte, wenn dieser in der Aufbauphase seines Betriebes ein „ansehnliches Erbe" zur Verfügung gehabt hätte. Der Philosophiestudent bürgerlicher Herkunft ging diese Frage im Sinne einer abstrakten Regelanwendung an. Entsprechend kontextunabhängig „operationalisierte" er die grundsätzlich von allen Diskutanten geteilte Ausgewogenheitserwartung als logische Schlussfolgerung: „Wenn man unter besseren Bedingungen startet, muss man mit derselben Leistung auch weiter kommen" (GDStudI: 945f.) und rechnete vor, dass der mittelständische Unternehmer dann „für dieselbe Leistung" doppelt soviel Mitarbeiter beschäftigen müsse (GDStudI: 941). Überraschend zunächst, dass die osteuropäische Studentin, die sich mit großem emotionalen Engagement für die Berücksichtigung unterschiedlicher Startbedingungen eingesetzt hatte, hier viel zurückhaltender reagierte und dem Umstand eines Erbes keine besondere Bedeutung zumaß. Aus ihren Äußerungen wurde jedoch deutlich, dass sie sich – wie andere Diskutanten auch – so stark mit der im Kanndidaten des „mittelständischen Unternehmers" verkörperten Aufstiegserfahrung und einem mühevollen Qualifikationsweg identifizierte, dass erleichternde Umstände wie ein Erbe grundsätzlich nichts an der positiv bewerteten Anstrengung ändern würden: „Lehre und Ausbildung, das ist schon eine harte Arbeit für mich" (GDStudI: 936). Anders verhielt es sich bei mehreren Probanden, wenn ein günstiger Lebensweg direkt durch herkunftsbedingte Vorteile geebnet wird. So sah ein Student aus dem Facharbeitermilieu ein Problem darin, dass im Studium, wo mehr „Eigeninitiative" als im Berufsleben gefragt sei, auch die unterschiedlichen „Ressourcen" dafür stärker ins Gewicht fielen als bei einer „normalen Ausbildung" (GDStudII: 752ff.).

5.2. Äquivalenzerwartung: „Er hat es halt nicht geschafft…"

Mit der Erwartung einer *Äquivalenz* von individueller Leistung und gesellschaftlicher Gegenleistung erwies sich ein zweites zentrales Element des Leistungsprinzips für die Studierenden grundsätzlich als normativ relevant. Hinter dieser kollektiv geteilten Zustimmung zum formalen Prinzip der Äquivalenz zeigten sich jedoch große Unsicherheiten in der konkreten Bewertungspraxis. Insbesondere in der Frage, welche *Instanz* letztlich die Äquivalenz von Leistung und Gegenleistung legitimerweise feststellen sollte, herrschte Uneinigkeit. Besonders deutlich wurden diese widerstreitenden Positionen in den Diskussionen um den Kandidaten des ‚Erfinders'. Im entsprechenden Portrait des Szenarios stehen sich zwei unterschiedliche Bewertungsinstanzen gegenüber: ein Fachpublikum, das die Qualität der technischen Innovation des ‚Erfinders' bezeugt, und der Markt, der seinen Ideen keine Verwirklichungschancen einräumt. Der im Szenario angelegte Konflikt wurde von den Studierenden aufgegriffen und schied sie in zwei Fraktionen. Dass es sich dabei um kein methodisches Artefakt handelt, lässt sich u.a. an der Konsistenz ablesen, mit der beide Teilgruppen ihre Auffassungen auch bei anderen Themen (z.B. der Sinndeutung des eigenen Studiums) durchhielten.

Für die Mehrheit der Studierenden begründete der reine „Sacherfolg" des Erfinders keinen Anspruch auf eine gesellschaftliche Gegenleistung: „Er hat es halt nicht geschafft, diese Idee wirklich auch an andere Leute zu verkaufen" (GDStudII: 325). In dieser Perspektive bleibt ein sachlicher Leistungsbeitrag, der sich nicht auch als Markterfolg realisiert, sozial folgenlos, und ist damit auch ohne Wert für die Gesellschaft. Da diesem Verständnis zufolge „die Wirtschaft" eine unumgängliche Instanz der Leistungsbewertung darstellt, die es aus pragmatischen Gründen zu akzeptieren gilt, darf der soziale Wert einer Leistung grundsätzlich nicht im Widerspruch zu ihrer Marktfähigkeit stehen. Das verbindende Glied dieser sinnhaft verknüpften Beurteilungskette ist ein fraglos „ökonomisches" Verständnis von Leistung, deren Wertschätzung sich auf diese Weise mit der Logik „der Wirtschaft" vereint. Sozial wertvoll erscheint eine Leistung nur dann, wenn sie einen Beitrag zum Sozialprodukt erbringt und Arbeitsplätze schafft. Die höchste Gratifikation steht deshalb dem gesellschaftlich wertvollen Markterfolg zu. Dass der Markt Leistungen auch *entwerten* kann (wie im Fall des ‚Erfinders'), wurde hingegen kaum problematisiert. Vielmehr herrschte das Bild vor, dass Marktmechanismen und gesellschaftliche Nützlichkeit weitgehend harmonisch zusammenwirken und die Funktionslogik des Marktes einer leistungsgerechten Anerkennung der eigenen Arbeit nicht entgegensteht. Und so wurde die wirtschaftliche Erfolglosigkeit des Erfinders auch eher als selbstverschuldet interpretiert denn als Ausdruck von Marktkontingenzen: Wenn der angestrebte Markterfolg ausblieb, musste mit dem Produkt etwas nicht stimmen.

Bemerkenswert war, dass der Proband, der am deutlichsten gegen eine reine Leistungsbeurteilung durch den Markt argumentierte, unter allen Studierenden unserer Gruppendiskussionen der Einzige war, der den Markt aus eigener Anschauung kannte, da er früher bereits einer Unternehmertätigkeit nachgegangen war. Für ihn barg die Wirtschaft zwar Sachzwänge, aber keine jederzeit legitimen Bewertungsnormen. Insgesamt aber votierte nur eine Minderheit der Diskutanten ausdrücklich gegen ein schnelles Ausscheiden des ‚Erfinders' aus dem Kreis der ‚Kandidaten', die ausgewählt werden sollten. Jene Studierenden wollten den von einem Fachpublikum eindeutig zuerkannten Erfolg durch die Kriterien des Marktes nicht geschmälert sehen. In ihren Augen hatte ein kompetentes Fachurteil die sachliche Qualität des Leistungsergebnisses eindeutig bewiesen, so dass dem fachlichen Erfolg des ‚Erfinders' eine angemessene und äquivalente Wertschätzung gebührte.

Zudem sahen sie in dem sachbezogenen Engagement und im Durchhaltevermögen des ‚Erfinders' eine Haltung verkörpert, die generell zu honorie-
ren sei.

Mit ihrem Plädoyer für den ‚Erfinder' dokumentierten diese Studierenden nicht zuletzt ein viel stärker *innengeleitetes* Leistungsverständnis als
ihre diskursiven Kontrahenten, die die *externe* Instanz des Marktes favorisierten. Dies zeigte sich auch in der Charakterisierung eigener Studienerfah-
rungen, bei der auf einen eher akademischen Leistungsbegriff zurückgegriffen wurde, der keine externen Leistungsmaßstäbe kennt. Der Lohn des Studiums sei – wie ein Proband dies ausdrückte – in erster Linie eigene „Leistungszufriedenheit" (GDStudI: 1246), die persönliche Befriedigung, die
man im Lernen und in seinen Arbeiten erfahre. In dieser Deutung, die an
das Diktum Max *Webers* (1922: 456) von der „rückhaltlosen Hingabe an
eine Sache" zu erinnern vermochte, ist die Erfüllung der Äquivalenzerwartung gleichsam ins Innere der Person verschoben und dem Individuum
selbst als Aufgabe übertragen. Entsprechend vage und unsicher wurden
auch die Erwartungen formuliert, dass nach einem Studienabschluss „es
auch wirklich 'n Beruf dann auch werden (sollte), der einem Spaß macht,
und aber einem trotzdem die Möglichkeit gibt, sich damit auch allein vielleicht zu ernähren" (GDStudII: 633). Die Erfüllung von Äquivalenzer-
wartungen wurde in die Zukunft projiziert und die Gegenwart als eine Art
Durststrecke gedeutet. Vieles spricht dafür, dass diese Sinngebung, die
grundsätzlich bei allen unserer Diskutanten auffindbar war, mit der spezifischen Lebenssituation von Studierenden korrespondiert, die sich noch weitgehend außerhalb des sozialen Wettbewerbs um gesellschaftliche Positionen wähnen. So wurde das Studium auch als „Luxus" bezeichnet, und die
im Studium fehlende materielle Gegenleistung als das Privileg interpretiert,
darauf (noch) nicht angewiesen zu sein. Gleichwohl waren sich die Studierenden der Prekarität ihrer aufgeschobenen Äquivalenzerwartung bewusst.
Mehr ahnend als bereits wissend, dass der Lohn akademischer Bildung,
„eine Persönlichkeit zu sein" (Weber 1922: 456), für die meisten künftig
nicht reichen wird, bestand Unsicherheit über die Erwartbarkeit späterer
Leistungserträge: „Bei uns Psychologen, wir studieren mindestens sieben
Jahre und dann noch eine Psychotherapieausbildung, wenn man in den Bereich gehen sollte, und verdient danach wirklich (.) sehr schlecht. Also es
steht in keinem Verhältnis, überhaupt das wieder rauszukriegen" (GDStudI:
405). Gewissheiten entstehen in diesem Deutungsbild vor allem durch die
Überzeugung vom sozialen Wert einer zukünftigen Berufstätigkeit, der nun-
mehr nicht in ökonomischen, sondern in *gesellschaftlichen* Maßstäben ver-
messen wird: „Also bei uns ist es eher noch so der soziale Aspekt, ich kann
anderen helfen ..." (GDStudI: 405f.). Doch weder der intrinsische Sachbe-
zug eigener „Leistungszufriedenheit" noch die Überzeugung vom gesellschaftlichen Wert künftiger Leistungsbeiträge weisen einen Weg aus der

pragmatischen Notwendigkeit, sich später mit den Sachzwängen „der Wirtschaft" arrangieren zu müssen – worin nicht nur eine Spannung zwischen differenten Leistungsmaßstäben, sondern auch die Sorge hinsichtlich der erwartbaren Gegenleistungen angelegt ist.

6. Das umstrittene Terrain der Leistungsgerechtigkeit

In den beiden Gruppendiskussionen, die wir hier als erstes exemplarisches Material unserer empirischen Forschung herangezogen haben, erwiesen sich zwei zentrale formale Bestimmungen des Leistungsprinzips – die *Ausgewogenheits-* und die *Äquivalenzerwartung* – als grundsätzlich relevant für die Probanden. Bei der ‚Übersetzung' dieser formalen Bestimmungen in eine konkrete soziale Bewertungspraxis, wie dies in unserem Untersuchungsdesign mit der Debatte verschiedener Fälle eines Szenario angelegt ist, ergaben sich jedoch auch vielfältige Deutungsdifferenzen, normative Ambivalenzen sowie Konfliktkonstellationen zwischen verschiedenen Wertsphären und Handlungsorientierungen.

Die für das Leistungsprinzip charakteristische doppelte Bindung der Bewertung von Erfolg an Aufwand und Ergebnis konkretisierte sich bei den Studierenden im Bild eines „*Weges*". In ihm wurde die *Ausgewogenheitserwartung* nicht primär als Dualismus von Leistungskriterien artikuliert, sondern als eine vergleichsweise konfliktfreie Einheit, bei der eine Tätigkeit die Zielerreichung stets in sich trägt und das antizipierte Ergebnis immer schon mit einer zurückgelegten Strecke in den jeweiligen Handlungsverläufen verbunden ist. Besondere handlungsorientierende Relevanz hatte die Metapher des „Weges" bei Studierenden, die sich in einer Aufstiegssituation befanden. Im kontinuierlichen und zielbewussten Handeln sahen sie den Schlüssel zum Erfolg und die einzige legitime Grundlage sozialer Statuszuweisung. Ihre Ausgewogenheitserwartung schien hierbei weitgehend bruchlos an milieuspezifische Wertbindungen anzuschließen. Auch war die hohe Relevanz, die diese Erwartung bei ihnen aufwies, offensichtlich sehr direkt mit ihrer sozialen Position vermittelt: Aus einer *Aufstiegssituation* heraus können Akteure weder allein den Anstrengungen harter Arbeit noch der Quantität und Qualität von Ergebnissen einen Eigenwert zuerkennen. Deutlich wurde dies vor allem in den Aussagen der Studierenden zum Problem ungleicher Startbedingungen. Bessere soziale Ausgangsbedingungen und erleichternde materielle Umstände schmälerten ihrer Meinung nach dann eine Leistung, wenn sie eigentlich notwendige Stufen einer Leistungserbringung und soziale Statusetappen einfach zu überspringen halfen. Anders sahen dies Studierende aus bürgerlichen Milieus, für die das Studium eher eine *statuserhaltende* biographische Bedeutung hatte. Auch für sie waren unterschiedliche Startbedingungen zwar eine problematische Realität – allerdings sahen sie darin nur dann ein Verletzung von Leistungsgerechtigkeit, wenn

sich bessere Startbedingungen nicht auch in besseren Ergebnissen niederschlugen und erst hierdurch die Regel der Ausgewogenheit verletzt erschien. Diese in sich *ergebnisbetonte* Ausprägung der Ausgewogenheitserwartung, die mit der *aufwandsbetonten* Interpretation sozial aufsteigender
Studierender kontrastierte, schenkte dabei ungleichen Herkunftsbedingungen und Qualifikationswegen wenig Beachtung. Die Ausgewogenheitserwartung wurde vielmehr in den Relevanzbereich einer abstrakten Gerechtig-
keitsregel verschoben und verlor an Dringlichkeit. Dass diese Teilgruppe
dem Aufwand und der Handlungsanstrengung bei der Leistungserbringung
viel geringeren Wert zumaß, zeigte sich auch im Plädoyer, die innere Haltung einer Person gleichsam als eigene Leistungskategorie anzuerkennen.

Diese unterschiedlichen Adaptionen der Ausgewogenheitserwartung je
nach sozialem Milieu offenbaren einen Widerstreit von Wertbindungen zwischen milieuspezifischen Orientierungen und der Leistungsidee. Die Tatsache eines solchen Widerstreits dokumentiert für sich zwar, dass im sinnhaften Bezug auf Leistungsgerechtigkeit Ausgewogenheitserwartungen nicht
zu hintergehen sind. Gleichzeitig aber strapazieren deren konfligierende
Auslegungen den normativen Kern des Leistungsprinzips in nicht unbe-
trächtlicher Weise – sei es, dass die Ausgewogenheitserwartung insgesamt
an Relevanz verliert oder zugunsten einer Anpassung an leistungsferne
Wertbindungen modifiziert wird. Angesichts der gesellschaftlichen Tendenz
einer Vermarktlichung des Leistungsprinzips interessiert hierbei besonders,
wie leistungsferne Wertbindungen und leistungsbezogene normative Erwartungen sich hinsichtlich der gegenwärtigen Entwicklungen ökonomischer
Märkte zueinander verhalten. Auffällig ist in diesem Zusammenhang zum
einen, dass die ergebnisorientierte Marktlogik einen sinnhaften Widerhall
offenbar auch in *milieuspezifischen* Ausdeutungen des Leistungsprinzips
finden kann, bei anderen ‚standortgebundenen' Interpretationen von Leistung aber gerade auf Ablehnung stößt. Hier zeigten sich in beiden Gruppendiskussionen *Deutungskonflikte*, die auch die heutigen gesellschaftlichen
Auseinandersetzungen um die Legitimität von Leistungszuschreibungen
prägen. Zum anderen fällt auf, dass die Anerkennung der ‚inneren Haltung'
als eigene Leistungskategorie auch ein *ständisch-habituelles Rechtfertigungsmuster* sozialer Ungleichheit am Leben erhält, das durch einige Entwicklungen der modernen Marktgesellschaft erneut Auftrieb erhalten könnte. So tauchen heute in Management- und Führungskonzepten vielfach habituelle und performative Leistungsgesichtspunkte auf, die sich mit ständischen Merkmalen zu verknüpfen vermögen. Aus inneren Haltungen können
dann auch markttaugliche Tugenden werden – wie in unserem Sample besonders jener Proband zum Ausdruck brachte, der auf Märkten schon selb-
ständig agiert hatte.

Während die Ausgewogenheitserwartung zum deutlichen Streitfall
unter unseren Diskutanten geriet, zeigte sich bei der normativen *Äquivalenz-*

forderung von Leistung und Gegenleistung eher eine insgesamt verbreitete Verunsicherung. Zwar bestätigte sich die Relevanz der Äquivalenzidee als allgemeiner normativer Deutungshorizont, dem die Studierenden bei Fragen einer ‚angemessenen' Platzierung der Szenariokandidaten ebenso Rechnung trugen wie bei der Debatte eigener Berufsaussichten im Anschluss an ihr Studium. Doch in jenen Momenten, in denen die grundsätzlich geteilte normative Erwartung zur gesellschaftlichen Wirklichkeit in Beziehung gesetzt werden musste, stellte sich Unsicherheit darüber ein, inwiefern die faktisch vorherrschenden Bewertungsmaßstäbe tatsächlich die Äquivalenzerwartung einzulösen vermögen. Auch im Umgang mit dieser Verunsicherung unterschieden sich die Probanden. Jenen, die eher ökonomische Leistungskriterien und den Markt als legitime Instanz der Leistungsbewertung favorisierten, gelang es in der Diskussion über das Szenario zwar noch, die Dominanz „der Wirtschaft" mit den eigenen Äquivalenzerwartung insofern zu vereinen, als bei dem favorisierten ökonomischen Leistungsbegriff insbesondere auf sozial wertvolle und nützliche Beiträge abgestellt wurde. Bei der daraus entstehenden Frage, ob der soziale Wert des eigenen Tuns später einmal vor dieser Bewertungsinstanz würde bestehen können, trat dann aber große Unsicherheit zu Tage. Andere wiederum identifizierten eine Diskrepanz zwischen Äquivalenzerwartung und faktischen gesellschaftlichen Bewertungsnormen bereits anlässlich der Debatte um bestimmte ‚Kandidaten' des Szenarios und kritisierten die Abwertung sachlicher Leistungsmaßstäbe. Für sich selbst konnten sie für das hier auftauchende Problem, worin Ansprüche auf Gegenleistungen ihre legitime Grundlage finden sollten, allerdings nur dadurch lösen, dass sie die Erfüllung der Äquivalenzerwartung in die eigene Person hinein verlagerten und damit die gesellschaftliche Wirklichkeit in dieser Hinsicht weitgehend entpflichteten.

Die verbreitete Verunsicherung bei der Äquivalenzerwartung des Leistungsprinzips betraf daher nicht deren grundsätzliche normative Geltung, sondern stellte sich vielmehr bei der Frage nach der *Realitätstüchtigkeit* dieser Normforderung ein, besonders virulent gewiss auch bei Studierenden der Geistes- und Sozialwissenschaften, aus denen unsere beiden Diskussionsgruppen hauptsächlich bestanden. Ihre Fächerwahl sahen sie besonderen Unwägbarkeiten und einem wachsenden Legitimationsdruck ausgesetzt, ohne dass man aber den von ihnen artikulierten Zweifel an der faktischen Einlösung des Äquivalenzprinzips von Leistung und Gegenleistung strikt als positionsbedingte Wahrnehmung einklammern müsste. Hierfür ist – wie auch unsere eigenen Erfahrungen mit Gruppendiskussionen in anderen sozialen Milieus zeigen[10] – ein solcher Zweifel zu weit auch außerhalb stu-

---

10 Zum Zeitpunkt der Fertigstellung dieses Artikels waren Gruppendiskussionen außer im studentischen Milieu bereits mit einem Kreis jüngerer selbständiger Frauen, mit älteren ehrenamtlich Aktiven aus der praktischen Sozial- und Jugendarbeit, mit geringer qualifizierten Arbeitslosen sowie mit Mitarbeitern einer großen Geschäftsbank durchgeführt worden.

dentischer Gruppen verbreitet. Wenn als *Relevanz* des Leistungsprinzips allerdings gelten soll, dass ihm eine Bedeutung als handlungsorientierende Erwartung zukommt, bedeutet die Verunsicherung über die Realitätstüchtigkeit dieser Erwartung fraglos eine Einschränkung. Die Studierenden gaben denn auch die Äquivalenzerwartung zwar nicht auf, verlagerten sie aber tendenziell in eine normative Idealwelt hinein. Im Alltag sahen sie sich unentrinnbaren ‚Sachzwängen' ausgesetzt, die jenseits pragmatischer Arrangements kaum andere Handlungsoptionen zulassen.

Diese Spannung zwischen normativen Erwartungen und der ‚Sachlogik' der sozialen Realität wurde auch durch die spezifische Rolle sichtbar, die das methodische Setting den Diskutanten zuweist. In der Aufgabe, selbst Leistungsbewertungen vorzunehmen, kann eine Chance gesehen werden, kontrafaktisch Leistungsmustern Anerkennung zuzusprechen, die als moralisch wertvoll erachtet, aber nach eigener Wahrnehmung durch die soziale Realität beeinträchtigt werden. So erschien den Studierenden die Nutzung von Beziehungen als Karriereressource als moralisch fragwürdig und als eine Verletzung ihrer Äquivalenzerwartung, weshalb sich ihrer Auffassung nach Leistungswerte durch *‚networking'* vermindern: „Dann bringt man eine größere Leistung, weil man ohne connections oder irgendwelche Bekanntschaften eine Arbeitsstelle irgendwie bekommt" (GDStudI: 1368). Dennoch waren sich die Studierenden darin einig, dass es für die eigene berufliche Zukunft unverzichtbar sei, schon während des Studiums ein Netz von ‚Kontakten' aufzubauen. Dabei waren sie sich dessen bewusst, dass sie hier eine Unterscheidung vornahmen, die den sozialen Gegebenheiten einer Statusverteilung geschuldet ist, die ihrerseits auf solche Unterscheidungen keine Rücksichten nimmt: „B: Das ist auf jeden Fall unmoralisch, ja. – D: Das ist wohl so richtig, das sehe ich genauso, (.) aber anders geht es halt nicht" (GDStudI: 1364).

Wenn die Erfüllung von Leistungsgerechtigkeit angesichts unausweichlich erscheinender Sachzwänge als eine zwar wünschenswerte, aber kaum realisierbare Idee in das Reich der Utopien verbannt wird, wirft dies die Frage auf, ob dadurch nicht auch die faktische Statusordnung insgesamt eine *Delegitimierung* erfährt. Bei den Studierenden, die kaum über eigene Erfahrungen in beruflichen Statuskämpfen verfügten, blieb diese Frage offen. Andere Sozialgruppen, die im Verlauf unserer weiteren Forschungen untersucht werden, mögen hier zu eindeutigeren Einschätzungen gelangen. Dennoch zeigen unsere empirischen Befunde, dass soziale Ungleichheiten auch in „inklusiven" Gesellschaftsbereichen, in denen es um graduelle Einordnungen geht, gewichtige normative Probleme für Akteure aufwerfen. Die normative Orientierung der Ungleichheitsforschung wird damit komplexer ausfallen müssen, als wenn sie sich auf Exklusionsphänomene beschränkt. Kategoriale Ungleichheiten der Exklusion haben eine binäre Struktur, die sich bei differenzierenden Ungleichheitsmustern wie dem Leistungsprinzip in verschiedene Formen von Abstufungen zerlegt, bei denen zahlreiche Faktoren eine Rolle spielen. So offenbart sich hinter dem Leistungsprinzip ein Geflecht unterschiedlicher Bezugsgrößen und Verhältnisbestimmungen, die zudem nicht frei von internen Spannungen sind. Unsere Diskussionen unter Studierenden haben gezeigt, dass sich diese Komplexität bis in die Deutungsprobleme von Akteuren hinein fortsetzen kann.

Die Vielfalt von Gerechtigkeitsfragen entspricht der Komplexität sozialer Ungleichheitsphänomene. Sozialphilosophische Gerechtigkeitstheorien tendieren bisweilen dazu, im Dienste der logischen Konsistenz und Widerspruchsfreiheit ihrer Konzepte diese Komplexität allzu stark zu reduzieren. Folgt die Ungleichheitsforschung in ihrer normativen Selbstbefragung diesem Weg allzu weit, läuft sie Gefahr, ihrem Gegenstand nicht mehr gerecht zu werden. Dies bedeutet auch, dass die Ungleichheitsforschung nicht der Illusion nachhängen sollte, die eigenen normativen Prämissen in einem moralischen Fundament jenseits der gesellschaftlichen Auseinandersetzungen um legitime soziale Ungleichheit ein für allemal fest verankern zu können. Zwar vermag die soziologische Analyse dem gesellschaftlichen Deutungsbestand gegenüber eine reflexive Distanz zu wahren, indem sie etwa den formalen Rationalitätskern gesellschaftlicher Selbstdeutungen ausweist. Gleichzeitig jedoch ist sie mit dem Wandel dieser Selbstdeutungen befasst und muss ihre normativen Prämissen mit den empirischen Überzeugungen von Akteuren konfrontieren. Damit bleibt die Soziologie sozialer Ungleichheit stets selbst *Teil* der gesellschaftlichen Kämpfe um die Auslegung von Gerechtigkeit.

Literatur

Bender, Gerd (1997): Lohnarbeit zwischen Autonomie und Zwang. Neue Entlohnungsformen als Element veränderter Leistungspolitik. Frankfurt/New York: Campus.

Berger, Peter A. (1989): Ungleichheitssemantiken. Graduelle Unterschiede und kategoriale Exklusivitäten, Archives Européennes de Sociologie, Jg. 30, Nr. 1: 48-60.

Bohnsack, Ralf (2000): Rekonstruktive Sozialforschung. Einführung in Methodologie und Praxis qualitativer Forschung (4. Aufl.). Opladen: Leske + Budrich.

Bourdieu, Pierre und Jean-Claude Passeron (1971): Die Illusion der Chancengleichheit. Untersuchungen zur Soziologie des Bildungswesens am Beispiel Frankreich. Stuttgart: Klett.

Davis, Kingsley und Wilbert E. Moore (1966): Some Principles of Stratification. In: Reinhard Bendix und Seymour Martin Lipset (Hrsg.): Class, Status, and Power. Social Stratification in Comparative Perspective (Second Edition). New York: The Free Press (Macmillan), S. 47-53.

Dröge, Kai (2003): Wissen – Ethos – Markt. Professionelles Handeln und das Leistungsprinzip. In: Harald Mieg und Michaela Pfadenhauer (Hrsg.): Professionelle Leistung – Professional Performance. Positionen der Professionssoziologie. Konstanz: UVK, S. 249-266.

Frohlich, Norman und Joe A. Oppenheimer (1992): Choosing Justice. An Experimental Approach to Ethical Theory. Berkley: University of California Press.

Habermas, Jürgen (1971): Theorie und Praxis. Sozialphilosophische Studien. Frankfurt/M.: Suhrkamp.

Habermas, Jürgen (1976): Legitimationsprobleme im modernen Staat. In: Ders.: Zur Rekonstruktion des Historischen Materialismus. Frankfurt/M.: Suhrkamp, S. 271-303.

Habermas, Jürgen (1998): Faktizität und Geltung. Beiträge zur Diskurstheorie des Rechts und des demokratischen Rechtsstaats. Frankfurt/M: Suhrkamp.

Habermas, Jürgen (2000): Richtigkeit versus Wahrheit – Zum Sinn der Sollgeltung moralischer Urteile und Normen. In: Wolfgang Edelstein und Gertrud Nunner-Winkler (Hrsg.): Moral im sozialen Kontext. Frankfurt/M.: Suhrkamp, S. 35-54.

Hartfiel, Günter (1977): Einleitung. In: Ders. (Hrsg.): Das Leistungsprinzip. Merkmale – Bedingungen – Probleme. Opladen: Leske + Budrich, S. 7-48.

Honneth, Axel (1992): Kampf um Anerkennung. Zur moralischen Grammatik sozialer Konflikte. Frankfurt/M.: Suhrkamp.

Kluegel, James R., David S. Mason und Bernd Wegener (Hrsg.) (1995): Social Justice and Political Change. Public Opinion in Capitalist and Post-Communist States. New York: Aldine/deGruyter.

Liebig, Stefan (2002): Gerechtigkeitseinstellungen und Gerechtigkeitsurteile. Zur Unterscheidung zweier Urteilskategorien. In: Stefan Liebig und Holger Lengfeld: Interdisziplinäre Gerechtigkeitsforschung. Zur Verknüpfung empirischer und normativer Perspektiven. Frankfurt/M.: Campus, S. 77-102.

Liebig, Stefan und Holger Lengfeld (2002): Gerechtigkeitsforschung als interdisziplinäres Projekt. In: Dies.: Interdisziplinäre Gerechtigkeitsforschung. Zur Verknüpfung empirischer und normativer Perspektiven. Frankfurt/M.: Campus, S. 7-20.

Loos, Peter und Burkhard Schäffer (2001): Das Gruppendiskussionsverfahren. Theoretische Grundlagen und empirische Anwendung. Opladen: Leske + Budrich.

Mangold, Werner (1960): Gegenstand und Methode des Gruppendiskussionsverfahrens (Frankfurter Beiträge zur Soziologie 9). Frankfurt/M.: Europäische Verlagsanstalt.

Mayntz, Renate (1961): Kritische Bemerkungen zur funktionalistischen Schichtungstheorie. In: David V. Glass und René König (Hrsg.): Soziale Schichtung und soziale Mobilität. Kölner Zeitschrift für Soziologie und Sozialpsychologie (Sonderheft 5). Opladen: Westdeutscher Verlag, S. 10-28.

Miller, David (1976): Social Justice. Oxford: Clarendon.

Miller, David (1999): Principles of Social Justice. Cambridge: Harvard University Press.

Neckel, Sighard (1999): Blanker Neid, blinde Wut? Sozialstruktur und kollektive Gefühle, Leviathan, 27. Jg., Nr. 2: 145-165.

Neckel, Sighard (2001): „Leistung" und „Erfolg". Die symbolische Ordnung der Marktgesellschaft. In: Eva Barlösius, Hans-Peter Müller und Steffen Sigmund (Hrsg.): Gesellschaftsbilder im Umbruch. Soziologische Perspektiven in Deutschland. Opladen: Leske + Budrich, S. 245-265.

Neckel, Sighard (2002): Ehrgeiz, Reputation und Bewährung. Zur Theoriegeschichte einer Soziologie des Erfolgs. In: Günter Burkart und Jürgen Wolf (Hrsg.): Lebenszeiten. Erkundungen zur Soziologie der Generationen. Opladen: Leske + Budrich, S. 103-117.

Neckel, Sighard (2003): Kampf um Zugehörigkeit. Die Macht der Klassifikation, Leviathan, 31. Jg., Nr. 2: 159-167.

Neckel, Sighard und Kai Dröge (2002): Die Verdienste und ihr Preis: Leistung in der Marktgesellschaft. In: Axel Honneth (Hrsg.): Befreiung aus der Mündigkeit. Paradoxien des gegenwärtigen Kapitalismus. Frankfurt/New York: Campus, S. 93-116.

Nunner-Winkler, Gertrud (1999): Moralische Motivation und moralische Identität. Zur Kluft zwischen Urteil und Handeln. In: Detlef Garz, Fritz Oeser und Wolfgang Althof (Hrsg.): Moralisches Urteil und Handeln. Frankfurt/M.: Suhrkamp, S. 314-339.

Offe, Claus (1970): Leistungsprinzip und industrielle Arbeit. Mechanismen der Statusverteilung in Arbeitsorganisationen der industriellen „Leistungsgesellschaft". Frankfurt/M.: Europäische Verlagsanstalt.

Rubinstein, David (1988): The Concept of Justice in Sociology, Theory and Society, Vol. 17: 527-550.

Schmid, Michael (1995): Soziale Ordnung und distributive Gerechtigkeit. Bemerkungen zu Friedrich Hayeks Sozialtheorie. In: Hans-Peter Müller und Bernd Wegener (Hrsg.): Soziale Ungleichheit und soziale Gerechtigkeit. Opladen: Leske + Budrich, S. 81-106.

Schmidt, Volker H. (2000a): Bedingte Gerechtigkeit. Soziologische Analysen und philosophische Theorien. Frankfurt/New York: Campus.

Schmidt, Volker H. (2000b): Ungleichheit, Exklusion und Gerechtigkeit, Soziale Welt, Nr. 51: 383-400.

Simmel, Georg (1968): Soziologie. Untersuchungen über die Formen der Vergesellschaftung. Berlin: Duncker und Humblot.

Voswinkel, Stephan (2002): Bewunderung ohne Würdigung? Paradoxien der Anerkennung doppelt subjektivierter Arbeit. In: Axel Honneth (Hrsg.): Befreiung aus der Mündigkeit. Paradoxien des gegenwärtigen Kapitalismus. Frankfurt/New York: Campus, S. 65-92.

Weber, Max (1922): Der Sinn der „Wertfreiheit" der soziologischen und ökonomischen Wissenschaften. In: Ders.: Gesammelte Aufsätze zur Wissenschaftslehre, hrsg. von Marianne Weber. Tübingen: Siebeck, S. 451-502.

Moralökonomie: Eine konzeptionelle Bestimmung aus ungleichheitssoziologischer Sicht

Steffen Mau

1. Einleitung

Spätestens seit der Aufklärung ist die Gleichheit der Menschen zu einem zentralen normativen Grundsatz menschlichen Zusammenlebens geworden. Dieser Grundsatz weist darauf hin, dass die Ungleichheit zwischen Menschen nicht gottgegeben ist, sondern einem Rechtfertigungsdruck unterliegt. Aus diesem Grund hat sich das philosophische Denken der Frage der Ungleichheit vom normativen Standpunkt der Gleichheit aus angenähert und versucht, die Spannung zwischen erlebter Ungleichheit und postuliertem Gleichheitsideal theoretisch einzufangen. Gleichheit wurde zum Antonym von Ungleichheit, also zur Kontrastfolie, anhand derer Ungleichheit gemesen und bewertet wird. Die zahllosen Beiträge zur *,Equality-Debatte'* haben sich in diesem Sinne mit der Herausarbeitung einer *normativen Grundlage von Ungleichheitskritik* befasst (vgl. *Dworkin* 1983). Auch hier wird ein normativer Eigenwert von Gleichheit vorausgesetzt, der *jede* Form von Ungleichheit begründungspflichtig macht. Die Grundlinie dieser Perspektive besagt, dass Ungleichheiten dann gerechtfertigt sind, wenn bestimmte egalitaristische Grundprinzipien (z.B. Verfügung über Grundgüter, gleicher Zugang) eingehalten sind und wenn Ungleichheiten als Folgen von Entscheidungen von Individuen angesehen werden können. Nicht selbst zu verantwortende Ungleichheiten oder Benachteiligungen sollten nach Möglichkeit kompensiert oder ausgeglichen werden. Normativer Theorie geht es in diesem Zusammenhang um die Erarbeitung und Begründung in sich konsistenter *Gerechtigkeitsgrundsätze*, an denen soziale Verteilungen gemessen werden können. Die Verfahrensweisen, die zur Begründung von normativen Standards der Gerechtigkeit herangezogen werden, zielen entweder auf eine objektive Begründung im Sinne einer natürlichen Ordnung oder auf eine rationale Begründung, die diejenigen Gerechtigkeitsprinzipien favorisiert, die im wohlerwogenen Interesse aller akzeptiert werden sollten.

Die soziologische Ungleichheitsforschung hat diese normative Debatte weitgehend ignoriert und ist eher pragmatisch mit der Frage ,Welche Ungleichheit?' umgegangen. Der Bezug auf das Gleichheitsideal ist hier weniger explizit, aber wenn Ungleichheiten erforscht werden, dann schwingt doch häufig mit, dass ein ,Weniger' an Ungleichheit besser ist als ein ,Mehr' (siehe *Schmidt* 2000a). Ein Mangel der empirischen Ungleichheitsforschung ist, dass *Wertprämissen* selten expliziert werden, dass das Verhältnis von Ungleichheit und *Gerechtigkeit* diffus bleibt, und dass wirkliche

Schwellen für tolerierbare bzw. kritikwürdige Ungleichheit nicht angeben werden (können). Die Ergebnisse bleiben damit vornehmlich deskriptiv oder werden von den Forschern im Lichte ihres eigenen Standpunktes gewertet. Nicht selten sind diese Studien deshalb auch von einer unterschwelligen Ungleichheitsskepsis geprägt, die durchschimmern lässt, dass eine Zunahme von *Ungleichheit* als eine Zunahme von *Ungerechtigkeit* angesehen wird. Innerhalb dieses Forschungsrahmens bezieht sich soziale Ungleichheit auf Ressourcen, die begehrt sind, weil sie „die Chancen für ein gemeinhin als ‚gut' beurteiltes Leben erhöhen" (*Hradil* 1987: 15). Über die Ermittlung der wesentlichen Dimensionen von Ungleichheit herrscht dennoch kein Konsens, und es finden sich Ansätze, die sich an objektiven Standards im Sinne von Bedürfnistheorien orientieren, wie auch solche, die sich die politisch verlautbarten Zielvorstellungen zu eigen machen (vgl. *Ludwig-Mayerhofer*, in diesem Band, S. 93-113; *Meulemann*, in diesem Band, S. 115-136). Stefan *Hradils* (1987: 143) Bezugspunkt der allgemein anerkannten Lebensziele orientiert sich z.B. an Vorstellungen über die *Qualität des Lebens*, wie sie sich im Prozess der politischen Willensbildung durchgesetzt haben und in offiziellen oder quasi-offiziellen Verlautbarungen zu finden sind.

Sowohl die Ansätze der normativen Philosophie als auch die empirische Ungleichheitsforschung beziehen sich in der Entwicklung ihrer Ungleichheitskritik letzen Endes auf *Wertprämissen*, die eng mit der Position des Forschers verknüpft sind. Der folgende Beitrag möchte sich dem Thema der sozialen Ungleichheit aus dem konzeptionellen Blickwinkel der *Moralökonomie* annähern. Dazu wird vorgeschlagen, eine stärker *sozial situierte* Perspektive auf die soziale Ungleichheitsstruktur einzunehmen, bei der die Relevanzsetzungen und Deutungsmuster der Gesellschaftsmitglieder eine größere Gewichtung erfahren.

Moralökonomie heißt, dass die Ungleichverhältnisse innerhalb von Gesellschaften in Vorstellungen von Gerechtigkeit und Fairness eingebettet sind. Die Problematisierung von Ungleichheit und die Bereitschaft, ungleichheitsmindernden Umverteilungen zuzustimmen, ist an ein Moralbewusstsein und die darin eingelagerten normativen Deutungsmuster sozialer Ungleichheit angeschlossen. Wenn Ungleichheitsforschung nicht zur bloßen Registratur beliebiger Ungleichheiten werden möchte, so braucht sie Kriterien, um *relevante* von *irrelevanten Ungleichheiten* zu unterscheiden (vgl. *Schmidt*, in diesem Band, S. 73-92). Nicht als Ablehnung normativer Theorie, sondern als erweiternder und ergänzender Rekurs auf die *alltagsweltlich ausgebildeten moralischen Standards*, möchte der Beitrag dazu anregen, sich stärker mit den sozial eingeprägten – teils institutionell befestigten, teils in normativen Ansprüchen aufgehobenen – Vorstellungen zur gerechten Güterverteilung auseinanderzusetzen (vgl. *Neckel* u.a., in diesem Band, S. 137-164). In Abweichung zu den Annahmen klassischer Autoren der moralökonomischen Perspektive wird hier die Auffassung vertreten, dass auch für moderne Gesellschaften von dem Vorhandensein einer Moralökonomie in Sinne *kollektiv validierter Vorstellungen gerechter bzw. ungerechter Verteilungen* ausgegangen werden kann.

2. Das Konzept der Moralkökonomie

Moralökonomie wird gemeinhin als volkstümlicher, auf kulturelle Bestände zurückgehender Konsens darüber verstanden, welches legitime und welches illegitime Praktiken des sozialen Austausches sind (*Thompson* 1971). Moralökonomische Perspektiven fußen auf der Prämisse, dass die Analyse sozialer Verhältnisse und Beziehungen nicht von den *Bedeutungen* zu trennen ist, die ihnen von den sozialen Akteuren zugemessen werden (vgl. *Nollman*, in diesem Band, S. 191-220). Soziale Praktiken des Austausches und der Verteilung von Gütern und Lasten sind daher nur zu verstehen, wenn man ihre Einbettung in die Vorstellungen von Gerechtigkeit, sozialer Angemessenheit und Billigkeit innerhalb eines kollektiven Aggregats in den Blick nimmt. Innerhalb dieser Konzeption ist distributive Gerechtigkeit relativ in Hinsicht auf die zu verteilenden Güter und ihre Bedeutung. Schon Nicholas *Reschers* (1966) Studie über Verteilungsgerechtigkeit geht davon aus, dass Gerechtigkeitsstandards nur partielle Kraft für bestimmte Güter und gesellschaftliche Bereiche haben und somit universelle, kontextunabhängige Standards keine Geltung beanspruchen können.[1] Ebenso zeigt Michael *Walzers* (1992) Arbeit zu Sphären der Gerechtigkeit, dass es unterschiedliche Sphären gibt, in denen jeweils verschiedene Güter nach jeweils verschiedenen Logiken verteilt werden, und dass diese Verteilungsprinzipien an moralische Bewusstseinsformen angeschlossen sind. Sein Leitsatz „Menschen ersinnen und erzeugen Güter, die sie alsdann unter sich verteilen" (1992: 31, Original in Kursiv) deutet darauf hin, dass sich *kein* singulärer normativer Maßstab herleiten lässt, an dem alle Verteilungen gemessen werden können.[2] Man muss vielmehr davon ausgehen, dass sowohl soziale Güter wie auch deren Verteilungen mit sozialen Bedeutungen aufgeladen sind.

In seiner klassischen Fassung steht der Begriff der Moralökonomie für kollektiv geteilte Gerechtigkeitsvorstellungen, die rein marktförmigen Tauschakten Beschränkungen auferlegen, indem sie verlangen, dass bestimmte normative Standards – wie z.B. ein ‚gerechter' Preis oder ein ‚gerechter' Lohn – eingehalten werden sollten. Die Moralökonomie „entzieht

---

1   *Rescher* (1966) kritisiert in seiner Studie den vorherrschenden „Monismus" der Gerechtigkeitstheorien und spezifiziert unterschiedliche Gerechtigkeitsprinzipien für unterschiedliche gesellschaftliche Felder.

2   Es ist anzumerken, dass *Walzer* mit einer Unterscheidung zwischen *Menschenrechten* und *Verteilungsproblemen* arbeitet (vgl. *Koller*, in diesem Band, S. 49-71). Während ersteres als universeller Standard ausgewiesen wird, kann das zweite als kulturrelative Einigung der Mitglieder einer Gesellschaft gelten, „die keinerlei Anspruch auf allgemeine Nachvollziehbarkeit und allgemeine Verwirklichung erheben, sondern nur Willensbekundungen der Betroffenen für ihre Kultur sind" (*Krebs* 2002: 184).

bestimmte Güter in bestimmten Situationen der nutzengeleiteten Disposition der Marktteilnehmer und unterstellt sie allgemeinen Kriterien von Gerechtigkeit" (*Kohli* 1989: 536). Soziales Handeln, das sich von diesen Vorstellungen entfernt oder zu entfernen droht, steht in der Gefahr, sozial sanktioniert zu werden oder Widerspruch hervorzurufen. Soziologisch lässt sich das Konzept der Moralökonomie am ehesten der *Durkheim*-Tradition zuordnen, die ja davon ausgeht, dass sich Typen sozialer Bindungen mit bestimmten Gerechtigkeitsvorstellungen in Verbindung bringen lassen. Moralvorstellungen werden hier als Kollektivbewusstsein konzeptionalisiert, und es wird nahe gelegt, dass es eine bestimmte Kongruenz zwischen Moral und der Art der sozialen Beziehung gibt (*Durkheim* 1999).

Ursprünglich diente das Konzept der Moralökonomie dem Studium sozialer Wandlungsprozesse an der Schwelle zum Industriezeitalter und im Zuge der Durchsetzung der Marktökonomie. Karl *Polanyi* (1978) hat den Prozess des Übergangs von traditionellen zu modernen Marktgesellschaften als Prozess der *Verselbständigung der Ökonomie* beschrieben, in dessen Folge wirtschaftliches Handeln immer weniger in einen kulturellen Zusammenhang eingebettet ist. Während in traditionellen Gesellschaften das wirtschaftliche Handeln von nichtökonomischen Motiven getragen wurde und der Sicherung von gesellschaftlichen Ansprüchen und Wertvorstellungen diente, zeichnen sich autonome Märkte durch das Durchschlagen von Nutzenkalkülen aus. *Polanyi* (1978: 83ff.) schreibt, dass in einfachen Gesellschaften Redistribution die Aufgabe hatte, das ökonomische System mit den Sozialbeziehungen zu verknüpfen und die Ökonomie einem politischen oder sozialen Regime zu unterstellen. In diesen Wirtschafts- und Gesellschaftsordnungen lässt sich der soziale Austausch von Gütern und Reichtümern nicht im Rahmen individueller Abmachungen verstehen, denn es sind nicht Individuen, sondern „Kollektive, die sich gegenseitig verpflichten, die austauschen und kontrahieren" (*Mauss* 1990: 21). Mit der Durchsetzung des Marktsystems und des Tauschhandelsprinzips wird die Gesellschaft zum Anhängsel des Marktes.

Diese Ausbreitung des Marktprinzips ist nicht ohne Widerstände vonstatten gegangen. Edward P. *Thompsons* (1971) Arbeit beschäftigte sich beispielsweise mit den englischen *‚food riots'* des 18. Jahrhunderts. Diese interpretiert er als Ausdruck *moralischer Entrüstung* der Unterschichten über den Bruch mit einem etablierten normativen Konsens, nämlich jenem, dass aus Hunger und Leiden kein Profit geschlagen werden soll. Moralökonomie ist bei *Thompson* ein Konsens über die angemessene Versorgung – insbesondere der Zugang zu grundlegenden Subsistenzgütern – innerhalb eines kommunalen Lebenszusammenhangs.[3]

---

3   Anschlussfähig ist diese Perspektive auch in Richtung der politischen Soziologie. Barrington *Moores* (1982) große Studie zu den Arbeiteraufständen in Deutschland und Rußland im 19. und frühen 20. Jahrhundert zeigt, dass nicht objektive Verteilungsergebnisse kollektiven Protest bewirken, sondern erst, wenn diese als *Ungerechtigkeit* wahrgenom-

In diesen einschlägigen Beiträgen wird gezeigt, dass es normative und kulturell-gefärbte Hintergrundannahmen sind, die die Praktiken des sozialen Austausches in traditionellen Gesellschaften und frühen Marktgesellschaften regulieren. *Polanyi* ähnlich, geht *Thompsons* historische Perspektive allerdings von einer Transformation der Sozialbeziehungen vom *‚bread nexus'* zum *‚cash nexus'* aus, also einer zunehmend auf Gewinnmotive reduzierten Handlungsorientierung der Marktakteure. In einer voll entwickelten Marktgesellschaft, so die Diagnose, ist der Markt immer weniger der Ort, auf dem sich Gerechtigkeitsansprüche realisieren lassen. Autonome Märkte sind blind, was die Gerechtigkeit von Verteilungen angeht (*Berger* 2001: 32f.). Die kritische Lesart sagt, dass ausdifferenzierte Marktfunktionen nicht mehr den Erfordernissen ausgleichender Gerechtigkeit und der Integration des Sozialgefüges zuarbeiten, sondern ausschließlich eigenen Imperativen gehorchen. Der Marktausch, so die skeptische Lesart von Ferdinand *Tönnies* (1991: 35), ist nur noch „fingierter Sozialwillen", weil er auf den Akt des Austausches und die Eigenrationalität wirtschaftlichen Handelns beschränkt ist, und keinen darüber hinaus gehenden gesellschaftlichen Wert hat.

Gegen diese Diagnose ist argumentiert worden, dass sich auch die moderne Marktökonomie nicht ohne die *Einbettung* in moralökonomische Vorstellungen denken lässt. Der Markt mag unempfindlicher gegenüber normativen Ansprüchen werden, aber dennoch ist er in nicht-ökonomische soziale Kontexte eingebettet, die die marktförmigen Austauschbeziehungen regulieren (*Booth* 1993, 1994). Gut funktionierende Märkte müssen sogar geregelt und sozial eingebettet sein, um ihre Integrationsfähigkeit zu erhalten und zu erhöhen (*Beckert* 2001). Auch moderne Märkte sind danach weniger als eine Ansammlung rationaler Individuen zu verstehen, sondern durch Netzwerke und soziale Beziehungen konstituiert, die durch die Einbettung in Normen der generalisierten Reziprozität bestimmte vorteilhafte Kooperationen erst möglich machen (*Elwert* 1987). Die effiziente Steuerung und Gestaltung von Märkten gelingt nicht, wenn man sich auf die Mechanismen von Angebot und Nachfrage sowie der Preiskonkurrenz verlässt, sondern nur, wenn diese über bestimmte politisch-kulturelle sowie institutionelle Kontexte verfügen, die Marktbeziehungen vermitteln. Im Rahmen politikwissenschaftlicher Analysen ist gleichfalls darauf hingewiesen worden, dass die Verwertungslogik von Märkten nicht auf alle Güter (gleichermaßen) durchschlägt (*Arnold* 2001). Die soziale Verteilung einer ganzen Anzahl von sozialen Gütern kann nur verstanden werden, wenn man nicht dem Fehlschluss einer durchgesetzten Kommodifizierung sozialer Güter aufsitzt, sondern deren *moralökonomische Codierungen* berücksichtigt.

---

men werden. Ähnlich geht auch *Gurr* (1970) davon aus, dass es die Empfindung allgemeiner Ungerechtigkeit ist, die politischen Widerstand befördert. Ungerechtigkeit definiert er als Diskrepanz aus den Gütern und Lebensbedingungen, von denen Menschen unterstellen, dass sie ihnen zustehen, und ihrer tatsächlichen Güterausstattung.

Ein weiteres Argument gegen die Auffassung schwindender moralökonomischer Steuerung gesellschaftlicher Austausche besteht darin, die *politischen Eingriffe* in die marktförmige Verteilung als Ausdruck des Fortbeste-
hens moralökonomischer Steuerung zu sehen. Politische Intervention kann
als eine Gegenbewegung gegen die Ausbreitung des Marktparadigmas verstanden werden, denn in dem Maße, wie der Marktaustausch vom universa-
len Äquivalent des Geldes gesteuert wurde, begann der Staat, soziale Inter-
ventionspraktiken zur Abfederung markterzeugter Risiken und Ungleichheiten zu entwickeln. Im Zuge des Prozesses der Ausdifferenzierung gesellschaftlicher Funktionen wurde die ökonomische Sphäre zwar von bestimmten normativen Erwartungen entlastet, aber gleichzeitig übernahm der Staat
die Aufgabe, den gesellschaftlichen Forderungen nach ausgleichender Gerechtigkeit Genüge zu tun. Da die Räume, in denen sich Gerechtigkeit heute
realisiert, zunehmend jenseits des Marktes liegen und durch staatliches Handeln strukturiert werden, haben sich auch die Zuschreibungs- und Zurech-
nungsmodi für das Einwirken auf Ungleichheit verändert. Gerechtigkeitsansprüche werden an *politische Institutionen und Akteure* herangetragen, die
sich zu Zwecken der Legitimitätssicherung für diese öffnen und für ein gewisses Maß an sozialem Ausgleich sorgen müssen. Die Selbststeuerung und
politische Regulierung von Gesellschaften ist daher nur zu erreichen, wenn
ein Einwirken auf die Ungleichheitsverhältnisse sichergestellt wird, das In-
teressenkonflikte minimiert und die sozialen Parteien befriedet. Sozialstaat-
liches Handeln kann in diesem Sinne auch als ‚Management sozialer Ungleichheiten' (Robert *Castel*) begriffen werden.

Vor diesem Hintergrund kann man sogar behaupten, dass die moralökonomische Steuerung von Ungleichheit an politischer Bedeutsamkeit gewonnen hat. Für die Moralökonomie sozialer Ungleichheit ist es schließlich von
erheblicher Bedeutung, dass soziale Ungleichheit als durch politisches Handeln veränderlich und reduzierbar angesehen wird. Wenn uns soziale Tatsachen nicht mehr als gegeben und unantastbar gegenübertreten, sondern als
Produkt sozialer Entscheidungen und politischer Gestaltung, und wenn uns
institutionelle Praktiken der Verteilungsbeeinflussung zur Verfügung stehen, dann bleiben auch die normativen Standards, an denen sich das Ungleichheitsgefüge messen lassen muss, nicht unberührt. Mit der staatlichen
Verantwortungsübernahme für wohlfahrtspolitische Ziele wuchsen gleichsam die Erwartungen nach, denn in dem Moment, in dem Probleme staat-
licherseits bearbeitet werden, gehen Menschen zunehmend davon aus, dass
es die Aufgabe staatlicher Institutionen ist, bestehende Ungerechtigkeiten
und Benachteiligungen auszugleichen.

Dieser Trend stärkt ein kulturelles Deutungsmuster, das man als *‚Ent-
naturalisierung' von Ungleichheit* beschreiben kann. In Abgrenzung zu ‚natürlicher Ungleichheit', die auf eine natürliche Ordnung oder die freien
Kräfte des Marktes zurückzuführen ist und damit fraglos akzeptiert wird, ist
‚soziale Ungleichheit' nun das „Ergebnis kontingenten und moralisierenden

Handelns" (*Giesen* 1987: 315). Wo soziale Ungleichheit auf politisches Handeln (oder Handlungsunterlassungen) zurückgeführt und als Ergebnis innergesellschaftlicher Aushandlung wahrgenommen wird, ist sie auch moralisch kritisierbar. Wenn also Ungleichheiten als sozial erzeugt und/oder politisch korrigierbar gelten, werden sie viel stärker in das Rampenlicht moralischer Konflikte gezogen. *Hondrich* (1984: 275) schreibt dazu: „Je leichter es erscheint, Ungleichheiten abzuschaffen (...), um so schwerer wiegt die Bedeutung von Ungleichheit."

3. Wohlfahrtsinstitutionen und das Management sozialer Ungleichheiten

Für die Moralökonomie der sozialen Ungleichheit lässt sich ein zentraler institutioneller Adressat ausmachen: der *Wohlfahrtsstaat*. Dieser ist für das innergesellschaftliche ‚Management sozialer Ungleichheiten' zuständig und kann als institutionelle Antwort auf soziale Vorstellungen ausgleichender Gerechtigkeit gesehen werden. Nach T. H. *Marshall* (1975) können wir Sozialpolitik als die Anwendung politischer Macht mit dem Ziel verstehen, die Funktionsweisen des ökonomischen Systems zu ergänzen, zu modifizieren oder abzulösen, um damit Verteilungsergebnisse zu bewirken, die denen des Marktes zu bevorzugen sind. In Angesicht der Tatsache, dass sich selbstregulierende Märkte als unfähig erwiesen, gesellschaftlichen Interessenausgleich zu gewährleisten und soziale Bedürfnisse zu befriedigen, sah sich der Staat gezwungen, umverteilend einzugreifen. Während in eingebetteten Märkten Produktion und Verteilung von den für das Sozialgefüge typischen kollektiven Verpflichtungen geprägt waren, sind diese Verpflichtungen nun zunehmend aus den Märkten ausgelagert und von speziellen Sicherungsinstitutionen übernommen worden. Marcel *Mauss* (1990) hat darauf hingewiesen, dass der wohlfahrtsstaatliche Austausch von Gütern eine *moralische* Dimension beinhaltet und sich in den sozialstaatlichen Institutionen der ‚Geist der Gabe' fortsetzt. Die wohlfahrtsstaatlichen Einrichtungen der gemeinsamen und gegenseitigen Fürsorge übernehmen moralische Funktionen, durch die Individuen, Klassen und Nationen den sozialen Austausch regeln. Mit der Verantwortungsübernahme des Staates wird anerkannt, dass die Gesellschaft ihren Mitgliedern eine gewisse Sicherung ihres Lebens gegen Risiken wie Alter, Arbeitslosigkeit und Krankheit schuldet.

Man kann den Wohlfahrtsstaat und die Schaffung der Sozialversicherungen auch als neue Ökonomie der Schuldverhältnisse begreifen. Die mit dem industriegesellschaftlichen Zeitalter aufkommende Einsicht, dass jeder Schadensfall *sozial determiniert* und eine Rückführung auf individuelles Verschulden oft nicht möglich ist, hat ein Bewusstsein dafür entstehen lassen, dass Risiken kollektiver Bearbeitung und Sozialisierung bedürfen. Francois *Ewalds* (1993) beeindruckende Studie *Der Vorsorgestaat* argumentiert, dass sich der Wohlfahrtsstaat als Solidaritätsvertrag ausdeuten lässt. Diesem Solidaritätsvertrag ist eigen, dass die gerechte Aufteilung der Güter und Lasten nicht apriorisch erschlossen werden kann, sondern erst durch soziale Abmachung und Zustimmung zustande kommt. „Da niemand sagen kann, was gerecht ist, da es kein objektives Prinzip gibt, das die Tauschbeziehungen regiert und eine Entscheidung darüber erlaubt, ob jeder auch das erhält, was ihm zusteht, kann Gerechtigkeit nur in einem Ausdruck wechselseitiger Einwilligung liegen" (*Ewald* 1993: 477f.). Damit unterliegt der Solidaritätsvertrag innergesellschaftlicher Aushandlung darüber, wie Leistungen und Belastungen zu verteilen sind und welche Art der Schadensbearbeitung und Risikoaufteilung als sozial gerecht angesehen wird. Der Wohlfahrtsstaat ist „erstrangig ein organisierter Risiko*ausgleich*" (*Hengsbach* 1999: 36; meine Hervorhebung) in dem sich die Solidaritätsbeiträge und die Solidaritätsgewährung auch an der Leistungsfähigkeit der solidarisch Verbundenen und am aktuellen Bedarf der Leistungsberechtigten bemessen. Die Aufgabe nationaler Wohlfahrtspolitiken liegt darin, über die „immer bestehenden Ungleichheiten und Ungerechtigkeiten in der Verteilung der Lebenschancen Einverständnisse auf Zeit zu paktieren und Vorstellungen über ausgleichende Gerechtigkeit zu formulieren" (*Lepsius* 2000: 211).

Damit wird der Wohlfahrtsstaat zu dem *institutionellen Ort*, der eine dem Markt zu bevorzugende soziale Ressourcenverteilung herbeizuführen hat. Mit Michael *Walzer* (1992) lässt sich der Wohlfahrtsstaat als System verstaatlichter Verteilung ansehen, durch das öffentliche Güter der Marktsphäre entzogen werden und nach allgemein anerkannten Bedürfnissen (um-)verteilt werden. Dies ist auch mit der Rede vom Wohlfahrtsstaat als sozialvertraglichem Arrangement gemeint:

> „Wir können nun eine präzisere Beschreibung des Gesellschaftsvertrages vornehmen und ihn kennzeichnen als eine Übereinkunft, die Mittel der Mitglieder umzuverteilen gemäß einem gemeinsamen, im Detail der ständigen politischen Neubestimmung unterworfenen Verständnis von deren Bedürfnissen. Der Vertrag ist ein moralisches Band. Er verbindet die Starken mit den Schwachen, die Glücklichen mit den Unglücklichen, die Reichen mit den Armen, indem er eine Union, eine Gemeinsamkeit, herstellt, die, alle Interessenunterschiede überwindend, ihre Stärke aus Geschichte, Kultur, Religion usw. bezieht. Auseinandersetzungen über die Gemeinschaftsversorgung sind letztlich nichts anderes als Versuche, diese Union so oder so zu interpretieren." (*Walzer* 1992: 133)

Wohlfahrtsstaatliche Institutionen sind daher nicht nur institutionell-organisatorische Realitäten, sie beinhalten gleichzeitig *regulative Leitideen* sozialer Gerechtigkeit, die unmittelbar mit gesellschaftlichen Motivlagen im Zusammenhang stehen. Wohlfahrtsstatliche Institutionen sind „expressions of definite moral conception" (*Rothstein* 1998: 2) und stehen als solche in Wechselwirkungen mit individuellen Dispositionen und Handlungsorientierungen. Es ist evident, dass ungleichheitseindämmende oder -beseitigende Transfers von wohlfahrtsrelevanten Gütern nur dann soziale Legitimität erhalten können, wenn sie einen ‚gerechteren' Zustand herbeiführen (*Mau* 2002). In der Tat kann die historische Entwicklung des Wohlfahrtsstaates als ein Prozess sich erweiternder Gerechtigkeitsaspirationen gelesen werden, denn als Folge des Einsetzens interventionistischer Praktiken verstärkte sich die Rolle des Staates als verteilungspolitischem Akteur zunehmend: In dem Maße, wie deutlich wurde, dass staatliches Handeln dem Verteilungsproblem von Märkten entgegenwirken kann, und in dem Maße, wie der Hebel demokratischer Partizipation Gerechtigkeitsansprüche in die Sphäre politischer Entscheidungen hinein verlängerte, wurde der Wohlfahrtsstaat zum entscheidenden *Adressaten* normativer Ansprüche. Der Sozialstaat wird heute durch „grundlegende soziale Gerechtigkeitskonzeptionen zusammengehalten, die sich durch ein System spezifischer Institutionen mit jeweils spezifischen sozialen Normen ausdifferenzieren und einen gewissen Grad an Dauerhaftigkeit verkörpern" (*Rüb* 1998: 319). Daher kann die Analyse von *Verteilungsinstitutionen* als ein erster Baustein für das empirische Studium moralökonomischer Austauschprozesse gelten. Hier wird sichtbar, welche Gerechtigkeitsziele als gesellschaftlich prioritär angesehen werden, und welche Formen der Beeinflussung des Ungleichheitsgefüges sich herausgebildet haben.

Hier setzt auch die soziologische Gerechtigkeitsanalyse als Institutionenanalyse an. *Schmidt* (1995) gibt drei maßgebliche Gründe an, warum institutionelle Arrangements für die Analyse sozialer Gerechtigkeit von Interesse sind. *Erstens* unterliegen Institutionen einer „Dauerprüfung ihrer Gerechtigkeit, weil das Bewußtsein um die Kontingenz je existierender institutioneller Arrangements ihre Befürworter wie Kritiker gleichermaßen vor die Notwendigkeit stellt, die von ihnen vertretenen Vorzugsrichtungen des (politischen) Handelns im Lichte geltender Fairneßstandards zu rechtfertigen" (*Schmidt* 1995: 174). Institutionen, die eine hohe moralische Plausibilität aufweisen, stehen weniger in der Gefahr, konkurrierenden normativen Ansprüchen ausgesetzt zu sein oder durch diese ausgehöhlt zu werden. *Zweitens* können Institutionen selbst als „geronnene Gerechtigkeitsvorstellungen" (*Sesselmeier* 1998: 369) charakterisiert werden, denn ihren Bauplänen liegen bestimmte Wertideen und Leitvorstellungen zugrunde. Erst dadurch gelingt es, Institutionen eine Robustheit zu geben, die sie über profitable ‚*outcomes*' oder rein funktionale Kriterien hinaus stabilisieren. *Drittens* konditionieren Institutionen Gerechtigkeitsorientierungen, indem sie alternative Arrangements ausblenden und Sozialisationseffekte auslösen. Wenn Institutionen normative Überlegungen in ihre Baupläne mit einbeziehen, bekräftigen sie deren Geltung und produzieren aktiv einen „normativen Mehrwert" (*Lessenich* 1999: 155). Damit haben sie eine formative Wirkung auf das, was in einer Gesellschaft für ‚gerecht' gehalten wird. Institutionenanalytisch geht es dann darum, aufzuzeigen, welche normativen Leitkonzepte Institutionen in ihre Baupläne inkorporieren, welche faktischen Verteilungsprozesse erzeugt werden und wie der Motivhaushalt von sozialen Akteuren durch den Bezug auf normative Standards determiniert wird.

In die Wohlfahrtsforschung hat diese Institutionenperspektive insofern Eingang gefunden, als es ein verstärktes Interesse an einer Rekonstruktion normativer Leitideen von wohlfahrtspolitischen Institutionen gibt (*Blasche/ Döring* 1998; *Mau* 2003). So versucht beispielsweise *Merkel* (2001), die Diskussionsstränge der politischen Philosophie und der empirischen Sozialstaatsforschung miteinander zu konfrontieren, indem er fragt, wie regulative Leitideen sozialer Gerechtigkeit in wohlfahrtsstaatlichen Regimen umgesetzt werden und wie diese hinsichtlich verschiedener ,Gerechtigkeitsdimensionen' abschneiden. Ein noch weitergehenderer Ansatz, der vollständig auf die Angebote der politischen Philosophie zur Bewertung von institutionellen Erfolgen verzichtet, wird dagegen von *Goodin* et al. (1999) vertreten. Sie unternehmen den Versuch, die Wirksamkeit von Sozialpolitik anhand der selbst gesetzten Ziele zu bestimmen, um ihre Urteile über die Güte eines bestimmten institutionellen Arrangements zu fundieren. Sie unterscheiden Wohlfahrtsstaatstypen, von denen sie annehmen, dass sie unterschiedlichen sozialen Zielbestimmungen zugeordnet werden können. Gleichzeitig gehen sie davon aus, dass der Erfolg der Zielerreichung mittels empirischer Analyse festgestellt werden kann. Dieser Ansatz konfrontiert damit die institutionellen Gerechtigkeitssemantiken[4] mit den Verteilungsrealitäten, um herauszufinden, wie das Verhältnis von bestimmten (selbst gesetzten) normativen Ansprüchen, z.B. der Verhinderung von Armut oder die Verringerung von Einkommensunterschieden, und den tatsächlichen Verteilungswirkungen ist. Gerade hier zeigt sich, dass die normativen Konzepte, für die bestimmte Institutionen stehen, mitunter durch sie nicht eingelöst werden. Soweit sich hier eine Diskrepanz auftut, so ergibt sich für die Ungleichheitsforschung eine Handhabe, um Ungleichheiten zu bewerten. Der Standpunkt, von dem aus Kritik an vorhandenen Ungleichheiten geäußert wird, ist dann direkt aus den normativen Leitvorstellungen, von denen die Legitimität von Verteilungsinstitutionen ja auch abhängt, abgeleitet. Gerechtigkeitsprüfungen dieser Art nehmen die Institutionen ,beim Wort', indem sie kontrollieren, ob die Normen der Gerechtigkeit, die sich Institutionen auf die Fahnen geschrieben haben, auch eingelöst werden.

---

4   Es ist aber fragwürdig, ob die von *Goodin* et al. (1999) vorgenommene Operationalisierung sozialpolitischer Zielsetzungen jene Eindeutigkeit und Bestimmtheit besitzt, die die Autoren ihr zuschreiben.

4. The eye of the beholder – der subjektivistische Zugang zu sozialer Ungleichheit

Institutionenanalyse ist aber nur ein Teil der moralökonomischen Perspektive, denn wenn wir den Wohlfahrtsstaat als Ausdruck der Moralökonomie verstehen, heißt das nicht, dass damit alle Gerechtigkeitsansprüche bezüglich der Ungleichverteilung von Gütern und Lebenschancen abgegolten sind. Der Wohlfahrtsstaat ist nicht gegen Kritik immun, denn durch die Errichtung eines *spezifischen* institutionellen Sets und die Inkorporation einer *spezifischen* Gerechtigkeitskonzeption werden abweichende Gerechtigkeitsansprüche abgewehrt. Der Wohlfahrtsstaat kann immer nur einen Ausschnitt gesellschaftlich vorhandener Erwartungen positiv beantworten. Zugleich mögen wohlfahrtsstaatliche Institutionen aus der Sicht der Bürger einen Mangel an moralischer Plausibilität aufweisen, was die durch sie realisierten Zielstellungen wie auch die eingesetzten Instrumente angeht. Ob sich die Menschen die gesellschaftlich wirkenden Maßstäbe distributiver Gerechtigkeit zu eigen machen, und ob sie damit ihre Vorstellungen einer gerechten Verteilung verwirklicht sehen, ist letzten Endes eine empirische Frage. *Walzer* selbst macht auf die mögliche Diskrepanz zwischen einem institutionellen Arrangement, das eine bestimmte Gerechtigkeitskonzeption repräsentiert, und weitergehenden Gerechtigkeitsansprüchen aufmerksam. In den Vereinigten Staaten beispielsweise zeigt sich, dass die kollektiven Versorgungssysteme zwar als Resultat demokratischer Willensbildung angesehen werden können, aber dennoch bestimmten Anforderungen im Bereich wohlfahrtspolitischer Versorgung nicht nachzukommen vermögen. Die Vorstellungen der Bürger, so *Walzer* (1992: 135), „weisen in Richtung eines entwickelteren, reichhaltigeren Systems."

Damit ist für die Frage der Moralökonomie eine Unterscheidung zwischen einer *institutionellen* und einer *kognitiv-evaluativen* Komponente getroffen. Moralökonomie, wie eingangs skizziert, bezieht sich neben der normativen Dimension bestimmter Verteilungspraktiken auch auf die normativen Maßstäbe, die Menschen selbst an soziale Ungleichverteilungen anlegen. Deshalb ist es notwendig, über die regulativ-normativen Leitideen von Institutionen hinaus die vorhandenen Ungleichheits- und Gerechtigkeitsorientierungen der Bevölkerung in den Blick zu nehmen. Auch hier finden sich normative Ansprüche, die man im Sinne des moralökonomischen Ansatzes verstehen kann, und die es ermöglichen, die Frage nach den problematischen und unproblematischen Ungleichheiten besser zu beantworten. Dieser Ansatz verlässt sich weder auf die Angebote der normativen Philosophie noch auf die individuellen Wertpräferenzen der Ungleichheitsforscher, sondern verweist auf das Potential von Ungleichheitskritik, das in den sozialen Vorstellungswelten der Menschen selbst vorhanden ist. Mit Blick auf das Ungleichheitsgefüge ergibt sich, dass Fragen der Verteilungsgerechtig-

keit mit den *Akteursdeutungen* in Verbindung gebracht werden, also vor
dem Horizont gesellschaftlicher Beurteilungen des Gerechten bzw. Ungerechten erkundet werden.

*Ungleichheits*vorstellungen, so kann man sagen, stehen für die *kognitive Präsenz* der sozialen Verhältnisse, während *Gerechtigkeits*vorstellungen die Welt des *Wünschbaren* repräsentieren (vgl. *Hondrich* 1984). Aus
der möglichen Diskrepanz zwischen Gerechtigkeitsvorstellungen und wahr-
genommenen Handlungswirklichkeiten entstehen gesellschaftliche Spannungen und Anlässe für sozialen Wandel. Formale Theorien sozialer Gerechtigkeit sind nicht in der Lage abzuschätzen, wie sich der lebensweltliche ‚Sinn für Gerechtigkeit' zu einem bestimmten Verteilungsproblem verhält. Ungleichheiten, die mancher Philosoph aufgrund seiner Gerechtigkeitskonzeption für skandalös hält, mögen in den Alltagsdeutungen der Betroffenen kein Problem aufwerfen. Für die Klärung der Frage, welche Ungleichheiten sozial relevant, problematisch oder unerwünscht sind, ist es
deshalb notwendig, sich auch mit den *alltagsweltlichen Relevanzsetzungen
und Deutungsmustern* zu beschäftigen (vgl. *Neckel* u.a., in diesem Band, S.
137-164).

Die *moralischen Alltagsdeutungen* sind erfahrungsnah und zudem spezifisch mit dem empirischen Gegenstand der sozialen Ungleichheit verbunden. Auch wenn sie dazu neigen, nicht den ganzen Gegenstand und nicht
alle verfügbaren Informationen in ihre Deutungsmuster einzuschließen, sind
sie dennoch nicht beliebig und als Idiosynkrasien abzutun. Sie unterliegen
situations- und kontextbezogenen Interpretationsprozessen, mit Hilfe derer
Menschen aus ihrer Wirklichkeit Sinn machen. Gleichzeitig repräsentieren
sie eine Art *Gemeinschaftsethik*, die uns Auskunft darüber gibt, welche Bedeutung sozialen Gütern innerhalb eines sozialen Kollektivs zugemessen
wird und welchen Prinzipien distributiver Gerechtigkeit diese unterliegen
sollten.[5] Keine unsituierten Gründe der Gerechtigkeit werden zum Maßstab
der Beurteilung von sozialer Ungleichheit genommen, sondern empirisch
vorfindbare normative Ansprüche und Kritiken. Die Frage „Welche Gleichheit, welche Ungleichheit?" wird damit an die Mitglieder der Umvertei-
lungsgemeinschaft zurückgegeben. Wir wollen wissen, wie die subjektiven
Relevanzsetzungen hinsichtlich einer Ungleichheitsstruktur vorgenommen
werden, kurz, „was diese Realität für die Betroffenen bedeutet" (*Hondrich*
1984: 273).

Die Forderung nach einer stärker an subjektiven Deutungsmustern
orientierten Sozialstrukturforschung ist in verschiedenen Feldern schon umgesetzt worden. Von so unterschiedlichen Gegenständen wie ‚Gerechtig-

---

5   Ein solcher Ansatz der Moralsoziologie im Sinne einer empirischen Untersuchung mora-
    lischer Vorstellungen wird von *Junge* (1998) auch dem *kommunitaristischen* Ansatz
    unterstellt (vgl. *Koller*, in diesem Band, S. 49-71). Auch wenn diese Unternehmung häu-
    fig unter einer allzu großen normativen Aufladung leidet, so liegt ihre Stärke dennoch da-
    rin, dass sie auf die soziale Praxis zielt.

keit' (*Walster/Walster* 1975), ,Armut' (*Orshansy* 1969) oder ,Lebensqualität' (*Campbell* 1972) konnte man fast wortgleich hören: „*Justice (or poverty or the quality of life) is in the eye of the beholder*". Das heißt, soziale Verhältnisse sind nur *ungerecht*, wenn sie als ungerecht *wahrgenommen* werden. *Armut* ist ebenfalls kein Phänomen, das einen objektiven und übersozialen Charakter trägt, sondern sie ist untrennbar mit gesellschaftlichen Vorstellungen verbunden. In Georg *Simmels* Essay über die Armen können wir lesen, dass Armut kein anhand von quantitativen Maßstäben festzulegender Zustand ist, sondern allenfalls nach der „sozialen Reaktion, die auf einen gewissen Zustand hin eintritt" (*Simmel* 1908: 372), zu bestimmen ist. *Lebensqualität* kann gleichfalls nicht nur objektiv, d.h. durch abstrakte wohlfahrtpolitische Ziele bestimmt werden, sondern muss letzten Endes von den Betroffenen selbst wahrgenommen werden (*Glatzer/Zapf* 1984).

Für Ungleichheitsforschung hat diese Subjektivierung einiges an Innovation gebracht, beispielsweise durch die Einbeziehung von Fragen zum subjektiven Wohlbefinden in die Sozialberichterstattung, die Öffnung der Armutsforschung für subjektive Armutsschwellen oder die neuen Forschungsperspektiven der empirischen Gerechtigkeitsforschung. Allgemein kann man feststellen, dass zwischen den kognitiv-evaluativen Perspektiven der Menschen als Experten ihres Alltags und den objektiv verfahrenden Herangehensweisen mitunter Welten liegen. Es macht einen gravierenden Unterschied, ob man vom Hochsitz normativer Theorie oder politisch vereinbarter Standards die Ungleichheitsverhältnisse reflektiert, oder ob man die moralischen Alltagsansprüche der Menschen als Maßstab für die Analyse sozialer Ungleichheiten heranzieht. Ein Forschungsertrag ist dann zu erwarten, wenn man systematisch die „Diskrepanzen zwischen empirisch geltenden und gewünschten Verteilungsregeln und Verteilungsergebnissen" (*Junge* 1995: 307) aufdeckt und für die Ungleichheitsforschung fruchtbar macht.

Die empirische *Gerechtigkeitsforschung*[6] hat sich mit besonderem Nachdruck den sozial vorfindbaren Gerechtigkeitsvorstellungen gewidmet, so z. B. im Bereich der Einkommensverteilung, sozialer Mobilität, der staatlichen Sozial- und Steuerpolitik und der sozialen Mindestausstattung (vgl. *Ludwig-Mayerhofer*, in diesem Band, S. 93-113). Dabei geht es einerseits um die deskriptive Erfassung der vorhandenen Meinungen und Urteile zu sozialer Gerechtigkeit, andererseits um die sozialen Bedingungsfaktoren, durch die diese Einstellungen determiniert werden (vgl. *Cohen* 1987; *Jasso/Wegener* 1997; *Kluegel* et al. 1995; *Liebig/Lengfeld* 2002; *Wegener* 1995). Insbesondere die Einstellungsforschung hat mit gutem Grund darauf hinge-

---

6 *Schmidt* (2000b: 56ff.) beurteilt den Erkenntniswert dieser auf individuellen Urteilen und Meinungen basierten Forschung insgesamt recht skeptisch. Soweit diese Forschung ausschließlich auf die Abbildung von Meinungen abhebt, ist seiner Kritik sicherlich wenig entgegenzusetzen, doch soweit systematisch ein Brückenschlag beispielsweise zur Ungleichheits- oder zur Sozialpolitikforschung hergestellt wird, ist sie weniger triftig.

wiesen, dass es für das Verständnis institutioneller Legitimität und sozialer Verteilungskonflikte darauf ankommt, was die Menschen denken. Es wird argumentiert, dass auch die normative Gerechtigkeitstheorie auf die deskriptive Gerechtigkeitsforschung angewiesen ist, sofern sie für die Gestaltung politischer und sozialer Institutionen von Relevanz sein möchte (*Liebig/Lengfeld* 2002; *Wegener* 1995). Gesellschaftsbilder, die Vorstellungen und Bewertungen zu vorherrschenden Ungleichheitsstrukturen enthalten, sind deshalb ernst zu nehmen, weil ihnen die Bedeutung empirisch wirksamer Realitätskonstruktionen zukommt und weil sie die politische Praxis beeinflussen. Wir wissen aus der Sozialpsychologie, dass wahrgenommene Gerechtigkeitslücken Gefühle von Empörung und moralische Opposition auslösen können (*Montada* et al. 1986). Wir wissen aber auch, dass nicht jedes Gerechtigkeitsproblem sozialen Widerspruch nach sich zieht. Im Regelfall verbleiben die Gerechtigkeitseinstellungen im Status „makrosozialer Latenz" (*Zwicky* 1991), d.h. sie werden erst unter bestimmten Bedingungen in den politischen Diskurs eingebracht und handlungsmächtig. In solchen Situationen zeigt sich, mit welcher Art idealisiertem Gesellschaftsbild die erlebte gesellschaftliche Realität kontrastiert wird und welches die moralischen Regulative und Kriterien sein sollten, die die Verteilung knapper, aber begehrter Güter diktieren.

Erst die Erschließung der subjektiven normativen Standards und die Anknüpfung an empirisch vorfindbare Gerechtigkeits- und Ungleichheitsorientierungen kann zeigen, welche Ungleichheiten als bedrückend und ungerechtfertigt angesehen werden. Die zugrunde liegende Prämisse besagt, dass sozial problematische und veränderungswürdige Ungleichverteilungen nur durch entsprechende kognitive, normative und evaluative Haltungen der Gesellschaft oder gesellschaftlicher Gruppen zustande kommen. Es gibt, so *Walzer* (1992), keine externen und universellen Prinzipien, die sich über die Bedeutungen distributiver Gerechtigkeit, die die Gesellschaft selbst hervorgebracht hat, hinwegsetzen könnten. Schließlich lassen sich bestimmte Verteilungskonflikte, die ja die politische Soziologie der sozialen Ungleichheit interessieren, nicht durch faktische Verteilungen erklären, sondern allenfalls durch Zuhilfenahme der Deutungsmuster sozialer Ungleichheit. Im Umkehrschluss heißt dies natürlich nicht, dass der normativen Theorie ihr kritisches Potential abgesprochen wird. Vielmehr wird hier nahe gelegt, dass es darauf ankommt, die Einsichten der politischen Philosophie mit den tatsächlich vorhandenen Vorstellungen zu sozialer Gerechtigkeit zu konfrontieren (vgl. *Liebig/Lengfeld* 2002).[7] Der Verweis auf die sozialen Semantiken besagt, dass die Ungleichheitsthematik nicht ohne Zuhilfenahme von kollektiven Erfahrungen und Interpretationen zu fassen ist. Wir können davon aus-

---

7   Auch Autoren der politischen Philosophie weisen darauf hin, dass eine unabhängige
    Rechtfertigung einer gerechten Verteilung problematisch ist und man die moralischen
    Überzeugungen von Personen zumindest als Input normativer Theorie verwenden sollte
    (vgl. *Schlothfeld* 2000).

gehen, dass ein Set moralischer Annahmen das Ausmaß akzeptabler und tolerierbarer Ungleichheit definiert und auch Richtschnur für politische Intervention zur Beseitigung von Benachteiligungen und zur Korrektur von Ungleichverteilungen ist. Der Erkenntnisgewinn des Konzepts der Moralökonomie besteht vornehmlich darin, dass Ungleichheit nicht als abstrakter und quantitativer Verteilungsstandard gesehen wird, sondern man sich den normativen Aufladungen des Feldes knapper aber begehrter Güter und Positionen zuwendet.

5. Falsches oder richtiges Bewusstsein?

Der Status dieser Ungleichheitswahrnehmungen und Interpretationen ist nicht ganz unumstritten. Wenn man eine kulturrelativistische Gerechtigkeitskonzeption vertritt, besteht ohne Zweifel die Gefahr, den selbstlegitimierenden und affirmativen Diskursen innerhalb der Gesellschaft anheim zu fallen. Vielfach wird gesagt, dass die Begünstigten einer sozialen Ordnung dazu tendieren, die existierenden Ungleichheitsverhältnisse zu legitimieren (*Eder* 1990). Damit geraten die Ungleichheitswahrnehmungen der privilegierten Schichten unter Ideologieverdacht, denn sie werden den Zwecken der Verteidigung und der moralischen Rechtfertigung von Ungleichverteilungen zugeordnet. Häufig wird zudem der Vorwurf geäußert, dass mit der Übernahme der Akteurinterpretationen bezüglich sozialer Ungleichheit der kritische Ansatz normativer Theorie aufgegeben werden würde, denn dies liefe auf die bloße Abbildung wie auch immer gearteter Mehrheitsmeinungen hinaus.[8] *Walzers* Sphärentheorie der Gerechtigkeit hat dies den Vorwurf eingebracht, dass es keinen Weg zur Kritik von Ungleichheit und Ungerechtigkeit mehr gibt, sobald die Gesellschaftsmitglieder eine distributive Praxis akzeptieren. Damit verwechselt man „die normative Gültigkeit eines Verteilungssystems, gemessen an universalistischen Standards, mit der empirischen Geltung einer routinisierten Verteilungspraxis, gemessen an der Nachachtung ihrer Mitglieder" (*Müller* 1995: 152). An *Walzers* Ansatz wird zudem kritisiert, er gehe zu stark von einem gesellschaftlichen Konsens im Sinne einer allgemein getragenen Gemeinschaftsethik aus (*Junge* 1995: 296).

Was die Konfundierung des *Normativen* und des *Faktischen* angeht, so kann ihr nur begegnet werden, wenn man sich klar macht, dass das Selbstverständnis von Gerechtigkeit seitens der Mitglieder weder alleiniges Krite-

---

8 Die spontane Reaktion auf eine solche Perspektive ist häufig, auf Gesellschaften zu verweisen, die Unterdrückungspraktiken von Minderheiten institutionalisiert haben, ohne dass diese als illegitim angesehen werden. Daher muss einschränkend hinzugefügt werden, dass alltagsweltliche Vorstellungen über Gerechtigkeit nur dann sinnvoll in die Diskussion über die Relevanz von Ungleichheiten eingebracht werden können, wenn es ein *staatsbürgerliches Ideal der Gleichheit* gibt, vor dessen Hintergrund sich Ungleichheiten kritisch reflektieren lassen.

rium zur Bewertung einer Ungleichverteilung sein kann, noch dass man von einem *common sense* der Gerechtigkeit ausgehen kann. Die subjektiven Wahrnehmungen und Bewertungen von Ungleichheit sind deshalb von Bedeutung, weil sie ein Korrektiv für analytische Perspektiven darstellen können, die ihre Ungleichheitskritik aus normativen Sätzen ableiten.[9] Tatsächlich vorfindbare Gerechtigkeitsintuitionen sind nicht nur der Testfall für die normative Theorie, sie zeigen auch an, wo die Bedeutungslinien sozialer Ungleichheit verlaufen und welche Dimensionen und welches Ausmaß sozialer Ungleichheit den Menschen Probleme bereiten. Es ist schließlich so, dass in Gesellschaften nicht alle Unterschiede in sozial bedeutungsvolle Ungleichheiten transformiert werden, sondern allenfalls eine geringe Teilmenge (vgl. *Meulemann*, in diesem Band, S. 115-136). Ein Unterschied wird nur dann zum sichtbaren, wahrnehmbaren, sozial relevanten Unterschied, wenn Menschen diesen Unterschied zu einem *relevanten* Unterschied machen. Es ist zudem zu unterstreichen, dass die sozialen Vorstellungen gerechter Verteilungsverhältnisse weder uniform noch harmonisch sind. Im Rahmen der hier vertretenen Subjektivierung und Aufdeckung der ,internen' Standards der Gerechtigkeit gehört es ohne Zweifel dazu, sich mit der sozialen Strukturiertheit hinsichtlich des Verständnisses sozialer Ungleichheit zu beschäftigen. Was systematisch in den Blick genommen werden muss, ist die „Pluralität von moralischen Bewertungsmaßstäben" (*Junge* 1995: 307) sozialer Ungleichheit einerseits und die Konditionierungprozesse, die der Herausbildung unterschiedlicher Bewertungsmaßstäbe zugrunde liegen, andererseits (vgl. *Beer*, in diesem Band, S. 27-47).

Eine weitere Bedingung muss Erwähnung finden: Der Blick auf empirisch vorfindbare Gerechtigkeitsvorstellungen als Kontrast- und Kritikfolie der sozialen Ungleichheitsstruktur ist an die Voraussetzung *demokratischer Verfassung* von Gesellschaften gebunden, da dadurch Möglichkeiten eingeräumt werden, Dissens kund zu tun und zu protestieren. Michael *Walzer* hat mit gutem Grund darauf hingewiesen, dass eine Gesellschaft dann gerecht ist, wenn sie ihr konkretes Leben so organisiert, dass es den gemeinsamen Vorstellungen ihrer Mitglieder entspricht. Das heißt aber nicht, dass jede Gesellschaft, die soziale Folgebereitschaft ihrer Mitglieder sicherstellen kann, eine gerechte Gesellschaft ist. Nur wenn gleichzeitig davon auszugehen ist, dass es keine Gleichschaltung von Menschen gibt, und dass es eine Vielzahl von Distributionsmodi, sozialen Gütern und Distributionsinstanzen bzw. -agenten gibt, können sich gerechte Standards ausbilden. *Walzer* (1992: 441) schreibt: „Wenn sich die Mitglieder einer Gesellschaft über die

---

9 Man kann in diesem Zusammenhang auf die von *Liebig* und *Lengfeld* (2002) herausgearbeiteten Bedingungen verweisen, die erfüllt werden müssen, wenn eine normative Theorie den Anspruch erhebt, Vorschläge für die Gestaltung realer Güter- und Lastenverteilungen zu machen. Dann kommt es nämlich beispielsweise darauf an, dass die Adressaten einer normativen Theorie diese verstehen und als moralisch geboten anerkennen, wie auch darauf, dass die entsprechenden Politikkonzepte unter realen Bedingungen auch Akzeptanz und Zustimmung erhalten.

Bedeutung von sozialen Gütern uneins, wenn ihre Vorstellungen kontrovers sind, dann muß die Gesellschaft, um gerecht zu sein, diesen Differenzen Rechnung tragen, indem sie einerseits institutionelle Kanäle für ihre Artikulation schafft und andererseits Adjudikativtechniken und alternative Verteilungsformen entwickelt." Weil sie dieser Forderung am ehesten entsprechen, sind komplexe und differenzierte Gesellschaften auch immer besser als Tyranneien. Wenn soziale Gerechtigkeit hergestellt werden soll, muss eine Gesellschaft den Opfern von Ungerechtigkeiten das Recht einräumen, „frei heraus zu sprechen, zu protestieren und sich zu verweigern" (*Shklar* 1992: 187). Erst wenn diejenigen, die das Gefühl haben, eine Ungerechtigkeit erlitten zu haben, dies öffentlich kund tun und gewisse soziale Resonanzen erzeugen können, ist sicher gestellt, dass sie mit Ungerechtigkeiten einhergehende Ungleichheiten nicht nur erdulden, sondern öffentlich artikulieren.

Dennoch gibt es Momente, die Kritiken an vorhandenen Ungleichheiten abschwächen. Schließlich gibt es angesichts der offenkundigen Existenz von gravierenden Ungleichheiten und Ungerechtigkeiten keine fortdauernden moralischen Kämpfe oder Problematisierungen und ein großes Maß an Duldung (*Kreckel* 1992: 22). Oft werden Ungerechtigkeiten *nicht* als solche erkannt und problematisiert, weil es eine Diskrepanz zwischen objektiven Tatsachen sozialer Ungleichheit und ihrer kognitiven Repräsentation gibt (*Eder* 1990). Für Empiriker ist es oft frappierend, wie wenig genaues Wissen die Menschen über die Ungleichheitsverhältnisse haben, in denen sie leben, und wie viele Formen sozialer Benachteiligung unterhalb der Wahrnehmungsschwelle verbleiben. Es ist beispielsweise darauf hingewiesen worden, dass zwischen den faktischen Prozessen der Statuszuweisung und ihren Legitimationsprinzipien eine große Diskrepanz besteht, „aber gleichwohl ein hoher Legitimitätsglaube verbreitet ist" (*Mayer/Müller* 1976: 254; vgl. *Neckel* u.a., in diesem Band, S. 137-164).[10] Wie Menschen Ungleichheit erfahren und deuten, kann damit durchaus von dem elaborierten Wissen des Sozialforschers abweichen. Aufgrund der empirischen Tatsache, dass es ein Mißverhältnis zwischen tatsächlicher Güterungleichverteilung und der perzipierten Ungleichverteilung gibt, ist auch von der „illusion of distributive justice" (*Wegener* 1987) gesprochen worden. Menschen, speziell statushohe und statusniedrige Personen, tendieren beispielsweise dazu, sich stärker in mittleren sozialen Positionen zu verorten als sie tatsächlich einnehmen, so dass sie die von der Gesellschaft zugewiesenen Güter und Positionen eher als gerecht einschätzen.

Eine zweite Komponente, die die Ungleichheitskritik abschwächt, kann darin bestehen, dass die sozialstrukturelle Ordnung die normative Ordnung

---

10 Dies rückt die Moralökonomie in die Nähe von Ideologien als Systeme von Überzeugungen und Begriffen, die zwar helfen können, das soziale Handeln sinnhaft zu strukturieren, aber gleichzeitig der Durchsetzung von Interessen dient und, um diese Funktion zu erfüllen, die Realität teilweise verzerrt wiedergibt.

so konditioniert, dass es letztendlich zu einer Legitimation bestehender Ungleichheitsverhältnisse kommt. Klaus *Eder* (1990: 199) hat darauf hingewiesen, dass die Deutungsmuster sozialer Ungleichheit auch so etwas wie „*kollektiv* eingeübte argumentative Fehlschlüsse" sind, mit denen sich soziale Gruppen ihre gesellschaftliche Position erklären und letztendlich rechtfertigen. Daher muss hervorgehoben werden, dass die objektive Ressourcenungleichheit soziale Sinngebungen und Repräsentationen hervorbringen kann, die eine Akzeptanz oder zumindest eine Hinnahmebereitschaft fördern. Die sozial Begünstigten können ihre Privilegien auf eine natürliche Überlegenheit oder Höherwertigkeit zurückführen, während das Scheitern der sozialen Verlierer als selbst verschuldet erscheint. Die natürliche Ungleichheit rechtfertigt dann eine soziale Ungleichwertigkeit und ungleiche soziale Erträge. Das bedeutet, dass vor dem Hintergrund des Gleichheitsideals soziale Deutungs- und Wahrnehmungsschemata ausgebildet werden, die den Glauben bestärken, dass die Verteilung der Positionen und Güter alles in allem gerecht, d.h. auf die richtigen Gründe zurückzuführen sei.[11] Dies sei eine systematische *Selbsttäuschungsstrategie*, durch die objektive Ungleichheitsverhältnisse in legitime Ordnungen überführt werden. Die moralökonomische Perspektive wäre dann nur imstande, die vorherrschenden Glaubenssätze über gerechtfertigte und ungerechtfertigte Ungleichheiten zu übernehmen und eine kritische Hinterfragung dieser Repräsentationen bliebe aus.

Diese Einwände sind nicht völlig vom Tisch zu wischen. So wichtig es ist, sich den empirisch wirksamen Deutungsmustern sozialer Ungleichheit zu widmen, so richtig ist es, darauf hinzuweisen, dass es problematisch sein kann „nur die gesellschaftlich veröffentlichten Gerechtigkeitsansprüche als Indikatoren für die empirisch wirksamen Normenkonflikte einer Gesellschaft heranzuziehen" (*Honneth* 2000: 123). Um Widerspruch oder Kritik auszulösen, braucht es offensichtlich eine dramatische Zuspitzung des Schicksals sozial benachteiligter oder leidender sozialer Gruppen oder eine spezifische Art von Sensibilisierung, die sich in Form moralischer Empörung Luft macht. Problematisierungen von Ungleichheit werden häufig verhindert, sei es durch die Artikulationsohnmacht von sozial Benachteiligten oder durch erfolgreiche Legitimationsstrategien von Besitzern sozial begehrter Güter. Es besteht zusätzlich die Gefahr, dass Ungleichheiten, die mit deutlichen Benachteiligungen oder Deprivationen einhergehen, ausgeblendet werden, weil die Betroffenen sie uminterpretieren, um sie erträglicher zu machen. Moralische Ansprüche sind häufig in „Formen von Unrechtsbe-

---

11 Sozialpsychologische Ansätze wie die von *Lerner* (1978, 1980) angestoßene ‚*Belief in a Just World'*-Forschung gehen ebenso davon aus, dass Menschen dazu neigen, sich die Welt als einen alles in allem gerechten Ort vorzustellen. Die grundlegende These dieser Forschung lautet wie folgt: "Individuals have a need to believe that they live in a world where people generally get what they deserve and deserve what they get." (*Lerner/Miller* 1978: 1030).

wußtsein aufbewahrt" (*Honneth* 2000: 118), d.h. sie existieren nicht als formuliertes und konsistentes Repertoire von Ansprüchen, sondern sind diffus und erfahrungsnah, so dass sie in die gesellschaftlichen Diskurse nur bedingt eingebracht werden können. In diesem Sinne ist darauf hingewiesen worden, dass empirisch wahrgenommene Ungerechtigkeit vermutlich wesentlich bedeutsamer ist als Vorstellungen von perfekter Gerechtigkeit (*Shklar* 1992). Wenn wir uns von der positiven Definition von Gerechtigkeit lösen und uns den Ungerechtigkeitsgefühlen zuwenden, besteht die Möglichkeit, ein größeres Spektrum relevanter sozialer Ungleichheiten oder Benachteiligungen einzufangen. Es gibt inzwischen Forschungen wie die von Pierre *Bourdieu* und Mitarbeitern (1997), die versuchen, in den Mikrokosmos sozialer Deklassierungen vorzudringen. Dabei steht weniger die Messung von Armut und Deprivation im Vordergrund, sondern die Frage, wie sich Armut ‚anfühlt' und die Lebenswelten der Betroffenen in Beschlag nimmt. Es lässt sich zeigen, dass Menschen, indem sie die ‚große Not' zum Maß aller Dinge erheben, ihre ‚kleinen Nöte' als viel erträglicher und weniger beklagenswert wahrnehmen. Dieses Verarbeitungsmuster führt dazu, dass soziale Benachteiligungen und Ungleichheitslagen als weniger dramatisch angesehen werden, als sie von ihren sozialen Folgen her tatsächlich sind. Soziologisch müssen also auch die Bedingungen interessieren, unter denen ein bestimmter Blick auf soziale Ungleichheit eingeübt wird und wie dies zur Ausbildung von sozialer Akzeptanz führt.

6. Anerkennung und Gerechtigkeit: Eine Erweiterung

Eine sinnvolle Erweiterung der angedeuteten Perspektive ergibt sich, wenn man den engen Blick auf Verteilungsfragen zurücklässt, und sich Fragen der gegenseitigen Anerkennung zuwendet. In der neueren politischen Philosophie gibt es Ansätze, die versuchen, sich stärker an Grundvorstellungen *sozialer Würde und Wertschätzung* zu orientieren und damit den logischen Konstruktionsrahmen klassischer Gerechtigkeitstheorie überschreiten (z.B. Avishai *Margalit*, Axel *Honneth*, Nancy *Fraser*).

Margalit (1999) hat in seinem Buch *Politik der Würde* einen Vorschlag gemacht, der darauf hinausläuft, Ungleichheiten dann zu problematisieren, wenn sie mit sozialen Demütigungen einhergehen. Lebensverhältnisse sind dann demütigend, wenn sie Gefühle der Entwürdigung und Missachtung hervorbringen. Dieser sozialphilosophische Beitrag setzt damit eine Grundlinie inakzeptabler sozialer Ungleichverteilung und Benachteiligungen, die an den subjektiven Wahrnehmungen und Gefühlen ansetzt. Danach ist Armut nicht nur deshalb ein Problem, weil Menschen unterhalb einer festgesetzten Einkommensgrenze leben, sondern weil dieser Zustand *entwürdigend* ist und häufig auch als entwürdigend erlebt wird (*Margalit* 1999: 266). Die anständige Gesellschaft, im Gegensatz, ist dadurch gekennzeichnet, dass die Institutionen wie auch die sozialen und wirtschaftlichen Ungleichheiten dergestalt sind, dass sie Demütigungen minimieren oder bestenfalls vermeiden. Das grundlegende und überlegenswerte Argument besagt, dass Schlechterstellungen „aufgrund zusätzlicher Effekte, also nur *indirekt* einen ungerechten Zustand anzeigen" (*Schlothfeldt* 2000: 1), wie zum Beispiel soziale Schädigungen und Leidzustände. In solchen Fällen reicht die Erkundung artikulierter Ungleichheitskritik nicht aus, um der Frage problematischer Ungleichheiten auf den Grund zu gehen. Hier muss zusätzlich eine Erweiterung vorgenommen werden, die die *Folgen* von Ungleichverteilungen mit bedenkt und systematisch darauf Bezug nimmt, welche Handlungs- und Entfaltungsbeschränkungen dadurch gezeitigt werden (vgl. *Beer*, in diesem Band, S. 27-47).

Nancy *Fraser* (1996) hat einen Forschungsansatz vorgeschlagen, der eine bifokale Sicht auf soziale Gerechtigkeit vornimmt, indem Verteilungsprobleme mit *Anerkennungsfragen* in Verbindung miteinander gebracht werden. Sie betont, dass sich Gerechtigkeit weder auf die eine noch auf die andere Dimension reduzieren lässt und dass es ein wichtiges Anliegen ist, ein gemeinsames Prinzip zu entfalten, das auf beide Maßstäbe Bezug nimmt. Während die Verteilungsperspektive auf Einkommen und materielle Güter im engeren Sinne, aber auch auf Fragen von Machtasymmetrien, Marginalisierung und Entbehrung abhebt, betont die Anerkennungsdimension den Aspekt der Wertschätzung und des Vermeidens von Missachtung. Ein umfassendes Konzept gleichberechtigter Teilhabe, das ihr vorschwebt, erfordert soziale Regelungen, die es Gesellschaftsmitgliedern ermöglichen, als Gleiche miteinander umzugehen. Als Vorbedingung dafür muss gelten, dass die Verteilung materieller Güter die Unabhängigkeit und die ‚Stimme' der Gesellschaftsmitglieder sichert. Die Anerkennungsdimension soll dafür Sorge tragen, dass es nicht zu institutionalisierten Formen sozialer Herabsetzung und Missachtung kommt, in deren Folge Individuen oder Gruppen die gleichberechtigte Teilnahme am sozialen Leben verweigert wird.

Aus einer anderen Richtung, aber im Kern doch ähnlich gelagert, verweist die soziologische Diskussion um soziale *Exklusion* auf eine neuartige Bestimmung sozial unerwünschter Ungleichheiten (vgl. *Bude* 2001; vgl. *Schmidt*, in diesem Band, S. 73-92). Dabei geht man davon aus, dass es nicht Ungleichheit per se ist, die problematisch ist, sondern solche Ungleichheiten, die zu Exklusion führen. Soziale Diskriminierung und die Unterschreitung von sozialen Subsistenzstandards werden als Verstoß gegen unbedingte Standards der Verteilungsgerechtigkeit gesehen, weil sie eine Entwürdigung der betroffenen Personen mit sich bringen. Der Vorteil dieser kategorialen Bestimmung liegt darin, dass sie auf sparsamen moralischen Vorannahmen beruht und deshalb relativ robust ist (*Schmidt* 2000a). Auch hier wird angenommen, dass Exklusion soziale Schädigungen zeitigt, die dem normativen Selbstverständnis moderner Gesellschaften zuwiderlaufen. Ein Nachteil ist sicherlich, dass soziale Ungleichheiten *innerhalb* des Inklusionsbereiches ausgeblendet werden und weitere distributive Standards nicht abgeleitet werden können. Dass Gerechtigkeitsforderungen und -erwartungen auch im Inklusionsbereich einen Platz haben und auch dort ein Bedarf an konzeptionell angeleiteter Ungleichheitsforschung besteht, dürfte offensichtlich sein. Der hier vorgeschlagene Weg kann helfen, auch diesem Binnenbereich einen Sinn für Gerechtigkeit zur Seite zu stellen, der nichts mit einer pauschalisierenden und pejorativen Behandlung aller möglichen Ungleichheitsphänomene zu tun hat, sondern das Augenmerk auf gesellschaftspolitisch problematische Ungleichverteilungen sozialer Ressourcen und Lebenschancen lenkt.

7. Zurück zu Moralökonomie

Wenn wir also das Konzept der Moralökonomie auf die gesellschaftliche Ungleichheit anwenden, dann beschäftigen wir uns einerseits mit verteilungspolitischen Institutionen, andererseits mit dem ‚sozialen Sinn' für Gerechtigkeit. Das Konzept der Moralökonomie stellt in erster Linie eine perspektivische Erweiterung dar, die sowohl die einseitige normative Bestimmung von ‚problematischen' Ungleichheiten qualifiziert wie auch die kaum hinterfragten Messgewohnheiten (Dimensionen etc.) der Ungleichheitsforscher. Es ist damit weder eine Absage an die normative Theorie noch eine Infragestellung anderer normativer oder politischer Bestimmungen von problematischen Ungleichheiten. Das Konzept der Moralökonomie beruft sich auf die in normativen Leitvorstellungen von Institutionen wie auch in den sozialen Alltagsdeutungen vorhandenen kritischen Potentiale, die durchaus für die empirische Analyse sozialer Ungleichheiten fruchtbar gemacht werden können. In diesem Sinne hat auch der Historiker Paul *Nolte* (2001: 43f.) dafür plädiert, dass sich die empirische Sozialforschung bei der Analyse sozialer Ungleichheit nicht auf bloße Deskription beispielsweise von Armutsstatistiken beschränken sollte. Stattdessen braucht es neue Verbindungen von qualitativen und quantitativen Ansätzen, die sowohl materielle soziale Strukturen wie auch Fragen von kultureller Deutung und Verarbeitung in der Gesellschaft untersuchen.

Institutionen, so wurde argumentiert, liefern selbst eine Maßgabe für Ungleichheitskritik, weil sie die Verwirklichung bestimmter Gerechtigkeitsprinzipien prätendieren. Indem die Gerechtigkeitsziele von Institutionen mit den institutionellen Realitäten konfrontiert werden – also beispielsweise die angestrebten mit den tatsächlichen Umverteilungswirkungen verglichen werden –, lässt sich eine Handhabe für die Problematisierung von Ungleichheit gewinnen. Diese ist dann nicht in externen normativen Standards verankert, sondern wird aus den normativen Standards der Institutionen selbst gewonnen. Zumindest im Bereich der *Wohlfahrtspolitik* und der drängenden Fragen der politisch gewollten Gestaltung von sozialen Lebenslagen ist ein solcher ‚Gerechtigkeitstest' eine plausible Herangehensweise, wenn es

darum geht, Ungleichheitsdimensionen zu bestimmen und soziale Verteilungsergebnisse zu bewerten.

Das zweite Feld moralökonomischer Analyse beschäftigt sich mit den
vorherrschenden *Deutungsmustern* und damit verbundenen normativen Ansprüchen sozialer Gruppen. Dies liefert eine Maßgabe dafür, welche Ungleichheiten als ungerecht wahrgenommen werden und für welche Umverteilungen soziale Unterstützung zu finden ist. Um dieser Perspektive gerecht
zu werden, muss man zwei Analyseebenen unterscheiden und zueinander
ins Verhältnis zu setzen wissen. Die erste ist die der *kognitiven und wissens-
mäßigen Repräsentation* sozialer Ungleichheit in den Köpfen der Menschen, die ja deutlich von den wissenschaftlich produzierten Daten abweichen kann. Die zweite Ebene ist die *normativ-evaluative Sicht* auf Ungleichheit, die Bezüge auf bestimmte kontrafaktische Ideale und legitime
Ungleichheitsverhältnisse enthält. Hier erst entscheidet sich, *welche Ungleichheiten* zum Problem werden. Über den dominanten Ungleichheitsdis-
kurs hinaus ist es wichtig, auch die sozialstrukturelle Differenzierung der
Einstellungen zu sozialer Ungleichheit zu erfassen, da die Relevanzsetzungen und das Unbehagen mit den sozialen Ungleichverteilungen sozial differieren. Dies zielt auf eine kartographische Darstellung moralischer Ansprüche unterschiedlicher gesellschaftlicher Gruppen.

Die Konzeption der Moralökonomie legt gleichfalls nahe, sich mit den
sozialen Prozessen zu beschäftigen, die bestimmte Verteilungsformeln akzeptabel machen. Dies ist insbesondere für soziale Ungleichheiten von Bedeutung, die mit offensichtlichen Benachteiligungen einhergehen. Wenn
sich die Perspektive darüber hinaus nicht auf die empirisch wirksamen Normenkonflikte beschränkt, sondern gleichfalls an bestimmten Deprivations-
und Deklassierungssituationen ansetzt und damit Ungerechtigkeitserfahrun-
gen sichtbar macht, dann ergeben sich zunehmend Anhaltspunkte für eine
Ungleichheitssoziologie, die weder lebensweltlich fremd noch sozial
distanziert ist. Soweit eine Akzeptanz von Zuständen sozialer Benachteiligung erkennbar ist, stellt sich die soziologisch interessante Frage, wie Dis-
kriminierungserfahrungen sozial interpretiert und kanalisiert werden. Es ist
zu vermuten, dass diese, obwohl sie nicht in Forderungen nach Umverteilung münden, nicht verschwinden oder bedeutungslos werden, sondern in
einem Unrechtsbewusstsein aufgehoben werden (*Honneth* 2000: 118). Empirische Untersuchungen müssen deshalb über die artikulierten und öffentlich präsenten Ungleichheitskritiken hinausgehen und sich gleichfalls mit
anderen Formen der *moralischen Missbilligung* von sozialen Deklassierungen beschäftigen.

Der Vorteil einer Rückbindung der Ungleichheitsfrage an das Konzept
der Moralökonomie besteht in dreierlei Hinsicht. *Erstens* wird damit ergän-
zend zur normativen Theoriebildung ein analytisches Instrumentarium angeboten, dass nicht, wie oft in der politischen Philosophie, auf universelle
Normen rekurriert und damit zeit- und rauminvariant wird, sondern *direkt*

an die gesellschaftlich vorherrschenden Vorstellungen und Annahmen über eine ‚gerechte' und ‚gute' Gesellschaft anschließt. Der Rückgriff auf gesellschaftsinhärente Ungleichheitskritik erlaubt es, die in der Ungleichheitsforschung erhoben Dimensionen sozial rückzukoppeln und ihre tatsächliche Relevanz abzuschätzen. *Zweitens* ermöglicht das Konzept der Moralökonomie einen interessanten Brückenschlag zur politischen Soziologie, weil sich die vorfindbaren Normen- und Ressourcenkonflikte eben nur verstehen lassen, wenn man über die Verteilungsdaten hinaus die sozialen Gerechtigkeitsvorstellungen und Bewusstseinsformen in den Blick nimmt, die soziales Handeln anleiten. Und *drittens* erlaubt eine solche Begrifflichkeit die in der wissenschaftlichen Debatte weit auseinander liegenden Felder der Normanalyse und der Ungleichheitsforschung zusammenzubringen, wie dies für einige der klassischen Soziologen selbstverständlich war.

188   *Steffen Mau*

Literatur

Arnold, Thomas Clay (2001): Rethinking Moral Economy, American Political Science Review, 95: 85-95.
Beckert, Jens (2001): Kritik am Marktliberalismus als einer Konzeption ‚guter Gesellschaft'. In: Karl-Ulrich Mayer (Hg.) Die beste aller Welten? Marktliberalismus versus Wohlfahrtsstaat. Campus: Frankfurt/New York, S. 35-58.
Berger Johannes (2001): Der diskrete Charme des Marktes. In: Karl-Ulrich Mayer (Hg.) Die beste aller Welten? Marktliberalismus versus Wohlfahrtsstaat. Campus: Frankfurt/New York, S. 13-34.
Blasche, Siegfried./Dieter Döring (Hg.) (1998): Sozialpolitik und Gerechtigkeit. Frankfurt am Main: Campus
Booth, James W. (1993): Note on the Idea of the Moral Economy, American Political Science Review 87: 949-954.
Booth, James W. (1994): On the Idea of the Moral Economy, American Political Science Review 88: 653-667.
Bourdieu, Pierre et al. (1997): Das Elend der Welt. Zeugnisse und Diagnosen alltäglichen Leidens an der Gesellschaft. Universitätsverlag Konstanz.
Bude, Heinz (2001): Gerechtigkeit als Respekt. Sozialmoralische Folgen von Ungerechtigkeit durch Exklusion, Berliner Debatte Initial 3: 28-37.
Campbell, Angus (1972): Aspiration, Satisfaction and Fulfilment. In: Aangus Campbell/Phillip E. Converse (Hg.) The Human Meaning of Social Chance. New York: The Russel Sage Foundation, S. 441-446.
Cohen, Ron L. (1987): Distributive Justice: Theory and Research, Social Justice Research 1: 1-19.
Durkheim, Emile (1999): Über soziale Arbeitsteilung. Studie über die Organisation höherer Gesellschaften. Frankfurt am Main: Suhrkamp.
Dworkin, Ronald (1983): Why Liberals Should Care about Equality? In: ders., A Matter of Principle. Cambridge Mass.: Harvard University Press, S. 204-213.
Eder, Klaus (1990): Gleichheitsdiskurs und soziale Ungleichheit. Zur Frage nach den kulturellen Grundlagen sozialer Ungleichheit in der modernen Klassengesellschaft. In: Hans Haferkamp (Hg.) Sozialstruktur und Kultur. Frankfurt am Main: Suhrkamp, S. 177-208.
Elwert. Georg (1987): Ausdehnung der Käuflichkeit und Einbettung der Wirtschaft. Markt und Moralökonomie. In: Klaus Heinemann (Hg.) Soziologie des wirtschaftlichen Handelns. Opladen: Westdeutscher Verlag, S. 300-321.
Ewald, François (1993): Der Vorsorgestaat. Frankfurt am Main: Suhrkamp.
Fraser, Nancy (1996): Justice Interrupts: Critical Reflections on the Postsocialist Condition. London/New York: Routledge
Giesen, Bernd (1987): Natürliche Ungleichheit, soziale Ungleichheit, ideale Gleichheit. In: Bernd Giesen/Hans Haferkamp (Hg.) Soziologie sozialer Ungleichheit. Opladen: Westdeutscher Verlag, S. 314-345.
Glatzer Wolfgang/Wolfgang Zapf (Hrsg) (1984): Lebensqualität in der Bundesrepublik Deutschland. Objektive Lebensbedingungen und subjektives Wohlbefinden. Frankfurt am Main: Campus.
Goodin, Robert/Bruce Heady/Ruud Muffels./Henk-Jan Driven (1999): The Real Worlds of Welfare Capitalism. Cambridge: Cambridge University Press.
Gurr, Ted Robert R. (1970): Why Men Rebel. Princeton: Princeton University Press.
Hengsbach, Friedhelm (1999): Demokratische Verteilungsgerechtigkeit, Gewerkschaftliche Monatshefte 50: 30-42.
Hondrich, Karl Otto (1984): Der Wert der Gleichheit und der Bedeutungswandel der Ungleichheit, Soziale Welt, 35: 267-293
Honneth, Axel (1992): Kampf um Anerkennung. Zur moralischen Grammatik sozialer Konflikte. Frankfurt am Main: Suhrkamp.

Honneth, Axel (2000): Das Andere der Gerechtigkeit. Aufsätze zur praktischen Philosophie. Frankfurt am Main: Suhrkamp.

Hradil, Stefan (1987): Sozialstrukturanalyse in einer fortgeschrittenen Gesellschaft. Opladen: Leske + Budrich.

Jasso Guillermina/Bernd Wegener (1987): Methods for Empirical Justice Analysis: Part 1. Framework, Models and Quantities, Social Justice Research 10: 393-430.

Junge, Matthias (1995): Zur Möglichkeit einer empirischen Kritik von Michael Walzers ‚Sphären der Gerechtigkeit' In: Hans-Peter Müller/Bernd Wegener (Hg.) Soziale Ungleichheit und soziale Gerechtigkeit. Opladen: Leske + Budrich, S. 295-311.

Junge, Matthias (1998): Die kommunitaristische Herausforderung der Moralsoziologie. Was kann eine empirische Moralsoziologie von der kommunitaristischen Moraltheorie lernen? In: Günther Lüschen (Hg.) Das Moralische in der Soziologie. Opladen: Westdeutscher Verlag, S. 93-106.

Kluegel, James R./David S. Mason/Bernd Wegener (Hg.) (1995): Social Justice and Political Change. Public Opinion in Capitalist and Post-Communist States. Berlin: de Gruyter.

Kohli, Martin (1989): Moralökonomie und „Generationenvertrag". In: Max Haller/Hans-Joachim Hoffmann-Nowotny/Wolfgang Zapf (Hg.): Kultur und Gesellschaft. Frankfurt am Main: Campus, S. 532-555.

Krebs, Angelika (2002): Arbeit und Liebe. Die philosophischen Grundlagen sozialer Gerechtigkeit. Frankfurt am Main: Suhrkamp.

Kreckel, Reinhard (1992): Die politische Soziologie der sozialen Ungleichheit. Frankfurt am Main: Campus.

Lepsius, Rainer M. (2000): Die Europäische Union als Herrschaftsverband eigener Prägung. In: Christian Joerges/Yves Meny/Josef H. Weiler (Hg.) What Kind of Constitution for What Kind of Polity? Responses to Joschka Fischer. European University Institute Florence, S. 202-212.

Lerner, Melvin J. (1980): The Belief in a Just World: A Fundamental Delusion. New York: Plenum Press.

Lerner, Melvin J./Miller, David T. (1978): Just world research and the attribution process: Looking back and ahead,: Psychological Bulletin 85: 1030-1051.

Lessenich , Stephan. (1999): Ein (un)moralisches Angebot: Reziprozitätsfiktionen im modernen Wohlfahrtsstaat. In: Claudia Honegger/Stefan Traxler (Hg.) Grenzenlose Gesellschaft? Opladen: Leske und Budrich, S. 153-168.

Liebig, Stefan/Holger Lengfeld (Hg.) (2002): Gerechtigkeitsforschung als interdisziplinäres Projekt. In: dies. (Hg.) Interdisziplinäre Soziale Gerechtigkeitsforschung. Zur Verknüpfung empirischer und normativer Perspektiven. Frankfurt am Main: Campus, S. 7-22.

Margalit, Avishai (1999): Politik der Würde. Über Achtung und Verachtung. Frankfurt am Main: Fischer.

Marshall Thomas H. (1975): Social Policy. London: Hutchinson.

Mau, Steffen (2002): Wohlfahrtsregimes als Reziprozitätsarrangements. In: Berliner Journal für Soziologie 12, S. 345-364.

Mau, Steffen (2003): The Moral Economy of Welfare States. Britain and Germany Compared. Routledge: London/New York.

Mauss, Marcel (1990): The Gift. New York: WW Norton

Mayer, Karl-Ulrich/Walter Müller (1976): Soziale Ungleichheit und Prozesse der Statuszuweisung. In: Rainer M. Lepsius (Hg.) Zwischenbilanz der Soziologie. Verhandlungen des 17. Deutschen Soziologentages. Stuttgart, S. 243-257.

Merkel, Wolfgang (2001): Soziale Gerechtigkeit und die drei Welten des Wohlfahrtskapitalismus, Berliner Journal für Soziologie 2: 135-157.

Montada, Leo (2001): Gerechtigkeit und Sozialneid, Berliner Debatte Initial 3: 48-57.

Montada, Leo/Manfred Schmitt/Claudia Dalbert (1986): Thinking about Justice and Dealing with One's Own Priviledges: A Study of Existential Guilt. In. Hans Werner Bierhoff/Ron Cohen/Jerald Greenberg (Hg.): Justice in Sozial Relations. New York: Plenum, S. 125-143.

190   *Steffen Mau*

Moore, Barrington (1982): Ungerechtigkeit. Die sozialen Ursachen von Unterordnung und Ungerechtigkeit. Frankfurt am Main: Suhrkamp.

Müller Hans-Peter/Bernd Wegener (1995): Die Soziologie vor der Gerechtigkeit. Konturen einer soziologischen Gerechtigkeitsforschung. In: dies. (Hg.) Soziale Ungleichheit und soziale Gerechtigkeit. Opladen: Leske + Budrich, S. 7-49.

Müller, Hans-Peter (1995): Soziale Differenzierung und soziale Gerechtigkeit. Ein Vergleich von Max Weber und Michael Walzer. In: Hans-Peter Müller/Bernd Wegener (Hg.) Soziale Ungleichheit und soziale Gerechtigkeit. Opladen: Leske + Budrich, S. 135-155

Nolte, Paul (2001): Zivilgesellschaft und soziale Ungleichheit: Ein historisch-sozialwissenschaftlicher Problemaufriss. In: Jürgen Kocka et al. (Hg.) Neues aus der Zivilgesellschaft aus historisch-sozialwissenschaftlichem Blickwinkel. WZB-Paper P 01-801, S. 22-44.

Orshansky, Mollie (1969): How poverty is measured, Monthly Labour Review 92: 37-41.

Polanyi, Karl (1978): The Great Transformation. Frankfurt am Main: Suhrkamp.

Rescher, Nicolas (1966): Distributive justice. A Constrictive Critique of the Utilitarian Theory of Distribution. Indianapolis: The Bobbs-Merill Company.

Rothstein, Bo (1998): Just Institutions Matter. The moral and political logic of the universal welfare state. Cambridge: Cambridge University Press.

Rüb, Friedbert (1998): Versicherungsprinzip und soziale Gerechtigkeit. In: Siegfried Blasche/ Dieter Döring (Hg.) Sozialpolitik und Gerechtigkeit. Frankfurt am Main: Campus, S. 314-355.

Schlothfeld, Stephan (2000): Ungleichheit und Ungerechtigkeit. Arbeitsbericht Nr. 19. Nachwuchsgruppe „Interdisziplinäre Soziale Gerechtigkeitsforschung" Humboldt Universität zu Berlin.

Schmidt, Volker H. (2000a): Ungleichheit, Exklusion und Gerechtigkeit. In: Soziale Welt 51, S. 383-400.

Schmidt, Volker H. (2000b): Bedingte Gerechtigkeit. Soziologische Analysen und philosophische Theorien. Frankfurt am Main: Campus.

Schmidt, Volker. H. (1995): Soziologische Gerechtigkeitsanalyse als empirische Institutionenanalyse. In: Hans-Peter Müller/Bernd Wegener (Hg.) Soziale Ungleichheit und soziale Gerechtigkeit. Opladen: Leske + Budrich, S. 173-194.

Sesselmeier, Werner (1998): Negative Einkommenssteuer und soziale Gerechtigkeit. In: Siegfried Blasche/Dieter Döring (Hg.) Sozialpolitik und Gerechtigkeit. Frankfurt am Main: Campus, S. 356-383.

Shklar, Judith N. (1992): Über Ungerechtigkeit. Berlin: Rotbuch.

Simmel, Georg (1908): Soziologie. Untersuchungen über die Formen der Vergesellschaftung. Berlin: Duncker & Humblodt.

Thompson Edward P. (1971): The Moral Economy of the English Crowd in the 18th Century. In: Past and Present 50, S. 76-136.

Tönnies, Ferdinand (1991): Gemeinschaft und Gesellschaft. Grundbegriffe der reinen Soziologie. Darmstadt: Wissenschaftliche Buchgesellschaft.

Walster, Elaine./ William G. Walster (1975): Equity and Social Justice, Journal of Social Issues 31: 21-43.

Walzer, Michael (1992): Sphären der Gerechtigkeit. Ein Plädoyer für Pluralität und Gleichheit. Campus: Frankfurt/New York.

Wegener, Bernd (1987): The illusion of distributive justice, European Sociological Review 3: 1-13.

Wegener, Bernd (1995): Gerechtigkeitstheorie und empirische Gerechtigkeitsforschung. In: Hans-Peter Müller/B. Wegener (Hg.) Soziale Ungleichheit und soziale Gerechtigkeit. Opladen: Leske + Budrich, S. 195-215.

Zwicky, Heinrich (1991): Die Wahrnehmung sozialer Ungleichheit zwischen Ideologisierung und makrosozialer Latenz. In: Volker Bornschier (Hg.) Das Ende der sozialen Schichtung? Zürich, Seismo Verlag, S. 304-322.

Ungleich – für wen?

Das Vorrecht rekonstruktiver Forschung vor
normativen Beurteilungen sozialer Ungleichheit

Gerd Nollmann

1. Einleitung: Soziologie im Abseits?

Soziale Ungleichheit gilt als zentrales Charakteristikum der modernen Gesellschaft (*Mayer* 1987). Sie drückt sich in der ungleichen Verteilung von
materiellen und symbolischen Ressourcen, Machtverhältnissen, Einfluss-
chancen, Weisungsbefugnissen, Karriere- und Lebensmöglichkeiten aus.
Angesichts ihrer limitierenden Wirkung auf die Handlungsspielräume von
Akteuren am unteren Ende der Verteilungs- und Beziehungsskala gilt sie als
problematisch: Ungleiche Beziehungen vertragen sich nicht mit dem klassischen Gleichheitsideal.

So selbstverständlich diese normative Präferenz für Gleichheit fachin-
tern gilt, so wenige Soziologen trauen sich vor die Mikrofone der massenmedialen Öffentlichkeit, um das Gleichheitsversprechen der Moderne ener-
gisch einzufordern. Im Gegenteil scheinen die inzwischen wieder zunehmenden Verteilungsdisparitäten das überlieferte Gleichheitsgebot zu diskre-
ditieren, so dass Gleichheit nur noch als Fluchtpunkt erscheint, vor dem Soziologen bestehende Ungleichheiten erforschen und selten öffentlich als än-
derungsbedürftig darstellen (*Smeeding/Gottschalk* 1997; *Nollmann/Strasser*
2002).

Das Gleichheitsgebot nimmt heute keine öffentliche, politische oder gar
gesellschaftsweite, sondern eher eine fachinterne Bedeutung an: Es wird, so
überspitzen einige die Kritik, aus den Publikationsfluten als Rechtfertigung
für den betriebenen Forschungsaufwand hochgehalten (*Schmidt* 2000). Je
fachinterner diese Spannung gerät, desto mehr nimmt sie rituellen Charakter
an und verliert ihren kritischen, auf gesellschaftliche Veränderung zielenden
Sinn. Die Soziologie gerät in Gefahr, nur noch punktuell politisch und mas-
senmedial anschlussfähig zu sein – etwa wenn Sozialpolitiker genauere Informationen über die Konstruktion und Beeinflussbarkeit moderner Lebensverläufe wünschen (vgl. *Mayer* 2000). Die Soziologie, die die Erforschung
sozialer Ungleichheit im Zentrum ihrer Interessen weiß, droht deshalb mit
ihren Ungleichheiten alleine zu stehen. Obwohl sie Art, Ausmaß und Wandel von Ungleichheitsstrukturen immer detaillierter erfasst, steht am anderen Ende des Spannungsbogens von Gleichheit und Ungleichheit niemand
(mehr), der ihr diese abnimmt.

Diese Situation ist auch deshalb problematisch, weil die Soziologie als
Wissenschaft kaum öffentliche Reputation erheischen kann (*Abbott* 1998:

172ff.). Anstelle der Soziologie haben die Philosophen die Rolle der normativen Wegmarkierung übernommen. Der von ihnen mehrheitlich verwendete Gerechtigkeitsbegriff scheint besser geeignet, massenmediale Betroffen-
enaufmerksamkeit und politische Wahlprogramme zu bedienen (vgl. *Strasser* 1986: 44f.; *Müller/Wegener* 1995). Während *Gleichheit* angesichts des
Scheiterns egalitärer Experimente eine pejorative Konnotation hinnehmen
musste und zudem immer klärungsbedürftig bleibt, worauf sich eine etwaige Gleichheit eigentlich bezieht, kann *Gerechtigkeit* in geeigneter Weise
Zustimmung mit positiven Wunschdeutungen und inhaltlicher Unspezifität
verbinden. Wer – wie z.B. John *Rawls* (1975) oder Michael *Walzer* (1983) –
Gerechtigkeitsszenarien zu zeichnen in der Lage ist, darf mit massenmedialen und politischen Bewunderern rechnen. Wer ein inhaltlich unklares
Gleichheitsideal als heimlichen Maßstab konkreter Forschung verwendet,
wird entweder nicht beachtet oder, schlimmer noch, von der verständnislo-
sen Praxis mit Deutungen konfrontiert, die unwirsch die Unvermeidbarkeit
bestimmter Unterschiede, etwa zwischen Mann und Frau, behaupten (vgl.
Gildemeister 2001: 77ff.).

Die intuitiv so berechtigte, normativ-kritische Betrachtung sozialer Ungleichheit zielt auf Möglichkeiten der *Veränderung*. Sie möchte Wissen
sammeln, das ggf. zu konkreten politischen Empfehlungen führt. Diese Anstrengungen sind, wie die Debatte um das schlechte Abschneiden Deutschlands in der PISA-Studie zeigt, notwendig, stehen jedoch vor Schwierigkeiten, denn die Bemühungen um einen Abbau von Bildungsunterschieden waren oft erfolglos. Deshalb braucht die Soziologie offenbar ein besseres Wissen über die hartnäckigen Gründe für das Fortbestehen sozialer Ungleichheit. Eine wichtige Aufgabe bei dieser Suche mit dem Ziel der Beeinflussung sozialer Ungleichheit könnte darin liegen, die Gründe für ihre Hartnäckigkeit auf der *Mikroebene* intensiver zu erforschen. Schon Max *Weber*
(1980: 5f.) hatte der Soziologie die Aufgabe gestellt, soziale Regelmäßigkeiten, Verteilungen und einwirkende Zwänge der Handlungssituation mit
den subjektiv-sinnhaften Beweggründen des sozialen Handelns zu *verbinden* und darin die *differentia specifica* soziologischer Regeln im Sinne
Durkheims gesehen.

Dieser Aufgabe möchte ich im Folgenden nachgehen in der mit *Weber*
zu diskutierenden Frage, was spezifisch *soziologisch* an der Erforschung
von Ungleichheiten ist (2). Dabei zeigt sich ein handlungstheoretisches Defizit (3). Würde sich die Forschung auf die Rekonstruktion von Sinnverstehen als *differentia specifica* einer *soziologischen* Betrachtung sozialer Ungleichheit konzentrieren, müsste sie ihren Gegenstand als Beziehungsform
auffassen (4), der empirisch in sozialen Deutungspräferenzen gefasst werden kann (5). Typische *Deutungen* sozialer Ungleichheit lenken Kontroll-
und Kausalzurechnungen und verhindern in der Praxis oft, dass Ungleichheiten zum Gegenstand von Konflikten werden (6). Die Schlussfolgerung

(7) lautet, dass, würde die Soziologie sozialer Ungleichheit rekonstruktiv im Sinne *Webers* vorgehen, sie sich *zunächst* auf eine normativ-methodische *epoché*, eine Urteilsenthaltsamkeit, einlassen müsste. Normative Aussagen der Soziologie über die Änderungsbedürftigkeit sozialer Ungleichheiten werden dadurch nicht verhindert, sondern durch die *Bevorrechtigung rekonstruktiver gegenüber normativen Aussagen* im Gegenteil aufgewertet.

2. Was ist soziologisch interessant an Ungleichheiten?

Um der *Rekonstruktion* wirklicher, sozial ungleicher Lebenslagen der Menschen näherzukommen, hat Stefan *Hradil* (1987) die Begriffstrias von *Lage*, *Milieu* und (subjektiv und objektiv) *intervenierenden Faktoren* vorgeschlagen. Mit diesem Sozialstrukturkonzept hebt *Hradil* hervor, dass es *auch* eine Frage der Interpretationen, Situationsdefinitionen und individuellen Bedürfnisprioritäten ist, „welche Bedeutung bestimmte Arbeitsbedingungen oder gewisse Maßnahmen der sozialen Absicherung haben, welchen Gebrauch jemand von seinem Geld oder seinen Machtpositionen macht, wie entlastend Freizeitbedingungen sind oder wie Arbeitslosigkeit ‚aufgearbeitet' wird" (1987: 161; vgl. *Ludwig-Mayerhofer*, in diesem Band, S. 93-113). Subjektive und objektive intervenierende Variablen sollen dem sinnhaften Eigenrecht konkreten Erlebens größere Geltung verschaffen.[1]

Was folglich als *soziale* Ungleichheit betrachtet wird, wäre dann keine Entscheidung des soziologischen *Beobachters*, sondern des *Teilnehmers* an ungleichen sozialen Beziehungen. Mit dieser Aussage betritt man den Boden sinnverstehender Soziologie, die ihren Ausgangspunkt schon immer darin findet, „subjektiv gemeinten Sinn" zu rekonstruieren, weil dieser im sozialen Handeln kausal wirksam geworden ist (*Weber* 1980: 1ff., Esser 1996). Aber was heißt das für die Ungleichheitsforschung, genauer: für die empirische Erforschung sozialer Ungleichheit?

Faktisch entscheiden die bisher verfügbaren und erhobenen Daten über das, was als soziale Ungleichheit erscheint. Als Datenbasis fungieren amtliche Statistiken und eigene Erhebungen: Einkommens- und Bildungsverteilungen, amtliche Berufsklassifikationen, die zu Klassenschemata umcodiert werden (*Brauns/Steinmann/Haun* 2000), in Umfragen gemessene Prestigewerte, Einstellungen und Wohlfahrtsindikatoren (*Statistisches Bundesamt* 2002) und dynamische Lebensverlaufsdaten (vgl. *Blossfeld/Mayer* 1990, *Mayer* 2000). Die Ungleichheitsforschung nimmt den wissenschaftlichen *burden of proof* ernst, indem sie den sozialstrukturellen Wandel detailliert und methodisch versiert analysiert.

---

1   Ähnlich argumentiert *Wiesenthal* (1999: 528f.) mit den Ungleichheitskonsequenzen von differierenden Produktentscheidungen von Konsumenten einerseits (subjektiv) und differentiellen Preisentwicklungen für Produktpaletten andererseits (objektiv), die zu ungleichem Zugang zu Preisvorteilen bei deflationären Produktmärkten führen.

Damit stellt sich allerdings die Frage, ob diese bisher verfügbaren Daten den Erfordernissen einer soziologischen Erklärung im Sinne *Webers* bereits genügen. Max *Weber* (1980: 5f.) hat die Verbindung von objektiven Verteilungsdaten mit subjektiv-sinnhaften Daten über Deutungen ganz unzweideutig gefordert:

> „Eine *richtige* kausale *Deutung* eines konkreten Handelns bedeutet: daß der äußere Ablauf und das Motiv *zutreffend* und zugleich in ihrem Zusamenhang sinnhaft *verständlich* erkannt·sind. Eine richtige kausale Deutung *typischen* Handelns (verständlicher Handlungstyp) bedeutet: daß der als typisch behauptete Hergang sowohl (in irgendeinem Grade) sinnadäquat erscheint wie (in irgendeinem Grade) als kausal adäquat festgestellt werden kann. Fehlt die Sinnadäquanz, dann liegt selbst bei größter und zahlenmäßig in ihrer Wahrscheinlichkeit präzis angebbarer Regelmäßigkeit des Ablauf (des äußeren sowohl wie des psychischen) nur eine unverstehbare (oder nur unvollkommen verstehbare) *statistische* Wahrscheinlichkeit vor. Andererseits bedeutete für die Tragweite soziologischer Erkenntnisse selbst die evidenteste Sinnadäquanz nur in dem Maß eine richtige *kausale* Aussage, als der Beweis für das Bestehen einer (irgendwie angebbaren) *Chance* erbracht wird, daß das Handeln den sinnadäquat erscheinenden Verlauf *tatsächlich* mit angebbarer Häufigkeit oder Annäherung (durchschnittlich oder im „reinen" Fall) zu nehmen *pflegt*. Nur solche statistische Regelmäßigkeiten, welche einem verständlichen gemeinten Sinn eines sozialen Handelns entsprechen, sind (im hier gebrauchten Wortsinn) verständliche Handlungstypen, also: ‚soziologische Regeln'."

An dieser Stelle ist zunächst unerheblich, welche Theorien und Modelle man in der breiten, im Anschluss an *Webers* Definition geführten Diskussion für angemessen hält – ob man den symbolischen Aspekt sozialen Handelns hervorhebt (*Mead* 1936), ob ein voluntaristisches Verständnis im Vordergrund steht (*Parsons* 1975), ob man die Erwartungen und Bewertungen über die Nützlichkeit von Handlungsweisen betont (*Esser* 1999), ob man sich primär für soziale Zurechnungen interessiert (*Weber* 1985; *Luhmann* 1984), ob man an Handeln in Rollen und/oder in sozialen Systemen denkt oder phänomenologisch die interpretierenden Bewusstseinsleistungen der Akteure in den Vordergrund stellt (*Schütz* 1960; vgl. *Schneider* 2002). Die vor einem Ausweis der normativen Prämissen der Ungleichheitsforschung zu klärende Frage lautet, wie die Ungleichheitsforschung im Anschluss an Regelmäßigkeiten überhaupt zu einem *erklärenden Verstehen* ungleicher sozialer Beziehungen gelangt. Die Ungleichheitsforschung wird zur Soziologie der sozialen Ungleichheit, wenn sie rekonstruktiv zeigt, dass *Akteure mit ungleichen Beziehungen und Verteilungen einen sozialen, im Sinne Webers „gemeinten" Sinn verbinden*. Erst dann könnte gezeigt werden, *wann* in der Praxis *welche* sozialen Ungleichheiten für *wen warum* problematisch werden. Ziel wäre die rekonstruktive Aufdeckung der Regelstrukturen, die *Deutungen* über soziale Ungleichheit als problematisch oder unproblematisch anleiten. Bevor man über die Frage nachdenkt, ob und wenn ja, welche soziale Ungleichheiten man *als Beobachter* problematisiert, wäre herauszufinden, welche Ungleichheiten *die Akteure* in den Feldern der modernen

Gesellschaft tatsächlich als *soziale*, d.h. als solche bewertet ansehen (vgl. *Neckel* u.a., in diesem Band, S. 137-164; *Mau*, in diesem Band, S. 165-190).

Rekonstruktives Sinnverstehen ungleicher sozialer Beziehungen wäre deshalb *zunächst* eindeutig *nicht-normativ*: Nach *Weber* muss der Soziologe *zunächst* mit allen ihm zur Verfügung stehenden Forschungsinstrumenten zeigen, welche Ziele die Handelnden haben und welche Mittel sie für geeignet halten, diese Ziele zu verwirklichen. Es geht *zunächst* um Kausal- und Kontrollvorstellungen der Handelnden, nicht um die der Wissenschaft. Bevor man als Ungleichheitsforscher seinen Gegenstand kritisiert, muss man ihn, wie *Schütz* (1960) in seiner kritischen Diskussion von *Webers* Entwurf einer sinnverstehenden Soziologie herausgestellt hat, *sinnadäquat erfasst* haben.

3. Die fehlende handlungstheoretische Fundierung

Die Soziologie sozialer Ungleichheit braucht folglich – will sie ihre normativen Prämissen an den praktischen Sinn sozialer Ungleichheit anschließen – eine *handlungstheoretische Fundierung*. Mit dieser Forderung befindet man sich in guter Gesellschaft, denn es fehlt nicht an Plädoyers für ein handlungstheoretisches Vorgehen. Ungleichheit sei nur dann soziale Ungleichheit, so H.-P. *Müller* (1992), wenn sie als solche von Handelnden *sozial* bewertet werde. Soziale Ungleichheit sei von (natürlicher oder biologischer) Verschiedenartigkeit abzugrenzen (vgl. *Meulemann*, in diesem Band, S. 115-136) und müsse handlungstheoretisch *verankert* werden (*Kreckel* 1992). Soziale Ungleichheiten seien handlungstheoretisch als gesellschaftlich hervorgebrachte Handlungsbedingungen zu definieren, „die es bestimmten Gesellschaftsmitgliedern besser als anderen erlauben, so zu handeln, dass öffentlich artikulierte und allgemein akzeptierte Lebensziele für sie in Erfüllung gehen" (*Hradil* 1987: 128; vgl. 1987a: 140ff.). Soziale Ungleichheit ziele nicht auf einfache Unterschiede zwischen Akteuren, so *Giesen* (1987: 315). Vielmehr sei sie Ergebnis sozialen Handelns und unterscheide sich von natürlicher Ungleichheit und der „natürlichen" Ordnung der Gesellschaft.[2]

Allerdings stellt, so möchte ich im Folgenden diskutieren, der durch den Begriff der sozialen Ungleichheit konturierte Forschungsgegenstand

---

2 Siehe ferner die Kategorisierung von Ungleichheitstheorien (analytisch) nach den *substantiven* und den *relationalen* Aspekten sozialen Handelns bei *Strasser* (1987: 67): Machtgesteuerte Arbeit stellt einen substantiven Handlungstyp dar, statusgesteuerte Interaktion einen relationalen. Soziale Ungleichheit erscheint im sozialen Handeln „typischerweise als spezifische Konfiguration substantiver Typen und relationaler Elemente des Handelns". Vgl. auch *Collins* (1975: 53f.): „What I propose, then is to treat the observable behavior of individuals in everyday life as the subject matter for a theory of stratification." Siehe ferner *Coleman* (1982: 36): „I believe that it is fruitful to describe the structure of a system in terms of action."

einige Sichtbehinderungen vor die handlungstheoretische Optik, die eine In-
kommensurabilität von Sinnverstehen und Ungleichheitsforschung nahe zu
legen scheinen. Mindestens *vier Gründe* versperren den Weg zu einer konsequent handlungstheoretisch argumentierenden Ungleichheitsforschung.

3.1. Was ist die grundlegende Bezugseinheit der Ungleichheitsforschung?

Die Kommunikationsschwierigkeiten zwischen Ungleichheitsforschung und
Handlungstheorie beginnen *erstens* bei der Frage, was als *grundlegende Be-
zugseinheit* angesehen wird. Oft erscheint nicht soziales Handeln als Be-
zugseinheit der Analyse, sondern eher Individuen, Menschen, Familien oder
(Groß-)Gruppen. Die klassische Großgruppenkonzeption findet sich in den
Begriffen ,Klasse' und ,Schicht'. Das Lebenslagenkonzept erweitert dieses
Verständnis zu einer mehrdimensionalen Auffassung sozialer Ungleichheit
(*Hradil* 1987). In jüngerer Zeit erscheint das gruppen- bzw. individuen-
orientierte Verständnis von sozialer Ungleichheit *auch* im Streit darüber, ob
die Erforschung zeitgenössischer Sozialstrukturen beim erwerbstätigen
Haushaltsvorstand, über dessen Verortung in der Sozialstruktur über die
problematische Hilfskonstruktion „der ,Statusverbreitung' (auf Familienan-
gehörige)" (*Berger/Hradil* 1990: 5) ein gesamter Haushalt indirekt miter-
fasst und sozialstrukturell kategorisiert wird, einsetzen muss, oder ob die
Sozialstrukturanalyse alternativ auf das konkrete Individuum als Bezugseinheit zugreifen muss, um unverzerrte Verortungen in der Sozialstruktur zu
erreichen (vgl. *Kreckel* 1992: 217ff.).[3]
     Ganz gleich ob man in der Analyse sozialer Ungleichheit eher dem An-
satz am (angeblich selbst homogenen, vgl. zur Kritik *Rerrich* 1990; *Ludwig-
Mayerhofer*, in diesem Band, S. 93-113) Gesamthaushalt oder am erwerbstätigen Haushaltsvorstand oder gar, wie *Kreckel* fordert, grundsätzlich an
den einzelnen Personen zuneigt: Aus der radikalen Sicht *Webers* (1980)
überrascht, dass trotz der „immer wieder auftauchenden Fragen nach dem
Stellenwert sozialer Akteure" (*Berger/Vester* 1998: 25) die grundlegende
Bezugseinheit in der Ungleichheitsforschung *nicht* selbstverständlich in *sozialem Handeln* angesetzt wird. Die Radikalität dieser Position ist in der
Ungleichheitsforschung bisher noch nicht ausreichend gewürdigt worden.
Webers Konzept verzichtet darauf, anzunehmen, dass die Basis des Sozialen
ein Mensch mit mehr oder minder einheitlichen subjektiven und objektiven
Merkmalen sei. Für ihn verdichtet sich das moderne Leben nicht mehr zu
einem individuellen Kern, der in allen sozialen Situationen gleich durchge-
halten wird. Vielmehr fordert er kontextspezifisches, auf bestimmte soziale
Beziehungen (statt die Gesellschaft) bezogenes Verstehen von Motiven. Die

---

3   Vgl. die Diskussion dieser Frage im Dialog mit Marx bei *Dahrendorf* (1957: 148ff.)

Begriffe Klasse, Stand, aber auch Lage, Milieu, Schicht usw. haben aus seiner Sicht folglich je nur einen *kontextspezifischen* (statt eines übergreifenden, gesellschaftlichen) Sinn.

Von einer handlungstheoretisch angeleiteten Ungleichheitsforschung würde man folglich erwarten, dass sie ihre Anstrengungen mit einer gesellschaftstheoretisch fundierten Handlungs*typologie* (*Strasser* 1985, 1987; *Collins* 1975, 2000), zumindest aber – wie z.B. bei *Hradil* (1987, 1987a) – mit einem grundlegenden Handlungs*modell* beginnt. Dieses Modell müsste zeigen, warum Akteure bestimmte Verschiedenartigkeiten und Unterschiede als *soziale* Ungleichheit *bewerten*.

Ausgangspunkt wäre dabei die Frage nach den Kriterien, die beobachtbare, messbare Ungleichheit in *soziale, bewertete und gedeutete Ungleichheit* transformieren. So selbstverständlich bisweilen angenommen wird, dass nur soziale, von Akteuren als solche empfundene Ungleichheit den Forschungsgegenstand konturieren, so erstaunlich wenig Aufmerksamkeit findet die Frage, wie soziale, als Beziehungsdefinition verstandene Ungleichheit von sonstigen, ggf. nur von (sozialwissenschaftlichen) Beobachtern als solche gemessenen Ungleichheiten bzw. von bloßen Verschiedenheiten abzugrenzen ist. Die Frage, ob wissenschaftliche Deutungen subjektiv gemeintem Sinn folgen oder in eine Beobachteranalytik übergehen, ist von grundlegender Bedeutung, bezeichnet sie doch den Abgrund zwischen *Schütz'* und *Parsons'* (1977) Diskussion von *Webers* Forschungsprogramm in den fünfziger Jahren – ein Abgrund, an dem die Soziologie insgesamt bis heute leidet.

Noch weitergehend wäre damit ein Forschungsdesiderat benannt, das die Kriterien des Übergangs von ehemals bloßen Verschiedenheiten zu bewerteten Ungleichheiten untersucht. Wie wird bloße Merkmalsunterschiedlichkeit zu *sozialer, thematisierter Beziehungsungleichheit*? Gerade die *Genese* sozialer Ungleichheit verspräche einen Einblick in sozialstrukturellen Wandel. Sie muss vor dem Hintergrund von *Lepsius'* (1979: 166) inzwischen klassischer Behauptung, der sozialstrukturelle Wandel sei trotz umfassender Forschung „theoretisch amorph" geblieben, als dringende Forschungsaufgabe angesehen werden.[4]

Eine handlungstheoretische Fundierung der Ungleichheitsforschung wird deshalb in der Literatur immer wieder gefordert – insbesondere in kritischen Auseinandersetzungen mit strukturtheoretischen, explizit *nicht* auf das Sinnverstehen von Akteuren bezogenen Kategorisierungen. Ein Beispiel

---

4   *Eder* (1990: 187) stellt die Frage nach dem bewertenden Maßstab sozialer Ungleichheit ebenfalls. Seine Antwort lautet: „Das Maß vertikaler Klassifikation ist die ‚Kompetenzmenge'." Die damit aufgestellte Optik erlaubt zwar einen breiten Blick auf moderne soziale Ungleichheiten, lässt jedoch das eigentlich handlungstheoretische, hermeneutische Problem, wie Akteure mit sozialen, von ihnen bewerteten Ungleichheiten umgehen und warum sie bestimmte Verschiedenheiten als soziale Ungleichheiten betrachten, unberührt.

Gerd Nollmann

dafür ist *Giddens'* Kritik an *Blaus* Analyse des angeblich unabhängigen Einflusses der Struktur sozialer Positionen auf soziale Beziehungen. *Blau* (1977) glaube, er könne diese Analyse unabhängig von kulturellen Werten und psychischen Motiven durchführen. *Giddens* wendet sich zwar ebenso wie *Blau* gegen reduktionistische, psychologisierende Verallgemeinerungen in der Beschreibung von gesellschaftlichen Zusammenhängen, warnt aber vor einer Vermischung zweier unterschiedlicher Bedeutungen der „Objektivität" sozialer Strukturen. Soziale Strukturen wie z.B. Positionen seien niemals, so *Giddens* (1988: 267f.), „objektiv" in dem Sinne, „als sie sich nicht mit Bezug auf individuelle Prädikate beschreiben lassen...sie können *unmöglich* ‚nicht-subjektiv' in dem Sinne sein, dass sie überhaupt völlig unabhängig von ‚kulturellen' Überlieferungen' charakterisierbar sind, wobei sich dieser Begriff auf die Deutungen von Akteuren bezieht". Gerade der in der Ungleichheitsforschung so wichtige Begriff der Position beinhalte eindeutig Konzepte der Handelnden, so dass *Giddens* zu Recht resümiert: „Genau wie alle anderen Aspekte ‚struktureller Parameter' existieren soziale Positionen nur insofern, als Handelnde in ihrem Verhalten Unterscheidungen vornehmen, die sich auf die Zuschreibung einer bestimmten Identität an andere gründen."

So plausibel *Giddens'* (1984) unverkennbar durch die Auseinandersetzung mit der interpretativen Herausforderung der Soziologie geschulte Argumentation erscheint, so sehr muss darauf hingewiesen werden, dass die Forschung nicht konsequent und durchgängig mit Daten über das Sinnverstehen von Akteuren argumentiert. *Giddens'* Hinweis auf die für soziale Ungleichheit konstitutiven Deutungen der Handelnden mag zwar weithin begrüßt werden. Es kann heute jedoch, wie auch H.-P. *Müller* (1992: 231) kritisch in Richtung von *Giddens'* nur ansatzweise realisierter Anwendung des Klassenstrukturierungkonzeptes notiert, keine Rede davon sein, dass die Soziologie über eine durchweg am Sinnverstehen der Handelnden orientierte Theorie verfüge. Ganz im Gegenteil spiegelt sich der oft fehlende Handlungsbezug in der bereits erwähnten, spezifischen Vorstellung von Gesellschaft wider. Gesellschaft wird nicht als Gesamtheit sozialen Handelns gedacht, sondern als zwar differenzierte, aber auf verschiedene Weise real oder analytisch aggregierbare und/oder hierarchisierbare Ansammlung von Individuen, Personen, Rollen oder gar Menschen. Dabei standen früher Klassen, später Schichten, heute Lebenslagen, Lebensläufe, Lebensstile und das individualisierte Individuum im Vordergrund, nicht jedoch Handlungsmodelle und/oder -typologien (vgl. *Eder* 1990: 185ff.). In etwas übertriebener Zuspitzung könnte man sogar behaupten, dass seit dem Zusammenbruch des strukturfunktionalistischen Paradigmas Handlungs- und Ungleichheitstheorie einander kaum noch etwas zu sagen haben.[5]

---

5   Vgl. die Kritik bei *Collins* (1975: 50f.), der den Handlungs- und Beziehungsaspekt sozialer Ungleichheit hervorhebt: „Stratification is seen as a ladder of success, as a hierarchy

3.2. Fehlende Handlungsmittel zerstören Handlungssinn

Weitere Gründe für die separaten Wege, die Handlungstheorie und Ungleichheitsforschung eingeschlagen haben, scheinen vom Forschungsgegenstand vorgegeben zu sein. Der Determinismus materiell-distributiver Ungleichheit erscheint *zweitens* als inkompatibel mit dem stets Voluntarismus implizierenden Sinnverstehen in der Weber folgenden Handlungstheorie. Zugespitzt gesagt: Fehlende Handlungsmittel zerstören Handlungssinn (vgl. *Archer* 1982; 1988: 72ff.). Wer wenig Geld hat, kann daran auch mit den besten Handlungsintentionen nichts ändern. Sozialstrukturell vorgegebene, materielle Ungleichheiten der Verfügbarkeit von Ressourcen seien deshalb „objektiv", kulturelle Ungleichheiten, etwa in Form der Lebensstile, hingegen „subjektiv", folgert Stefan *Hradil* (1992) und kommt zu dem Schluss, dass das Verhältnis von Sozialstruktur und Kultur heute schwierig zu bestimmen sei.

Entsprechend unterscheidet Reinhard *Kreckel* (1992: 76) in der „handlungstheoretischen Verankerung" seiner *Politischen Soziologie sozialer Ungleichheit* im Anschluss an *Habermas* zwischen dem symbolischen und dem materiellen Aspekt sozialen Handelns:

> „Der symbolische Aspekt des sozialen Handelns deckt sich ziemlich genau mit dem Gegenstandsbereich, den viele Soziologen als den einzig soziologisch maßgeblichen ansehen: Soziales Handeln ist symbolisches Handeln, insofern es als ein an Werten, Normen, Institutionen, Rollenerwartungen u.ä. ,sinnhaft' orientiertes und durch Sprache strukturiertes intentionales Verhalten aufgefasst werden kann...
> Vom symbolischen Aspekt lässt sich der materielle Aspekt sozialen Handelns unterscheiden. Er bezieht sich auf die in jedem sozialen Handeln mitenthaltene Wechselbeziehung zwischen Handelnden und materiellen Umweltbedingungen, die ebenfalls Bestandteil der Handlungssituation sind..."

Da in der modernen Gesellschaft die Zugangsbedingungen zu den aus sozialem Handeln hervorgegangenen Gütern asymmetrisch verteilt seien, müsse die handlungstheoretische Analyse der modernen Gesellschaft gleichsam *zweigleisig* fahren. Während die symbolischen Bedingungen sozialen Handelns sinnverstehend empirisch erfassbar seien, müssten sich alle materiellen Handlungsbedingungen „als von Naturgesetzen bestimmt begreifen lassen, und zwar unabhängig davon, ob und wie sie von den Akteuren selbst

---

of geological layers, as a pyramid (or sometimes a set of ethnic pyramids side by side); but this is not what human society *looks* like. What it looks like, as anyone can verify by opening his eyes as he goes about his daily business, is nothing more than people in houses, buildings, automobiles, streets – some of whom give orders, get deference, hold material property, talk about particular subjects, and so on...I have already argued that such models mistake the degree of connectedness among the behavior of the real individuals who serve as the cogs in such machines. This imagery also shares a more general failing with the ladder-layer-pyramid metaphors used in more explicitly nominalistic models: It turns our attention from the real world of causal agents to a purely conceptual realm of categories."

verstanden werden" (1992: 77). Die Handlungstheorie wäre nach *Kreckel* nur eine Hilfstheorie der Ungleichheitsforschung. Das Erleben und Handeln der Akteure erscheint zwar als wichtig, aber *gerade nicht* als die vollständige Bezugseinheit soziologischer Ungleichheitsforschung.

3.3. Das schwierige Erbe der Klassentheorie

Neben der scheinbar vom Gegenstand selbst aufgezwungenen Inkompatibilität von Sinnverstehen und sozialer Ungleichheit als materieller und symbolischer Knappheit erschwert *drittens* auch das schwierige Erbe der *Marx*'schen Klassentheorie ein handlungstheoretisches Verständnis sozialer Ungleichheit. *Marx* analysiert das Auseinanderfallen von objektiver Struktur und subjektivem Handeln mit dem Begriff der „Charaktermaske": Kapitalist und Proletarier verfolgen zwar jeweils ihre eigenen Interessen von Gewinn- und Lohnsteigerung, hängen jedoch wie Marionetten an den Fäden kapitalistischer Produktionsgesetze. Die eigentlich sinnverstehend zu begreifenden Intentionen sind für *Marx* nicht nur ohnehin in die objektive kapitalistische Konstellation eingeschrieben. Sie sind auch insofern „falsch", als sie von den „eigentlichen" proletarischen Interessen ablenken. Im Erleben und Handeln zeigt sich nach *Marx gerade nicht* die wahre Verfassung der Gesellschaft, sondern nur das Ausmaß ihrer *Entfremdung*. Die Akteure sind nicht (mehr) in der Lage zu begreifen, dass eigentlich kooperative Produktion und individuelle Selbstverwirklichung und nicht bloße Lohnsteigerungen das Ziel ihres Handelns sein müssten.[6]

   Die in der *Marx*'schen, wenn auch inzwischen mannigfaltig geänderten Tradition der Klassenanalyse stehende Ungleichheitsforschung scheint bis heute den Intentionen der Akteure nicht zu trauen und diese in der Analyse zu transzendieren. Dieses Misstrauen gegenüber den Motiven der Handelnden drückt sich auch in einem meist latenten, bisweilen offenen Normativismus aus. Die Ungleichheitsforschung bemühe sich, so H.-P. *Müller* (1992: 20), auf der Basis der gesellschaftlichen Lagerungs-, System- und Mentalitätsverhältnisse (*Geiger* 1972: 16ff.; *Schluchter* 1979: 48ff.) eine kritische Zeitdiagnose zu erstellen, um der Moderne „die Kluft zwischen dem Versprechen von Gleichheit und Gerechtigkeit und den ‚Tatsachen' von Ungleichheit und Ausbeutung aufzuzeigen". Vor dem Hintergrund der empirisch vorgefundenen Ungleichheiten in der modernen Gesellschaft wundern sich Forscher, wie es möglich sei, „dass die in einer Gesellschaft (bzw. in der Welt) bei der Verteilung begehrter Güter regelmäßig benachteiligte, an

---

6   Dieses Auseinanderfallen von Handlungsintention und objektiven Handlungserfordernissen, kurz gesagt: die Unverbundenheit von Handlung und Struktur ist in der Tradition der Klassentheorie allerdings immer „the weakest link in the chain" geblieben, wie *Lockwood* (1991) ironisch in Anspielung auf *Lenins* Diktum, derzufolge eine Kette immer nur so stark wie ihr schwächstes Glied sei, feststellt.

der selbständigen Bestimmung ihres Schicksals gehinderte und vielfach dis-kriminierte Mehrheit der Bevölkerung diesen Zustand so häufig tatenlos hinnimmt" (*Kreckel* 1992: 22).[7] Wenn die Handelnden selbst ihre Benachteiligung scheinbar ohne Wi-derstand über sich ergehen lassen und die Ungleichverteilung materieller Ressourcen im Alltag nicht zu Protest und Gegenhandeln motiviert, können – so liegt als unausgesprochene Schlussfolgerung nahe – sozialwissen-schaftliche *Erklärungen* für soziale Ungleichheit nicht dem intentionalen Erleben und Handeln der Akteure entnommen werden, denn dieses scheint sich mit den Verhältnissen arrangiert zu haben. Dabei wird nicht erwogen, dass die Schlussfolgerung auch genau umgekehrt lauten könnte: Gerade die-ses Nebeneinander von Ungleichheit und *scheinbar* klaglosem Gehorsam könnte zu einem interessanten handlungstheoretischen Problem erklärt und als Ausgangspunkt hermeneutischer Rekonstruktion genommen werden.

3.4. Der stille Ökonomismus des kausalen Ungleichheitsverständnisses

Ein *viertes* Hindernis für ein konsequent handlungstheoretisches Verständ-nis sozialer Ungleichheit scheint sich in jüngerer Zeit modifiziert zu haben. Herkömmliche Ungleichheitstheorien begreifen die moderne Gesellschaft als „Arbeitsgesellschaft" (vgl. *Kreckel* 1992: 182), auf die Klassen- und Schichtkonzepte nicht selten einseitig, weil ökonomisch ausgerichtet sind (*Hradil* 1987: 123). Während Handlungstheoretiker prinzipiell jedes soziale Handeln als Ausgangspunkt nehmen – egal wann wo in welchem sozialen Kontext wer mit wem erlebt und handelt –, waren die Klassen- und Schicht-konzepte zunächst stets auf die Stellung der betrachteten Individuen und Gruppen im organisierten *Erwerbsleben* bezogen. Dabei stellten Klassen-konzepte eher die Machtstellung der Menschen im Produktionsprozess in den Mittelpunkt der Analyse, während die Schichtungsforschung ein beson-deres Interesse für die Voraussetzungen oder die Folgen von Berufsstellun-gen entwickelte.

Ganz überwiegend folgen Theorien sozialer Ungleichheit bis heute Analyserichtung und Forschungsinteresse dieser „ökonomischen Ausrich-tung": die Stellung im Produktionsprozess determiniert (mehr oder minder) sonstige „kulturelle" lebensweltliche Phänomene wie Lebensstil, Sozialisa-tion, politische Meinung, Wahlverhalten, Wohnungseinrichtung, Interaktion in informellen Freizeitgruppen, Essgewohnheiten, Geschmacksdispositio-

---

7   Vgl. auch die Verwunderung bei *Crompton* (1998: 4) als *methodischer* Ausgangspunkt der Ungleichheitsforschung: „From this assumption derives the beginnings of a sociologi-cal approach to the explanation of inequality. If equality, rather than inequality, is assum-ed to be the ‚natural' condition of human beings, then how are persisting inequalities to be explained and justified? If each individual is endowed with natural rights, why do so-me individuals dominate others?"

nen usw. (vgl. *Bourdieu* 1987). Mit dieser Grundvorstellung von (objektiver) Sozialstruktur und (subjektiver) Kultur, von Sein und Bewusstsein, verbindet sich die Vorstellung *asymmetrischer Kausalitätsverhältnisse* in der
modernen Gesellschaft. Die Verortung im Bereich der beruflichen Stellung
im (betrieblich) organisierten Bereich der Gesellschaft ist für die meisten
Ungleichheitsforscher die *dominante Ursache struktureller Wirkungen* auf
den sonstigen „kulturellen" Bereich. Die Forschung hat belegt, dass nach
ihrem Prestige geordnete Gruppen von Berufspositionen deutlich mit Hei-
rats- und Freundeskreisen korrelieren (*Mayer* 1977) und der erreichte Status
der Eltern den Bildungs- und Berufsstatus der Kinder beeinflusst (*Handl*
u.a. 1977; *Blossfeld* 1989; *Mayer/Blossfeld* 1990). *Strasser/Dederichs*
(2000: 82) stellen noch jüngst zu Recht fest: „Von einem Schwinden der
Korrelationen zwischen den traditionellen Statusfaktoren der sozialen Herkunft, der Bildung und des Berufes kann keine Rede sein."

Für die in diesem *kausalen* Verständnis sozialer Ungleichheit herausge-
stellte soziale Wirkungsrichtung wird üblicherweise der Begriff der „Struktur" eingesetzt. *„Struktur"* bezeichnet dann die gesetzmäßig verstandene
Kausalität, die von der beruflichen Stellung (mehr oder weniger intensiv)
auf sonstige Bereiche der Gesellschaft hinüber wirkt. Das Ausmaß, in dem
die Gesellschaft noch als durch soziale Ungleichheit „strukturiert" erscheint, bezieht sich auf die Erwartbarkeit und Geordnetheit von Ungleich-
heitsrelationen, etwa in der Frage, mit welcher Wahrscheinlichkeit der Forscher erwarten darf, dass eine bestimmte materielle Ressourcenausstattung
und/oder Berufsgruppenzuordnung bestimmte Lebensstile, Einstellungen
usw. hervorbringt (vgl. *Erbslöh* u.a. 1990).

Je nach theoretischem Ansatz, begrifflichen Schnitten, Bewertungen,
Forschungsmethoden und Anzahl der zugelassenen Variablen erscheint die
Gesellschaft *erstens* als mehr oder weniger „strukturiert" und werden *zweitens* die beobachteten strukturellen Wirkungen mehr oder weniger mit sinn-
verstehendem Erleben und Handeln zusammengebracht. Die sich teils kon-
tradiktorisch, teils in graduell formuliertem Widerspruch gegenüberstehen-
den Lager gruppieren sich folglich um Bejahung (*Mayer* 1987; *W. Müller*
1986; *Erbslöh* et al. 1988; *Geißler* 1996, 1998; *Crompton* 1998) oder Ver-
neinung (*Berger* 1986, 1988; *Hradil* 1987, 1987a; *Beck* 1983, 1984, 1986;
Hondrich 1984) der Frage, ob soziale Ungleichheit heute noch „strukturierte" soziale Ungleichheit sei. P.A. *Berger* unterscheidet ein „Differenzie-
rungs-" von einem „Konsistenz- bzw. Kohärenzparadigma" (*Berger* 1987:
59f.). Maßstab der Alternativenwahl ist das empirisch nachweisbare Ausmaß der sozialstrukturellen Wirkungen, die sich in der Kultur „widerspiegeln".[8] Für die Diskussion der Struktur sozialer Ungleichheit ist es aller-

---

8 Siehe auch die Gegenüberstellung von faktisch-objektiver „Handlungswirklichkeit" und
   kulturell-normativer „Wertwirklichkeit" bei *Hondrich* 1984. Beide Pole laufen im Zuge
   von Massenwohlstand und gestiegener Chancengleichheit immer weiter auseinander.

dings wichtig, darauf hinzuweisen, dass in der Soziologie kaum umstritten ist, *ob* Bildung, Familie und Lebensstile dem kausalen *Einfluss* von Berufen und sozialer Herkunft unterliegen. Es wäre offenkundig falsch, diesen Einfluss zu bestreiten. Strittig ist vielmehr das graduelle *Ausmaß* dieses Einflusses und die Frage, wie eng Herkunft, Bildung und Berufsklasse verknüpft sind.

Von diesen umstrittenen Fragen muss m.E. ein weiteres Problem klar unterschieden werden, das den handlungstheoretischen Status von Aussagen über soziale Ungleichheit problematisiert. Handlungstheoretiker würden eine *vollständige* Rezeption *Webers* verlangen und darauf hinweisen, dass aus kausal wirksamen „Strukturen" (allein) nur *Erklärungen*, nicht jedoch *Deutungen* für soziales Handeln gewonnen werden können (*Weber* 1980: 5f., *Hedström/Swedberg* 1996). Das betrifft nicht nur den ständischen Lebensstil, die Bildungsentscheidungen und das Heirats- und Wahlverhalten der „Klassenmitglieder". Auch öffentliche Verteilungskonflikte, Protest und Tarifkonflikte und viele andere Situationstypen sozialen Handelns sind von den unmittelbaren Klassenlinien getrennt und folgen – neben dem Klasseneinfluss – deshalb einer anderen, sinnhaften Situationslogik (*Esser* 1999).

Deshalb scheint mir die aus der Perspektive der sinnverstehenden Soziologie *Webers* wichtigste Frage weitgehend undiskutiert geblieben zu sein: Auch wenn die wirksamen Einflüsse von Klassen nur in ihrem Ausmaß umstritten sind, muss man sich bei der Anwendung des Klassenbegriffs fragen, wie man vom Nachweis klassenförmiger *Einflüsse* auf soziales Handeln zu soziologischen Erklärungen, in *Webers* Worten: zu *Deutungen* sozialen Handelns gelangt, das *außerhalb* des durch typisches berufliches Handeln definierten Feldes der Klassen liegt. *Webers* Antwort ist klar: Jede Handlungs*situation* kann und muss *zunächst* auf die einwirkenden „strukturellen" Zwänge und Regelmäßigkeiten untersucht werden und *dann* mit dem „gemeinten Sinn" der Handelnden *im betreffenden Feld bzw. Situationstyp* verbunden werden. Aber diese auf Deutungen angewiesene Grundstruktur soziologischer Erklärungen ist selbst in der jüngeren Debatte über Individualisierung kaum beachtet worden (*Nollmann/Strasser* 2002).

Schon *Dahrendorf* (1979: 50ff.) hatte „Optionen" von „Ligaturen" unterschieden und angenommen, dass die fortschreitende Vermehrung von Optionen die bindende Kraft von Ligaturen unterhöhle. Von der im Begriff ‚Struktur' angesiedelten Gegenübersetzung von Ursache und Wirkung sozialer Ungleichheit ist *Strassers* (1987) begriffliches Arrangement von Klasse und Schicht als *zwei Grundprinzipien der Strukturierung sozialer Ungleichheit* auszunehmen.

4. Soziale Ungleichheit als Beziehungsform

Von einer handlungstheoretischen Fundierung der Ungleichheitsforschung kann angesichts dieser vier Hindernisse *keine Rede* sein. Weder liegt eine ausgearbeitete hermeneutische Ungleichheitstheorie vor noch kann sie – selbst wenn es sie gäbe, so scheint es – problemlos an den Gegenstand 'soziale Ungleichheit' angelegt werden.

Angesichts des hermeneutischen Defizits der Ungleichheitsforschung finden sich in jüngerer Zeit vermehrt Stimmen, die soziale Ungleichheit als *Beziehungsform* begreifen und deshalb „strukturelle" Ungleichverteilungen durch „subjektive" Längsschnittdaten ergänzen möchten, die Auskunft über die Mikroebene sozialer Ungleichheit geben, indem sie die Kontroll- und Kausal*vorstellungen* von Akteuren erfassen (Diewald/*Heckhausen*/*Huinink* 1996; *Diewald* 2001; *Mayer* 2002: 12ff.; *Nollmann* 2003). Eine solche Perspektive liegt schon deshalb nahe, weil *Weber* (1985: 178, 271) ausdrücklich darauf hingewiesen hatte, dass die Kausalität sozialwissenschaftlicher Gegenstände durchweg eine *Zurechnungsfrage* sei. Diesen Sachverhalt hat er in aller Klarheit mit dem selektiv kausal deutenden Alltagstheoretiker (die Mutter, die subjektiv-sinnhaft Ursachen feststellt, warum sie ihr Kind geschlagen hat) illustriert (ebd.: 279f.).[9]

Soziale Ungleichheit erscheint, betrachtet man sie als Zurechnungsfrage, primär als *Beziehungsungleichheit*. Schon H.-P. *Müller* (1992: 287) sieht das In-Beziehung-Setzen von Verteilungs- und Beziehungsungleichheit als einen Strang der Wiederaufnahme der theoretischen Ungleichheitsdiskussion. Dass generell die Struktur sozialer Beziehungen und nicht (allein) materielle und symbolische Verteilungen die sinnhafte Sozialstruktur der modernen Gesellschaft konstituieren, haben jüngst *Vester* und *Gardemin* (2001: 225ff.) als „relationales Paradigma" bei *Bourdieu* rekonstruiert. Auch die Klassenmodelle von *Goldthorpe* (1980) und *Wright* (1997) verstehen sich als „relational".[10] Weitere Quellen dieses Verständnisses *sozialer Ungleichheit als Beziehungsform* finden sich in der interaktionistischen Schichtungstheorie, die sich schon immer für den „doing"-Aspekt sozialer Ungleichheit interessiert hat.[11]

Der Wunsch nach einem gewandelten, soziale Ungleichheit breit als qualitatives Beziehungsphänomen verstehenden Konzept liegt auch *Kreckels Politischer Soziologie sozialer Ungleichheit* (1992) zugrunde. Sein

---

9   Vgl. so auch *Mead* (1936: 276): „What the cause is in each case depends upon the selection of some particular one of those conditions which is of interest to the particular individual."

10 Was „Relationalität" dabei genau bedeutet, ist allerdings umstritten geblieben. Vgl. die Kritik bei *Prandy* 1991.

11 Vgl. dazu die klassifizierende Übersicht über Ungleichheitstheorien bei *Strasser* 1987.

Vier-Dimensionen-Modell sozialer Ungleichheit verlässt die ressourcenorientierte Einseitigkeit klassischer Ungleichheitstheorien und fundiert soziale Ungleichheit – ähnlich wie auch *Neckels* (1991) Studien zur symbolischen Reproduktion sozialer Ungleichheit in *Status und Scham* – in der relationalen Handlungslogik sozialer Beziehungsformen. In diese Richtung wiesen auch Überlegungen *Bourdieus* (1980) über die feldspezifische Konstruktion sozialer Ungleichheit, mit denen seine Kultursoziologie die bloße strukturelle Transformationslogik des Habitus zu überwinden und zu ergänzen sucht.

Für eine feld- und kontextspezifische, „lokale" Betrachtung sozialer Ungleichheit hat auch V.H. *Schmidt* plädiert (1995, 2000; vgl. *Schmidt*, in diesem Band, S. 73-92). Wie *Collins* (2000) fragt auch er kritisch, inwiefern Berufsprestigedifferenzen überhaupt eine *soziale* Ungleichheit darstellen. Prestigeskalen können zwar festhalten, dass „Atomphysiker in der Bewertungsskala höher rangieren als Studienräte, aber deutlich unter Apothekern...und in Westdeutschland ungefähr gleichauf mit Grundschullehrern, von denen sie wiederum in Ostdeutschland klar überrundet werden" (*Schmidt* 2000: 387; vgl. *Meulemann*, in diesem Band, S. 115-136). Prestigedifferenzen, so schließt ein Verständnis sozialer Ungleichheit als Beziehungsform an, stellen für die Akteure nur dann eine bewertete, soziale Ungleichheit dar, wenn sie auf eine benennbare soziale Beziehung bezogen sind (*Weber* 1980: § 3-17). Sie müssen Beziehungssinn haben und nicht nur sachliche Unterschiede markieren. Welche Einheit dabei betrachtet wird, muss vor dem Hintergrund der jeweils zu analysierenden Ungleichheit betrachtet werden. Klassifikationen über moderne „soziale Gebilde" (*Esser* 1993: 85f.) bzw. differenzierungstheoretische Überlegungen (*Tyrell* 1983; *Luhmann* 1975; *Nollmann* 1997) sind dabei zu Rate zu ziehen. So bezieht sich *soziale, bewertete* Ungleichheit des Prestiges nicht auf eine gesellschaftsweit angelegte Berufsgruppskala, die – den Beziehungsaspekt missachtend – Äpfel mit Birnen vergleicht, denn bewertete Ungleichheit entsteht „lokal" *innerhalb* typischer, meist von je einer Berufsgruppe mehrheitlich besetzten Arbeitsorganisationen. Vergleicht man Atomphysiker mit Lehrern, Reinigungskräfte mit Ärzten und Professoren mit Geschäftsführern, bleiben die Deutungen der Praxis diffus. Jeder Beruf wird sich zwar mit anderen Berufen vergleichen und in Oben-Unten-Kategorien einordnen (*Schwartz* 1981). Aber erst wenn man die formalen und informellen Hierarchien *innerhalb* von Arbeitsorganisationen abschreitet, verdichtet sich der Beziehungssinn sozialer Ungleichheit, weil er täglich durch Situationen der Ungleichheit angereichert wird: Die Krankenschwester schaut zu ihrem Arzt hoch, der wiederum den Chefarzt beneidet. Der Lektor ordnet sich dem Programmleiter unter, der wiederum die Entscheidungen des Verlagsleiters hinnehmen muss usw.

Ein weiterer, in die Beziehungslogik sozialer Ungleichheit weisender Ansatz findet sich bei P.A. *Berger*, der die Beziehungsebene sozialer Ungleichheit über den nur scheinbaren Umweg der *klassischen Differenz von Erkenntnis und Gegenstand* thematisiert. Seine mehr wissenssoziologischen Überlegungen (1987, 1988) verdeutlichen, dass jede Aussage über soziale Ungleichheit ihren Gegenstand nicht einfach als objektiv gegeben voraussetzen darf, sondern nach der Konstruktion sozialer Ungleichheit und den *sozialen Trägern* der dabei verwendeten Klassifikationen fragen muss.

Will man soziale Ungleichheit handlungstheoretisch untersuchen, gilt es deshalb, sowohl *Inhalts-* als auch *Beziehungs*ebene im Auge zu behalten. Die Ausgestaltung von Inhalts- und Beziehungsdimension stellt sich in differentiellen Ungleichheitssituationen unterschiedlich dar. Die Ehefrau erkennt beispielsweise, dass ihr Mann sich in seiner Entscheidung über die berufliche Laufbahn über ihre Bedenken hinwegsetzt (oder *vice versa*). Der Mitarbeiter wird damit konfrontiert, dass er sich der Meinung seines Vorgesetzten unterordnen muss. Der Abteilungsleiter nimmt bei seinem Geschäftsführer mit Verärgerung die Ablehnung seines Gesuches um Gehaltserhöhung zur Kenntnis. Der Betriebsrat beantragt, eine Mitarbeiterin der Werbeabteilung eine Tarifgruppe höher einzustufen, die Geschäftsleitung lehnt ab. Ein Angehöriger einer bestimmten ethnischen Gruppe nimmt frustriert die Ablehnung seiner Bewerbung entgegen und nimmt an, diese Ablehnung resultiere aus seiner ethnischen Zugehörigkeit. Die Frau X bewirbt sich intern um eine Führungsposition. Der Geschäftsführer zieht aber den offensichtlich weniger kompetenten Kollegen vor. In einer Arztpraxis müssen die wartenden Patienten zur Kenntnis nehmen, dass der Privatversicherte sofort behandelt und vorgezogen wird. Ein junger arbeitsloser Ingenieur merkt, dass jene Studienkollegen, die in eine andere Region gezogen sind, nicht nur überhaupt eine Stelle haben, sondern sich ihnen auch wesentlich bessere Karrierechancen eröffnen. Durch gestiegene Kapitalmarktzinsen überlastete Kreditschuldner adressieren (wie nach der deutschen Einheit geschehen) ihren Unmut über das verlorene Heim zunächst an ihre Bank, dann an ‚ihren' Bundestagsabgeordneten und schließlich an die BILD-Zeitung.

Jede dieser Ungleichheitssituationen legt, so haben insbesondere empirische Forschungen in der Sozialpsychologie gezeigt, schon deshalb divergierende Annahmen der Handelnden über die Ursachen ihrer Unterordnung nahe, weil sich die zugrunde liegenden Beziehungen nach *Größe* und *Art* unterscheiden: ausgehend von der Kleinstform der Paar- und Intimbeziehungen über gruppen- und organisationsförmige Beziehungsformen bis hin zur Großform staatsbürgerschaftlicher Beziehungen. Je nach Ursachenzurechnung folgen aber entweder Akzeptanz oder Ablehnung sozialer Unterordnung, so dass die Frage nach der Normativität sozialer Ungleichheit „lokal" rekonstruiert werden muss.

5. Kontextspezifische Deutungspräferenzen

Je nach Größe und Art der Beziehungseinheit, in der soziale Ungleichheit
zum Thema wird, stellt sich die Logik der Praxis anders dar. Sie verlangt
den Handelnden unterschiedliche Darstellungsformen (*Soeffner* 1997: 340)
und „Interpretationsschemata" (*Strasser/Dederichs* 2000: 85) ab: In einigen
Situationen steht die *Beziehungsebene* ganz im Vordergrund, insbesondere
in interaktionsnahen Lagen, Familien und Paarbeziehungen. Wenn der
Mann für seinen Job den Wohnort wechseln will, erscheint das in der Paar-
kommunikation primär als Beziehungsthema. In anderen Situationen *scheint*
sich die *Inhaltsdimension* in den Vordergrund zu rücken, etwa bei der Beurteilung der Frage, ob eine tarifliche Höhergruppierung einer Mitarbeiterin
der Werbeabteilung vor dem Hintergrund ihres sachlichen Aufgabengebie-
tes gerechtfertigt ist – wobei auch in solchen Situationen Beziehungsaspekte
immer relevant sind. Eine weitere Gruppe von Ungleichheitssituationen unterscheidet sich durch ihren *temporalen* Aspekt. Wer beim Arzt die Bevor-
zugung des Privatversicherten erlebt, befindet sich in einer Ungleichheitssituation, die weitgehend von der Zeitdimension dominiert wird. Die Situation (Arztbesuch) ist von Beginn an auf einen eng umschriebenen Zweck
festgelegt und dadurch zeitlich begrenzt. Zeit ist eben nicht nur Geld, sondern auch bewertete Aufmerksamkeit.

In jeder Situation, in der sich im Erleben und Handeln die Unterscheidung gleich/ungleich in den Vordergrund schiebt, erscheint sozialer Sinn in
allen drei Sinndimensionen (vgl. P.A. *Berger* 1990: 321): in der *Sach-, So-
zial- und Zeitdimension*. Jede Ungleichheitssituation wirft nicht nur relationale Beziehungsfragen auf: Was für eine Art Beziehung führt das Ehepaar
eigentlich, wenn der Mann bereit ist, für seinen Beruf alles aufs Spiel zu
setzen? Der Betriebsrat muss sein kooperatives Verhältnis zur Geschäftsführung überdenken, wenn die Geschäftsführung eine begründete Höherbe-
zahlung einer Mitarbeiterin verweigert. Wer in der Arztpraxis die Bevor-
zugung von Privatversicherten erlebt, muss abwägen, ob er deshalb ein so
weitgehendes Problem mit diesem Arzt und dessen Mitarbeitern hat, dass er
zu einer anderen Praxis wechseln will. In jeder Ungleichheitssituation spielt
aber auch *sachlicher* Sinn eine wichtige Rolle: Gibt es gute Gründe für einen beruflichen Wechsel des Ehemannes? Inwieweit ist eine tarifliche Höhergruppierung der Werbemitarbeiterin wirklich begründet? Ist man als Pa-
tient auf diesen Arzt als Spezialisten angewiesen?

Schließlich unterscheiden sich Ungleichheitssituationen und soziale
Ungleichheit nach ihrem jeweiligen *zeitlichen* Horizont. Besuche beim Arzt
sind (hoffentlich) von kurzer Dauer, Paarbeziehungen sind eigentlich für ein
ganzes Leben angelegt, das Verhältnis von Betriebsräten und Geschäftsführern liegt irgendwo dazwischen. Die Ungleichheitsforschung hat in den letzten Jahren dieser *Zeitdimension sozialer Ungleichheit* zu Recht eine ver-

stärkte Aufmerksamkeit gewidmet, weil Querschnitts- und Merkmalsverteilungen eine Statik der Sozialstruktur vermitteln, die der Realität nicht gerecht wird. Lebensverlaufsstudien haben die Genese sozialer Ungleichheiten in den Blick gerückt, indem sie die (kohortenspezifische) Ungleichheit gesamter Lebensverläufe nachweisen (vgl. *Mayer/Blossfeld* 1990; *Mayer* 1987a, 1991, 2000; *Mayer/Müller* 1989; *Blossfeld* 1989). Dabei zeigte sich z.b., dass sich Berufskarrieren schon in relativ frühen Berufsjahren auf einem bestimmten Niveau einpendeln, das gleichsam prospektiv die weiteren Möglichkeiten des jeweiligen Kohortenverlaufs festlegt. Ungleichheitssituationen haben einen zeitlichen Horizont, mit dem Akteure nicht notwendig, aber oft einen bestimmten Beziehungssinn verbinden, so dass soziale Ungleichheit als in *„Ungleichheitsphasen"* (*Berger* 1990) gleichsam „portioniert" gedacht werden muss. Diese zeitliche „Portionierung" hat ihrerseits die verschiedensten sozialen und sachlichen Quellen, auf der formal-organisatorischen Seite der asymmetrischen Gesellschaft etwa (wohlfahrts)staatliche (Leistungs)Programme, Maßnahmen der Bildungs- und Arbeitsorganisationen und der verschiedenen Sozialversicherungsträger, die Lebensläufe in zeitlich definierte Abschnitte aufteilen, insofern „institutionalisieren" (*Kohli* 1985, 1986) und Statuspassagen in rechtlicher Form strukturieren (*Lucke* 1990). Aber auch im informellen Interaktionsbereich der modernen Gesellschaft konstruiert die Zeitdimension von Ungleichheitssituationen die Beziehungsverständnisse, wie *Rerrich* (1990) am Beispiel von Ungleichheitserfahrungen im familialen Alltag gezeigt hat.

Eine auf das Erleben und Handeln ungleicher Akteure bezogene Forschung muss sich für die Frage interessieren, wie die Akteure Ungleichheitssituationen in Bezug auf die Sozial-, Sach- und Zeitdimension *selektiv kausal deuten und interpretieren* (vgl. *Eder* 1990: 194). Inwieweit Unterschiede in Kontexten primär als sachlicher, sozialer und/oder zeitlicher Sinn interpretiert werden, ist eine empirisch zu erforschende, nicht theoretisch entscheidbare Frage. In jedem Erleben und Handeln werden alle drei Sinndimensionen thematisch, deren jeweilige Gewichtung jedoch in gewissen Grenzen variabel ist (vgl. *Luhmann* 1964: 58f.).

Für die Forschung folgt daraus sowohl theoretisch als auch messtechnisch eine *Kontextualisierung* der Betrachtung, die im Grunde nur das vollzieht, was *Weber* (1980: § 1) als Programm formuliert hat. Diese Kontextualisierung ist jedoch für die Ungleichheitsforschung alles andere als eine Selbstverständlichkeit, denn ihre Geburt aus dem Geist der *Marx'*schen Klassentheorie hatte als Gegenstand die Totalität der (Welt-)Gesellschaft vorgegeben. Der Begriff der Klasse stand folglich für eine kausale Determinationskraft, die nicht nur die organisierte Arbeitswelt, sondern die gesamte, schon damals als global gedachte Gesellschaft prägen können sollte.

Niemand sollte heute bezweifeln, dass Berufsklassen auch gut 150 Jahre nach dem *Kommunistischen Manifest* immer noch umfassend strukturierte, also erwartbare, mess- und rekonstruierbare Prägungen, Sozialisationen und Determinationen bis in die hintersten Winkel der Gesellschaft ausüben. Gleichzeitig wird jedoch der im Klassenbegriff enthaltene ökonomistische Determinismus der *sinnhaften* (im Unterschied zur ebenfalls zu berücksichtigenden *kausalen*) Differenzierung der modernen Gesellschaft in vielfältige eigenlogische Felder, Kontexte und Situationstypen *allein* nicht gerecht.[12] Aussagen über akzeptierte oder abgelehnte Ungleichheit müssen dieser sozialen, sachlichen und zeitlichen Differenzierung der modernen Gesellschaft angepasst werden. Die Grundgesamtheit, auf die sich Aussagen über soziale Ungleichheit beziehen, wäre folglich nicht (sofort) die Gesellschaft, sondern läge gleichsam „tiefer" in den kleineren, eher überschaubaren Vergesellschaftungsformen, deren gleiche und ungleiche *Beziehungen* der Forscher betrachtet. Berufsklassenförmige Ungleichheiten in formalen Arbeitsorganisationen erscheinen dann mit gleichem Recht als Ungleichheitsdimension (*Kreckel* 1992: 66ff.) wie informelle, personalisierte Ungleichheiten in Intim-, Paar-, Gruppen- und Familienbeziehungen (*Rerrich* 1990; *Diezinger* 1991, 1993). Die Beziehungsungleichheit der Geschlechter ist – gerade weil Geschlecht als übergreifende Ungleichheit in jedem Kontext und Feld aktuell werden *kann* – auf ihren jeweiligen Kontextsinn zu beziehen.[13]

Das Verständnis sozialer Ungleichheit wird dadurch *konstruktivistisch*, ohne in irgendeiner Hinsicht Beliebigkeit zu enthalten (vgl. *Collins* 1975, 2000). *Wann* in *welchen* Kontexten die Sinndimensionen sozialer Ungleichheit *wie* thematisch werden, ist Gegenstand von messbaren Deutungspräferenzen. Aussagen über soziale Ungleichheit müssen deshalb mit einem expliziten Hinweis darauf versehen werden, *welche typische soziale Beziehung der benannten Ungleichheit zugrundezulegen ist. Für wen* und *in Bezug auf wen* handelt es sich z.B. um eine soziale, bewertete Ungleichheit (und nicht um eine reine Verschiedenheit), wenn man kohortenspezifische Ungleichheiten von Karriereverläufen erforscht? Welcher Beziehungssinn liegt dem zugrunde? *Wenn* Akteure Unterschiede als soziale Ungleichheit empfinden, haben sie, wie schon *Weber* (1985: 178, 271) als für die soziologische Methode entscheidend hervorhob, Alltagstheorien, Zurechnungen und Erklärungen, die soziale Über- und Unterordnung für sie akzeptabel oder problematisch machen. Diese Deutungen müssten den *sinnhaften* Kern des Forschungsobjektes ausmachen.

Dass es die kontextspezifischen Kausal- und Kontrollurteile der Handelnden sind, die die Realität sozialer Ungleichheit auf der Mikroebene konstituieren und damit auch erklären, ist in der Forschungspraxis längst

---

12 So auch *Esser* (1993: 85f.), dessen Klassifikation sozialer Gebilde genau dazu dienen soll, der Forschung kleinere, mikrosoziologisch überschaubare Gegenstände zuzuweisen.

13 Vgl. *Kreckel* 1989. Dieser Kontextbezug wird in der Geschlechterforschung immer mehr gefordert (vgl. *Cyba* 1993; *Acker* 1988; *Lenz* 1995, 1996; *Heintz/Nadai* 1998; *Heintz* 2001; *Nollmann* 2002).

eine gängige Ansicht (vgl. *Heckhausen* 1990; *Mortimer* 1996; *Diewald* 2001; *Mayer* 2002). Für die Soziologie sozialer Ungleichheit käme es darauf an, die dabei bereits gefundenen und noch zu findenden Deutungspräferenzen sozialstrukturell, gesellschaftstheoretisch und konfliktsoziologisch auszuarbeiten.

6. Ungleichheitskonflikte und die Deutung sozialer Ungleichheit

Traditionell schätzt die Forschung ihren Gegenstand – nicht nur aufgrund ihres Ursprungs aus einer Theorie der Klassengesellschaft – als konfliktnah ein.[14] Fragt man jedoch, inwieweit Akteure wahrgenommene Ungleichheiten schlicht akzeptieren oder im Gegenteil diese in Frage stellen, sieht man, dass häufig einfach *unterstellt* wird, dass die moderne Gesellschaft durch die Spannung zwischen Gleichheitsversprechen und faktischer Ungleichheit gekennzeichnet sei. Dieser heimliche und ungern hinterfragte Fluchtpunkt entpuppt sich bei näherer Betrachtung als unzureichende Fassung des Dilemmas von Konsens und Konflikt, denn sie zeigt das Fehlen einer handlungstheoretischen Fundierung der Forschung, die zeigen kann, welchen sozialen Sinn Akteure mit Ungleichheitssituationen in den Feldern der modernen Gesellschaft verbinden. Eine an die Messung von Kausal- und Kontrollvorstellungen anschließbare Rekonstruktion *typischer Deutungen sozialer Ungleichheit* verzichtet (*zunächst!*) demgegenüber darauf, das im unterstellten Spannungsbogen zwischen Gleichheitsversprechen und faktischer sozialer Ungleichheit stets implizierte Inakzeptanzmotiv vorauszusetzen. Sie wundert sich nicht über die scheinbar tatenlose Akzeptanz sozialer Ungleichheit, sondern erklärt sie zu einem interessanten Forschungsgegenstand und fragt, wie Konflikt und Konsens in der modernen Gesellschaft wirklich empirisch verteilt sind (*Nollmann* 1997).

Das dreistufige Produktions- und Bewältigungsmodell, das *Giesen* und *Schmid* (1990: 106-118) mit ihren *Kulturmodellen* von *Alltag, Organisation* und *Öffentlichkeit* vorgeschlagen haben, beginnt mit der Beobachtung, dass formale Arbeitsorganisationen die in ihnen gelebte Praxisungleichheit nicht einfach aufbürden, sondern *unterstellbare* Akzeptanzmotive für die Selbstlegitimation ungleicher Beziehungen mitproduzieren. Typische Deutungen sozialer Ungleichheit – etwa dass Leistung sich lohne – behaupten die Sachangemessenheit ungleicher Belohnung. High-Potentials und Überflieger (vgl. *Rosenbaum* 1984) werden mit symbolischem Schmuck wie z.B. Dienstwagen, Büromöbel und Titel versehen, der ihre Überlegenheit auch für die Unterlegenen sichtbar und verständlich (sic!) macht (vgl. *Bourdieu/ Boltanski* 1981; *Boltanski* 1990).

---

14 „Wer von Klassen spricht, ohne das Vorhandensein eines Klassengegensatzes anzunehmen, mißbraucht die Kategorie der Klasse", meinte *Dahrendorf* (1957: 137) in seinem Versuch, *Marx* zu überwinden, indem er dessen richtige Erkenntnisse generalisierte.

Andere typische Deutungen – etwa der sich verschärfende Wettbewerb, die Härte globaler Märkte, die unausweichliche Globalisierung usw. – haben Defensivcharakter: Sie wehren Ansprüche ab (*Schimank* 1998) und lenken die Kausalvorstellungen über soziale Ungleichheit auf externe, unbeeinflussbare Größen um. Konfliktpotentiale werden auf diese Weise von der Oberfläche verbannt (*Nollmann/Strasser* 2002).

Eine dritte Gruppe typischer Deutungen – man könnte sie Deutungen beruflichen Misserfolgs nennen – dient schließlich der Selbstplausibilisierung von Unterlegenheit: Je weiter unten ein Aspirant in einer Hierarchie verblieben ist, desto mehr gleichgestellte Kollegen nimmt er automatisch um sich herum wahr, *die ebenfalls nicht weiter befördert worden sind*, weil organisatorische Hierarchien „unten" breit angelegt sind und nach „oben" hin immer schlanker werden. Folglich wird eine Kausalvorstellung nahegelegt, die die Gründe für fehlendes berufliches Fortkommen von der Beziehungsebene ablenkt und die Ursachenlokalisierung in Sachgesichtspunkten fördert. Da man wahrnimmt, dass andere, ebenfalls ambitionierte Kollegen auch auf ihren „niedrigen" Posten verbleiben, wird die Annahme plausibler, die eigene Verortung auf der erreichten Stufe sei normativ und sachlich korrekt. Ebenso erhält das Generalargument, dass leider keine freie Stelle für Beförderungsvorhaben zur Verfügung gestanden hat, soziale Unterstützung. Zudem tut man sich – bedingt durch die situativ und kontextbezogen vorgeschriebene Zurechnungsverschiebung von der Sozial- in die Sachdimension – mit der Vermutung leichter, dass die Anforderungen höherer Stellen in der Organisation doch so umfassend sein müssen, dass man ihnen nicht gewachsen wäre (*Nollmann* 2003a).

Typische Deutungen sozialer Ungleichheit machen wirksamen Oberflächenkonsens zumutbar. Nicht ausgetragene Ungleichheitskonflikte bahnen sich ihre Wege unterirdisch. Sie werden flexibel in informelle, alltagsnahe Kanäle abgedrängt. Abgewehrte Ansprüche werden in der zwischen formalen Arbeitsorganisationen einerseits und informellen Gruppenkontexten andererseits asymmetrisch polarisierten Gesellschaft nicht nur den Mitgliedern in den Feierabend zur dortigen Verarbeitung mitgegeben (*Coleman* 1982). Sie werden zudem an jene Instanz weiterverwiesen, der man früher den Ausgleich der gesellschaftlichen Beziehungsschieflage zugetraut hatte: an den Staat und die ihm vorgeschalteten massenmedialen Konfliktöffentlichkeiten. In ihnen werden Konflikte aufgeheizt, auf die Ebene staatsbürgerschaftlichen Beziehungssinns hochtransformiert („Das geht jeden an!"), um am Ende (meistens) leerzulaufen, weil die Quellen sozialer Ungleichheit nur beklagt, nicht aber aufgehoben werden (können). Öffentliche Ungleichheitskonflikte entpuppen sich als Ausdrucksbahnen, die oft folgenlos Unmut ventilieren und genau darin ihre Aufgabe haben.

7. Schlussfolgerungen: Gleichheitsgebot und normative Enthaltsamkeit

1. Geht der Soziologie sozialer Ungleichheit der kritische Maßstab – das normative Gleichheitspostulat – verloren, wenn man die in der Praxis auferlegten typischen Deutungen sozialer Ungleichheit nicht nur unerschrocken hinnimmt, sondern ins Zentrum der Forschung rückt? Ich meine nein. Wer darauf hinweist, dass in der Praxis zwischen Alltag, Organisation und Öffentlichkeit mächtige, durch Kausal- und Kontrollvorstellungen gespeiste *Zurechnungen* eine mögliche Problematik sozialer Ungleichheit oft verhindern, indem sie etwaige Konflikte aus Arbeitsorganisationen abdrängen und elastisch umlenken, eröffnet sich ganz im Gegenteil einen reicheren Blick auf den normativen Sinn des modernen Gleichheitspostulates.

2. Soziale Gleichheit stellt ein Versprechen dar, das vor allem auf der Ebene der Selbstdarstellung moderner *Staatsorganisationen* (vgl. *Mau*, in diesem Band, S. 165-190) und nicht so sehr überall sonst in der Gesellschaft anzutreffen ist: in Arbeitsorganisationen, in der Familie, in informellen Gruppen usw. Zwischen Staat und Staatsbürgern auf der einen Seite und Arbeitsorganisationen, ihren Mitgliedern sowie informellen Paar-, (Stil-)Gruppen- und Familienbeziehungen und ihrem Personal auf der anderen Seite liegen wirksame *Rollentrennungen*, die nicht jeden kausalen Einfluss, wohl aber das soziale Handeln trennen (*Weber* 1980; *Luhmann* 1965). Damit hat das Gleichheitsgebot einen gesellschaftlich übergreifenden Sinn, der jedoch außerhalb von Staat, Politik und Öffentlichkeit eine geringe Potenz hat, Ungleichheiten aufzuheben.[15]

3. Legt man von vornherein einen dem klassischen Aufklärungsdenken verpflichteten Gleichheitsmaßstab an *die Gesellschaft*, homogenisiert man den Gegenstand und *verfehlt gerade das mögliche normative Ziel*, die etwaige Änderungsbedürftigkeit bestimmter sozialer Ungleichheiten aufzudecken. Die Forschung setzt sich dann in normativen Widerspruch zur Praxis, kritisiert diese heimlich oder offen und schafft es gerade *nicht*, die in der Deutungspraxis angelegten Mikrogründe für die kontextspezifische Persistenz sozialer Ungleichheiten aufzudecken. Normative Enthaltsamkeit scheint geboten, bis die Deutungspräferenzen der Praxis ausreichend erforscht sind. Davon kann man jedoch heute keinesfalls ausgehen (*Goldthorpe* 2000: 94ff., 230ff.).

---

15 Am Beispiel der Hartnäckigkeit der Geschlechterungleichheit: *Nollmann* (2002: 169ff.).

4. Diese Enthaltsamkeit betrifft auch *konfliktsoziologische* Aussagen. Angesichts der globalisierenden Unterhöhlung der ehedem als selbstgenügsam und befriedet gedachten Nationalgesellschaften (*Parsons* 1975) erwarten insbesondere an Sozialpolitik interessierte Ungleichheitsforscher für die Zukunft verschärfte Konflikte über die Verteilung knapper Ressourcen (vgl. *Kaufmann* 1997). So sehr ich dieser Erwartung beipflichten will, so sehr muss darauf hingewiesen werden, dass auch politische Ungleichheitskonflikte nur einen sehr begrenzten Ausschnitt aus der Ungleichheitsrealität der modernen Gesellschaft darstellen. Der Verweis auf (tarif-)politische Verteilungskonflikte dient in der Ungleichheitsforschung seit geraumer Zeit als Beleg für den Ausdruck von Klassenstrukturen in Klassenhandeln (*Andersen/Davidson* 1943; *Dahrendorf* 1959). Sie werden auch dort, wo der Klassenbegriff nicht im Vordergrund steht, zitiert, um den sich in der Gesellschaft gegen soziale Unterordnung regenden Widerstand zu belegen, und dienen damit der Selbstvergewisserung, dass das Gleichheitsgebot nicht nur eine fachwissenschaftliche, sondern auch eine darüber hinaus gelten Prämisse darstellt.

5. Ein solcher Ausweis der eigenen normativen Gleichheitsprämissen übersieht jedoch, dass die für Akteure am meisten zu spürende Ungleichheitspraxis *nicht* die der Politik, sondern sowohl die Praxis der Berufsgruppenungleichheit in Arbeitsorganisationen als auch die Praxis des Alltags in Familien und informellen Gruppen darstellen. In Zeiten des flachen, fragilen Wachstums werden in Arbeitsorganisationen Geld und Stellen knapper. Auf Konflikte verweisende Ansprüche auf höheres Einkommen und bessere Stellen (*Schimank* 1998) werden dort mit Verweis auf Globalisierung, Marktzwänge und Standortkonkurrenz mit harter Hand von oben nach unten zum Schweigen gebracht (*Nollmann* 2003b). Wenn es nicht so gut läuft im Unternehmen, nehmen die Mitglieder – egal welcher Berufsklasse – ihre latent oder offen erlebte Unzufriedenheit über soziale Unterordnung zurück und hoffen, dass wenigstens nichts schlimmer wird (was dann oft trotzdem in Form von Stellenabbau, Schließung und/oder Standortverlegung passiert). Konsens über soziale Ungleichheit in arbeitsorganisatorischen Hierarchien wird eingefordert und durch Schweigen bestätigt. Das stahlharte Gehäuse der Hörigkeit, das *Weber* der modernen Gesellschaft bescheinigt hat, wird in Zeiten der Stagnation *gerade nicht* durch Verteilungskonflikte aufgesprengt, sondern gehärtet.

6. Die von den sonstigen sozialstrukturellen Rollen getrennte Bürgerrolle in informellen Öffentlichkeiten dient als Ersatzausdrucksbahn, über die der an anderen Orten gesammelte Frust abgeleitet wird, so dass es einen nur scheinbaren „Aufstand des Publikums" gibt (*Gerhards* 2001; *Nollmann/Strasser* 2003). Während sich Arbeitsorganisationen zu Spezialisten der Anspruchs*bekämpfung* entwickeln, wird die Anspruchsinflation durch die Medien angeheizt. Auf diese Weise wird in massenmedialen Konfliktöffentlichkeiten täglich ein Nebel hochgetrieben, der durch das Interesse massenmedialer Akteure an konfliktorientierten Berichterstattungen verdichtet wird. Damit ist das in jüngerer Zeit offenbar lauter gewordene Getöse in politischen Öffentlichkeiten keinesfalls ein Zeichen für die domestizierende „Verarbeitung", sondern wohl eher ein Indiz für die Umverlagerung von Konfliktpotential und Wünschen nach mehr Gerechtigkeit, die an anderen Stellen produziert, dort aber verbannt und an die universal zuständige Politik – meistens folgenlos – umdirigiert werden.[16] Für die Ungleichheitsforschung käme es m.E. darauf an, die durch Kausal- und Kontrollvorstellungen *strukturell* bestimmte Mikroebene dieser Verschiebung von Normativität genauer *empirisch* zu erforschen.

---

16   Vgl. zu diesem Konfliktabdrängungsprozess allgemein *Nollmann* (1997: 191ff., 336ff.).

Literatur

Acker, Joan (1988): Class, Gender and the Relations of Distribution, in: Signs 13, S. 473-497.

Andersen, Dewey, Percy Davidson (1943): The Democratic Class Struggle, Stanford, CA: Stanford University Press.

Archer, Margaret S. (1982): Morphogenesis versus structuration: on combining structure and action, in: British Journal of Sociology, S. 455-483.

Archer, Margaret S. (1988): Culture and Agency. The place of culture in social theory, Cambridge: Cambridge University Press.

Beck, Ulrich (1983): Jenseits von Klasse und Schicht?, in: Reinhard Kreckel (Hg.), Soziale Ungleichheiten. Soziale Welt Sonderband 2, Göttingen: Schwartz, S. 35-74.

Beck, Ulrich (1984): Jenseits von Klasse und Schicht. Auf dem Weg in die individualisierte Arbeitnehmergesellschaft, in: Merkur 38, S. 485-497.

Beck, Ulrich (1986): Risikogesellschaft. Auf dem Weg in eine andere Moderne. Frankfurt/M.: Suhrkamp.

Berger, Peter A. (1987): Klassen und Klassifikationen. Zur neuen Unübersichtlichkeit in der soziologischen Ungleichheitsforschung, in: Kölner Zeitschrift für Soziologie und Sozialpsychologie 39, S. 59-85.

Berger, Peter A. (1988): Die Herstellung sozialer Klassifikationen: Methodische Probleme der Ungleichheitsforschung, in: Leviathan, S. 501-520.

Berger, Peter A. (1990): Ungleichheitsphasen. Stabilität und Instabilität als Aspekte ungleicher Lebenslagen, in: ders./Hradil (Hg.), S. 319-350.

Berger, Peter A., Michael Vester (1998): Alte Ungleichheiten – Neue Spaltungen, in: dies. (Hg.), Alte Ungleichheiten – Neue Spaltungen, Opladen: Leske + Budrich, S. 9-28.

Blau, Peter M. (1977): A macrosociological theory of social structure, in: American Journal of Sociology 83.

Blossfeld, Hans-Peter (1989): Kohortendifferenzierung und Karriereprozeß. Eine Längsschnittstudie über die Veränderung der Bildungs- und Berufschancen im Lebensverlauf, Frankfurt/M./New York: Campus.

Boltanski, Luc (1990): Die Führungskräfte. Die Entstehung einer sozialen Gruppe, Frankfurt/M., New York.

Bourdieu, Pierre, Luc Boltanski (1981): Titel und Stelle. Zum Verhältnis von Bildung und Beschäftigung, in: Helmut Köhler (Hg.), Titel und Stelle. Über die Reproduktion sozialer Macht, Frankfurt/M., S. 89-116.

Bourdieu, Pierre (1980): Quelques propriétes des champs, in: ders., Questions de sociologie, Paris: Les Èditions de Minuit.

Bourdieu, Pierre (1987): Die feinen Unterschiede. Kritik der gesellschaftlichen Urteilskraft, Frankfurt/M.: Suhrkamp.

Brauns, Hildegard, Susanne Steinmann, Dietmar Haun (2000): Die Konstruktion des Klassenschemas nach Erikson, Goldthorpe und Portocarero (EGP) am Beispiel nationaler Datenquellen aus Deutschland, Großbritannien und Frankreich, in: ZUMA-Nachrichten 46, S. 7-63.

Coleman, James S. (1982): The Asymmetric Society, Syracuse: Syracuse University Press.

Collins, Randall (1975): Conflict Sociology. Toward an Explanatory Science, New York: Academic Press.

Collins, Randall (2000): Situational Stratification: A Micro-Macro Theory of Inequality, in: Sociological Theory 18, S. 17-43.

Crompton, Rosemary (1998): Class and Stratification. An Introduction to Current Debates, 2nd Edition, Cambridge: Polity Press.

Cyba, Eva (1993): Überlegungen zu einer Theorie geschlechtsspezifischer Ungleichheiten, in: Petra Frerichs, Margareta Steinrücke (Hg.), Soziale Ungleichheit und Geschlechterverhältnisse, Opladen: Leske + Budrich S. 33-49.

Gerd Nollmann

Dahrendorf, Ralf (1957): Soziale Klassen und Klassenkonflikt in der industriellen Gesellschaft, Stuttgart: Enke.

Dahrendorf, Ralf (1974): Über den Ursprung der Ungleichheit unter den Menschen, in: ders. (Hg.), Pfade aus Utopia, München: Piper, S. 352-379.

Diewald, Martin (2001): Unitary Social Science for Causal Understanding: Experiences and Prospects of Life Course Research, in: Canadian Studies in Population 28, 2, S. 219-248.

Diewald, Martin, Johannes Huinink, Jutta Heckhausen (1996): Lebensverläufe und Persönlichkeitsentwicklung im gesellschaftlichen Umbruch, in: Kölner Zeitschrift für Soziologie und Sozialpsychologie 48, 2, S. 219-248.

Diezinger, Angelika (1991): Frauen: Arbeit und Individualisierung. Chancen und Risiken. Eine empirische Untersuchung anhand von Fallgeschichten, Opladen: Leske + Budrich.

Diezinger, Angelika (1993): Geschlechterverhältnis und Individualisierung: Von der Ungleichheitsrelevanz primärer Beziehungen, in: Petra Frerichs/Margareta Steinrücke (Hg.), Soziale Ungleichheit und Geschlechterverhältnisse, Opladen: Leske + Budrich, S. 145-158.

Eder, Klaus (1990): Gleichheitsdiskurs und soziale Ungleichheit. Zur Frage nach den kulturellen Grundlagen sozialer Ungleichheit in der modernen Klassengesellschaft, in: Hans Haferkamp, Sozialstruktur und Kultur, Frankfurt/M.: Suhrkamp (Hg.), S. 177-208.

Erbslöh, Barbara, Thomas Hagelstange, Dieter Holtmann, Joachim Singelmann, Hermann Strasser (1988): Klassenstruktur und Klassenbewusstsein in der Bundesrepublik Deutschland. Erste empirische Ergebnisse, in: Kölner Zeitschrift für Soziologie und Sozialpsychologie 40, S. 245-261.

Esser, Hartmut (1993): Soziologie. Allgemeine Grundlagen, Frankfurt/M., New York: Campus.

Esser, Hartmut (1996): Die Definition der Situation, in: Kölner Zeitschrift für Soziologie und Sozialpsychologie 48, 1, S. 1-34.

Esser, Hartmut (1999): Soziologie. Spezielle Grundlagen, Band 1, Frankfurt/M., New York: Campus.

Geiger, Theodor (1972): Die soziale Schichtung des deutschen Volkes. Soziographischer Versuch auf statistischer Grundlage. Darmstadt: Wissenschaftliche Buchgesellschaft, 2. Aufl.

Geißler, Rainer (1996): Kein Abschied von Klasse und Schicht: Ideologische Gefahren der deutschen Sozialstrukturanalyse, in: Kölner Zeitschrift für Soziologie und Sozialpsychologie 48, S. 319-338.

Geißler, Rainer (1998): Das mehrfache Ende des Klassenkonfliktes. Diagnosen sozialstrukturellen Wandels, in: Friedrichs, Jürgen, M. Rainer Lepsius, Karl Ulrich Mayer (Hg.), Die Diagnosefähigkeit der Soziologie, S. 207-233.

Gerhards, Jürgen (2001): Der Aufstand des Publikums. Eine systemtheoretische Interpretation des Kulturwandels in Deutschland zwischen 1960-1989, in: Zeitschrift für Soziologie 30, 3, S. 163-184.

Giddens, Anthony (1984): Interpretative Soziologie. Eine kritische Einführung, Frankfurt/M., New York: Campus.

Giddens, Anthony (1988): Die Konstitution der Gesellschaft. Grundzüge einer Theorie der Strukturierung, Frankfurt/New York: Campus.

Giesen, Bernhard (1987): Natürliche Ungleichheit, soziale Ungleichheit, ideale Gleichheit. Zur Evolution von Deutungsmustern sozialer Ungleichheit, in: ders./Hans Haferkamp (Hg.), Soziologie der sozialen Ungleichheit, Opladen: Westdeutscher Verlag, S. 314-345.

Giesen, Bernhard, Michael Schmid (1990): Symbolische, institutionelle und sozialstrukturelle Differenzierung. Eine selektionstheoretische Betrachtung, in: Hans Haferkamp (Hg.), Sozialstruktur und Kultur, Frankfurt/M., S. 95-123.

Gildemeister, Regine (2001): Soziale Konstruktion von Geschlecht. Fallen, Missverständnisse und Erträge einer Debatte, in: Claudia Rademacher, Peter Wiechens (Hg.), Geschlecht – Ethnizität – Klasse. Zur sozialen Konstruktion von Hierarchie und Differenz, Opladen: Leske + Budrich, S. 65-87.

Goldthorpe, John H. (mit C. Llewellyn, C. Payne) (1980): Social Mobility and Class Structure in Modern Britain, Oxford: Clarendon Press.

Goldthorpe, John H. (2000): On Sociology. Numbers, Narratives, and the Integration of Research and Theory, Oxford: Oxford University Press.

Gottschalk, Peter, Timothy M. Smeeding (1997): Cross-National Comparisons of Earnings and Income Inequality, in: Journal of Economic Literature 35, S. 633-687.

Heckhausen, Jutta (1990): Erwerb und Funktion normativer Vorstellungen über den Lebenslauf, in: Karl Ulrich Mayer (Hg.), Lebensverläufe und sozialer Wandel, Opladen: Westdeutscher Verlag, S. 351-373.

Hedström, Peter, Richard Swedberg (1996): Rational Choice, Empirical Research, and the Sociological Tradition, in: European Sociological Review 12, S. 127-146.

Handl, Johann, Karl Ulrich Mayer, Walter Müller (1977): Klassenlagen und Sozialstruktur, Frankfurt/M., New York: Campus.

Hondrich, Karl Otto (1984): Der Wert der Gleichheit und der Bedeutungswandel der Ungleichheit, in: Soziale Welt 35, S. 267ff.

Heintz, Bettina, Eva Nadai (1998): Geschlecht und Kontext, in: Zeitschrift für Soziologie 27, 2, 75-93.

Heintz, Bettina (Hg.) (2001): Geschlechtersoziologie, Wiesbaden: Westdeutscher Verlag.

Hradil, Stefan (1987): Die „neuen sozialen Ungleichheiten" – und wie man mit ihnen (nicht) theoretisch zurechtkommt, in: Bernhard Giesen, Hans Haferkamp (Hg.), Soziologie der sozialen Ungleichheit, Opladen: Westdeutscher Verlag, S. 115 – 144.

Hradil, Stefan (1987a, Sozialstrukturanalyse in einer fortgeschrittenen Gesellschaft, Opladen: Leske + Budrich.

Hradil, Stefan (Hg.) (1992): Zwischen Bewusstsein und Sein, Opladen: Leske + Budrich.

Kaufmann, Franz-Xaver (1997): Schwindet die integrative Funktion des Sozialstaates?, in: Berliner Journal für Soziologie 7, S. 5-20.

Kohli, Martin (1985): Institutionalisierung des Lebenslaufs. Historische Befunde und theoretische Argumente, in: Kölner Zeitschrift für Soziologie und Sozialpsychologie 37, S. 1-29.

Kohli, Martin (1986): Gesellschaftszeit und Lebenszeit. Der Lebenslauf in Strukturwandel der Moderne, in: Johannes Berger (Hg.), Die Moderne - Kontinuitäten und Zäsuren, Sonderband 4 der Sozialen Welt, Göttingen: Schwartz, S. 183-208.

Kreckel, Reinhard (1989): Klasse und Geschlecht. Die Geschlechtsindifferenz der soziologischen Ungleichheitsforschung und ihre theoretischen Implikationen, in: Leviathan 17, S. 305-321.

Kreckel, Reinhard (1992): Politische Soziologie der sozialen Ungleichheit, Frankfurt/M., New York: Campus.

Lenz, Ilse (1995): Geschlecht, Herrschaft und internationale Ungleichheit, in: Regina Becker-Schmidt, Gudrun-Axeli Knapp (Hg.), Das Geschlechterverhältnis als Gegenstand der Sozialwissenschaften, Frankfurt/M., New York: Campus, S. 19-46.

Lenz, Ilse (1996): Grenzziehungen und Öffnungen: Zum Verhältnis von Geschlecht und Ethnizität in Zeiten der Globalisierung, in: Andrea Germer (Hg.), Wechselnde Blicke. Frauenforschung in internationaler Perspektive, Opladen: Leske + Budrich, S. 200-228.

Lepsius, M. Rainer (1979): Soziale Ungleichheit und Klassenstrukturen in der Bundesrepublik Deutschland, in: Hans-Ulrich Wehler (Hg.), Klassen in der europäischen Sozialgeschichte, Göttingen: Vandenhoeck&Ruprecht, S. 266ff.

Lockwood, David (1981): The weakest link in the chain?, in: S. Simpson, I. Simpson (Hg.), Research in the Sociology of Work: 1, Greewich, Con.: JAI Press.

Lucke, Doris (1990): Die Ehescheidung als Kristallisationskern geschlechtsspezifischer Ungleichheit. Das Beispiel einer „verrechtlichten" Statuspassage im weiblichen Lebenslauf, in: P.A. Berger/ Stefan Hradil (Hg.), Lebenslagen, Lebensläufe, Lebensstile. Soziale Welt Sonderband 7, Göttingen: Schwartz, S. 363-386.

Luhmann, Niklas (1964): Funktionen und Folgen formaler Organisation, Berlin: Duncker u. Humblot.

Luhmann, Niklas (1965): Grundrechte als Institution, Berlin: Duncker u. Humblot.
Luhmann, Niklas (1981): Politische Theorie im Wohlfahrtsstaat, München: Olzog.
Luhmann, Niklas (1984): Soziale Systeme, Frankfurt/M.: Suhrkamp.
Mayer, Karl Ulrich (1987): Zum Verhältnis von Theorie und empirischer Forschung zur
    sozialen Ungleichheit, in: Bernhard Giesen./Hans Haferkamp (Hg.), Soziologie der
    sozialen Ungleichheit, Opladen: Westdeutscher Verlag, S. 370-392.
Mayer, Karl Ulrich (1987a, Lebenslaufforschung, in: W. Voges (Hg.), Methoden der Biogra-
    phie- und Lebenslaufforschung, Opladen: Leske + Budrich, S. 51-73.
Mayer, Karl-Ulrich (1991): Gesellschaftsstruktur und Lebensverlauf, in, Biographie oder Le-
    benslauf? Über die Tauglichkeit zweier Konzepte, Kurseinheit 1, Studienbrief
    3636/1/01/S der Fernuniversität Hagen, S. 21-40.
Mayer, Karl-Ulrich (2000): Promises fulfilled? A review of 20 years of life course research, in:
    Europäisches Archiv für Soziologie XLI, S. 259-282.
Mayer, Karl Ulrich (2002): The sociology of the life course and life span psychology – diver-
    ging or converging pathways?, in: Ursula M. Staudinger, Ulman Lindenberger (Hg.),
    Understand Human Development: Lifespan Psychology in Exchange with Other Disci-
    plines, Dordrecht: Kluwer Academic Publishers, in Druck, zitiert nach dem Manuskript,
    MPIB Berlin.
Mayer, Karl-Ulrich, Walter Müller (1989): Lebensverläufe im Wohlfahrtsstaat, in: Ansgar
    Weymann (Hg.), Handbuch für die Soziologie der Weiterbildung, Darmstadt und
    Neuwied: Luchterhand, S. 41-60.
Mayer, Karl-Ulrich, Hans-Peter Blossfeld (1990): Die gesellschaftliche Konstruktion sozialer
    Ungleichheit im Lebensverlauf, in: Peter A. Berger, Stefan Hradil (Hg.), Lebenslagen,
    Lebensläufe, Lebensstile. Soziale Welt Sonderband 7, Göttingen: Schwartz S. 297-318.
Mead, George Herbert (1936): Movements of Thought in the Nineteenth Century, Chicago:
    University Press.
Mortimer, Jeylan T. (1996): Social Psychological Aspects of Achievement, in: Alan C. Kerck-
    hoff (Hg.), Generating Social Stratification, Boulder: Westview Press, S. 17-36.
Müller, Hans-Peter (1992): Sozialstruktur und Lebensstile. Der neuere theoretische Diskurs
    über soziale Ungleichheit, Frankfurt: Suhrkamp.
Müller, Hans-Peter, Bernd Wegener (Hg.) (1995): Soziale Ungleichheit und soziale Gerechtig-
    keit, Opladen: Leske + Budrich.
Müller, Walter (1986): Soziale Mobilität. Die Bundesrepublik im internationalen Vergleich, in:
    Max Kaase (Hg.), S. 339-354.
Nollmann, Gerd (1997): Konflikte in Interaktion, Gruppe und Organisation. Zur Konfliktsozio-
    logie der modernen Gesellschaft, Opladen: Westdeutscher Verlag.
Nollmann, Gerd (2002): Die Hartnäckigkeit der Geschlechterungleichheit. Geschlecht als
    soziale Zurechnungskategorie, in: Soziale Welt 5, 2, 2002, S. 131-158.
Nollmann, Gerd (2003): Warum fällt der Apfel nicht weit vom Stamm? Die Messung „subjek-
    tiver" intergenerationaler Mobilität, in: Zeitschrift für Soziologie 2, S. 123-138.
Nollmann, Gerd (2003a), Die Deutung beruflicher Karrieremobilität. High-Potentials, Karrie-
    returniere und die Plausibilisierung von Unterlegenheit, in: Sozialer Sinn 2, in Druck.
Nollmann, Gerd (2003b), Die stille Umverteilung. Budgetierung als Transmissionsriemen für
    die Verschärfung von Einkommensungleichheit, in: Kölner Zeitschrift für Soziologie und
    Sozialpsychologie 3, S. 500-520.
Nollmann, Gerd, Hermann Strasser (2002): Individualisierung als Deutungsmuster sozialer Un-
    gleichheit. Zum Problem des Sinnverstehens in der Ungleichheitsforschung, in: Öster-
    reichische Zeitschrift für Soziologie 27, 3, S. 3-36.
Nollmann, Gerd, Hermann Strasser (2002), Armut und Reichtum in Deutschland, in: Aus Poli-
    tik und Zeitgeschichte, B29-30.
Nollmann, Gerd, Hermann Strasser (2003): Staatsbürgerschaft im Rückwärtsgang, in: Socio-
    logia Internationalis 40, S. 165-189.
Parsons, Talcott (1975): Gesellschaften. Evolutionäre und komparative Perspektiven, Frank-
    furt/M.: Suhrkamp.

Prandy, K. (1991): The revised Cambridge scale of occupations, in: Sociology 24, 4, S. 629-656.

Rawls, John (1971): A Theory of Justice. Cambridge, MA: Harvard University Press.

Rerrich, Maria S. (1990): Ein gleiches gutes Leben für alle? Über Ungleichheitserfahrungen im familialen Alltag, in: Berger, Peter A., Stefan Hradil (Hg.), Lebenslagen, Lebensläufe, Lebensstile. Soziale Welt Sonderband 7, Göttingen: Schwartz, S. 189-206.

Rosenbaum, James (1984): Career Mobility in a Corporate Hierarchy, Orlando u.a.: Academic Press.

Schimank, Uwe (1998): Funktionale Differenzierung und soziale Ungleichheit: die zwei Gesellschaftstheorien und ihre konflikttheoretische Verknüpfung, in: Hans-Joachim Giegel (Hg.), Konflikt in modernen Gesellschaften, Frankfurt/M.: Suhrkamp, S. 61-88.

Schluchter, Wolfgang (1979): Die Entwicklung des okzidentalen Rationalismus. Eine Analyse von Max Webers Gesellschaftsgeschichte, Tübingen: J.C.B. Mohr (Paul Siebeck).

Schmidt, Volker H. (1995): Soziologische Gerechtigkeitsanalyse als empirische Institutionenanalyse, in: Hans-Peter Müller, Bernd Wegener (Hg.), Soziale Ungleichheit und soziale Gerechtigkeit, Opladen: Leske + Budrich, S. 173-194.

Schmidt, Volker H. (2000): Ungleichheit, Exklusion und Gerechtigkeit, in: Soziale Welt 51,4, S. 383-400.

Schwartz, Barry (1981): Vertical Classification. A Study in Structuralism and the Sociology of Knowledge, Chicago und London: The University of Chicago Press.

Schneider, Wolfgang-Ludwig (2002): Grundlagen der soziologischen Theorie, 2 Bde., Wiesbaden: Westdeutscher Verlag.

Schütz, Alfred (1960): Der sinnhafte Aufbau der sozialen Welt, 2. Aufl., Wien: Springer, (Erstveröffentlichung 1932), Neuausgabe 1974, Frankfurt: Suhrkamp.

Schütz, Alfred, Talcott Parsons (1977): Zur Theorie sozialen Handelns. Ein Briefwechsel, herausgegeben und eingeleitet von W.M. Sprondel, Frankfurt/M.: Suhrkamp.

Soeffner, Hans-Georg (1997): „Auf dem Rücken eines Tigers": Über die Hoffnung, Kollektivrituale als Ordnungsmächte in interkulturellen Gesellschaften kultivieren zu können, in: Wilhelm Heitmeyer (Hg.), Was hält die Gesellschaft zusammen? Frankfurt/M.: Suhrkamp, S. 334-359.

Statistisches Bundesamt (Hg.) (2002): Datenreport 2002. Zahlen und Fakten über die Bundesrepublik Deutschland, Bonn: Bundeszentrale für politische Bildung.

Strasser, Hermann (1985): Was Theorien der sozialen Ungleichheit wirklich erklären, in: ders., John H. Goldthorpe (Hg.), Die Analyse sozialer Ungleichheit: Kontinuität, Erneuerung, Innovation, Opladen: Westdeutscher Verlag, S. 155-172.

Strasser, Hermann (1986): Das Ideal der sozialen Gerechtigkeit im Lichte von Ungleichheitstheorien, in: Jürgen Krüger, ders. (Hg.), Soziale Ungleichheit und Sozialpolitik. Legitimation, Wirkung, Programmatik, Regensburg: transfer verlag, S. 43-64.

Strasser, Hermann (1987): Diesseits von Stand und Klasse: Prinzipien einer Theorie der sozialen Ungleichheit, in: Bernhard Giesen, Hans Haferkamp (Hg.), Soziologie der sozialen Ungleichheit, Opladen: Westdeutscher Verlag, S. 50-92.

Strasser, Hermann, Andrea Maria Dederichs (2000): Die Restrukturierung der Klassengesellschaft: Elemente einer zeitgenössischen Ungleichheitstheorie, in: Berliner Journal für Soziologie 10, S. 79-98.

Tyrell, Hartmann (1983): Zwischen Interaktion und Organisation I: Gruppe als Systemtyp, in: Friedhelm Neidhardt, M. Rainer Lepsius (Hg.), Gruppensoziologie. Perspektiven und Materialien, Opladen: Westdeutscher Verlag, S. 75-87.

Vester, Michael, Daniel Gardemin (2001): Milieu und Klassenstruktur. Auflösung, Kontinuität oder Wandel der Klassengesellschaft, in: Claudia Rademacher, Peter Wiechens (Hg.), Geschlecht – Ethnizität – Klasse, Opladen: Leske + Budrich, S. 219-274.

Walzer, Michael (1983): Spheres of Justice. A Defense of Pluralism und Equality, New York: Basic Books.

Weber, Max (1980): Wirtschaft und Gesellschaft. Grundriss der verstehenden Soziologie, Tübingen: Mohr.

Weber, Max (1985): Gesammelte Aufsätze zur Wissenschaftslehre, 6. Auflage, Tübingen: Mohr.

Wiesenthal, Helmut (1999): Globalisierung als Epochenbruch – Maximaldimensionen eines Nichtnullsummenspiels, in: Gert Schmidt, Rainer Trinczek (Hg.), Globalisierung, Baden-Baden: Nomos, S. 503-533.

Wright, Erik Olin (1997): Class Counts: Comparative Studies in Class Analysis, New York: Cambridge University Press.

Macht als zentrale Dimension der Sozialstrukturanalyse

Eine handlungstheoretische Begründung

Jörg Rössel

1. Problemstellung

Seit mehr als zwei Jahrzehnten befinden sich die Sozialstrukturanalyse und die Ungleichheitsforschung in einer Diskussion über ihre Grundbegriffe. Die Entwicklung der soziologischen Theoriediskussion, speziell einer neuen Generation von umfassenden Sozialtheorien (vgl. *Giddens/Turner* 1987; *Ritzer* 1988), auf der einen Seite und das Fortschreiten in der Anwendung empirischer Methoden auf der anderen Seite haben zur Entdeckung einer Vielzahl von *neuen Ungleichheiten* und Strukturmerkmalen in der modernen Gesellschaft geführt, die sich damit als hochdifferenziert und unübersichtlich darstellt.[1] Damit wurde für die Soziologie die Frage der Relevanz dieser verschiedenen Arten von Ungleichheit aufgeworfen: Sind die Ungleichheiten zwischen Frauen und Männern wichtiger als die zwischen verschiedenen sozioökonomischen Klassen oder Schichten, sind unterschiedliche Bildungschancen bedeutsamer als Einkommensdifferenzen oder unterschiedliche Lebensstile?

Diese Fragen nach der Relevanz unterschiedlicher Dimensionen von Ungleichheit scheinen auf den ersten Blick nur von einem *normativ* ausgewiesenen Standpunkt aus beantwortbar. Gerade aus einer gesellschaftspolitischen Perspektive ist die Verständigung über die normativen Voraussetzungen der Ungleichheitsforschung und damit über die moralische Bewertung unterschiedlicher Dimensionen von Gleichheit eine unabdingbare Voraussetzung (vgl. *Beer*, in diesem Band, S. 27-47; *Koller*, in diesem Band, S. 49-71; *Schmidt*, in diesem Band, S. 73-92). Wenn es aber um die Bedeutung unterschiedlicher Dimensionen und Konzepte von sozialer Ungleichheit für die empirischen Sozialwissenschaften geht, ist es notwendig, auch eine *nichtnormative* Betrachtung dieser Fragestellung zu entwickeln, die im Folgenden skizziert werden soll.

Die Sozialstrukturanalyse und die Ungleichheitsforschung sind nicht notwendig an eine normative Grundlage gebunden, selbst der Grundbegriff der Ungleichheit setzt eine derartige Prämisse nicht zwingend voraus (vgl. *Meulemann*, in diesem Band, S. 115-136). Das Konzept der Ungleichheit ist zwar tatsächlich, wie zahlreiche Begriffe in den Sozialwissenschaften, ein wertgeladener Begriff und lädt damit auch zu einer normativen Bewertung

---

1 Wobei durchaus eine Reihe der neuen Ungleichheiten und Unübersichtlichkeiten schon relativ lange existieren, für die Sozialwissenschaft aber vor allem seit den siebziger Jahren als ‚neu' entdeckt wurden (vgl. *Rössel* 2000).

Jörg Rössel

ein (*Rosenberg* 1995: 201-206; *Schmidt* 2000: 10). Eine Ungleichverteilung kann dann z. B. aufgrund von Leistung, Effekten für das Gemeinwohl oder auf der Basis anderer Kriterien als gerecht und damit moralisch gut erscheinen; sie kann aber auch als Resultat ungerechtfertigter Ausbeutung und Benachteiligung betrachtet werden (vgl. *Rawls* 1992). Oft werden derartige Wertungen von sozialer Ungleichheit freilich nicht explizit formuliert, sondern eher implizit unterstellt. Ob eine bestimmte Form von Ungleichheit als ‚gerecht' oder ‚ungerecht' betrachtet wird, kann aber nicht durch eine empirisch orientierte Sozialwissenschaft entschieden werden (*Schmidt* 2000). Aus der Perspektive einer empirisch-analytischen Wissenschaftstheorie müssen wir davon ausgehen, dass wir keine endgültigen Argumente für oder gegen die normative Richtigkeit bestimmter Gleichheiten entwickeln können. Die Soziologie kann sich daher als empirische Wissenschaft nur mit der deskriptiven Erfassung von sozialen Ungleichheiten, ihrer Erklärung und ihren Konsequenzen beschäftigen. Es geht ihr also primär nicht um die Bewertung von festgestellten Ungleichheiten, sondern um eine intersubjektiv nachvollziehbare und überprüfbare Beschreibung und Erklärung derselben, die sich am Wertfreiheitspostulat orientiert (*Schmidt* 2000: 40-46). Eine solche Vorgehensweise scheint mir im Falle des Ungleichheitsbegriffs durchaus möglich zu sein. So können die Konzepte der Gleich- und Ungleichverteilung von Gütern oder Chancen präzise definiert werden, ohne dass sie normativ ausgezeichnet werden. Gleichfalls können diese Begriffe durch intersubjektiv nachvollziehbare Indikatoren operationalisiert werden, so dass die Existenz von sozialen Ungleichheiten sich unabhängig von Wertpostulaten feststellen und beschreiben lässt.

Damit eröffnet sich eine weitere Perspektive auf die Beantwortung der Frage nach der *Relevanz unterschiedlicher Dimensionen von Ungleichheit.* Den Ausgangspunkt für eine Begründung der Bedeutung unterschiedlicher Ungleichheitsdimensionen kann auch die Stellung der Ungleichheitsforschung und der Sozialstrukturanalyse innerhalb der allgemeinen Soziologie bilden. Versteht man – frei nach Max *Weber* – Soziologie als eine Wissenschaft, die soziales Handeln und soziale Interaktionen in ihrem Ablauf beschreiben und erklären will, dann müssen diesem Ziel auch die Grundkonzepte der Ungleichheitsforschung und der Sozialstrukturanalyse genügen. Erst im Netzwerk theoretisch postulierter, kausaler Beziehungen erhalten Begriffe ihre Bedeutung (*Haussmann* 1991; *Bieri* 1993). Damit wären vor allem diejenigen sozialen Ungleichheiten von besonderer Bedeutung, denen eine zentrale Rolle in sozialwissenschaftlichen *Erklärungen* zugesprochen werden kann. Eine solche wissenschaftsinterne Beurteilung der Wichtigkeit von spezifischen Ungleichverteilungen hebelt freilich die oben angeführten normativen Fragestellungen nicht vollständig aus, sondern steht in einem komplementären Verhältnis zu diesen. Die wissenschaftliche Beurteilung der theoretischen und empirischen Bedeutung von Ungleichheitsdimensionen ist nur eine mögliche und wichtige Alternative, die hier skizziert werden soll. Dies schließt eine andere und auch anderslautende normative Beurteilung der gleichen Ungleichheitsdimension nicht aus. Mit dieser Beurteilung bewegen wir uns dann aber nicht mehr im Bereich der empirischen Sozialwissenschaft, sondern der politischen Philosophie.

Aus der skizzierten Perspektive betrachtet, kann die Ausgangsfrage folgendermaßen umformuliert werden: Gibt es eine oder mehrere Dimensionen sozialer Ungleichheit, die bei der Erklärung von sozialem Handeln und sozialen Interaktionen von *besonderer kausaler Relevanz* sind? Die empirische Vielfalt – ja geradezu unendliche Anzahl – möglicher Erklärungen von sozialem Handeln und sozialen Interaktionen scheint diese Frage unbeantwortbar zu machen.[2] Die Vielzahl von sozialwissenschaftlichen Rätseln mit ganz unterschiedlichem Inhalt macht deutlich, dass der Blick auf konkrete Fragestellungen nicht weiterhilft, sondern dass der direkte Bezugspunkt die vorhandenen soziologischen Theorien sein müssen. Dabei legt die bisherige Weichenstellung mit ihrer Orientierung auf die Erklärung sozialen Handelns und sozialer Interaktionen die Konzentration auf *handlungstheoretische* Perspektiven in der Sozialwissenschaft nahe (vgl. *Nollmann*, in diesem Band, S. 191-200). Ich möchte nun in den folgenden Ausführungen im Anschluss an Autoren wie Randall *Collins*, Walter *Korpi* und James *Coleman* für die *Zentralität des Machtbegriffes* in der Erforschung von Ungleichheiten und Sozialstrukturen plädieren.[3] In den dargestellten Theorien ist der Machtbegriff von vorrangiger Bedeutung für die Erklärung von sozialen Interaktionen. Insofern kann auf der Basis der hier gewählten Argumentationsperspektive im nächsten Schritt der Begriff der Macht als der zentrale Begriff für die Sozialstrukturanalyse ausgewiesen werden, da er einerseits bedeutsam für die Erklärung von sozialem Handeln und Interaktionen ist und andererseits eine Dimension sozialer Ungleichheit darstellt.

Die Diskussion des Machtbegriffs führt freilich unmittelbar weiter zum Konzept der *Machtressourcen* als Grundlage von Machtbeziehungen. Diese Ressourcen können selbst verschiedenen Grunddimensionen zugeordnet werden. Hier soll vor allem die Gegenüberstellung von mikro- und makrosoziologischen Fragestellungen hervorgehoben werden, da sie in der Ungleichheitsforschung überwiegend vernachlässigt wird. Zudem macht dieser Vergleich deutlich, dass die Sozialstrukturanalyse je nach Erklärungsebene (Mikro oder Makro) unterschiedliche Dimensionierungen von Machtressourcen verwenden sollte.

---

2   Hier nur einige Beispiele für hochgradig disparate Fragen nach der Erklärung von sozialem Handeln: Warum gehen Frauen häufiger ins Ballett als Männer? Warum unterbrechen Männer Frauen häufiger im Gespräch als umgekehrt? Warum machen Jugendliche heutzutage in einem jüngeren Alter ihre ersten sexuellen Erfahrungen als noch vor 100 Jahren? Warum sinkt die Beteiligung an Gewerkschaften in den Vereinigten Staaten in den letzten vierzig Jahren stärker als in der Bundesrepublik?

3   An dieser Stelle muss darauf hingewiesen werden, dass vor allem in den Sozialstrukturanalysen von Pierre *Bourdieu* der Machtbegriff eine ganz zentrale Rolle einnimmt (*Bourdieu* 1996), jedoch dort eine deutlich andere Begründung erfährt als hier.

2. Die Zentralität von Macht in Handlungstheorien

2.1. Macht und Status als Hauptdimensionen sozialer Beziehungen

Die amerikanischen Sozialwissenschaftler Randall *Collins* und Theodore *Kemper* (1990) vertreten die These, dass die Beziehungsstruktur von Interaktionsprozessen durch zwei Dimensionen beschrieben werden kann, die sie *Macht* und *Status* nennen. Unter *Macht* verstehen sie dabei einen sozialen Beziehungstypus, bei dem ein Akteur A einen Akteur B zu einem Verhalten bringt, welches nicht dem eigenen Willen von Akteur B entspringt. Die Anwendung von Gewalt, Drohungen, Entzug von Ressourcen und Zwang sind charakteristisch für diesen Beziehungstypus.[4] Dagegen ist eine *Status*beziehung durch die Freiwilligkeit des Handelns und der Kooperation gekennzeichnet. Hierzu gehören die freiwillige Aufnahme von Personen in Gemeinschaften, ihnen entgegengebrachte Freundlichkeiten und als höchste Form die Liebe. Diese These versuchen die beiden Autoren mit Hilfe eines Überblicks über die Ergebnisse einer Vielzahl von Forschungsbereichen, von der Kleingruppenforschung über kulturvergleichende Analysen zum Rollenverhalten, psychologische Ansätze, bis hin zur ethologischen Primatenforschung und den Neurowissenschaften zu erhärten. Diese Zusammenschau empirischer Forschungsresultate verdeutlicht, dass mit den beiden Begriffen Macht und Status die Grundstrukturen menschlicher Interaktionen erfasst werden können.

Sowohl *Kemper* als auch *Collins* haben auf der Basis der beiden unterschiedenen Dimensionen weiterführende Theorien entwickelt: *Kemper* hat eine ausdifferenzierte soziologische Theorie der Entstehung von Emotionen aus Strukturkonstellationen von Macht und Status erarbeitet (1978) und *Collins* ein Interaktionsmodell auf emotionssoziologischer Grundlage (1981a; vgl. *Rössel/Collins* 2001). Kennzeichnend für seine theoretische Herangehensweise ist eine radikal *mikro*soziologische Perspektive, die die Existenz meso- und makrosoziologischer Entitäten – wie Institutionen oder Normen – erst einmal methodologisch in Frage stellt und ausklammert. *Collins* geht in seiner mikrosoziologischen Perspektive davon aus, dass Personen in Interaktionen zwei Typen von Ressourcen akkumulieren können: erstens *kulturelles Kapital* und zweitens *emotionale Energie*. Dabei ist kulturelles Kapital eine relativ undifferenzierte Kategorie, die im Grunde mit dem Begriff der Kultur identisch ist. Einen besonderen Nachdruck legt er allerdings auf *kulturelle Symbole*, die gemeinsame Verpflichtungen oder Mitgliedschaften in Gruppen oder Koalitionen zum Ausdruck bringen. Diese sind vor allem für die Mobilisierung von sogenannten Durchsetzungskoalitionen von zentraler Bedeutung: "The foreman has authority over his employees because he can always call on his superior to fire someone, the su-

---

4   Vgl. als Überblick zu Machtkonzepten in den Sozialwissenschaften *Hradil* (1980).

perior in turn can call on the police to eject him if he does not leave, and the policeman can call on other police and ultimately on the army to reinforce him against resistance" (*Collins* 1975: 291). Organisationen würden nicht sehr effizient funktionieren, wenn Durchsetzungskoalitionen für jeden Befehl und für jeden Konflikt tatsächlich mobilisiert werden müssten: die Symbole von Autorität, bestimmte Rangabzeichen oder bestimmte Typen von Kleidung, die Bezeichnung als Positionsinhaber durch eine bestimmte Funktionsbezeichnung repräsentieren innerhalb der Interaktionssituationen den Verweis auf bestimmte Durchsetzungskoalitionen. Diese kulturellen Symbole lösen in den beteiligten Personen bestimme Stimmungen und implizite Handlungs- und Wissensroutinen aus, die ihr Handeln steuern. Diese Verknüpfung kultureller Konzepte mit emotionalen Korrelaten ist vor allem in der Affektkontrolltheorie von David *Heise* und seinen Mitarbeitern überzeugend empirisch belegt worden (*MacKinnon* 1991). Diese emotionalen Auswirkungen können freilich durch eine entsprechende Präsentation verstärkt oder abgeschwächt werden. Bestimmte Personen sind als Führungskräfte besonders gut geeignet, während andere in dieser Position nicht ernst genommen werden (*Pongratz* 2002). Dies wird auch durch die Tatsache verdeutlicht, dass Durchsetzungs- und Führungsfähigkeit bevorzugte Rekrutierungsmerkmale von Personen für Spitzenpositionen in Organisationen sind (*Bourdieu* 1996: 88; *Hartmann* 1996; *Mueller/Mazur* 1996).

In Interaktionen, die durch die Machtdimension geprägt sind, akkumulieren laut *Collins* lediglich die dominanten Personen zusätzliche *emotionale Energie* in Form von Selbstvertrauen, Selbstsicherheit und optimistischer Zuversicht, die für zukünftiges Handeln von zentraler Bedeutung sind (*Barbalet* 1998). Dagegen ziehen die subordinierten Personen aus der Interaktion eher negative Emotionen wie Furcht, Beklemmung und vor allem ein verschlechtertes Selbstbewusstsein. Dementsprechend entwickeln dominierende Akteure Loyalität zu den kulturellen Symbolen, in deren Namen sie Dominanz ausüben, sei es ihr eigenes Rangabzeichen, die Bezeichnung ichrer Position oder der Name ihrer Organisation. Bei den subordinierten Akteuren werden sich dagegen eher negative Gefühle mit diesen Symbolen verbinden. Anders ist die Situation bei Interaktionen, die durch die *Statusdimension* geprägt sind. Eine Beziehung auf gegenseitiger Freiwilligkeit führt bei allen Beteiligten zu positiven Emotionen und zu einer Bindung an die entsprechenden kulturellen Symbole. Die so entstandenen affektiven Bindungen an bestimmte Symbole und das Ausmaß an Selbstvertrauen und positiven Gefühlen bestimmen auch das Verhalten der Akteure in zukünftigen Interaktionen.

Die theoretischen Perspektiven von *Kemper* und *Collins* weisen dem Konzept der Macht ganz offensichtlich eine zentrale Bedeutung für den Ablauf von Interaktionen zu. Dabei beruht diese Einschätzung nicht allein auf theoretischen Argumenten, sondern konnte auf der Basis einer Zusammenschau von empirischen Studien in zahlreichen Verhaltenswissenschaften er-

härtet werden. Dies spricht im Sinne der hier eingenommenen Argumentationsperspektive für die Hervorhebung der *Macht* als derjenigen Dimension
sozialer Ungleichheit, die für die Erklärung des Ablaufs sozialen Handelns
und sozialer Interaktionen von besonders hoher Bedeutung ist. Dies wird
noch durch die Tatsache unterstrichen, dass in den vorgestellten Theorien
die Entstehung und Bedeutung von Emotionen in sozialen Situationen analysiert und erklärt wird, einem auf den ersten Blick eher machtfernen Thema. Dies verdeutlicht, dass Machtverhältnisse nicht nur in konflikthaften
Interaktionen relevant sind, sondern auch wenn es um die Erklärung von
Phänomenen geht, die von Machtbeziehungen scheinbar weit entfernt sind.
Das Konzept der Macht wäre also für weite Bereiche menschlicher Interaktion kausal relevant und damit auch ein zentraler Fokus für die Sozialstrukturanalyse. Freilich steht bei den beiden Autoren der Machtbegriff dem Sta-
tusbegriff gleichgestellt gegenüber. Im folgenden Abschnitt soll daher aus
der Perspektive des schwedischen Konflikttheoretikers Walter *Korpi* betrachtet werden, wie überzeugend diese Dimensionierung ist.

2.2. Die Machtressourcenperspektive und die fragliche
Unterscheidung zwischen Macht und Status

Mit den beiden Dimensionen Macht und Status haben *Collins* und *Kemper*
offensichtlich zwei grundlegende Aspekte sozialer Beziehungen hervorgehoben. Die zugrundeliegende Definition von Macht scheint aber zu eng zu
sein. Wenn man Beziehungen nur dann als Machtbeziehungen deutet, wenn
ein Akteur *faktisch* seine Interessen gegen den Willen eines anderen durch-
setzt, dann werden viele Situationen, die man sinnvollerweise auch unter
dem Machtbegriff subsumieren müsste, nicht berücksichtigt (vgl. *Hradil*
1980). Dazu gehören soziale Phänomene wie vorauseilender Gehorsam, bei
denen die dominante Person ihre Interessen nicht gegen Widerstand durchsetzen muss, sondern die dominierte Person angesichts der überwältigenden
Machtressourcen ihres Gegenübers ohne offen geäußerte Anordnungen oder
gar eigenen Widerstand den Interessen ihres Gegenübers gemäß handelt.
Auch Phänomene der Abhängigkeit und des asymmetrischen Austauschs,
die sich in oligopolistischen und monopolistischen Strukturen ergeben, wären dann nicht zu erfassen.

Diese Kritik hat Walter *Korpi* in Auseinandersetzung mit der pluralisti-
schen Theorie in der Politikwissenschaft besonders eindringlich formuliert
(1985; 2001). Nicht die faktische Ausübung der Macht wird von ihm in das
Zentrum der Aufmerksamkeit gerückt, sondern die Macht*ressourcen*, über
die Akteure bei der Verfolgung ihrer Interessen verfügen. Dabei versteht er
unter *Machtressourcen* die Fähigkeiten und Mittel, die Akteure einsetzen
können, um andere Akteure zu belohnen oder zu sanktionieren. Aus der
Kombination dieser beiden Typen von Machtressourcen ergeben sich vier
unterschiedliche Typen von sozialen Beziehungen bzw. sozialen Interaktio-

nen: Wenn sowohl Akteur A als auch Akteur B belohnende Ressourcen auf-
wenden, dann spricht *Korpi* von *,sozialem Austausch'*, wenn sie beide
Sanktionen anwenden, von *,sozialem Konflikt'*. Als *,Ausbeutung'* bezeichnet er dagegen asymmetrische Situationen, in denen Akteur A Druck und
Sanktionen ausübt, wogegen Akteur B belohnende Ressourcen in die soziale Beziehung einbringt. Aus dieser Perspektive betrachtet, handelt es sich
bei der Statusdimension von *Kemper* und *Collins* um eine Situation des sozialen Austauschs. Edward *Lawler* und seine Mitarbeiter haben in zahlreichen Experimenten zeigen können, dass sozialer Austausch die von *Kemper*
und *Collins* unterstellten, vergemeinschaftenden Auswirkungen besitzt,
wenn der Austausch *erstens* nicht durch Asymmetrien geprägt ist und *zweitens* wiederholt stattfindet (*Lawler/Yoon* 1998). Die Argumente von *Korpi*
sprechen dafür, den Begriff der Statusbeziehung als eine spezifische Konstellation von Machtressourcen verschiedener Akteure in Interaktionen zu
betrachten und nicht als eigenständige Dimension sozialer Interaktionen.

Über die verschiedenen Konstellationen von Machtressourcen hinaus
untersucht *Korpi* in seiner Analyse auch, dass zielgerichtet handelnde Personen in der Verfolgung ihrer Interessen auch die Interessen, Machtressourcen und die möglichen Entscheidungen anderer Akteure berücksichtigen.
Um die Kosten der Mobilisierung von Machtressourcen gering zu halten,
werden auch mächtige Akteure deren Einsatz eher vermeiden und nur damit
drohen oder Machtressourcen in die Institutionalisierung von Regelungssy-
stemen investieren, die die eigenen Interessen begünstigen. Dagegen werden weniger gut ausgestattete Akteure angesichts der Übermacht ihres Gegenübers vorauseilenden Gehorsam üben oder sich mit einer Austauschsi-
tuation zufrieden geben, die sie benachteiligt. Die tatsächlichen Handlungs-
chancen eines Akteurs werden dann von seiner relativen Position in der
Hierarchie der Machtressourcen – also seiner Machtposition in einem Hand-
lungssystem – bedingt. Die Bezugnahme auf *Korpis* Sozialtheorie unterstützt noch einmal die zentrale These des Aufsatzes: Dem Machtbegriff
kommt eine *zentrale explanatorische Rolle* in der Erklärung sozialen Handelns und sozialer Interaktion zu – und dieser muss daher auch im Sinne der
hier gewählten Argumentationsperspektive als wichtigste Dimension sozialer Ungleichheit ausgewiesen werden.

In *Korpis* Argumentation, die vor allem auf die Bedeutung von Machtressourcen im Handeln zielgerichteter Akteure abhebt, wird der Machtbegriff gegenüber dem Konzept von *Collins* und *Kemper* deutlich erweitert.
Nicht mehr nur Situationen des offenen Konflikts oder der autoritativen An-
ordnung können so hinsichtlich ihrer Machtstruktur analysiert werden, sondern auch Phänomene des vorauseilenden Gehorsams oder der Abhängigkeit in oligopolistischen Austauschbeziehungen. Damit wird dem Machtbegriff eine noch wichtigere Rolle bei der Erklärung von sozialem Handeln
und sozialen Interaktionen zugewiesen, als dies bei *Collins* und *Kemper* der
Fall war. Aus *Korpis* Perspektive wäre damit das Konzept der Macht die

zentrale Verknüpfung von Sozialstrukturanalyse und Handlungstheorie. Eine Theorie, die den Machtbegriff in ähnlicher Weise verwendet und zudem in eine allgemeine Sozialtheorie einbettet, hat James *Coleman* vorgelegt. Seine Ausführungen zum Machtkonzept sollen an dieser Stelle noch kurz skizziert werden, um die Einbettung dieses Begriffs in eine allgemeinere, handlungstheoretisch fundierte Theorie aufzuzeigen.

2.3. Der Machtbegriff in Colemans Sozialtheorie

Die Handlungstheorie von *Coleman* basiert auf der Annahme, dass Akteure sich zielgerichtet verhalten und dabei versuchen, ihren Nutzen bzw. ihre Interessen zu maximieren. Sie enthält zwei Arten von Elementen: *Akteure* und *Dinge* (Ressourcen bzw. Ereignisse), und sie berücksichtigt zwei Arten von Beziehungen zwischen Akteuren und Dingen: *Kontrolle* und *Interesse* (*Coleman* 1991). Ein Beispiel als Erläuterung: Wenn Frau Müller die Kontrolle über diejenigen Objekte hat, die sie interessieren, z. B. einen Schokoriegel, dann kann sie ihr Interesse durch das bloße Verzehren des Schokoriegels befriedigen und damit ihre Kontrolle über ihn ausüben. Der Fall liegt anders, wenn sich der Schokoriegel unter der Kontrolle eines Kioskbesitzers befindet. Um in die Kontrolle des Schokoriegels zu gelangen, muss Frau Müller in soziale Austauschprozesse eintreten: sei es, dass sie den Schokoriegel schlicht gegen Bezahlung erwirbt oder ihn unter Androhung von physischer Gewalt vom Kioskbesitzer lospresst. Das Ziel ihres Handelns ist aus *Colemans* Perspektive grundsätzlich das *Maximieren ihrer Interessen*. Dazu kann sie die Ressourcen, die sich in ihrer Kontrolle befinden, einsetzen.

Erst wenn diese Austauschprozesse nicht nur isoliert und bilateral stattfinden, sondern in Austauschsystemen, führt *Coleman* den Begriff der *Macht* ein. In einem Austauschsystem hängt der Wert einer Ressource oder eines Ereignisses, welches man kontrolliert, nicht nur vom Interesse des Gegenübers ab, sondern von den Interessen *aller* Akteure im System. Wenn also eine junge Frau und ein junger Mann sich miteinander verabreden, so hängt der Wert dieser Verabredung nicht allein vom Interesse der jungen Frau am jungen Mann und umgekehrt ab, sondern auch von dem Interesse, das andere Personen einer Verabredung mit den betreffenden Personen entgegenbringen. Ob ein Gegenstand oder ein Ereignis eine *Ressource* ist und welchen *Wert* diese Ressource hat, hängt nicht von der Definition des Forschers ab, sondern von den *Definitionsprozessen der Akteure* (vgl. *Nollmann*, in diesem Band, S. 191-220). Der Begriff der Macht bezeichnet daher für *Coleman* nichts anderes als den austauschsysteminternen Wert der Ressourcen, die ein Akteur zum Beobachtungszeitpunkt t_0 besitzt. Damit ergibt sich eine hohe Übereinstimmung mit der Verwendung der Begriffe Macht und Ressource in *Korpis* theoretischer Perspektive. Wenn die Interessen der Akteure im System gegeben sind und damit auch die Bewertungen der jeweiligen Ressourcen im System, bestimmt die Macht eines Akteurs seinen Anteil von Ressourcen nach Beendigung der Austauschprozesse zum Zeitpunkt t_1. Die Machtstruktur im System determiniert also letztlich auch den faktischen Ablauf der Austauschprozesse.

In *Colemans* Sozialtheorie nimmt also der Machtbegriff eine höchst wichtige Rolle ein. Von der Macht der Akteure hängt ihre Fähigkeit zur Realisierung ihrer Interessen, d. h. letztlich zur Verwirklichung ihrer Lebenschancen hab. Insofern wird deutlich, dass das Konzept der Macht in diesem Verständnis auch für die Ungleichheitsforschung von erheblicher Relevanz ist. Freilich ist damit ein Problem verbunden, da Macht in *Colemans*, aber auch in *Korpis* Konzept auf der *Kontrolle über Ressourcen* beruht, deren Wertigkeit ja letztlich auf den subjektiven und intersubjektiven Definitionen der Akteure fußt. Zur Klärung dieser Problematik findet sich bei *Coleman* lediglich das lapidare Zitat: „Zu den Ressourcen, die jeder Akteur besitzt und an denen andere interessiert sind, gehört eine Vielzahl von Dingen." (*Coleman* 1991: 40) Damit entsteht nun das Problem, das zwar einerseits gezeigt werden konnte, dass in theoretischen Analysen von sozialem Handeln und Interaktionsprozessen der Machtbegriff eine zentrale Rolle einnimmt, die auch seine grundlegende Stellung in der Sozialstrukturanalyse fundieren könnte. Anderseits fußt der Machtbegriff selbst wiederum auf dem Ressourcenbegriff, der selbst hinsichtlich seiner verschiedenen Dimensionen präzisiert werden müsste (vgl. *Ludwig-Mayerhofer*, in diesem Band, S. 93-113).[5]

An dieser Stelle möchte ich aber vor allem die Vorzüge des Begriffspaares *Macht und Machtressourcen* hervorheben. Während der Begriff der Macht ein *relationales Merkmal* ist, welches sich ausgezeichnet für eine theoretische Fundierung der Sozialstrukturanalyse eignet, handelt es sich bei Machtressourcen überwiegend um die *Verteilung von Objekten oder Rechten* über Personen, ganz so wie sie in der Ungleichheitsforschung überwiegend untersucht werden. Damit ist nicht nur eine theoretische Anschlussfähigkeit des Machtkonzepts gegeben, sondern darüber hinaus auch die empirische Anschlussfähigkeit des Machtressourcenkonzepts an die vorhandene Praxis der Ungleichheitsforschung. Dies soll nun in den folgenden Erläuterungen in mikro- und makrosoziologischen Kontexten vertieft werden.

---

5 Freilich existieren innerhalb der Sozialwissenschaften schon geeignete Konzepte zur Dimensionierung von sozialen Ressourcen, so dass diese Problematik durchaus als lösbar erscheint (vgl. *Kreckel* 1982; *Meulemann* in diesem Band, S. 115-136).

3. Machtressourcen in soziologischen Erklärungen
   auf Mikro- und Makroebene

Bevor ich mich einer kurzen illustrativen Diskussion von Machtressourcen
in sozialwissenschaftlichen Erklärungen auf der Mikro- und Makroebene
zuwende, soll kurz das hier zugrundeliegende Verständnis der Konzepte
,Mikro' und *,Makro'* erläutert werden. In manchen soziologischen Diskussionen werden Mikro und Makro mit theoretischen Begriffen wie Handeln
und Struktur oder Akteur und System gleichgesetzt. Dieser Verwendungs-
wiese wird an dieser Stelle nicht gefolgt. In dem hier verwendeten Bezugsrahmen haben diese Begriffe keinen eignen theoretischen Stellenwert, sondern bezeichnen lediglich die *Größe* des untersuchten Gegenstandes (*Collins* 1981b). Ein soziales Geschehen, das sich in einem kurzen Zeitrahmen,
auf einem kleinen Raum und unter wenigen Personen abspielt – ein nur
Bruchteile von Sekunden währender Blick zwischen zwei Passanten, die an-
einander vorübergehen – bezeichnet die für Sozialwissenschaftler vermutlich kleinste Einheit der Beobachtung – also eindeutig ein *Mikro*phänomen,
während die Analyse von Zivilisationen über mehrere tausend Jahre hinweg
oder von Weltsystemen über mehrere Jahrhunderte die obere Grenze der
Analyse bilden – also *Makro*phänomene. Hier soll zur Vereinfachung unter
Mikroebene die Analyse von face-to-face Interaktionen und unter *Makroebene* die Untersuchung der Entwicklung ganzer Gesellschaften verstanden
werden.[6]

3.1. Machtressourcen und sozialwissenschaftliche Erklärungen
    auf der Mikroebene

Bei der Analyse von Machtressourcen in Interaktionsprozessen wird man
vermutlich in besonderem Maße auf Phänomene treffen, die die von verschiedenen Autoren in den vergangenen zwei Jahrzehnten hervorgehobene,
zunehmende *Irrelevanz* von Klassen- oder Schichtzugehörigkeit für das
Alltagsleben der Menschen unterstützen (vgl. *Beck* 1986; *Schulze* 1992;
Hradil 1987). Zahlreiche Studien über den je individuellen Besuch von Kul-
tureinrichtungen, politische Präferenzen, die Ressourcenausstattung und das
Freizeitverhalten zeigen sehr deutlich, dass mit Hilfe von Großgruppenkate-
gorien wie Klasse oder Schicht nur ein geringer Teil des individuellen Verhaltens erklärt werden kann (*Zerger* 2000; *Rössel/Hackenbroch/Göllnitz*
2002; *Hartmann* 1999). Auch schon bei kurzem Nachdenken fallen einem

---

6   Die grundsätzlich höchst bedeutsamen Phänomene der *Mesoebene* sollen hier ausgespart
    bleiben, da dieser Bereich der marktvermittelten und durch Organisationsstrukturen be-
    dingten Schließungsprozesse, der darauf basierenden Klassen- und Versorgungslagen so-
    wie der relevanten Ressourcen wie Eigentum an Produktionsmitteln, Verfügung über Hu-
    mankapital und Autoritätspositionen in Organisationen mit den üblichen Schwerpunkten
    der Ungleichheitsforschung mehr oder weniger deckungsgleich ist.

Beispiele ein, die für die Nichtgültigkeit einer wie auch immer gearteten gesellschaftlichen Großhierarchie in Interaktionssituationen zu sprechen scheinen: der Sommelier eines gehobenen Restaurants, der den reichen und mächtigen Gast ob seiner Unkenntnis in eine Situation der Peinlichkeit bringen kann, der Türsteher einer Diskothek oder eines Clubs, der angesichts seiner größeren physischen Stärke auch den vermeintlich in der gesellschaftlichen Hierarchie über ihm stehenden Mittelklasseakademiker dominieren kann. Welche Machtressourcen kommen hier zum Einsatz, die das Abweichen zwischen der Machtstruktur in Interaktionssituationen und der gesellschaftlichen Hierarchie erzeugen (*Collins* 2000)?

In Interaktionsprozessen muss zwischen mindestens zwei verschiedene Typen von Machtressourcen unterschieden werden: *Erstens* diejenigen Ressourcen, die unmittelbar *in der Situation* präsent sind, wie z. B. die physische Stärke des Türstehers, die Waffen eines Diebs, die äußere Attraktivität einer Person oder die Wortgewandtheit und das kulturelle Kapital eines Sommeliers, und *zweitens* diejenigen Ressourcen, die auf eine entsprechende *Infrastruktur* – *Collins* würde hier von Durchsetzungskoalition sprechen – verweisen. Hier können als Beispiel monetäre Ressourcen genannt werden. Die Kontrolle über finanzielle Mittel weist grundsätzlich über den Rahmen der Situation hinaus, indem einerseits ein Verweis auf mögliche Verwendungssituationen enthalten ist und zweitens Geldeigentum typischerweise nur durch außerhalb der Situation existierende Durchsetzungskoalitionen garantiert ist. Ob derartige Machtressourcen, die über bestimmte Formen des Ausdrucksverhaltens oder über Symbole wie Geld in der Situation repräsentiert sind, tatsächlich verhaltensrelevant werden, hängt aber von der jeweiligen Situationsdefinition und damit von der jeweiligen Einschätzung der Mobilisierbarkeit von Machtressourcen ab.

Eine interessante Studie über das Ausdrucks- und Dominanzverhalten in Interaktionssituationen, die diese Unterscheidung zwischen zwei Typen von Machtressourcen untermauert, hat der australische Humanethologe Frank *Salter* vorgelegt (1995). Er hat Menschen in unterschiedlichen Typen von hierarchischen Situationen analysiert: vom Türsteher eines Nachtklubs, der Gäste des Klubs verweist, über das Verhalten von Richtern und Angeklagten im Gerichtsverfahren, den Regisseur einer Theatergruppe bis hin zu den Treffen eines Unternehmensvorstandes. Die dominanten Personen in solchen Interaktionssituationen waren daran zu erkennen, dass sie einen besonders dominanten Gesichtsausdruck hatten (wie dies ja auch in den Studien von Allan *Mazur* und Ulrich *Müller* (1996) über erfolgreiche West Point Absolventen zum Ausdruck kommt), den anderen Personen imperativische Anordnungen gaben, die Stimme erhoben, zum Teil auch lauter wurden, die anderen Personen streng anblickten und sie in ihrem Redefluss unterbrachen. Dabei wurde aber deutlich, dass vor allem in Situationen mit einer starken Infrastruktur der Dominanz Befehle und Anordnungen meist nur in relativ milder Form gegeben wurden. Nur der Türsteher am Nachtklub war auf aggressives Auftreten angewiesen, bedrohte die Personen mit physischer Gewalt und beschimpfte sie. Besonders zügig und ohne große Diskussionen wurde den Anordnungen gerade in den Fällen gehorcht, in denen die dominanten Personen über eine ausgebaute *Infrastruktur der Dominanz* verfügten und ihre Befehle in eher gemäßigtem Ton formulierten. Hier zeigt sich sehr deutlich, wie die oben aufgezeigte Diskrepanz zwischen sozialer Hierarchie und dem Verhalten in Interaktionen zustande kommen kann. Ist eine entsprechende Infrastruktur der Dominanz nicht vorhanden oder nur schwer zu mobilisieren, dann werden diejenigen Personen dominieren, die innerhalb der Situation über die besseren Machtressourcen verfügen.

Schließlich muss *drittens* noch auf einen weiteren Typus von Ressourcen verwiesen werden, der für den Ablauf von Interaktionssituationen von hoher Bedeutung ist. Es handelt sich hier um Ressourcen, die nicht in der Situation präsent sind, die aber von hoher Bedeutung für die *Vor- und Nachbereitung* sowie die *Folgen* derselben sind. Erving *Goffman* hat dies in seiner Unterscheidung zwischen ‚*backstage'* und ‚*frontstage'* vorweggenommen (1969). Wenn ein Akteur über eine Hinterbühne verfügt, auf der er seine Präsentation „on stage" vorbereiten kann und die zudem vom anderen Akteur nicht eingesehen werden kann, dann verfügt er über eine gegebenenfalls ziemlich wichtige Machtressource. Aus industriesoziologischen Studien sind die Hinterbühnen von Arbeitern bekannt, die es ihnen ermöglichen, direkten Anordnungen auszuweichen, Rationalisierungen des Produktionsprozesses zu unterlaufen oder Produktionsnormen auszuhöhlen (*Burawoy* 1979). Das Vorhandensein einer Hinterbühne erlaubt es dem Akteur in Interaktionssituationen zwar dem Anschein nach Befehlen zu folgen, die Folgen für das eigene Handeln dann aber gravierend abzumildern.

Im Hinblick auf mikrosoziologische Erklärungen können damit drei Typen von Machtressourcen unterschieden werden: *erstens* diejenigen, die in der Situation *unmittelbar* und ohne Bezug auf eine Infrastruktur der Dominanz eingesetzt werden können, *zweitens* diejenigen, die durch ein bestimmtes Ausdrucksverhalten oder bestimmte Symbole in der Situation repräsentiert sind, deren Wirkung aber von der jeweiligen *Situationsdefinition* abhängig ist, und *drittens* Machtressourcen, die stillschweigend auf einer *Hinterbühne* verborgen sind und für den betroffenen Akteur die Folgen seines nach außen gezeigten Gehorsams abmildern.

3.2. Machtressourcen und sozialwissenschaftliche Erklärungen auf der Makroebene

Die Rolle von Machtkonzepten in makrosoziologischen Erklärungen soll aus zwei Perspektiven betrachtet werden. *Erstens* wird kurz die Machttheorie von Michael *Mann* skizziert, die eine grundlegend neue Perspektive auf die Erklärung sozialen Wandels entwirft, und *zweitens* werden empirische

Beispiele für die Bedeutung von Machtstrukturen für die Erklärung von zentralen gesellschaftlichen Prozessen diskutiert. Damit soll sowohl anhand einer makrosoziologischen Theoriebildung wie auch an empirischen Beispielen betrachtet werden, welche Machtressourcen in sozialwissenschaftlichen Erklärungsversuchen für soziale Makrophänomene typischerweise verwendet werden.

Einen theoretisch anspruchsvollen und historisch außerordentlich breiten Versuch, die zentrale Rolle von Machtstrukturen bei der Erklärung von makrosozialem Wandel zu berücksichtigen, hat Michael *Mann* (1986) mit seinem Werk „The Sources of Social Power" vorgelegt. Ähnlich wie *Coleman* geht *Mann* davon aus, dass die Menschen in ihrem Handeln und in ihren Interaktionen eine Vielzahl von Zielen bzw. Interessen verfolgen, zu deren Durchsetzung sie auf Macht angewiesen sind. Freilich konzentriert sich *Mann* in seinem Versuch, die entscheidenden makrosozialen Wandlungsprozesse in der Weltgeschichte zu erklären (die Entstehung von Staaten und sozialer Schichtung, die Herausbildung und die Wirkung der Universalreligionen, die Entstehung des Kapitalismus und des Nationalstaates), vor allem auf Formen der Macht, die in *Organisationsstrukturen* oder *Netzwerken* institutionalisiert sind und nicht auf individuelle Machtressourcen. Dies zeigt sehr deutlich, dass Erklärungen auf der Makroebene nicht auf die individuelle Ausstattung mit Machtressourcen zurückgreifen können. Sie müssen Typisierungen und Abstraktionen vornehmen, die auf der Mikroebene nicht zu rechtfertigen wären.

Mann hebt in seinen makrosoziologischen Analysen vier Machtquellen hervor: erstens *ideologische*, zweitens *ökonomische*, drittens *militärische* und viertens *politische* Macht. Diese vier Typen von Macht kristallisieren sich in jeder historischen Epoche zu bestimmten Organisationsformen und Netzwerken aus. Im Gegensatz zu der gängigen Vorstellung von Gesellschaften als systemhaften Entitäten, die klare Grenzen haben und damit auch räumlich klar abgegrenzt werden können, geht *Mann* davon aus, dass diese verschiedenen Machtnetzwerke unterschiedliche räumliche Ausdehnungen haben können und sich gegenseitig in ihrer Ausdehnung überlappen. Die Frage des Primats zwischen den verschiedenen Machtnetzwerken ist eine empirische. So können in bestimmten historischen Epochen die ökonomischen Strukturen zentral für makrosoziale Prozesse sein, dagegen ist für zahlreiche vormoderne Entwicklungen die Bedeutung militärischer Macht nicht zu gering zu veranschlagen (Entstehung des modernen Staates und des Kapitalismus). *Manns* Analysen zeigen sehr deutlich, dass keiner Form von Macht bzw. keiner Machtressource ein dauerhaftes Erklärungsprimat zugesprochen werden kann. Die Relevanz der verschiedenen Formen und Ressourcen in makrosoziologischen Erklärungen ist historisch wandelbar.

Welche Rolle spielen aber nun Macht und Machtressourcen in makrosoziologischen Erklärungen von gegenwärtigen sozialen Entwicklungsprozessen? In modernen kapitalistischen Gesellschaften können wir mit Walter

Korpi die Kontrolle über die Mittel der Gewaltanwendung, Eigentum, Arbeitskraft und die politischen Beteiligungsrechte der Bevölkerung als zentrale Machtressourcen auf der makrosozialen Ebene veranschlagen (*Korpi* 1985). Diese müssen freilich durch makrosoziologisch relevante Akteure genutzt oder mobilisiert werden. Neben staatlichen und ökonomischen Organisationen sind es vor allem die Organisationen, die bestimmte Großgruppen repräsentieren, und ihre Eliten, die als korporative Akteure auf der Makroebene Machtressourcen mobilisieren und einsetzen können. Für viele sozialwissenschaftliche Fragestellungen dürften daher in kapitalistischen Gesellschaften die *Machtressourcen* und die *Mobilisierungsfähigkeit* von Klassen und Klassenfraktionen von besonderer Bedeutung sein. Damit ist nicht gesagt, dass sich hinter diesen Klassen Individuen mit homogener Lebenslage, geschlossene soziale Milieus mit einheitlicher Lebensführung und Mentalitäten verbergen. Für makrosoziologische Fragestellungen ist es aber notwendig, zu aggregieren und die in der Realität vorfindlichen individuellen Akteure zu *typisieren*, indem man sie z. B. Klassen und Klassenfraktionen mit bestimmten Interessen und Machtressourcen zuordnet. Die makrosoziologische Relevanz von nichtklassengebundenen sozialen Milieus oder Lebensstilgruppen ist noch empirisch zu demonstrieren.

Zudem existieren eine Reihe von empirische Studien, die die Relevanz des Machtverhältnisses zwischen staatlichen und klassengebundenen Akteuren als zentral für die Erklärung gegenwärtiger makrosoziologischer Fragestellungen herausstellen. So kommen z. B. David *Rueda* und Jonas *Pontusson* (2000; vgl. auch *Bradley* et al. 2003) in ihrer Analyse der Entwicklung von Einkommensungleichheit in 16 OECD Ländern von den frühen siebziger bis in die Mitte der neunziger Jahre mit Hilfe von gepoolten Zeitreihenanalysen zu der Schlussfolgerung, dass der gewerkschaftliche Organisationsgrad – also die Mobilisierung von Machtressourcen durch die Arbeitnehmer – die wichtigste erklärende Variable für diese Entwicklung ist, obwohl sie auch Indikatoren der Arbeitsmarktentwicklung und für die Globalisierung des Welthandels berücksichtigen. In ähnlicher Weise kann Walter *Korpi* zeigen (1989), dass die Stärke der Arbeiterbewegung in Form der Regierungsbeteiligung von linken Parteien, des Organisationsgrades der Gewerkschaften und der Bereitschaft zum industriellen Konflikt die zentralen Determinanten der Ausdehnung von sozialen Rechten sind. Gerade die Ausdehnung von Wohlfahrtsstaaten ist ein ausgesprochen breit erforschtes Gebiet, auf dem zahlreiche Forschungsergebnisse für die hohe Bedeutung von Klassenakteuren für die Erklärung dieses Phänomens sprechen. Schließlich können auch *Allen* und *Campbell* (1994) zeigen, dass die Entwicklung der Steuergesetzgebung in den Vereinigten Staaten eine deutliche Abhängigkeit von der Stärke der Klassenakteure aufweist. Damit zeigen gerade auf der Analyse von Zeitreihen basierende makrosoziologische Studien die Bedeutung von überwiegend klassengebundenen Machtressourcen auf dieser Erklärungsebene.

Ähnliche Resultate lassen sich auch in komparativen Fallanalysen finden. Seit Anfang der neunziger Jahre – als das Buch ,Capitalist Development and Democracy' von Dietrich *Rüschemeyer*, Evelyne und John *Stephens* (1992) erschien – wird auch über die Bedeutung von Klassenakteuren in Prozessen der *Demokratisierung* diskutiert. Entgegen der klassischen Annahme der Modernisierungstheorie ist der entscheidende Akteur bei der Durchsetzung der modernen Demokratie danach *nicht* das Bürgertum, sondern die organisierte Arbeiterbewegung. In einer vor einigen Jahren erschienen, historisch vergleichenden Studie hat die amerikanische Politikwissenschaftlerin Ruth *Collier* (1999) die Relevanz von überwiegend bürgerlichen Eliten auf der einen Seite und der organisierten Arbeiterbewegung auf der anderen Seite für die Entwicklung von demokratischen Regimen in Europa und Südamerika erstens für die Zeit um 1900 und zweitens für die 1970er und 1980er Jahre empirisch untersucht, wobei sie ein relativ strenges Kriterium für die Bestimmung des Einflusses der Arbeiterbewegung zugrunde gelegt hat. Dabei kam sie zu dem erstaunlichen Resultat, dass in den 1970er und 1980er Jahren diese Demokratisierungsprozesse sehr viel häufiger von Aktionen der organisierten Arbeiterschaft mitinitiiert wurden und weniger stark allein vom Handeln der Eliten gesteuert wurden als noch um die Wende vom 19. zum 20. Jahrhundert. Dieses Resultat spricht sehr deutlich für die Bedeutung der Machtressourcen von Klassenakteuren in makrosoziologischen Erklärungen.

Zusammenfassend können wir festhalten, dass die theoretische Perspektive von Michael *Mann* für die Erklärung makrosozialer Prozesse anschlussfähig an die allgemeine Sozialtheorie von *Coleman* ist. Dabei grenzt er freilich die Vielfalt von Machtressourcen auf vier Typen ein: ideologische, ökonomische, militärische und politische, denen er aber historisch keinerlei Primat zuweist. Insofern kann auch für die Ungleichheitsforschung nicht angenommen werden, dass es eine überhistorisch dominante Form von Machtressource gibt, sondern die Relevanz unterschiedlicher Machtressourcen muss vor dem Hintergrund des jeweiligen historischen Gesellschaftstypus empirisch bestimmt werden. Dies gilt dementsprechend auch für moderne Gesellschaften. In empirischen makrosoziologischen Studien zur Entwicklung gegenwärtiger Gesellschaften finden sich Hinweise auf die Bedeutung der Bündelung von Machtressourcen durch klassengebundene Akteure für die makrosozialen Machtstrukturen, deren Handeln zudem messbare Konsequenzen für den sozialen Wandel besitzen. Dieses vorläufige Resultat spricht dafür, dass die traditionellen Klassenkonzepte in der Ungleichheitsforschung vor allem im Bereich der Makrosoziologie mit ihrer Notwendigkeit der Aggregation und Typisierung auch in gegenwärtigen Gesellschaften noch relevant sind.

4. Zusammenfassung

Der Ausgangspunkt dieses Durchgangs durch verschiedene soziologische
Theorieangebote und der Diskussion der Bedeutung von Machtressourcen
auf der Mikro- und der Makroebene der sozialwissenschaftlichen Erklärung
war die Frage nach der explanatorischen Relevanz unterschiedlicher Dimensionen von sozialer Ungleichheit. Dabei wurde eine Perspektive gewählt,
die die Bedeutung verschiedener Aspekte von Ungleichheit nicht aus einer
normativen Perspektive beurteilt, sondern aufgrund ihrer Wichtigkeit für die
Erklärung sozialen Handelns. Daher wurde betrachtet, welche Begriffe innerhalb von soziologischen Handlungstheorien erstens zentral und zweitens
für die Sozialstrukturanalyse anschlussfähig sind. Die Theorieangebote von
Randall *Collins*, Walter *Korpi* und James *Coleman* machen deutlich, dass
der *Machtbegriff* diesen Kriterien entspricht. Dieser Begriff hat nicht nur in
den soziologischen Theorien der angesprochenen Autoren einen zentralen
Stellenwert, sondern es konnten auch vielfältige empirische Belege für dessen Relevanz bei der Erklärung von sozialem Handeln und sozialer Interaktion genannt werden. Insofern entspricht der Machtbegriff dem Ausgangs-
kriterium dieses Aufsatzes: Es handelt sich bei diesem offensichtlich um
eine Dimension sozialer Ungleichheit und diese ist von *besonderer Relevanz* in sozialwissenschaftlichen Erklärungen. Damit müsste auf der Basis
der hier gewählten Argumentationsperspektive der Machtbegriff als die *zentrale* Dimension der Sozialstrukturanalyse und der Ungleichheitsforschung
ausgewiesen werden. Die Gründe für diese These sollen an dieser Stelle
noch einmal zusammenfassend dargestellt werden:

1. Der Machtbegriff taucht an zentraler Stelle in verschiedenen *soziologischen Theorien* auf, die einerseits theoretisch anschlussfähig sind und
   andererseits durch empirische Evidenzen gestützt sind (*Collins, Kemper, Korpi, Coleman, Mann*). Im Sinne der hier gewählten Argumentation muss *Macht* damit als die *wichtigste* Dimension sozialer Ungleichheit betrachtet werden.

2. Dem Machtbegriff kommt in diesen Theorien eine zentrale Rolle bei
   der *Erklärung* der Verfolgung von Interessen durch die jeweiligen Akteure zu. Damit wird die Macht auch zu einer zentralen Größe bei der
   Bestimmung der Lebenschancen der Menschen. Dies verdeutlicht, dass
   mit dem hier vorgeschlagenen Anschluss an das Machtkonzept auch die
   Ideen aufgenommen werden, die schon in den achtziger Jahren eine
   stärkere Verbindung zwischen Sozialstrukturanalyse und dem Handeln
   der Menschen gefordert haben (vgl. *Hradil* 1987). Die analytische
   Trennung zwischen Sozialstruktur und sozialem Handeln wird hier aber
   festgehalten, da sonst keine explanatorische Beziehung zwischen den
   Konzepten hergestellt werden kann.

3. Schließlich ist der Machtbegriff auch aufgrund seiner *relationalen* Eigenschaften als zentrales Konzept der Sozialstrukturanalyse zu präferieren. Definiert man den Strukturbegriff durch die Beziehungen zwischen den Elementen einer Menge, so macht die bloße Ungleichheit bestimmter Ressourcen zwischen Individuen, Haushalten oder korporativen Akteuren letztlich noch keine Sozialstruktur aus, sondern bildet nur eine Verteilung von Merkmalen über die Elemente, ohne die Elemente relational zu verbinden (vgl. *Meulemann*, in diesem Band, S. 115-136).

4. Folgt man den ressourcenbasierten theoretischen Perspektiven von *Korpi* und *Coleman*, so kann freilich ausgehend vom Machtbegriff eine Verbindung zu den in der Ungleichheitsforschung überwiegend untersuchten Phänomenen hergestellt werden: Bildung, Einkommen, Prestige und Eigentum können aus dieser Perspektive beispielsweise als *Machtressourcen* betrachtet werden. Insofern bildet Macht als relationales Konzept einen theoretischen Fluchtpunkt, der die Verbindung zwischen den vielfältigen, in der Sozialstrukturanalyse untersuchten Ressourcen und der soziologischen Theorie herstellen kann. Freilich hat die Diskussion von sozialwissenschaftlichen Erklärungen der Mikro- und Makroebene verdeutlicht, dass das übliche Spektrum der Ungleichheitsforschung um die Betrachtung anderer Machtressourcen, die eher weniger im Zentrum empirischer Studien stehen (Selbstpräsentation in Interaktionen, physische Stärke), erweitert werden kann. Die Hervorhebung des Machtbegriffs führt daher nicht zu einer Verengung der Ungleichheitsforschung und der Sozialstrukturanalyse, sondern zu einer *Erweiterung* einschließlich einer theoretischen Präzisierung.

5. Literatur

Allen, Michael Patrick und John L. Campbell (1994): State Revenue Extraction from Different Income Groups: Variations in Tax Progressivity in the Unites States 1916-1986, American Sociological Review, 59: 169-186.

Barbalet, Jack M. (1998): Emotion, Social Theory and Social Structure. Cambridge: Cambridge University Press.

Beck, Ulrich (1986): Risikogesellschaft. Auf dem Weg in eine andere Moderne. Frankfurt: Suhrkamp.

Bieri, Peter (1993): Generelle Einführung. In. ders. (Hg.): Analytische Philosophie des Geistes. Bodenheim: Athenäum, S. 1-23.

Bourdieu, Pierre (1996): The State Nobility. Elite Schools in the Field of Power. Stanford: Stanford University Press.

Bradley, David; Huber, Evelyne; Moller, Stephanie; Nielsen, Francois und John Stephens (2003): Distribution and Redistribution in Postindustrial Democracies, World Politics, 55: 193-228.

Burawoy, Michael (1979): Manufacturing Consent: Changes in the Labour Process under Monopoly Capitalism. London: Verso.

Coleman, James S. (1991): Grundlagen der Sozialtheorie. München: Oldenbourg.

Collier, Ruth B. (1999): Paths Toward Democracy. The Working Class and Elites in Western Europe and South America. Cambridge: Cambridge University Press.

Collins, Randall (1975): Conflict Sociology. Towards an Explanatory Science. New York: Academic Press.

Collins, Randall (1981a): On the Micro-Foundations of Macro-Sociology, American Journal of Sociology, 86: 984-1014.

Collins, Randall. (1981b): Micro-Translation as a Theory-Building Strategy. In: Knorr-Cetina, Karin/Cicourel, Aaron V. (Hg.): Advances in Social Theory and Methodology. Towards an Integration of Micro- and Macro-Sociology. London: Routledge and Kegan Paul, S. 81-108.

Collins, Randall (2000): Situational Stratification. A Micro-Macro Theory of Inequality, Sociological Theory, 18: 17-43.

Collins, Randall und Theodore Kemper (1990): Dimensions of Microinteraction, American Journal of Sociology, 96: 32-68.

Giddens, Anthony und Jonathan Turner (Hg.) (1987): Social Theory Today. Cambridge: Polity Press.

Goffman, Erving (1969): Wir alle spielen Theater. Die Selbstdarstellung im Alltag. München: Piper.

Hartmann, Michael (1996): Topmanager – Die Rekrutierung einer Elite. Frankfurt: Campus.

Hartmann, Peter (1999): Lebensstilforschung. Darstellung, Kritik, Weiterentwicklung. Opladen: Leske + Budrich.

Haussmann, Thomas (1991): Erklären und Verstehen. Zur Theorie und Pragmatik der Geschichtswissenschaft. Frankfurt: Suhrkamp.

Hradil, Stefan (1980): Die Erforschung der Macht. Eine Übersicht über die empirische Ermittlung von Machtverteilungen durch die Sozialwissenschaften. Stuttgart: Kohlhammer.

Hradil, Stefan (1987): Sozialstrukturanalyse fortgeschrittener Gesellschaften. Von Klassen und Schichten zu Lagen und Milieus. Opladen: Leske + Budrich.

Kemper, Theodore (1978): A Social Interactional Theory of Emotions. New York: Wiley.

Korpi, Walter (1985): Power Resources Approach vs. Action and Conflict: On Causal and Intentional Explanations in the Study of Power, Sociological Theory, 1985: 31-45.

Korpi, Walter (1989): Macht, Politik, und Staatsautonomie in der Entwicklung der sozialen Bürgerrechte. Soziale Rechte während Krankheit in 18 OECD-Ländern seit 1930, Journal für Sozialforschung, 29: 137-164.

Korpi, Walter (2001): Contentious Institutions: An Augmented Rational-Action Analysis of the Origins and Path Dependency of Welfare State Institutions in Western Countries, Rationality and Society, 13: 235-283.

Kreckel, Reinhard (1982): Class, Status and Power? Begriffliche Grundlagen für eine Politische Soziologie der sozialen Ungleichheit, Kölner Zeitschrift für Soziologie und Sozialpsychologie, 34: 617-648.

Lawler, Edward und Jeongkoo Yoon (1998): Network Structure and Emotion in Exchange Relations, American Sociological Review, 63: 871-894.

MacKinnon, Neil J. (1991): Symbolic Interaction as Affect Control. Albany: SUNY Press.

Mann, Michael (1986): Sources of Social Power. A History of Power from the Beginning to A. D. 1760. Cambridge: Cambridge University Press.

Mueller, Ulrich und Allan Mazur (1996): Facial Dominance of West Point Cadets as a Predictor of Later Military Rank, Social Forces, 74: 823-850.

Otte, Gunnar (2002): Die theoretische und methodische Neuorientierung der Lebensstilforschung. Vortrag auf dem Kongress der Deutschen Gesellschaft für Soziologie in Leipzig.

Pongratz, Hans J. (2002): Legitimitätsgeltung und Interaktionsstruktur. Die symbolische Repräsentation hierarchischer Verfügungsrechte in Führungsinteraktionen, Zeitschrift für Soziologie, 31: 255-274.

Rawls, John (1992): Der Vorrang der Grundfreiheiten. In: ders.: Die Idee eines politischen Liberalismus. Frankfurt: Suhrkamp, S. 159-254

Ritzer, George (1988): Contemporary Sociological Theory. New York: McGraw-Hill.

Roemer, John E. (1982): A General Theory of Exploitation and Class. Cambridge: Harvard University Press.

Rosenberg, Alexander (1995): Philosophy of Social Science. Boulder: Westview Press.

Rössel, Jörg (2001): Lebensstandard, soziale Ungleichheit und Mobilität im deutschen Kaiserreich in historischer Perspektive – eine Skizze. In: Hans-Jürgen Lachmann and Uta Kösser (Hg.): Kulturwissenschaftliche Studien, S. 37-42.

Rössel, Jörg und Randall Collins (2001): Conflict Theory and Interaction Ritual. In: Jonathan Turner (Hg.): Handbook of Sociological Theory. New York: Plenum Press, S. 509-532

Rössel, Jörg; Hackenbroch, Rolf und Angela Göllnitz (2002): Die soziale und kulturelle Differenzierung des Hochkulturpublikums, Sociologia Internationalis 40: 191-212.

Rueda, David und Jonas Pontusson (2000): Wage Inequality and Varieties of Capitalism, World Politics, 52: 350-383.

Rüschemeyer, Dietrich; Stephens, Evelyne H. und John D. Stephens (1992): Capitalist Development and Democracy. Cambridge: Polity Press.

Salter, Frank K. (1995): Emotions in Command. A Naturalistic Study of Institutional Dominance. Oxford: Oxford University Press.

Schmidt, Volker H. (2000): Bedingte Gerechtigkeit. Soziologische Analysen und philosophische Theorien. Frankfurt: Campus.

Schulze, Gerhard (1992): Erlebnisgesellschaft. Kultursoziologie der Gegenwart. Frankfurt: Campus.

Zerger, Frithjof (2000): Klassen, Milieus und Individualisierung. Eine empirische Untersuchung zum Umbruch der Sozialstruktur. Frankfurt: Campus.

Autorenverzeichnis

Raphael Beer, Dr., geb. 1971, Lehrbeauftragter am Institut für Soziologie der Westfälischen Wilhelms Universität-Münster, Mentor für Soziologie am Studienzentrum Minden der FernUniversität Hagen.

Korrespondenzadresse: Institut für Soziologie, Universität Münster, Scharnhorststr. 121, 48151 Münster (RaphaelBeer@gmx.de).

Veröffentlichungen.: Zwischen Aufklärung und Kritik. Vernunftbegriff und Gesellschaftstheorie bei Jürgen Habermas, Wiesbaden 1999; Zur Kritik der demokratischen Vernunft. Individuelle und soziale Bedingungen einer gleichberechtigten Partizipation, Wiesbaden 2002; Subjekttheorien interdisziplinäre. Beiträge aus Soziologie, Philosophie und Neurowissenschaften, Münster (i.E.) (hg. zus. Mit M. Grundmann).

Peter A. Berger, Prof. Dr., geb. 1955, Professor für Allgemeine Soziologie – Makrosoziologie an der Universität Rostock, Sprecher der Sektion „Soziale Ungleichheit und Sozialstrukturanalyse" in der Deutschen Gesellschaft für Soziologie.

Korrespondenzadresse: Institut für Soziologie und Demograohie, Universität Rostock, Ulmenstraße 69, 18057 Rostock (peter.berger@wisofak.uni-rostock.de).

Veröffentlichungen u.a.: Entstrukturierte Klassengesellschaft? Opladen 1986; Lebenslagen, Lebensläufe, Lebensstile. Sonderband 7 der Sozialen Welt. Göttingen 1990 (hg. zus. mit S. Hradil); Sozialstruktur und Lebenslauf. Opladen 1995 (hg. zus. mit P. Sopp); Individualisierung. Statusunsicherheit und Erfahrungsvielfalt. Opladen 1996; Alte Ungleichheiten – neue Spaltungen (hg. zus. mit M. Vester), Opladen 1998; Klassenstruktur und soziale Schichtung, in: Joas, Hans (Hg.): Lehrbuch der Soziologie, Frankfurt am Main/New York 2001; Soziale Ungleichheiten und soziale Ambivalenzen, in: Barlösius, Eva/Müller, Hans-Peter/Sigmund, Steffen (Hg.): Gesellschafsbilder im Umbruch, Opladen 2001; Die Erwerbsgesellschaft. Neue Ungleichheit und Unsicherheiten (hg. zus. mit D. Konietzka), Opladen 2001.

Kai Dröge, M.A., geb. 1972, wissenschaftlicher Mitarbeiter am Institut für Sozialforschung in Frankfurt am Main.

Korrespondenzadresse: Institut für Sozialforschung, Senckenberganlage 26, 60325 Frankfurt am Main.

Veröffentlichungen u.a.: Wissen – Ethos – Markt. Professionelles Handeln und das Leistungsprinzip, in: Mieg, Harald/Pfadenhauer, Michaela (Hg.), Professionelle Leistung – Professional Performance. Positionen der Professionssoziologie, Konstanz 2003; Die Verdienste und ihr Preis: Leistung in der Marktgesellschaft, in: Honneth, Axel (Hg.), Befreiung aus der Mündigkeit. Paradoxien des gegenwärtigen Kapitalismus, Frankfurt/New York 2002 (zus. mit S. Neckel).

Peter Koller, Prof. Dr. Dr., geb. 1947, Professor für Rechtsphilosophie, Rechtstheorie und Rechtssoziologie an der Karl-Franzens-Universität Graz.

Korrespondenzadresse: Institut für Rechtsphilosophie, Rechtssoziologie und Rechtsinformatik, Karl-Franzens-Universität Graz, Universitätsstraße 15, A – 8010 Graz (peter.koller@kfunigraz.ac.at).

Veröffentlichungen u.a.: Neue Theorien des Sozialkontrakts. Berlin 1987; Theorie des Rechts. Eine Einführung. Wien/Köln/Weimar 1992, 2. Aufl. 1997; Current Issues in Political Philosophy: Justice in Society and World Order. Wien 1997 (hg. zus. mit Klaus Puhl); Gerechtigkeit im politischen Diskurs der Gegenwart. Wien 2001 (Hg); Was ist und was soll soziale Gleichheit?, in: Reinold Schmücker/Ulrich Steinvorth (Hg.), Gerechtigkeit und Politik. Philosophische Perspektiven. Berlin 2002; Das Konzept des Gemeinwohls. Versuch einer Begriffsexplikation, in: Winfried Brugger/Stephan Kirste/ Michael Anderheiden (Hg.), Gemeinwohl in Deutschland, Europa und der Welt, Baden-Baden 2002; Soziale Gerechtigkeit – Begriff und Begründung, in: Erwägen Wissen Ethik 14, 2003.

Wolfgang Ludwig-Mayerhofer, Prof. Dr., geb. 1954, Professor für Empirische Sozialforschung – Soziologie an der Universität Siegen.

Korrespondenzadresse: Universität Siegen, Fachbereich 1, Adolf-Reichwein-Str. 2, 57068 Siegen (ludwig-mayerhofer@soziologie.uni-siegen.de).

Veröffentlichungen u.a.: Disziplin oder Distinktion – Zur Interpretation der Theorie des Zivilisationsprozesses von Norbert Elias. Kölner Zeitschrift für Soziologie und Sozialpsychologie, 1998; Soziologie des Sozialstaats, Weinheim u. München 2000 (hg. zusammen mit J. Allmendinger); Soziale Ungleichheit, Kriminalität und Kriminalisierung. Opladen 2000 (Hg.); Die Armut der Gesellschaft, Opladen 2001 (hg. zus. mit E. Barlösius); Prekäre Balancen – Liebe und Geld in Paarbeziehungen. in: Deutschmann, Christoph (Hg.) Die gesellschaftliche Macht des Geldes (Leviathan Sonderheft 21), Wiesbaden 2002 (mit C. Wimbauer und W. Schneider); To be or not to be employed: Unemployment in a ‚work society'. In: Andersen, J. Goul/Clasen, J./ Halvorsen, K./van Oorschot, W. (Hg.): Europe's new state of welfare: Unemployment, employment policies and citizenship. Bristol 2002.

Heiner Meulemann, Prof. Dr., geb. 1944, Professor für Soziologie an der Universität zu Köln, Mitglied des Vorastands der Deutschen Gesellschaft für Soziologie 1994-2000, Vorsitzender der Arbeitsgemeinschaft Sozialwissenschaftlicher Institut e.V.

Korrespondenzanschrift: Institut für Angewandte Sozialwissenschaft, Universität zu Köln, Greinstraße 2, 50939 Köln (meulemann@wiso.uni-koeln.de).

Veröffentlichungen u.a.: Bildung und Lebensplanung. Untersuchungen der Sozialbeziehung zwischen Elternhaus und Schule. Frankfurt 1985; Die Geschichte einer Jugend. Lebenserfolg und Erfolgsdeutung ehemaliger Gymnasiasten zwischen dem 15. und 30. Lebensjahr. Opladen 1995; Werte und Wertewandel. Zur Identität einer geteilten und wieder vereinten Nation. Weinheim/München 1996; Soziologie von Anfang an. Eine Einführung in Themen, Ergebnisse und Literatur. Wiesbaden 2001; zusammen mit Klaus Birkelbach und Jörg-Otto Hellwig: Ankunft im Erwachsenenleben. Lebenserfolg und Erfolgsdeutung in einer Kohorte ehemaliger Gymnasiasten zwischen 16 und 43. Opladen 2001; Enforced Secularization – spontaneous revival? Religious Belief, Unbelief and Uncertainty and Indifference in East and West European Countries 1991-1998. European Sociological Review 2004.

Steffen Mau, Prof. Dr., geb. 1968, Juniorprofessor für Sozialpolitik an der Graduate School of Social sciences (GSSS) der Universität Bremen.

Korrespondenzadresse: Graduate School of Social Sciences (GSSS), Universität Bremen, Postfach 330440, 28334 Bremen (smau@gsss.uni-bremen.de).

Veröffentlichungen u.a.: Wohlfahrtsregimes als Reziprozitätsarrangements. Versuch einer Typologisierung, in: Berliner Journal für Soziologie 3, 2002; Einstellungen zur sozialen Mindestsicherung. Ein Vorschlag zur differenzierten Erfassung normativer Urteile, in: Kölner Zeitschrift für Soziologie und Sozialpsychologie 54, 2002; Welfare Burden and the Disapproval of Redistribution. Two Sides of the Same Coin? in: Wolfgang Glatzer (Hg.) Rich and Poor. Disparities, Perceptions, Concomitants, Amsterdam 2002; Wohlfahrtspolitischer Verantwortungstransfer nach Europa. Präferenzstrukturen und ihre Determinanten in der europäischen Bevölkerung, in: Zeitschrift für Soziologie 4, 2003; The Moral Economy of Welfare States. Britain and Germany Compared, London 2003.

Sighard Neckel, Prof. Dr., geb. 1956, Professor für Allgemeine Soziologie an der Justus-Liebig-Universität Gießen, Mitglied der Leitung des Instituts für Sozialforschung in Frankfurt am Main, Mitherausgeber der Zeitschrift für Sozialwissenschaft „Leviathan".

Korrespondenzadresse: Institut für Sozialforschung, Senckenberganlage 26, 60325 Frankfurt am Main (Sighard.Neckel@t-online.de).

Veröffentlichungen u.a.: Status und Scham. Zur symbolischen Reproduktion sozialer Ungleichheit, Frankfurt/New York 1991; Waldleben. Eine ostdeutsche Stadt im Wandel seit 1989, Frankfurt/New York 1999; Die Macht der Unterscheidung. Essays zur Kultursoziologie der modernen Gesellschaft, Frankfurt/New York 2000 (2. Aufl.); „Leistung" und „Erfolg". Die symbolische Ordnung der Marktgesellschaft, in: Barlösius, Eva et al. (Hg.), Gesellschaftsbilder im Umbruch. Soziologische Perspektiven in Deutschland, Opladen 2001; Ehrgeiz, Reputation und Bewährung. Zur Theoriegeschichte einer Soziologie des Erfolgs, in: Burkart, Günter/Wolf, Jürgen (Hg.), Lebenszeiten. Erkundungen zur Soziologie der Generationen, Opladen 2002; Die Verdienste und ihr Preis: Leistung in der Marktgesellschaft, in: Honneth, Axel (Hg.), Befreiung aus der Mündigkeit. Paradoxien des gegenwärtigen Kapitalismus, Frankfurt/New York 2002 (zus. mit K. Dröge); Kampf um Zugehörigkeit. Die Macht der Klassifikation, in: Leviathan 31 (2003), Nr. 2.

Gerd Nollmann, Dr. phil., geb. 1967, wiss. Assistent für Soziologie an der Universität Duisburg-Essen, Campus Duisburg.

Korrespondenzadresse: Institut für Soziologie, Fakultät für Gesellschaftswissenschaften, Universität Duisburg-Essen, Lotharstr. 65, 47057 Duisburg (nollmann@uni-duisburg.de).

Veröffentlichungen u.a.: Die Hartnäckigkeit der Geschlechterungleichheit, in: Soziale Welt 2, 2002; Die Einführung des Euro, in: Kölner Zeitschrift für Soziologie und Sozialpsychologie 2, 2002; Konflikte in Interaktion, Gruppe und Organisation, Opladen 1997; Emigration der Siebenbürger Sachsen (mit Georg u. Renate Weber u.a.), Wiesbaden 2003; Armut und Reichtum in Deutschland, in: Aus Politik und Zeitgeschichte 2002 (mit Hermann Strasser); Individualisierung als Deutungsmuster sozialer Ungleichheit, in: Österreichische Zeitschrift für Soziologie 3, 2002; Verteilungsgerechtigkeit und neuer Sozialkontrakt, in: Gewerkschaftliche Monatshefte 1, 2003 (mit Herrmann Strasser); Warum fällt der Apfel nicht weit vom Stamm?, in: Zeitschrift für Soziologie 2, 2003, Die Deutung beruflicher Karrieremobilität, in: Sozialer Sinn 2, 2003; Staatsbürgerschaft im Rückwärtsgang, in: Sociologia Internationalis 2, 2003; Die stille Umverteilung, in: Kölner Zeitschrift für Soziologie und Sozialpsychologie 3, 2003; Die Transformation der Klassenforschung, in: Schweizerische Zeitschrift für Soziologie 3, 2003; Die neue Kultur sozialer Ungleichheit, in: Mittelweg 36, Oktober 2003.

Jörg Rössel, Dr., geb. 1968, Wissenschaftlicher Assistent am Lehrstuhl für Allgemeine Soziologie und Kultursoziologie der Universität Leipzig. Z.Zt. Kennedy-Fellow am Center for European Studies der Harvard University.

Korrespondenzadresse: Center for European Studies, Harvard University, 27 Kirkland Street, Cambridge/Mass, 02138 (roessel@fas.harvard.edu).

Veröffentlichungen u.a.: Soziale Mobilisierung und Demokratie. Wiesbaden 2000; Das Ernährungsverhalten Jugendlicher im Kontext ihrer Lebensstile. Bonn 2003 (zus. mit Jürgen Gerhards; Die Reproduktion kulturellen Kapitals, Zeitschrift für Soziologie 2002 (zus. mit

Claudia Beckert-Zieglschmid); Die klassische Konflikttheorie im Test, Schweizerische Zeitschrift für Soziologie 2002; Mobilisierung, Staat und Demokratie, Kölner Zeitschrift für Soziologie und Sozialpsychologie 2000; Zur Transnationalisierung der Gesellschaft der Bundesrepublik, Zeitschrift für Soziologie 1999 (zus. mit Jürgen Gerhards); Warum soziale Konflikte
gewalttätig werden, Kölner Zeitschrift für Soziologie und Sozialpsychologie 1999; Konflikttheorie und Interaktionsrituale, Zeitschrift für Soziologie 1999.

Volker H. Schmidt, Prof. Dr., geb. 1959, Associate Professor of Sociology an
der National·University of Singapore.

Korrespondenzadresse: Department of Sociology, National University of Singapore, 11 Arts
Link, Singapore 117570; (socvhs@nus.edu.sg).

Veröffentlichungen u.a.: Neue Technologien – verschenkte Gelegenheiten? Opladen 1991 (zus.
mit Ulrike Berger und Helmut Wiesenthal); Politik der Organverteilung. Baden-Baden 1996;
Lokale Gerechtigkeit in Deutschland. Opladen 1997 (zus. mit Brigitte K. Hartmann); Bedingte
Gerechtigkeit. Frankfurt/New York 2000; Rationierung und Allokation im Gesundheitswesen.
Weilerswist 2002 (hg., zus. mit Thomas Gutmann); Grundlagen einer gerechten Organvertei-
lung. Berlin/Heidelberg/New York 2003 (zus. mit Thomas Gutmann u.a.).

Irene Somm, lic.phil., geb. 1968, wissenschaftliche Mitarbeiterin am Institut
für Sozialforschung in Frankfurt am Main.

Korrespondenzadresse: Institut für Sozialforschung, Senckenberganlage 26, 60325 Frankfurt
am Main.

Veröffentlichungen u.a.: Forschendes Lernen am Fall – eine Konzeptualisierung, in: Beck, E./
Guldimann, T./Zutavern, M. (Hg.), Lernkultur im Wandel, St. Gallen 1997 (zus. mit E. Wilhelm); Eine machtanalytische Revision Oevermanns radikaler Professionalisierungstheorie, in:
Zeitschrift für Pädagogik 48 (2001), Nr. 5; Die Stadt der Zukunft. Leben im prekären Wohn-
quartier, Opladen 2002 (zus. mit C. Berger und B. Hildenbrand).